쌍전

雙典批判
Copyright ⓒ 2010 by 劉再復 Liu Zai Fu
Korean Translation Copyright ⓒ 2012 by Geulhangari Publishing Co.
This translation is published by arrangement with SDX JOINT PUBLISHING
COMPANY through SilkRoad Agency, Seoul, Korea. All rights reserved.

이 책의 한국어판 저작권은 실크로드에이전시를 통한 저작권자와의 독점 계약으로 (주)글항
아리에 있습니다. 저작권법에 의해 한국 내에서 보호를 받는 저작물이므로 무단전재와 복제
를 금합니다.

인문에세이 2

쌍전

삼국지와 수호전은 어떻게 동양을 지배했는가

|

류짜이푸 지음
임태홍·한순자 옮김

글항아리

일러두기

1. 보통 『삼국지三國志』라고 하면 서진西晉의 진수陳壽가 편찬한 중국 삼국 시대의 역사서 『삼국지三國志』를 가리키기도 하고, 나관중羅貫中(?~1400)이 지은 소설 『삼국지』(원명은 『삼국연의三國演義』)를 가리키기도 한다. 이 책에서 『삼국지』는 나관중의 소설 『삼국지』를 말한다.

2. 이 책에서 '쌍전雙典'이라는 표현은 소설 『삼국지』와 소설 『수호전』을 같이 부르는 용어다. 이 두 소설이 중국에서 많은 사람의 사랑을 받았기 때문에 소설임에도 불구하고 '경전經典'과 같은 권위를 갖는다는 의미로 저자는 '쌍전'이라는 말을 썼다.

3. 신해혁명 이전 시기 인물 이름은 우리말 한자음으로 표기했다. 그 이후, 즉 근현대 중국인은 현대 중국어 발음으로 표기했다. 지명은 모두 우리말 한자음으로 표기했다.

한국어판 서문

　문학은 영혼의 작업이다. 이것은 문학에 대한 나의 가장 중요한 신념이다. 영혼과 상상력 그리고 미적인 양식, 이 세 가지는 문학의 기본적인 요소이며, 문학의 가치는 우선 영적인 가치에 의해서 드러나야 한다고 확신한다.

　중국에서는 지금까지 『수호전』 『삼국지』 『홍루몽』 『서유기』 등 네 권의 장편소설을 '4대 소설 경전經典'이라고 불러왔다. 하지만 영적인 가치의 시각에 따라 그것들을 살펴본다면 그러한 호칭에는 문제가 많다.

　『홍루몽』과 『서유기』에는 동심童心과 불심佛心이 담겨 있다. 그러나 『수호전』과 『삼국지』는 동심과 불심에서 너무나 멀리 떨어져 있다. 전자에는 흉악한 마음이 충만하고, 후자에는 교활한 심보가 충만하다. 혹 미적인 양식에 착안하여 본다면 『수호전』과 『삼국지』는 모두 상당한 매력이 있어 분명히 사람들을 황홀케 한다. 그러나 인간의 영혼에 착안하여 본다면, 이 두 소설은 다름 아닌 '지옥의 문'이라는 사실을 발견할 수 있을 것이다.

이 세상에서 가장 어두운 지옥은 인간 마음의 지옥이다. 이 두 권의 '경전'(쌍전雙典)이 지닌 위험성은 바로 그것이 흥미진진한 이야기를 통해서 한 사람 한 사람에게 어두운 마음을 조성한다는 점이다. 민간의 지혜는 일찍이 다음과 같이 경종을 울렸다. "어려서는 『수호전』을 보지 말고, 늙어서는 『삼국지』를 보지 마라." 하지만 안타깝게도 현대인들은 여전히 그런 충고에 귀를 기울이지 않는다.

『수호전』은 '반란은 정당하다'고 고취시킨다. 그 뜻은 혁명을 위해서라면 어떤 수단을 쓰더라도 정당하다는 것이다. 따라서 이규李逵가 네 살 먹은 어린아이 소아내小衙內를 도끼로 두 토막 내거나, 무송武松이 원앙루鴛鴦樓에서 나이 어린 하녀를 포함하여 15명을 한꺼번에 죽여버린 일도 정당하며, 심지어 영웅적인 행위로 보았다. 『수호전』이 암흑적인 수단의 집대성이라고 한다면, 『삼국지』는 권모술수와 음모 그리고 교활한 심보의 집대성이라고 할 수 있다.

중국에는 지금도 여전히 『수호전』 인간과 『삼국지』 인간이 도처에 깔려 있다. 그렇게 된 원인 가운데 하나는 바로 '쌍전'이 등장한 500여 년간 이규나 무송, 혹은 유비나 제갈량과 같은 영웅들을 맹목적으로 숭배해왔으며, 그들의 행동강령을 자신의 영적 원리로 삼아왔기 때문이다. 그래서 그것이 민족의 집단적인 무의식이 되어버렸다.

내가 이 책을 집필한 것은 다음과 같은 사실을 알리고자 하기 때문이다. 당신들이 이 두 권의 '위대한 고전 명저'에 심취하고 있을 때, 지옥에 떨어지지 않도록 조심해야 한다. 당신들은 아이들을 거기에서 구해내야 한다. 그들이 『수호전』의 영웅들을 모방하지 않도록 가르쳐야 한다. 당신들은 또 어른들을 구해내야 한다. 그들이 『삼국지』 영웅들이 사용하는 무소부재無所不在의 권모술수를 모방하지 않도록 권해야 한다."

나는 『홍루몽』을 왕양명 이후에 등장한, 가장 위대하면서도 정서적인 분위기를 갖춘 심학心學으로 본다. 이 심학은 유일무이한 영적 표상인 가보옥을 창조해냈을 뿐만 아니라, 많은 여성으로 구성된 지극히 아름다운 영혼의 체계를 창조했다. 그 때문에 『홍루몽』은 이 세상에서 가장 눈부신 영적인 우주를 이뤘다고 할 수 있다.

나는 먼저 『홍루몽』과 관련하여 네 권의 저서를 집필하고 나서 이 책을 집필했다. 한 번은 올바른 것에 대해서 다루고, 다른 한 번은 그른 것에 대해서 다룬 것이다. 한 번은 좋은 점을 평가하고 다른 한 번은 나쁜 점을 평가했다고 할 수 있다. 이러한 작업은 나름대로 내건 기치가 선명했는데, 그것은 독자들에게 분명히 알리고자 한 것이 있었기 때문이다. 즉, 모든 민족에는 두 종류의 문화가 있는데, 하나는 원형 문화이며 다른 하나는 위형 문화이다. 다시 말하면 모든 문화에는 원질의 문화와 변질된 문화가 있다는 점을 알리고 싶었다.

문학이 영혼의 작업이라고 한다면, 중국 고전소설에서 영적인 횃불을 진정으로 높이 든 것은 조설근曹雪芹의 『홍루몽』이었다. 시내암施耐庵의 『수호전』도 아니고 나관중羅貫中의 『삼국지』도 아니다. 이렇게 구분하게 된 배경에는, 나이 어린 친구들의 영혼이 『홍루몽』으로 더욱 가까워지고, 『수호전』이나 『삼국지』는 비록 읽더라도 거리를 두고 비판적으로 바라볼 수 있었으면 하는 희망 섞인 기대감이 스며 있다.

지금껏 『수호전』과 『삼국지』에 관한 비평은 종종 있어왔다. 그러나 이 책에서 시도한 것과 같은 비평은 거의 없었다. 나는 이 책에서 분명한 가치관으로 지금까지 볼 수 없었던 강력한 비판을 제기했으며, 또 분명히 경고했다. 있는 힘껏 그리고 맹렬하게 비판했기 때문에, 이 책을 집필하기 시작했을 때 나는 사람들이 내 말을 이해할 수 있을까 걱정하기도 했다. 그러나 초고가 완성된 뒤에 뜻밖에도 베이징 삼련三聯서점의 리신李昕, 주징메이朱競梅 두 분의 열렬한 지지를 받아 순조롭게 세상에 내놓을 수 있었다.

또 예상치 못하게 올해(2011)에는, 10여 개 출판사가 참여한 '중국 매스미디어 대상' 심사위원회가 이 책을 2010년에 출간된 가장 걸출한 작품 5종 가운데 하나로 선정하는 영광을 얻게 되었다.

더욱더 예상하지 못했던 일은, 이 책이 중국어로 출판되고 시일이 얼마 되지도 않았는데, 한국에서도 이 책의 가치를 인정해주신 분이 있어 한글로 번역본이 나오게 된 것이다. 이러한 일들은 인류에게 여전히 영적인 판별 역량이 존재한다는 사실을 설명해준다. 인류에게는 영적인 찬가의 역량이 있을 뿐만 아니라, 영적인 거부의 역량도 갖추어져 있다. 루쉰이 이런 말을 한 적이 있다. "돌이 존재하는 한, 불씨는 없어지지 않을 것이다." 우리는 이렇게 바꿀 수 있을 것이다. "영혼이 존재하는 한, 인류는 절망에 빠질 필요가 없다."

2011년 가을
미국 콜로라도에서

서문
'삼국지 인간'과 '수호전 인간'에 대한 경고

린강林崗[1]

류짜이푸劉再復는 1989년에 부득이하게 중국을 떠나, 학술 연구와 축적의 시간을 가졌다. 많은 친구가 그를 애석하게 생각했으며, 자신도 그동안 겪어보지 못한 가혹한 인생의 시련에 직면했다. 그러나 그의 인생은 바로 그러한 어려움 속에서 화려한 재생을 성취했으며 영혼과 정신에서 생명의 탈바꿈을 이루었다.

20년간 중국어는 그의 고향이었고, 그의 조국이기도 했다. 시간과 공간의 거리도 언어가 이어주는 문화와 정신의 소통을 막지 못했다. 성현과 선배 지식인들이 구축해놓은 신비한 길을 따라 그는 정신적인 혈맥을 연결하여, 멀고도 생소한 타국에서 영혼을 서술하고 인간성을 찾고 현실을 되돌아보며 역사를 탐색했다. 1980년대 당시와 같이 그는 문학 창작과 학문 탐색의 두 영역에서 열심히 활동했고, 그치지 않고 저술활동을 했다.

한편으로는 깊은 정과 지혜를 담은 시적인 문장으로 문학의 혈맥을 이었으며, 다른 한편으로는 두려움 없이 진리를 추구하는 정신으로 깊이 생각하고 논증하며 박학하면서도 깊이 있는 학문 전통을 이어나갔다.

이 20년간 그가 이룩한 문학으로는 『표류수기漂流手記』『원유세월遠遊歲月』『서심고향西尋故鄕』『독어천애獨語天涯』『만보고원漫步高原』『공오인간共悟人間』『열독미국閱讀美國』『창상백감滄桑百感』『면벽침사록面壁沉思錄』『대관심득大觀心得』등 표류생활 관련 산문이 모두 10권이다.

학술적으로도 사상사, 문학사, 평론 등 여러 영역에 걸쳐 전개하여 다수의 저작을 잇달아 출간했다. 예를 들면 『홍루몽을 깨닫다紅樓夢悟』『함께 깨닫는 홍루몽共悟紅樓』『홍루인 30종 해독紅樓人30種解讀』『홍루철학필기紅樓哲學筆記』등 '홍루몽 4서'로 불리는 네 권의 『홍루몽』 관련 평론이 있다. 또 『현대문학제자론現代文學諸子論』『방축제신放逐諸神』『가오싱젠을 논하다高行健論』『죄와 문학罪與文學』등 많은 분야의 저작이 있다. 그 외에도 광범위하게 영향을 미친 리쩌허우李澤厚와의 대담집 『고별혁명告別革命』과 해외 방담집放談集『사상가 18제思想家18題』등이 있다.

류짜이푸의 학술적인 안목은 중국을 떠난 뒤에 한층 더 심오해졌고, 학술적인 시야도 더욱 넓어졌다. 그의 학술은 더욱 순수한 경지에 도달했다. 최근에 그가 막 집필을 끝낸 새 책『쌍전雙典』을 읽어보았다. 그 내용이 매우 감명 깊었으며, 그의 사상은 예전과 같이 날카로웠다.

1

'쌍전'이란 류짜이푸 저서에 나오는 용어로, 중국문학의 경전이라고 할 수 있는『수호전』과『삼국지』2를 가리킨다. 이번에 그는 중국인들이 가장 많이 읽고 지지하는 고전소설을 향해 비평의 창끝을 겨누었다.

『수호전』과 『삼국지』는 중국에서 수백 년간 애독되었을 뿐만 아니라, 중국인들에게 숭배의 대상이기도 했다. 발행 수량만으로 따진다면 '쌍전'은 중국에서 가장 널리 읽힌 고전작품일 것이다. 『홍루몽』『서유기』『금병매』보다 훨씬 더 많을 것이다.

문학비평이 주시하는 것은 단지 소설일 뿐이다. 만약에 고사鼓詞, 평탄評彈, 영화, 텔레비전, 만화, 게임 등 고대와 현대의 매체 형식까지 포함한다면 『수호전』과 『삼국지』의 유행은 더욱 놀라운 규모다.

중국에서 '쌍전'은 세대를 내려가면서 『삼국지』 팬과 『수호전』 팬을 만들어냈다. '삼국지 인간' '수호전 인간'을 양성해온 것이다. '쌍전'은 문자 언어 체제의 소설 예술이지만, 또한 독자의 숭배, 비평가의 추앙 그리고 다양한 매체가 그것을 이용하여 일종의 문화적 현상을 만들어냈다.

류짜이푸의 『쌍전』은 혼자 힘으로 그러한 문화적 현상에 맞선 것이다. '비록 천만 명이 말려도 나는 가겠다'고 하는 기개가 엿보인다. 그가 제시한 기본 논점은 다소 충격적이다. 『삼국지』 팬이나 『수호전』 팬에게는 일종의 경고나 다름없다.

중국 사회에서 사람들에게 가장 크고 광범위하게 해악을 끼친 문학작품이 바로 이 두 경전이었다. 정말 두려운 것은 이들 작품이 사람들의 마음을 파괴하며, 잠재의식을 변화시켜 중국의 민족적 성격을 갉아들어내고 있다는 것이다. 이 두 소설은 중국인에게 지옥의 문이다.

류짜이푸는 단지 도리를 말했을 뿐이다. 일부러 사람들을 놀라게 하려던 것은 결코 아니었으며, 또 수많은 『수호전』과 『삼국지』 팬들을 괴롭히려던 것도 아니었다. 그는 작품에 대한 자신의 진실된 견해를 제시하여 독자들의 사색을 불러일으키려 했을 뿐이다.

무엇이 두려워 그의 생각을 부정하겠는가? 놀라서 펄쩍 뛸 필요도 없다. 평정심을 가지고 냉정하게 잘 생각해보자. 우리도 그가 제시한 '쌍전'의 기본적인 가치관을 검토해볼 필요가 있는 것은 아닐까?

문학작품은 무의식중에 감화시키는 힘이 있어 독자와 사람들의 인간성에 영향을 끼친다. 이는 바로 량치차오가 말한 '침浸(스며듦)' '훈薰(배어듦)' '제提(끌어냄)' '자刺(자극하여 격발시킴)' 등 네 가지 작용이다.

예술적 수준이 높으면 높을수록, 글이 정교하면 정교할수록 그 문장의 기본적인 가치관이 인류의 선에 위배됨으로써 내뿜는 독성은 더욱 클 것이다. 마치 독약에 사탕을 집어넣을 경우, 마시는 사람은 단지 그 단맛만 느끼고 독소가 체내로 들어가는 것은 느끼지 못하는 것과 같다. 『수호전』과 『삼국지』는 예술적 수준이 매우 높고 문장 수사도 정교한 작품이다.

류짜이푸는 비록 '쌍전'을 비판했지만 그 예술적 가치에 대해서는 결코 부인하지 않았다. 이 작품들의 바로 이러한 예술성 때문에 위장되고 포장된 문제를 찾아내고 신중하게 가려내야 하는 것이다. 그의 말을 빌리자면, 두 소설이 지닌 최대의 문제점은 "한 권은 폭력을 숭배하고, 다른 한 권은 권모술수를 숭배하는 데 있다."

류짜이푸는 문화 비판의 안목으로 이 두 권의 소설을 분석했다. 그는 『수호전』과 『삼국지』의 문화 현상을 길고 긴 역사적 변화 속에 놓고 관찰했다. 그리고 '위형僞形 문화', 즉 가짜 원형原形 문화의 문제를 제기했다. 류짜이푸는 중국 문화의 '위형화僞形化'는 외부적인 문화 역량이 침투하여 일어난 것이 아니라, '민족 내부의 변동과 고난, 특히 전쟁의 고난과 정치적 변동'이 원인이라고 보았다. 이러한 견해에는 분명히 역사에 대한 예리한 관찰이 있다.

청나라 말기에 진화론 사상은 중국 지식계에 널리 유행했다. 사람들은 진화를 위해서 노력한다면, 인간과 사회는 반드시 지극히 선하고 아름다운 경지에 도달할 것이라고 생각했다. 장타이옌章太炎은 처음에는 그것을 믿었으나 나중에는 의심했다. 이에 새로운 진화론을 제시하여, 서방에서 전래된 '과학 낙관주의'에 맞섰다. 그는 '진화가 최종적으로는 반드시 지극히 아름답고 선한 경지에 도달할 수 있다'는 주장을 의심했다. 즉 '선도 진화하고, 악도 진화한다'고 판단했다.

장타이옌이 제시한 '악도 진화한다'는 사상은 류짜이푸의 『쌍전』이 논하는 문화 '위형화', 즉 문화가 거짓 형태로 변해간다는 주장과 같다. 표현하는 용어만 다를 뿐 실제로는 그 둘이 같다. '위형'이란 인류의 악한 본성과 그러한 문화가 역사의 변천 속에서 누적되고 칠전된 것이다.

수천 년간의 인류 문명사를 돌이켜보면, 역사는 단지 도덕적이고 지극히 선한 방향으로만 진화되었다고 생각할 만한 어떤 근거도 없다. 역사 변천 과정에서 인류의 선한 본성은 더 커지고 발전했지만, 동시에 악한 본성도 약한 모습만 보인 것은 아니다. 인류가 만들어낸 재앙도 점차 등급이 올라가고 있다. 이 점은 중국과 서양 모두 매한가지다.

'위형 문화'는 싹을 틔워서 마치 찻잔 속에서 차 찌꺼기가 쌓이는 것처럼 갈수록 더해가고, 갈수록 두터워졌다. 사람들의 생활도 이 때문에 차츰 익숙해져 나쁜 줄도 모르게 되었다. 마치 생선가게에 들어가 시간이 지나면 그 비린내를 맡지 못하는 것처럼 된 것이다.

　유럽 역사상, 이단에 대한 박해도 문화적인 '위형'의 하나다. 로마 제국 시기에 기독교도들을 경기장에 들여보내 맨손으로 맹수와 맞서게 했던 일부터 중세 시대에 교황청이 무당이나 이교도들을 화형시킨 일, 그리고 제2차 세계대전 때 나치가 공장 생산라인의 현대 기술로 유대인을 살육한 일까지 이단을 박해하는 '악의 진화'는 사람들을 몸서리치게 만든다.

　류짜이푸는 '쌍전'이 권모술수를 숭배하고 폭력을 숭배하는 현상을 지적했는데, 그러한 것은 중국 역사에서도 그 유래를 찾아볼 수 있다. 선진先秦 시대 제자백가가 이미 '술수'와 '위세'에 대해 강의하기 시작했다. 그것으로 그들은 군주들이 어떻게 하면 '기만술'을 잘 사용하여 큰 효과를 볼 수 있는지 가르쳤다.

　동시에 더욱 중요한 것은, 중국이 대통일의 시대로 들어서자 거대한 관료사회가 형성되고 거기에서 각양각색의 군주와 신하들이 등장해 현란한 역사의 춤을 추었다는 점이다. 전쟁으로 인한 재해와 사람으로 인한 재해를 겪고 왕조가 바뀌면서 권력 무대는 주마등처럼 왔다 가기를 계속했다. 한 사람이 물러가면 다른 사람이 등장했다. 그 사이에 잔인하고 가혹한 일들이 일어나고 교활한 책략들이 헤아릴 수 없이 전개되었다.

　이렇게 반복적으로 진행되던 역주행은 결국 원명元明 시대에 '위형'으로 표현되어 나왔다. 장면마다 암투를 벌이는 이야기로 구성된 문학작품이 등장하여, 백성의 통속적 삶의 교과서가 완성된 것이다. 관찰력이 있는 사람이라면 누구라도 소설 『삼국지』와 그런 형태의 역사·문화의 관련성을 부인할 수 없을 것이다. 이 소설이 그렇게 많은 이들의 추앙을 받아온 이유 역시 그런 역사와 문화 가운데에서 비로소 설명될 수 있을 것이다.

북송 구양수歐陽修가 지은 『신오대사新五代史』는 나관중의 『삼국지』에 등장하는 인물들과 외모는 다르지만 마음 씀씀이는 같은 한 인물을 그려냈다. 즉 다섯 성씨의 아홉 군주를 모시면서 공자처럼 73세까지 살다 죽은 풍도馮道[3]였다. 그는 아주 뻔뻔한 성품의 소유자였는데, 정말 허구적인 문학적 이미지와 역사적 사실이 기묘하게 결합된 듯한 인물이었다.

구양수가 『풍도전馮道傳』 서문에서 다음과 같이 한탄한 것도 당연하다. "염치가 없어서 어느 것이나 다 가지려고 하고, 부끄러움을 몰라서 하지 않는 일이 없다. 사람이 이와 같으면 재난과 변란으로 패망할지라도 못하는 짓이 없게 된다. 하물며 대신이 되어 모든 것을 가지고, 어떤 짓이든 다 하게 되면 천하는 혼란에 빠지고 나라는 망하지 않겠는가? 나는 풍도가 쓴 『장락노서長樂老敍』를 읽어보았는데, 스스로 뻐기는 것을 보았다. 지극히 염치가 없는 사람이라고 할 수 있다."

선진 시대 제자백가가 말하기 시작한 '술수'와 '위세'를 풍도라는 사람은 신출귀몰하게 잘 활용했다. 그리고 다시 『삼국지』에 이르러서는 그중에 가장 정제된 것이 집약되었다. 이는 권모술수의 문화가 용광로에서 정제되어 최고의 극치에 이른 것이 아니겠는가?

권모술수의 문화는 변화를 거듭해 현대에 이르러 더욱 심각한 '집대성'을 이루었다. 류짜이푸는 『쌍전』에서, '문화혁명' 중에 통절한 경험을 통해 소위 정치투쟁의 세 가지 원칙을 알게 되었다고 한다. 그 원칙이란, 정치투쟁에서는 이렇다 할 성실성이 있으면 안 되고, 사당私黨을 결성해야 하며, 상대방을 흠집내고 깎아내려야 한다는 점이다.

결국 말하자면 『삼국지』에 비해서 더욱 진화했으며 또한 더욱더 '현대적'이다. 하지만 이런 종류의 '현대성'은 한 국가의 정치가 문명과 인도적인 현대성을 지향해 나간 것이 아니다. 영원히 회복될 수 없는 '현대성'을 향해 나아간 것으로, 그것은 바로 중국의 역사와 문화가 수천 년에 걸쳐 변화, 축적시켜온 '위형'인 것이다. 이러한 것은 부단하게 지속된 악의 진화이며, 권모술수를 중시해온 문화적인 찌꺼기이다.

이와 마찬가지로, 혁명적인 폭력에 대해 무조건적으로 숭배하는 것은 중국 역사와 문화가 변천하면서 형성한 '국수國粹주의'이다. 폭력적 경향은 역사상 시종일관 인류와 함께한 현상일 것이다. 그러나 윤리와 도의상 혁명적인 폭력에 대해 이처럼 적극적이고 긍정적인 가치를 부여한 것은 전통 시대 대문명 가운데선 아마도 중국밖에 없을 것이다.

서방세계에서 혁명적인 폭력에 대해 윤리적으로 동의한 것은 현대 역사상 프랑스 대혁명이 처음이다. 그러나 중국에서는 신화시대부터 그러했으며, 문명의 역사가 시작되는 순간에도 이와 같았다고 나는 믿는다. 만약 이것 역시 인류 역사 자체의 윤리적인 '발전'이라고 한다면, 그런 측면에서 중국 문명은 의심할 나위 없이 일등 문명으로 꼽힐 것이다.

그러나 애석한 점은 그러한 '선구자'적인 문화가 사회에는 막대한 재난을 가져다주었다는 것이다. 아울러 막중한 윤리적인 부담을 남겼다. 중국 역사에 있어 혁명적인 폭력의 의미를 어떻게 평가할 것인가 하는 문제에 대해서는 아마도 이렇게 짧은 글로는 명확히 설명할 수 없을 것이다. 다만 오늘날 우리가 단정할 수 있는 것은 그것들이 일종의 재난적 성격을 지닌 발전이라는 사실이다.

그것들이 동시에 조성한 역사적 재난은 마땅히 현대인들이 그러한 정치 윤리에 대해서 반성하도록 촉구한다. 예전부터 지금까지 일관되게 의문을 용납하지 않았던 폭력적 반란의 정당성에 대해서는 그것이 여전히 작동하는 한 마땅히 현대 정치 윤리의 잣대로 평가해야 한다.

제나라 선왕宣王은 맹자와 함께 탕왕이 걸왕을 쫓아내고, 무왕이 상나라의 주왕을 정벌했던 사건을 논한 적이 있다. 탕왕이나 무왕은 모두 그 이전에 걸왕과 주왕을 향해 스스로 신하라 칭했다. 적어도 그렇게 위장했을지라도 신하로 자청했기 때문에, 제나라 선왕은 약간 도발적으로 맹자에게 이렇게 물었다.

"신하가 임금을 시해하는 것이 가능한 일입니까?"

그러자 뜻밖에도 맹자가 일어나서 강변하기 시작했다.

"어진 사람을 치는 것을 적賊이라 하고, 의로운 사람을 치는 것을 잔殘이라고 합니다. 어진 사람과 의로운 사람을 모두 치는 사람을 필부라고 합니다. [저는] 필부를 죽였다는 이야기는 들었어도 임금을 시해했다는 이야기는 들어본 적이 없습니다."

이 대화는 중국 정치 윤리의 역사상 하나의 분계선이라고 할 수 있다. 어찌되었든 필부는 멋대로 죽여도 된다는 것인가? 이 문제는 변론의 여지가 있다. 그러나 맹자의 그러한 강변 덕분에 신하가 임금을 죽이고, 백성이 관료를 죽이고, 아랫사람이 윗사람을 죽이고 심지어는 서로 간에 죽이는 일이 모두 '필부를 죽인다'는 기치 아래 진행되면서 그것으로 충분한 도덕적 정당성을 확보하게 되었다. 맹자의 그러한 관념은 그 개인의 '달변'의 산물일 뿐 아니라, 사람들의 오랜 집단의식이 표현된 것이다.

'필부를 죽인다'는 것보다 더 크게 유행한 구호는 의심할 나위 없이 '체천행도替天行道', 즉 하늘을 대신해서 도를 행한다는 구호일 것이다. 멸시당하는 '필부'는 필경 '천도天道'와 같이 그렇게 숭고하고 아름다운 이름에는 비견될 수 없었다.

그러나 '체천행도'보다 더 통속적인 현대적 구호는 '반란은 정당하다'라는 구호다. '천도'를 믿는 사람은 이미 없어졌다. 당연히 이 단어는 '정당하다'는 말보다 구식이다. 현대인의 마음을 더 이상 고무시키지 못하기 때문이다.

반란이 어떠한 정당성을 지니는가라는 문제에 대해서는 설명이 필요 없다. 그러나 '반란은 정당하다'는 구호는 난폭하기 이를 데 없으며 용맹하게 직진하는 '현대성'을 띠고 있다. 문화대혁명 중에 우리 모두가 깨닫게 된 사실이 있다. 그것은 바로 마르크스주의 이론은 숱하지만, 그것들은 모두 '반란은 정당하다'는 한마디 말로 귀결시킬 수 있다는 점이다.

반란은 어떠한 정당성을 지니는가에 대해서 나이 든 어른들은 아직도 잘 설명하지 못할 때가 있다. 그러나 그것은 사람들이 모두 잘 알고 있기 때문에 굳이 설명할 필요가 없는 상식이다. 우리 조상들의 정화가 모두 그 한마디 말로 귀결되는데, 그것이 일상생활의 상식이 아니라면 무엇이겠는가?

역사를 되돌아보면 역대로 모반을 위해 봉기한 호걸들이 '하늘의 뜻'을 이용하지 않은 때는 없었다. 그들은 그것으로 폭력을 정당화했다. "왕후장상의 피가 따로 있는가?"라는 구호를 외치면서 반란을 일으킨 혁명의 시조 진승陳勝과 오광吳廣은 당시 몰래 "대초大楚가 흥하고, 진승이 왕이 된다"는 문장을 써서 그것을 물고기 뱃속에 집어넣었다. 그 물고기를 생선가게에 놓아두고 사람을 시켜 가져온 다음 배를 가르게 함으로써 어리석은 민중에게 '하늘의 뜻'이 자신들에게 있음을 보여주었다. 또 심복들을 시켜 한밤중에 여우 흉내를 내면서 "대초는 흥하고 진승이 왕이 될 것이다"라는 소리를 내게 했다. 이렇게 날조된 계시를 써서 '하늘을 대신하여 도를 행한다'는 증거로 삼았다.

한나라 말엽에 장각張角은 오두미도五斗米道를 전파하면서 스스로 다음과 같은 민요를 만들어냈다. "창천蒼天은 죽고 황천黃天이 일어설 것이다. 갑자년에 천하는 대길한다." 이것을 가까운 부하들에게 부르게 하여 널리 전해져 민요가 되도록 했다.

원나라 말기에 홍건적은 난을 일으키기 전에 먼저 눈이 하나 있는 석상石像을 만들고 거기에 "석상에 눈이 하나만 있다고 말하지 마라. 이 물건이 일단 나가면 천하가 뒤집힐 것이다"라는 문구를 파 넣었다. 그 후에 달빛을 이용하여 그것을 장차 물길을 낼 곳에 미리 묻어두었다. 그리고 사전에 "돌사람은 눈이 하나, 황하를 움직이면, 천하가 뒤집히네"라는 동요를 널리 퍼뜨렸다. 나중에 물길을 내는 인부들이 석상을 파내자, 반란자들은 떼를 지어 일어나 위로는 하늘의 뜻에 합치되고 아래로는 민심에 부합된다고 선동했다. 이로부터 장렬한 원나라 말기의 군웅할거적인 대봉기가 일어났다.

『수호전』속에 등장하는 두 사람의 반란 두령 조개晁蓋와 송강宋江 역시 그렇게 유래가 오래된 수법을 활용하여 산채山寨, 즉 산의 작은 성에 세력을 규합하고 폭력적 반란을 정당화하는 증거로 삼았다. 예를 들면 조개 등 일곱 명의 자객이 부귀한 사람의 생일 선물을 탈취하려고 획책했을 때 조개는 주위 사람들을 향해서 자신이 꾼 꿈에 대해 이렇게 이야기했다. "나는 어젯밤 꿈에 북두칠성을 보았다. 그것은 곧장 우리 집 지붕 위로 떨어졌다. 북두칠성의 두병斗柄자리(북두칠성의 자루 부분에 해당되는 세 개의 별―옮긴이) 가운데 다른 한 개의 별이 있었는데, 그것은 흰빛과 같이 사라졌다. 이처럼 별이 우리 집을 비추었는데 어찌 불리하겠는가?"

실제로는 강탈 행위에 불과한 일을 꿈의 징조를 통해서 '하늘을 대신해 도를 행한다'고 하는 영광스러운 일로 치장한 것이다. 송강도 마찬가지였다. 사나이들이 양산박에 모여 서로 추천하거나 양보하면서 순위를 정할 때였다. 송강은 흥미진진하게 그에게 재난을 가져다준 민요 하나를 소개했다.

"'나라의 재산을 소모하는 것은 집안家의 나무木 때문이다耗國因家木.' 즉, 국가의 돈과 곡식을 소모해서 없애버리는 사람은 반드시 집宀을 머리에 쓰고 있는 나무木라고 하니, 이것은 '송宋' 자가 아닌가? '무기를 든 병사는 점点이 있는 물水을 가진 장인工이다刀兵点水工.' 즉, 무기를 든 병사들을 발동시키는 사람은 반드시 삼수氵 변에 공工 자가 붙은 사람인데, 그것은 '강江' 자 이름을 가진 자가 아니겠는가? 바로 이 송강을 말하지." 그의 말을 듣자마자 이규李逵는 맞장구를 치며 호응했다. "좋습니다. 형님은 정말로 하늘의 말씀에 어울립니다."

고대의 '하늘을 대신해서 도를 행한다'는 말뿐만 아니라 현대의 '반란은 정당하다'는 말도 풀뿌리 민중의 복수심과 피압박자의 원시적인 증오 자체만으로는 완전히 해석할 수 없다. 왜 반역자의 폭력이 중국 역사상 그렇게 피비린내 나고, 잔혹할 수 있었는지 쉽게 이해하기 어렵다. 나는 그러한 것을 전제로 하고 그 기초 위에 정치윤리적인 역량이 반드시 더해져야만 비로소 그들의 피비린내 나는 잔혹성에 대해서 설명할 수 있다고 생각한다.

정치 윤리는 바로 이데올로기이기 때문에, 그것은 사람의 행동에 정당성을 부여한다. 하나의 폭력 행위가 '하늘을 대신해 도를 행한다' 혹은 '반란은 정당하다'고 설명될 때, 당사자는 그것이 제시하는 합리성만 인식할 뿐 잔혹성이나 피비린내 나는 측면은 인식하지 못하는 것이다.

격동의 시기를 만나서 사람들이 그런 종류의 정당성을 내걸고 모였을 때, 인간성 속에 있는 폭력적인 경향은 바로 조직화된다. 아울러 조직적인 역량은 폭력적인 재난을 보다 높은 단계로 끌어올린다. 사람들의 타고난 양심과 천성은 그러한 이데올로기에 의해서 층층이 차단된다. 우리가 역사상의 폭력 현상을 관찰할 때 정말 무서운 것은 폭력 그 자체가 아니라, 폭력을 합리화하고 정당화하는 이데올로기다.

현대의 폭력적 재난으로부터 멀리 역사를 거슬러 올라가볼 때, 곧바로 발견할 수 있는 것은 면면이 시대를 거치면서 더욱더 강력해진 그런 종류의 문화적 '위형'이다. 그러한 악의 진화가 중국 문화에서 혁명적인 폭력에 대한 숭배를 만들어낸 것이다.

2

권모술수는 사람들이 존재하는 곳이라면 어디서든 그 '시장'이 존재한다. 더욱이 『삼국지』가 있었기 때문에 그것은 좀 더 생동감 있고 통속적인 표현 방식을 획득했다. 사람들은 그것을 눈으로 보고 귀로 들으면서 차츰 익숙해졌으며, 권모술수는 무수히 많은 사람에게 전해졌다.

마찬가지로 죽창을 높이 들고 일으킨 폭력적인 반란은 국가의 보물을 차지함으로써 그 행위의 정당성을 획득한다. 그런데 『수호전』이 있었기 때문에 그 사상은 순식간에 세상을 풍미하여 사람들의 마음속 깊이 파고들었다. 그로 말미암아 수많은 의인과 지사志士를 고무시켰다. 용감한 사람들은 그것을 본받아 "마땅히 나서야 할 때, 들고 나섰다." 그러한 정신은 사람들의 마음을 은근히 기쁘게 하고, 또 비겁한 사람들의 정신을 진작시켜서, "바람처럼 불꽃처럼 온 나라에 퍼져나갔다."

『삼국지』와 『수호전』이 전하는 졸렬한 문화적 가치와 남녀노소가 다 좋아하는 매력 덕분에 두 소설은 중국인들의 '뻔뻔스러운 처세학'이 되고, 가장 통속적이며 가장 매력을 끄는 교과서가 되었다.

역사적으로 그러한 뻔뻔한 처세학을 잘 배워서 가장 성공한 제자는 바로 중국 최후의 왕조인 청나라 통치자였다. 청나라 사람들이 중원에 왕좌를 세운 데 있어서 『삼국지』의 공헌을 빼놓을 수 없을 것이다. 만약 당시에 황태극皇太極[4]이, 주유周瑜가 장간蔣幹을 이용한 반간계反間計(적의 간첩을 이용하는 계책)를 활용하지 않았다면 만주족은 중국에 진입하지 못했을 것이다.

명나라 숭정황제는 청나라 황태극의 반간계에 속아 변방 대장 원숭환袁崇煥을 살해해버렸다. 원숭환은 만주 지역에서 이름만 들어도 간담을 서늘케 한 훌륭한 장수였기 때문에 그런 원숭환을 죽이지 못했다면 만주족의 중국 진출은 상상할 수도 없었을 것이다. 그렇게 되었다면 중국사에서 '청나라'라는 말은 없었을 것이고 단지 '후금'만 존재했을 것이다.

통속 소설 한 권이 한 시대를 열었다고 한다면 다소 과장된 말이라고도 할 수 있지만, 어쨌든 그렇게 권모술수의 맛을 알게 된 실천가들은 『삼국지』에 감동하여 눈물을 흘리고 그 가치를 깊이 알 수 있었다.

문학의 작용은 본래 추측하기 어려운 것이다. 우리는 그것을 수량화할 수도 없다. 실증할 방법이 있는 것도 아니다. 그렇다고 문학의 작용이 있을 수도 있고 없을 수도 있다는 뜻은 아니다. 두 소설이 유행한 정도를 살펴보면 그것들이 무의식중에 사람들을 감화시키는 역량이 얼마나 거대한지 잘 알 수 있다.

『삼국지』와 『수호전』이 지닌 부정적인 유산은 원래 깨끗이 청산해야만 했다. 류짜이푸의 『쌍전』은 매우 가치 있는 가설을 하나 제안하고 있다. "5·4 신문화운동이 공자를 주요한 타격 대상으로 삼지 않고, 『수호전』과 『삼국지』를 비판 대상으로 삼았다면 좋았을 것"이라는 가설이다.

혹자는 역사에 가설이 있을 수 없다고 생각할 것이다. 당연히 과거는 되돌릴 수 없기 때문이다. 그러나 가설을 통하여 우리는 역사를 정확히 볼 수 있고, 선악을 분명하게 가릴 수 있으며, 이치를 판단할 수 있을 것이다. 5·4 신문화운동은 중국이 현대문명 사회로 진입한 데 있어 중요한 한 걸음이었다.

후스胡適는 신문화운동이 "모든 가치를 재평가"하는 사상운동이었다고 인정했다. 그러나 '재평가'된 여러 가치 중에서, 교묘하게 『수호전』과 『삼국지』는 빠져버렸다. 유교와 공자가 청산의 대상이 되어 화덕 위에 구워졌다. 그리고 90년이 지났다. 이제 와 생각해보니 그것은 분명 당시의 전략적 '오판'이었다. 그러한 오판은 아마도 반역의 심리와 모종의 관련이 있는 것 같다. 민간이나 대중의 기호에서 나오는 모든 것은 감별하지 않고 추종하며 아첨하는 경향이 있다.

천두슈陳獨秀가 제시한 문학혁명의 '3대 사상'에서는 평이하며 통속적인 문학이 미래 지향적인 목표가 되었다. 후스의 백화문과 천두슈의 '3대 사상'이 제시하는 기준에 따라서 『수호전』과 『삼국지』는 5·4 신문학과 구별되었다. 그것들이 고대의 작품이라는 점 외에 다른 점들은 무시되었다. 그 작품들에 쓰인 언어와 민중의 애호 덕분에 두 소설은 신문학운동을 통해서 그 가치가 재평가되었다.

그러나 우리는 이 때문에 5·4운동을 가혹하게 평가할 수는 없다. 중국 사회의 현대화 과정은 지난했다. 가치를 재평가한다는 문제도 한 번에 성공할 수는 없는 일이다. 류짜이푸는 새로운 사회적 현실을 염두에 두고 '쌍전' 비판의 문제를 제기한 것이다. 그것은 오히려 5·4운동의 '모든 가치를 재평가'하는 정신을 계승한 것이다. 나아가 당시에 완성을 보지 못한 '국민성' 문제를 검토하고 비판하여 새로운 성과를 보충한 것이라고 할 수 있다.

류짜이푸가 이 책에서 비판한 것처럼, 루쉰도 일찍이 『수호전』 및 『삼국지』와 국민성의 깊은 관련성을 분명히 인식했다. 루쉰의 말이 그 증거가 될 것이다. "중국에서는 지금도 분명히 『삼국지』와 『수호전』이 성행하고 있는데, 이것은 중국 사회에 『삼국지』의 분위기와 『수호전』의 분위기가 남아 있기 때문이다."

국민이 그것을 옹호하고 추종하는 분위기가 없으면 어떠한 소설이라도 유행할 수 없다. 『삼국지』의 분위기와 『수호전』의 분위기가 존재하기 때문에 이 두 소설은 대를 물려가며 전해지고 그 내용이 이상하다고 생각되지 않는 것이다. 아쉬운 점은 루쉰이 이 문제에 대해 더 이상 화두로 삼지 않았다는 것이다. 그는 결국 무엇이 『삼국지』의 분위기인지, 무엇이 『수호전』의 분위기인지에 대해서 명확하게 설명하지 않았다. 그것을 구체적으로 설명해본다면, 『삼국지』의 분위기는 사실상 권모술수의 분위기이며, 아주 어두운 흑막의 분위기이다. 또한 『수호전』의 분위기는 사실상 건달들의 분위기이며, 깡패들의 분위기이다. 그들은 중국의 국민성 가운데 어두침침하고 열등하면서 잘못된 부분을 대표한다.

이 책은 『수호전』과 『삼국지』에서 그러한 문제점을 드러내, 인도적이며 인간적인 입장에서 토론을 진행한다. 소설에 등장하는 이야기와 그 서술 내용에서 발견된 문제를 통해 루쉰이 과거에 제기한 문제의식을 더욱더 깊은 경지로 발전시키고 있다. 내가 느끼기에 류짜이푸가 제기한 세 가지 문제, 즉 두 소설에 묘사된 폭력, 권모술수, 여성 비하의 문제는 정말로 심각하게 검토할 필요가 있다.

『삼국지』와 『수호전』의 현재 통용되고 있는 판본은 처음부터 만들어진 것은 아니다. 나관중과 시내암이 자료를 수집해 집필하고 자신들의 이름을 서명한 것은 나중의 일이었다. 이것은 이미 학계에서 공인된 사실이다. 이 두 작품은 사실, 지금은 누구도 모르는 많은 이야기꾼이 만들어낸 것이다. 아주 많은 유행 대본話本이나 이야기 초본이 있었다. 그리고 다시 문인들의 수집과 정리, 윤색, 편집이 이루어졌다. 아마도 이러한 이유 때문에, 이 두 고전소설에는 서로 다른, 심지어는 서로 모순된 문화적 가치관이 집합되어 있다. 다만 그들의 가장 기본적인 측면, 즉 가장 많은 서사 내용은 분명히 '위형'의 정보를 담고 있다.

류짜이푸는 그것들을 폭력의 숭배나 권모술수에 대한 숭배 그리고 여성에 대한 편견과 멸시 등으로 정리, 요약했다. 이것은 결코 두 소설을 폄하하는 것이 아니다.

『수호전』이 묘사한 것은 각양각색의 재야 호걸들이 봉기하여 반란을 일으킨 이야기다. 그리고 『삼국지』가 서술한 것은 한나라 말기에 군웅들이 할거하여 투쟁한 이야기다. 이야기의 소재는 결코 이야기에 내포된 가치관의 선택을 결정할 수 없다는 것을, 우리는 모두 인정한다. 그 때문에 두 소설의 문화가 '위형'이며, 폭력과 권모술수를 숭배하는 것은 이야기가 그러한 소재를 선택했기 때문이 아니라 전적으로 저자의 서사 윤리 때문이다. 즉 저자가 이야기를 풀어가는 가운데 구현해내는 윤리 관념 때문이다. 그들은 이야기 속에서 각 인물들이 착한 도리를 위배하는 비열한 행위를 인정해주고, 경우에 따라서는 그런 역할을 더욱 강화시켰다. 혹은 적어도 서술자들은 거리낌 없는 태도로 등장인물의 잔인함과 위선적인 행위를 음미하는 입장을 취했다.

문학작품은 독자들에게 암암리에 큰 영향을 준다. 그것은 선전 광고처럼 외부에서 물을 붓듯이 주입하는 것이 아니라, 서술자가 전달하고자 하는 내용, 즉 서사敍事 윤리를 이야기 자체와 절묘하게 결합시켜서 무의식중에 마음에 스며들도록 한다. 옛날 사람들이 소위 사곡詞曲이나 소설로 사람의 심성을 바꾸었다고 하는 것은 바로 이것을 뜻한다. 그러므로 두 소설에서 폭력의 숭배와 권모술수의 숭배라는 문제는 결국 그 뿌리까지 거슬러 올라가보면, 작가의 서사 윤리가 문명의 원칙과 인도적인 정신에 위배된다는 점에 기인한다.

셰익스피어 4대 비극 중 하나인 『맥베스』는 신하가 반역하여 임금을 살해하고 권력을 찬탈한 이야기다. 맥베스가 무고한 늙은 왕을 살해한 행위는 양산박에 있던 호걸들의 행위에 결코 뒤지지 않는다. 맥베스의 음험함과 권모술수 또한 『삼국지』의 영웅들에게 뒤지지 않는다. 단순히 소재만 가지고 논한다면, 『맥베스』의 이야기는 더 피비린내가 진동하고, 음험하며 비열하다. 그러나 셰익스피어는 폭력과 비열한 권모술수를 꾸짖는 불후의 비극을 성공적으로 써냈다.

이를 쌍전과 비교하자면 둘의 근본적인 차이는 바로 작가의 윤리에 있었다. 서로 다를 뿐만 아니라 양자 간에는 천양지차라고 할 만한 것이 있었다. 두 나라 소설의 사상적인 경지, 인생의 경지, 그리고 미학적 취미는 그 차이가 하늘과 땅처럼 컸다. 문학적인 면에서 보더라도 『맥베스』와 같은 작품은 위대하고 불후하다고 할 수 있다. 그러나 『수호전』과 『삼국지』는 유행에 불과한 보통 수준이라고 할 만하다. 문제를 좀 더 잘 설명하기 위하여 작품을 인용해보자.

제2막에서는 맥베스가 잠자고 있던 왕후를 살해하고 나서 문 두드리는 소리를 듣는 장면이 나온다. 셰익스피어는 권력욕에 사로잡힌 신하의 말을 이렇게 표현했다.

저 문 두드리는 소리는 어디서 나는 것일까? 도대체 무슨 일인가? 저 작게 들리는 소리가 모두 나를 벌벌 떨게 만드는구나. 이것은 누구의 손인가? 그들이 내 눈을 뽑아가려고 한다. 대서양의 모든 물을 끌어온다면 내 손의 핏자국을 씻어낼 수 있을까? 아니지, 아마도 이 한 손의 피가 오히려 푸르고 끝없는 바닷물을 붉은색으로 물들일까 두렵다.

욕망과 탐욕이 무서운 악행으로 이끌었다. 무서운 악행은 끝없는 공포감과 심리적인 혼란을 일으켰다. 그런 공포감 자체는 악행에 대한 분명한 확인이었다. 이 같은 맥베스의 독백은 극중 인물의 심리활동을 표면에 드러내는 것이며, 그것은 또한 저자가 보여주는 무언의 질책과 비판이기도 하다.

셰익스피어의 유사한 서술 방식은 제5막 맥베스 부인의 자살 소식 장면에도 재현된다. 맥베스는 다가올 내일이 그리 많지 않다는 것을 예감하고 시처럼 아름다운 대사를 만들어냈다.

내일 또 내일, 그리고 또 내일
하루하루 밟으며 가다보면
최후의 순간에 도달하겠지.
우리의 모든 어제는
바보들을 위해서 죽음으로 향하는 길을 비추지.
금방이라도 꺼질 것 같은 짧은 촛불.
인생은 질주하는 그림자일 뿐.
무대에서 손짓발짓하는 조연처럼
잠깐 등장해서 순식간에 사라지네.
그것은 바보가 들려주는 이야기.
시끄럽고 소란스럽지만 아무 뜻도 없네.

이것은 맥베스가 이미 탐욕 때문에 임금을 죽이고 그 직위를 찬탈하는 사악한 행위를 한 뒤에, 무대 막이 내려질 때 지른 비명이다. 탐욕에 대한 철학적 반성이기도 하고, 죄악에 대한 심판이기도 하다.

셰익스피어는 이처럼 자기가 묘사해나가는 사건 자체와 서술자인 자신의 태도를 분명히 구분했다. 그 때문에 독자들은 셰익스피어가 악행에 대해 행한 견책과 비판을 충분히 느낄 수 있었다. 도의적인 심판이 시종일관 이야기 소재 자체를 능가할 수 있었다.

사건의 이야기는 비록 어두웠지만, 인간적인 성품과 철학적 사고의 빛이 암흑의 지옥을 비추었다. 임금을 시해하고 권력을 찬탈하는 피비린내 나는 음모를 묵인하고 감상하는 데 서술이 덤추지 않고, 그것을 비판하고, 나아가 아주 엄격하게 꾸짖었다. 또 매우 풍부한 지혜로 그런 행위를 조롱하고, 매우 풍부한 도덕성으로 심판을 했다. 그리고 그러한 견책과 조롱, 심판이 바로 인물들과 그들의 행위를 서술하는 가운데 잘 녹아 있었다.

이러한 점에서 『수호전』과 『삼국지』를 다시 살펴본다면, 그 수준의 높낮이가 분명히 드러난다. 『수호전』이 그린 무송武松의 예를 들어보자. 무송은 형수를 죽인 죄로 맹주孟州에 유배되었다. 그러나 그곳에서 그는 관영管營의 아들 시은施恩을 돌보게 되었고, 장문신蔣門神이 재산을 침탈한 것에 보복하기 위해서 원앙루를 피로 물들인다. 이렇게 원수를 갚고 한을 푸는 장면을 보면 상당히 정의롭고 늠름한 기운이 느껴진다.

그러나 그 사건의 내막을 살펴보면 오히려 시은이 교묘하게 사기를 쳐 재물을 빼앗았다는 사실을 알게 된다. 그와 장문신 및 그 배후에 있는 장단련張團練, 장도감張都監은 사실 모두 한통속이었다. 소설에서는 시은 일가가 입신출세하는 과정이 매우 생생하게 그려진다. 거기에는 중국 사회에서 정치권력의 비호와 폭력의 보호를 받아 커다란 재산을 모아가는 비밀이 잘 드러나 있다. 무송은 그러한 나쁜 세력의 악한 모습을 잘 본받았다. 그는 술에 취해 장문신을 쳤다. 그는 비록 용감했을지 모르나 인간의 양심을 지니지 않았다. 그런데 저자는 오히려 그런 일을 악에 대항하는 의거로 묘사했다. 그런 기대감으로 무송의 영웅적인 기개를 그려냈다. 어떻게 선악을 이렇게도 구분하지 못하는 것일까? 양심이 이보다도 더 심하게 무너질 수는 없을 것이다.

무송의 그러한 '의기義氣'는 사실 전혀 가치가 없는 것이었다. 건달들의 객기에 불과한 행동이었다. 만약에 저자가 미화한 말들을 없애버린다면, 무송의 그런 행동은 건달이 거리에서 행패를 부리는 망동妄動이라고 할 수 있다.

소설에서 사건의 묘사는 비록 생동감 넘치지만, 나는 저자의 재능이 아깝게 느껴진다. 왜냐하면 저자가 인생의 가치나 자비롭고 동정하는 마음을 저버렸기 때문이다. 절세의 언어 표현력으로 거리의 활극을 묘사하는 데 그쳤기 때문이다.

원앙루의 살인사건에 이르면 무송의 행위는 더욱더 머리털을 곤두서게 한다. 한칼에 죽여버린 사람이 무려 15명이나 된다. 이 가운데 장문신 등 세 사람만 사건과 직접적으로 관련된 자였다. 나머지는 무고한 사람들이었다. 이렇게 무차별적인 살육에 대해 서술자는, 무송이 살육을 자행한 뒤에 스스로 매우 멋지고 용감무쌍하다고 생각하면서 한 문장을 남기도록 한다. "무송은 시신이 넘어져 있는 곳으로 가 몸에서 옷 한 조각을 찢어냈다. 그리고 붉은 피를 묻혀, 흰 벽 위에 다음과 같은 문장을 커다랗게 썼다. '살인자는 호랑이 잡는 무송이다.'"

이러한 문장은 등장인물이 아무것도 두려워하지 않는다는 것을 서술한 것이다. 그러나 저자의 글 쓰는 행위가 단순히 등장인물의 행위를 그려내는 것에 그칠 수는 없다. 등장인물의 행위는 바로 작가가 이러한 행위를 긍정하고 찬미한다는 사실을 전해준다. 작가가 표현하려고 한 것은 살인 행위 자체가 아니다. 칼 쓰는 동작 묘사를 제외하고는 세부 묘사도 별로 없다. 작가가 주로 표현한 것은 아주 의기양양하게 살인을 했다는 것이며, 아주 당당하게 사람을 죽였고, 아주 용감무쌍하게 살인을 했다는 사실이다. 그 자체가 바로 작가의 잔인성을 내포하고 있으며 피를 좋아하고 선악을 구분하지 않는다는 사실을 내포하고 있다. 류짜이푸는 이 책에서 이렇게 말했다.

중국의 평론가와 독자는 단지 자신들의 심리적인 쾌감만 추구할 뿐이다. 생명의 척도, 즉 인간성의 척도로 영웅들의 행위를 판단하는 것을 잊었다. 물론 '잊었다'고 표현하기보다는 차라리 근본적으로 그런 의식이 없었다고 표현하는 것이 더 나을 것이다. 왜냐하면 살인을 즐기는 변태적인 문화 심리가 이미 민족의 집단 무의식을 이루었기 때문이다. 루쉰은 되풀이하여 중국인들은 자기 동포가 참수당하는 것을 즐긴다고 비판했다. 뼛속까지 스며들어 있는 피비린내 나는 이기심과 무관심이다. 정말 슬픈 것은 이런 점에 대해 아무런 각성도 없다는 것이다. 무송은 지금도 여전히 중국인들의 마음속에서 대영웅이다. 그가 하녀와 여자아이, 그리고 마부를 참혹하게 죽인 행위에 대해서는 무시해버린다.

『삼국지』의 윤리 관념은 표현상 『수호전』과 크게 다르다. 『수호전』이 선악을 전도시키거나 혹은 선악의 경계를 구분하지 않는다면, 『삼국지』에는 충신과 간신, 정직과 거짓의 이야기가 시종일관 지속된다. 그러나 겉으로 드러난 이러한 표피적인 구별을 벗겨내면, 실질적으로 이 두 소설은 서로 아주 유사하다.

두 소설은 모두 서술자의 가치관이 졸렬하다. 『수호전』에서 선악이 전도되어 있는 것과는 달리, 『삼국지』가 그리는 윤리는 교과서적인 심리 태도에서 나온다. 마치 자기 집에 보물이 있는데 세상 사람들이 그런 사실을 모를까봐 두려워한다. 그래서 한 건 한 건을 적나라하게 소개하고 과시하면서 작은 지혜와 권모술수를 감상하도록 한다. 저자는 마치 자기가 교관인 듯 행세하며 대중을 계몽한다. 당연하게 우리도 저자가 출중한 교관이라는 사실을 인정해야 한다.

그렇다면 그는 무엇을 가르치고 있는 것일까? 당연히 권모술수이며 온갖 파렴치한 작태다. 류짜이푸는 이 책에서 정확하게 그 소설의 해악에 대해 이렇게 말했다. "『삼국지』는 계략과 권모술수와 음모를 집대성한 책으로, 그것은 권모술수의 각종 형태를 전시하고 있다. 소설 전체에서 드러나는 정치, 군사, 외교, 인간관계 등의 영역에서 뚜렷하게 부각되는 글자 하나는 '기만詭'이다. 모든 권모술수는 기만술인 것이다."

그 소설은 유비를 충신으로 조조를 간신으로 묘사하고, 촉蜀은 정의의 나라, 위魏는 사악한 나라로 묘사한다. 이러한 도통 관념은 외부에서 더해진 것이다. 충신이든 간신이든 모두 교활함을 최고로 여기고, 정의롭든 사악하든 모두 간교한 호걸 영웅이었다. 그중에서도 소설에 묘사된 갖가지 술수는 정사正史에는 대부분 보이지 않는 것들이다. 예를 들어 도원의 결의나 초선이 쓴 미인계 이야기, 제갈량이 주유를 세 번이나 졸도시켰다는 이야기, 제갈공명이 적벽대전에서 화살을 모은 이야기, 장간蔣幹이 가짜 편지를 훔친 이야기, 주유가 황개黃蓋를 친 이야기, 유비가 아들을 땅바닥에 내동댕이친 이야기, 사마의가 거짓으로 병을 핑계대서 조상曹爽을 속인 이야기 등은 모두 역사서에는 한마디도 기록되어 있지 않은 사건들이다.

어떤 이야기들은 정사에 나오는 한마디 혹은 야사에 나오는 근거 없는 기록에 덧붙여 그려낸 것이다. 예를 들면 삼고초려나 조조와 유비가 술을 나누면서 영웅을 논한 이야기, 유비가 채소밭에 씨를 뿌린 이야기 등이 그것이다.

이것들을 지적하는 것은 역사서에 없는 것으로 통속 소설을 지어내면 안 된다는 이야기가 결코 아니다. 『삼국지』의 저자는 중국의 관리나 일반 사람들이 경험한 것들 중에서 일부를 골라내 『삼국지』의 인물들에게 반영시켰다는 사실을 지적하고 싶다. 더 나아가 저자가 힘 들여 추가한 요소는 다름 아닌 권모술수나 음모와 같은 류이다. 저자는 현실의 삶 가운데서 여러 가지 권모술수나 임기응변의 도를 모아서 집중적으로 보여주고 있다. 그것을 후학들이 보고 배우도록 한 것이다. 우리가 『삼국지』 저자의 이러한 배려에 대해서 혐악하다고 말할 수는 없을 것이다. 다만 적어도 그런 마음씨는 평범한 것이며 숭고한 인간적인 경지가 결여되어 있다고 할 수 있다. 인류 문화적인 관심이 결핍된 것이다. 역사 관념의 측면에서 말하자면 그것은 천박하며 정사 『삼국지』나 『진사晉史』에 훨씬 못 미친다.

류짜이푸는 이 책에서 우리에게 『수호전』과 『삼국지』를 그동안 어떻게 읽어왔는지의 문제도 제기했다. 이 두 소설은 현재 전해진 판본으로 보면 400년 이상의 역사를 지닌다. 이렇게 길고 긴 역사 속에서 쌍전은 주로 권력과 권모술수를 숭배하는 입장에서 읽혀왔다. 이것은 분명히 그 자체가 지니고 있는 '위형' 문화의 문제이기도 하고 문화 가치관의 문제이기도 하다. 그러나 명청 교체기의 평론가들이 그러한 파도가 일어나도록 조장한 데에는 아주 큰 책임을 져야 할 것이다.

그것은 마찬가지로 독서의 역사에 쌓여온 묵은 빚이기도 하다. 즉 당시에 바로 절제하지 않고, 무책임한 찬양이 그 후에 한 세대 한 세대 내려가면서 독자들에게 사전 학습을 조성한 책임이다. 비판의 안목을 결여한 독자들은 부지불식간에 선입관을 주입하게 되었고 그들의 관점을 받아들이게 되었다.

지금까지 지속적으로 전해진 무송과 이규에 대한 찬양을 살펴보면, 그리고 거리의 서점에서 지속적으로 나온 『삼국지』 관련 서적들, 예를 들어 『삼국의 상전商戰 이념』 『삼국 관리사회의 책략』 등의 서적을 보면 명청 교체기 평론가들의 책임이 매우 크다는 것을 알 수 있다. 『수호전』의 평론 중에서는 용여당容與堂 판본의 이탁오 평론서評點와 관화당貫華堂 김성탄의 평론서가 끼친 영향이 가장 컸으며, 그 해악도 가장 컸다. 류짜이푸는 그 점에 대해서 이렇게 핵심을 짚어서 말했다.

『수호전』에 대한 이탁오의 논평에서 치명적인 착오는 폭력의 화신인 이규를 숭배한 점이다. 그 뒤에 김성탄이 계속해서 그러한 숭배를 했다. 다만 김성탄의 첫 번째 숭배 대상은 무송이었는데, 그에게 '천인天人'이라는 최고의 월계관을 씌워주었다. 이탁오의 첫 번째 숭배 대상은 이규였는데, 그가 이규에게 준 최고의 월계관은 '살아 있는 부처'라는 것이었다.

'천인'과 '살아 있는 부처'라는 두 모자를 무송과 이규의 몸에 씌웠다는 것은 그야말로 황당무계하다. 이 두 사람은 『수호전』에서 가장 비중

있게 서술되었고 가장 폭력적인 사람들이었다. 폭력에 대한 작가의 편애가 얼마나 컸던지는 독자들이 그들의 이야기를 통해서 알 수 있을 것이다.

명청 시대의 평론이 두 사람의 잔인무도한 살육 행위를 힘껏 고취한 것은 정말 교양도 양심도 없는 일이었다. 괴팍스럽고 경박하기 짝이 없다. 마치 명나라 말엽에 미친 선승禪僧이 기생을 붙잡고 술을 퍼마신 것처럼, 그 시대의 정신병적 상태가 잘 드러난다.

다만 지적할 만한 가치가 있는 것은 그런 김성탄도 실은 『수호전』이야기의 살육성을 간파했다는 점이다. 예를 들면 곤화당 판본에서 그가 쓴 「서이序二」에는 『수호전』에 등장하는 108명의 인물이 이렇게 서술되어 있다. "그들은 어렸을 때 모두 맹수 같은 모습이었다. 장년이 되어서는 모두 살인을 하고 재물을 탈취하는 행동을 했다. 그들은 죽은 뒤에는 모두 반란을 일으킨 도적이었다." 그러나 김성탄은 추상적으로는 부정했지만, 구체적으로는 긍정하는 평론 전략을 취했다.

그의 부정적인 인식은 구체적인 평론에는 결코 표현되지 않았다. 아마도 그 시대에 그 역시 어느 정도 말 못 할 고충이 있었던 것 같다. 그는 가끔 말을 에둘러 하면서 자신의 의도를 감추었다.

1980년대 베이징에 있을 때 필자는 류짜이푸가 흥미로운 학술 연구를 하고 있다는 사실을 알게 되었다. 그것은 그가 만청晩淸 시기에 서학이 중국에 전래된 이래 중국인이 취한 자아 반성과 자아 인식의 정신사에 대해서 집필하려고 한다는 점이었다. 의심할 나위 없이, 그의 이러한 학술적인 관심과 5·4 신사조의 '모든 가치의 재평가' 작업 및 국민성 비판은 서로 내재적인 관련이 있다.

5·4 신문화운동은 그러한 측면에서 새 지평을 열었다. 당시 깊이 있

는 발견도 있었지만, 모든 것을 완벽하게 해결한 것은 아니었다. 특히 중국 민족문화 전통 중 부정적인 가치들에 대해 사색하고 비판하며 버릴 것은 버리는 정신이 부족했다. 그것은 장기적인 과제가 되어 있다.

 5·4 신문화운동은 이미 지나갔다. 그러나 그 운동이 열어놓은 민족적 자아에 대한 반성의 사상적 과제는 아직 남아 있다. 류짜이푸의 이 책은 그가 5·4 신문화가 남긴 과제, 즉 국민성의 반성이라는 과제에 대해 다년간 가슴에 품고 있던 생각을 솔직하게 풀어놓은 것이다. 뿐만 아니라 이 책은 그가 중국을 떠난 뒤에 여기저기 떠돌면서도 뜻을 잃지 않고 부단히 추구한 학술적인 이상의 성과이기도 하다.

 그는 이 책을 완성하고 나에게 서문을 부탁했다. 이 책을 읽고 느낀 바를 몇 자 적었는데, 감히 서문이라고 할 수는 없다. 천리마의 꼬리에 붙어, 독자들과 함께 이 책을 읽는 즐거움을 같이하고 싶다.

2009년 9월
홍콩 중산中山대학에서

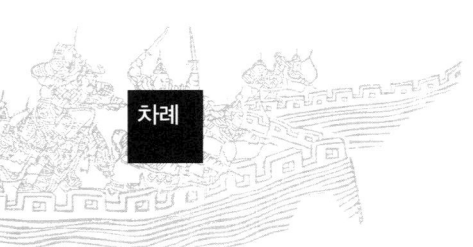

차례

한국어판 서문 _ 005
서문 | '삼국지 인간'과 '수호전 인간'에 대한 경고_린강 _ 009

들어가는 말 | **지옥문에 대하여** _ 041
문학비평과 문화비판 | 천국의 문과 지옥의 문 | 원형 문화와 위형 문화 | 인간적인 문화와 비인간적인 문화 | 암흑 왕국과 광명의 사례

【제1부】─『수호전』 비판

제1장 | **사회적인 반란 긍정론 비판** _ 071
『수호전』의 두 가지 기본 명제 | 두 종류의 서로 다른 반란 | 반란 긍정론에 대한 몇 가지 비판

제2장 | **정치적인 반란 긍정론 비판** _ 108
반란 기치 아래의 영아 살해 | 반란 기치 아래의 살인 행위 | 반란 기치 아래의 소탕 행위 | 반란 기치 아래의 살육 행위 | 반란 긍정론에 대한 네 가지 사색

제3장 | **욕망 부정론에 담긴 명제 비판** _ 135
욕망의 권리와 불평등 | 영웅의 특징과 영웅의 미녀 살해 | 『홍루몽』『수호전』『금병매』의 혼외정사관

제4장 | **도살 쾌감의 두 가지 현상** _ 157
도살 쾌감의 심미화 현상 | 도살 쾌감의 국제적인 현상

제5장 | **지옥의 빛─송강에 관한 재평가** _ 172
지도자의 비영웅성과 비영웅적 원칙 | 독창적인 농민혁명의 또 다른 '게임' 규칙 | 송강의 이미지가 구현한 '의협'의 본질 | 송강이 타협한 노선의 철학적 분석

【제2부】 『삼국지』 비판

제6장 | **중국 권모술수의 집대성** _199

권모술수와 제도의 차이 | 유비의 유교적 술수 | 조조의 법가적 술수 | 사마의 음양술 | 신출귀몰한 미인술

제7장 | **'의리'의 변질** _242

위형으로 향한 '의리' | 의리의 배타성 | 형제 윤리와 책임 윤리 | 관우를 숭배하는 심리 분석 | 근대 사상가들의 반성

제8장 | **지혜의 변질** _283

파괴적 지혜의 경쟁 | 제갈량의 위형적 지혜 | 지혜 내용의 변화

제9장 | **역사의 변질-정치 투쟁의 세 가지 원칙** _305

성실성은 필요 없다 | 사당死黨을 결성한다 | 상대방에 먹칠한다

제10장 | **미의 변질-여성의 물건화** _337

요물에서 제물로 | 동물과 기물器物 | 권력투쟁의 물건 | 독물과 가축의 참극 | 여성의 '물건화' 도표 | 만물은 모두 여성에게 갖추어져 있다 | 유가의 역사적 책임

주註 _373

들어가는 말
지옥문에 대하여

1. 문학비평과 문화비판

 이 책의 주제는 '쌍전雙典', 즉 두 권의 '경전經典'에 대한 비판이다. 두 권의 경전이란 중국 문학사에서 대표적인 소설로 꼽히는 『수호전』과 『삼국지』를 말한다. 여기에서 '비판'이라는 말은 문화비판을 가리키는 것으로 가치관에 대한 비판이며 통상적인 문학비평이 아니다.
 문화비판과 문학비평은 그 개념이 서로 다르다. 문학비평의 대상은 문학작품이다. 문학작품에 대한 비평의 기준은 첫째, 문학의 내용을 고찰하는 것이며 둘째, 문학의 심미적인 형식을 고찰하는 것이다.
 필자가 이해하고 있는 문학이란 다음의 세 가지 요소를 갖춘 것이다. 첫째는 정신이고, 둘째는 상상력, 셋째는 심미적 형식이다. 문학비평은 바로 이 세 가지에 대해서 행하는 것이다.
 한편 '문화비판'은 문학작품 자체에 포함되어 있는 문화적인 인식을 다룬다. 그것은 단지 내용하고만 관련된다. 심미적인 형식이나 상상력과는 무관하다. 바꾸어 말하자면, 문화비판을 할 때에는 심미적인 형식과 상상력 등의 요소를 배제하고, 직접적으로 문학작품의 정신적인 취향이나 사상, 관념, 문화의식, 인간적인 도리 등 가치 요소를 살펴봐야 한다. 지금 『수호전』과 『삼국지』에 대해 비판하고자 하는 것은 바로 그 소설들의 핵심적인 가치관과 인식이다.

비평이나 비판은 모두 일종의 판단이다. 전자의 무게 중심은 심미적인 판단 즉 미美에 있으며, 후자의 무게 중심은 윤리적인 판단, 즉 선善에 있다. 심미적인 판단은 그 대상을 정치적 법정이나 도덕 법정에 세우지 않는다. 그것의 기본적인 성질은 칸트가 말한 '목적이 없는 합목적성'이다. '목적이 없다'는 것은 직접적이거나 구체적인 공리 목적이 없는, 즉 세속의 정치적·도덕적 목적이 없다는 것이다.

그러나 그것은 동시에 '합목적성', 즉 목적에 합치되는 성격을 갖는다. 그래서 인류의 생존과 번영, 발전 등 총체적인 목적에 부합된다. 또 인간성이 진리와 선, 미를 향하여 발전해가는 총체적인 방향에 부합된다. 그러므로 진정으로 아름다운 것은 결국 가장 넓은 의미에서 선을 포함하는 것이다.

문학이 '미를 통해 선을 쌓는다'고 하는 말은 바로 넓은 의미의 선을 가리키는 것이다. 반면 문학이 미를 통해 '권선징악'을 하는 것은 아니라고 할 때, 그때의 선과 악은 좁은 의미의 선악을 말한다. 문학은 굳이 자신을 변모시켜 도덕적인 설교로 만들 필요가 없는 것이다. 그러나 윤리적인 판단은 심미적인 판단과 다르다. 그것은 '목적이 있는 합목적성'의 판단이며, 자신의 윤리적인 목적을 숨기지 않는다.

윤리란 거대한 체계이다. 그것은 적어도 두 가지 서로 다른 윤리로 나뉜다. 하나는 정치적인 윤리로 '정의'나 '권리'를 목표로 하며, 또 하나는 종교적인 윤리로 '선'을 목표로 한다. 이 둘은 모두 선명한 가치를 포함하고 있기 때문에, 윤리적 판단은 실제로 일종의 가치 판단, 즉 가치관과 가치적 취향의 판단이다.

문학비평은 심미적인 판단이다. 그 출발점은 예술적 감각이지, 개념이 아니다. 중요한 것은 문장 자체에 표현된 심미적 세계로, 그 속에 들어 있는 정신과 심미적 특징을 찾아내는 것이다. 반면 문화비판은 작품 가운데 담겨 있는 윤리적 내용을 끄집어내 그것을 관찰의 대상으로 삼는다. 비평의 출발점은 예술적 감각이 아니고, 인류 사회를 지탱해주는 공통적인 가치 규범, 즉 가장 넓은 의미에서 문명에도 합당하고 인간성에도 합당한 '선善'인 것이다.

이렇게 초보적인 구분을 하고 나면 다음과 같은 점을 발견할 수 있다. 즉 문학비평과 문화비판은 모두 문학작품의 정신과 관련되어 있으며 양자는 또 서로 교차하고 연결된다는 것이다. 일본 현대문학을 예로 들어보자. 문학적인 파급력과 영향력이라는 면에서 말하자면, 가장 높게 평가할 수 있는 작가는 물론 미시마 유키오三島由紀夫이다.

그러나 스웨덴 재단의 노벨문학상 비평가들은 오히려 가와바타 야스나리川端康成와 오에 겐자부로大江健三郎에게 노벨상의 영광을 안겨주었다. 미시마 유키오에게는 수여하지 않았는데, 그 이유는 미시마의 폭력적인 성향 때문이었다. 특히 그가 고취한 무사도 정신은 노벨의 가치 이상, 즉 가장 넓은 의미의 선이라고 할 수 있는 이상에 부합되지 않았기 때문이다. 비록 미시마 유키오의 작품이 예술적인 매력을 띠고 있었더라도 그의 폭력주의적인 가치관은 바로 인류의 영구적인 평화의 이상주의와 보편적인 세계관과는 정면으로 배치되는 것이다.

그러므로 미시마 유키오가 제2차 세계 대전 이후 일본의 가장 매력적인 작가라고 인정할 수는 있지만, 그의 작품이 내포하는 가치관과 문화의식은 전혀 받아들일 수 없다. 마찬가지로 우리는 역시 그가 톨스토이와 같은, 정신적인 최고봉을 구축한 위대한 작가에는 속하지 못한다는 것을 판단해낼 수 있다.

『수호전』과 『삼국지』라는 이 두 소설에 대해 문학비평의 관점에서 말하자면, 마땅히 이들은 매우 걸출하고 아주 재미있는 문학작품이라는 점을 인정하지 않을 수 없다. 그야말로 부끄럽지 않은 문학 경전이다. 김성탄金聖嘆은 『수호전』이 108명의 장수를 108가지 모습으로 그렸다고 말한 적이 있다. 단지 이 하나만 들더라도 그것은 대단한 문학적 성공이다. 108명의 개성 있는 이미지를 형상화한 것 외에도 수백 명의 인물을 그려냈는데, 그렇게 많은 사람의 이미지를 통괄한다는 것은 결코 쉽지 않은 일이다.

문학비평이 비록 주관성을 띠기는 하지만, 그렇다고 객관적인 표준이 없는 것은 아니다. 문학작품은 확실히 높고 낮은 수준이 있고, 우열의 차이가 있다. '열등한' 소설도 천 명의 인물을 그리면서 '천 명의 모습'을 보여준다. '우월한' 소설이 어찌 인물 두세 명 그리는 것을 두려워하겠는가? 두 사람이면 두 사람의 모습, 세 사람이면 세 사람의 모습을 잘 묘사해낸다.

『수호전』은 108명의 인물을 묘사하면서 108명의 모습을 잘 그려냈다.

이것이 바로 예술이고, 문학적 재능인 것이다. 김성탄은 그것을 '대재자서大才子書'[1]라 불리는 걸작 중의 한 권으로 꼽았는데, 정말 그렇게 부르기에 손색이 없다.『수호전』에 대한 문화비판은 그것이 걸출한 문학작품이라는 것을 긍정하고 나서 진행하는 것이다.

『삼국지』역시 매우 뛰어난 장편소설 중 하나다. 이 소설에 나타나는 언어, 구조, 전쟁 장면 묘사 등의 예술적 성과에 대한 평가는 일정하지 않다. 다만, 표현된 인물의 모습은 우리가 그것을 좋아하거나 좋아하지 않거나에 상관없이 매우 성공적으로 묘사되었다는 점을 인정해야 한다. 주요 인물인 제갈량諸葛亮, 조조曹操, 유비劉備, 관우關羽, 손권孫權, 장비張飛, 조운趙雲, 주유周瑜, 여포呂布, 노숙魯肅, 사마의司馬懿 등 각각의 인물은 모두 벨린스키[2]가 말한 '전형적인' 이미지라 할 수 있다. 소설이 나오고 수백 년이 지났는데도 이러한 이미지는 시간이 흐름에 따라 약해지지 않고, 여전히 수많은 독자의 눈앞에 생생히 살아 있으니 대단히 놀랍다.

이 소설의 전쟁 장면과 그 막후의 지략, 궁정에서의 투쟁 및 갖가지 음모와 계략 등은 모두 진실로 뛰어나게 묘사되어, 사람들이 쉽게 망각할 수 없게 한다. 특히 초선貂蟬[3]과 같은 미인이 두 명의 용감한 장부, 즉 동탁董卓과 여포呂布를 무너뜨리는 장면은 중국 문학사상 일찍이 볼 수 없었던 것으로, 미인이 '이리와 함께 춤을 추는' 예술성이 매우 강한 장면이다. 그 미인이 지극히 험악한 장면에서 보여준 것은 동방의 '음모와 애정'이라고 할 만한 정치극이었다. 금방이라도 사람의 머리가 잘려나갈 상황에서도 그녀는 냉정하게 대응하면서 수없이 많은 자태를 보여준다. 그것이 일부러 꾸며낸 슬픈 모습이든, 놀라운 모습이든, 아니면 일부러 만들어낸 자살의 모습이든 간에 모두 절묘한 기예技藝로 치장하고 공격당할 틈을 보이지 않았다.

소설에서는 초선을 묘사하기를 '봉의정鳳儀亭을 떠들썩하게 했다'고 했는데, 그곳에서 그녀는 여포를 만나 은근하게 대하거나, 무언가를 암시하기도 하고 또 한편으로는 강요하는 듯하고, 물에 빠져 자살하려는 듯한 모습을 보여준다. 이렇게 하여 여포의 자존심을 자극하고, 한발 한발 여포를 포로로 삼아 여포와 동탁 사이를 이간시켜 나갔다. 이와 같이 미인이 영웅을 정복하고, 약한 여인이 흉악스럽고 늑대 같은 남자들을 사로잡아버리는 극적인 묘사는 확실히 사람들을 끌어들여 황홀한 경지에 빠져들게 한다. 문학비평의 관점에서 본다면, 그 서사예술은 이미 매우 높은 수준에 도달했음을 인정하지 않을 수 없다.

하지만 그것을 문화비평의 관점에서 본다면, 우리는 초선이라는 여성이 사실은 정치 곡마단에서 활약하는 굉장히 흥미로운 한 명의 배우에 불과하다는 사실을 발견하게 된다. 그녀는 매우 아름답고 매우 총명하지만, 자기 자신의 마음이 없으며 자아의식이 없고 자유의지가 없다. 단지 정치 투쟁의 도구일 뿐이며 권력을 다투는 바둑돌과 같이 스스로의 영혼은 결여되어 있다. 결론적으로 말하자면 그녀는 단지 주인인 왕윤王允에 대해 충성을 다하는 사람일 뿐으로, 아름다운 자태와 신체를 기꺼이 바쳐 주인의 은혜에 보답하려는 여성 노예에 지나지 않았다.

『삼국지』와 『수호전』은 중국문학사에서 소설의 성숙도를 보여주는 징표라고 할 수 있다. 중국 소설의 발전은 대체로 3단계로 나뉜다. 첫 번째는 고사故事 단계, 두 번째는 화본話本 단계, 세 번째는 서사敍事예술의 단계이다. 두 작품은 중국소설이 서사예술의 성숙기에 들어섰음을 나타낸다.

이른바 서사예술이 성숙했다는 것은 소설을 집필할 때 언어적인 자각이나 구성의 자각 혹은 수법상의 자각, 특히 인물 이미지를 꾸며내는 것에 대한 자각이 이미 이루어지고 있었음을 의미한다.

중국은 원래부터 시가와 산문을 문학의 정통으로 여겼다. 희극戱劇과 소설은 비주류였다. 『수호전』과 『삼국지』가 세상에 나온 후, 이 두 책은 김성탄이 평가했듯이 걸작으로 꼽히고 소설의 지위는 높아졌다. 오늘날 우리는 여전히 이 두 작품의 걸출함과 예술적인 매력을 긍정할 수밖에 없다. 그러나 이 두 경전이 예술적인 매력을 지닌다는 바로 그 이유 때문에 우리는 이들 속에 담겨 있는 독소를 발견해내기가 어려우며 해로움은 그래서 더욱 크다.

이러한 의미에서 말하자면 "경전이 훌륭하면 훌륭할수록, 비판은 더욱 필요하다"는 지적이 옳다. 이러한 지적이 뜻하는 것은 다음과 같다. 즉 경전의 반열에 오른 소설은 그 거대한 예술성으로 세월의 풍랑에 씻겨가면서도 그 매력은 오랫동안 시들지 않는다. 그렇기 때문에 독자들은 습관적으로 그것을 전수하고, 묵묵히 수용하며, 즐겁게 감상하는 동안 의문을 갖는 일을 잊어버린다. 그리고 무의식중에 경전 속의 가치 취향이나 정신적인 독소를 완전히 받아들이는 것이다.

이러한 독소가 끼치는 영향력은 매우 크다. 보통의 다른 작품들과는 비교가 되지 않는다. 바로 이 때문에 경전에 대해서 비판을 하며, 경전의 어두운 측면을 지적해내고, 그러한 가치가 지향하는 엄중한 문제들에 대해 의문을 표하는 것이 지식인들의 사명이 된 것이다.

우리는 『삼국지』와 『수호전』의 재기발랄함과 예술적인 매력에 스며 있는 독기와 피비린내를 거부할 수 있다. 가치관의 측면에서 지적하자면

이 두 걸작은 '대재난의 책'이기도 하다. 한편으로는 폭력을 숭배하고, 또 한편으로는 권모술수를 숭배하기 때문이다. 이 두 권의 소설은 모두 정신적인 재난을 조성하고 있는 셈이다.

『수호전』과 『삼국지』는 대략 명나라 영락永樂(1403~1424) 이후, 가정嘉靖(1522~1566) 이전, 즉 1522년 전후에 등장했다. 그 후 500여 년간 중국 사회에서 사람들의 마음에 가장 크게, 그리고 가장 광범위하게 해악을 끼친 문학작품은 바로 이 두 경전이었다. 정말 두려운 것은 이들 작품이 과거뿐만 아니라 현재까지도 여전히 영향을 미쳐 사람들의 마음을 파괴하며 잠재의식을 변화시킨다는 점이다. 오늘날 여기저기에 『삼국지』적인 인간과 『수호전』적인 인간이 있다. 다시 말하자면 『삼국지』의 심리와 『수호전』의 심리가 사회 곳곳에 존재한다는 것이다. 그래서 이 두 소설은 중국인에게 지옥의 문인 것이다.

2. 천국의 문과 지옥의 문

지금까지 중국 고전소설을 논할 때에는 언제나 막연하게 '4대 명저'로 『삼국지』『수호전』『홍루몽』『서유기』를 들거나, 『금병매』 또는 『유림외사』를 더해 '5대 명저'를 들었다. 한편 이러한 소설들에 담긴 정신적인 내용의 커다란 차이에 대해서는 별로 관심을 두지 않았다.

『홍루몽』을 좌표로 삼아 쌍전을 살펴보면 양자 사이에는 하늘과 땅만큼이나 큰 차이가 있다. 그러나 이러한 진부한 표현으로 필자가 느끼는 둘 사이의 차이를 정확히 표현하기는 어렵다. 그래서 나는 서양의 유명한 조각 작품 두 점의 이름을 빌려보려 한다.

하나는 15세기 이탈리아 조각가 기베르티가 조형한 「천국의 문」(『그리스도전』 28면의 청동문)이며, 다른 하나는 프랑스 조각가 로댕이 제작한 「지옥의 문」이다. 사람이 추구해야 할 인성人性의 길에 대해서 말한다면 『홍루몽』은 '천국의 문'이라고 할 수 있다. '인성'이란 무엇인가? 그것은 사람이 자신의 동물적인 본능을 이성적으로, 시적으로 승화시키는 것을 말한다.

사람은 어떻게 해서 욕망의 단계에서 인정人情의 단계로, 또 인정의 단계에서 영혼의 단계로 진입할 수 있는가? 『홍루몽』이 이 질문에 대한 답을 제시했다. 만약 '천국'이 아름다운 인간성이 결국에 도달해야 할 곳이라면, 『홍루몽』은 우리를 천국으로 이끄는 문이다. 그 소설에 등장하는 가보옥賈寶玉이나 임대옥林黛玉 등은 모두 우리를 천국으로 이끄는 시적 정취를 지닌 생명들이다.

그러나 쌍전은 '지옥의 문'이다. 사람들은 어떻게 서로 죽이거나 속이는 생지옥으로 들어가는 것일까? 우리의 인간성은 어떻게 해서 이렇게 변질되고 변태적인 게 되었을까? 그것은 그 경전들이 잘 보여준다.

로댕은 「지옥의 문」을 37년간이나 제작했으나 사망할 때까지 완성을 보지 못했다. 창작의 영감은 우선 단테로부터 받았다. 지옥의 정상 중앙에 앉아 있는 사상가는 바로 단테라고 한다. 단테는 『신곡』의 첫 부분에서, 과거의 애인이자 현재의 여신인 베아트리체의 부탁을 받고, 시인 베르길리우스를 따라 지옥의 입구까지 따라갔다. 그리고 지옥의 문에 새겨진 무서운 문장을 보았다. 그것은 지옥에 대한 다음과 같은 정의였다. "여기서부터는 비참한 성으로 들어가는 길이다. 여기에서부터 영원이 고통을 받는 곳으로 들어가는 길이다. (…) 너희는 이곳으로 들어가면 모든 희망을 버려라." 단테의 정의에 다르면 지옥은 바로 희망의 죽음이다. 지옥의 문은 희망이 전혀 없는 문이다.

로댕의 「지옥의 문」에 관하여 전문적인 저서를 쓴 릴케Rainer Maria Rilke(1875~1926)는 이렇게 묘사한 바 있다.[4] "로댕은 크고 작은 인물 조각상 수백 점으로 형형색색의 다양한 격정을 표현했다. 욕망이 충족된 환희를 표현하기도 하고 죄악을 심각하게 자각하는 모습을 표현하기도 했다. 그는 굉장히 많은 신체를 조각했는데 야수가 서로 함께 물고 뒤엉킨 모습과 같은 것도 있고, 무거운 물건이 심연으로 추락하는 모습을 한 경우도 있다. (…) 그것은 화환과 넝쿨 줄기를 닮았다. 겹겹이 꿰놓은 무거운 신체들로부터, 고통의 근원으로부터 활력이 충만한 죄악의 입구가 드러나는 것 같았다."

쌍전 속의 모든 형상과 이야기는 바로 릴케가 본 지옥의 풍경과 닮았다. 표면상으로 보자면 그것은 화환과 넝쿨가지를 방불케 하지만, 실제로는 육체가 몇 겹으로 꿰매어져 서로 물고 뒤엉킨, 마치 굉장히 무거운 물건이 심연을 향해서 추락하는 것과 같다.

지옥과 같은 생존 상태에 대해서 사상가인 로댕과 릴케의 인식은 또렷했다. 그들은 그 모습을 보여주고 묘사할 때 기본적으로 비판적인 입장에 섰다. 물론 그들이 보여준 감정은 슬픈 것이었다.

그러나 쌍전의 저자 및 독자의 태도는 그와는 정반대다. 기본적으로 칭송하는 입장에 서 있으며, 예찬하는 감정을 지녔다. 말하자면 저자든 독자든 간에 쌍전에 등장하는 인물들이 지옥과 같은 곳에 처해 있었다는 사실을 전혀 의식하지 못했다. 그들의 가치와 문화 관념은 지옥과 마찬가지로 어둡고 무거웠다. 이러한 무의식은 잠재의식이라고 할 수 있다. 『수호전』과 『삼국지』는 이미 사람들의 심층 심리어 깊숙이 침투해 있다. 집단 무의식이 된 것이다. 그래서 나는 부득이하게 '쌍전'에 대해서 살펴보지 않을 수 없고, 부득이하게 그 핵심적 가치관에 대해 근본적인 의문을 제기하지 않을 수 없다.

여기에서 특별히 설명해두어야 할 것은 맨 처음 '쌍전'과 중국 국민성의 상관관계를 밝힌 이는 루쉰이라는 사실이다. 그는 1935년에 이렇게 말했다.[5]

> 중국에는 분명히 아직도 『삼국지』와 『수호전』이 성행하고 있다. 왜냐하면 아직도 『삼국지』의 분위기와 『수호전』의 분위기가 사회에 남아 있기 때문이다.

루쉰의 이 논평은 상당히 중요했지만 아쉽게도 아무런 주의를 끌지 못했다. 루쉰의 뜻은 말하자면, 중국인들이 『수호전』과 『삼국지』를 좋아하는데 그것은 국민성에 기초하기 때문이다. 즉 중국인의 심리와 박자가 맞고 통한다는 것이다. 다소 각박하게 말하자면 기질이 서로 투합된 결과라는 얘기다.

다만 루쉰은 사람들이 쌍전을 열성적으로 받아들인 원인만을 이야기했지, 다른 측면은 언급하지 않았다. 즉 쌍전은 그것들이 생겨난 이후에 다시 입장을 바꿔서 사람들의 『수호전』적인 기질과 『삼국지』적인 기질을 강화하고 또 그것에 기초한 새로운 문화를 만들고 있다는 점을 언급하지 않았다.

이것은 일종의 악순환이다. 원래 존재하고 있던 문화가 쌍전의 심리적인 기초를 조성했는데, 쌍전이 나온 뒤에는 원래 있던 문화를 보다 더 악화시켰다. 의심할 필요도 없이, 이 두 소설은 현재에도 의기가 상통하는 많은 사람을 끌어들이고 있다. 그들은 바로 『수호전』 인간이거나 『삼국지』 인간이다.

특히 현대에 영화와 TV가 등장한 뒤로는 독서를 해야 하는 장애를 뛰어넘었다. 그 덕분에 이 두 소설은 더욱더 대규모로 사람들의 마음을 사로잡고 인심을 동화시키고 있다. 이제는 그것들이 인간성을 파괴하는 인생 기조를 조성하고 또 새로운 인격을 만들어내고 있다. 그러나 아쉽게도 반성하는 사람은 많지 않다. 이규처럼 사람들을 잔인하게 살육하면서도 전혀 심리적인 거부감을 느끼지 못하는 것은 어떤 의미를 갖는 것일까?

몇 년 전에 나는 「누가 중국을 통치하고 있는가」라는 글을 발표한 적이 있다.6 『수호전』과 『삼국지』가 등장한 이후로 중국은 표면상 제왕이나 제후, 혹은 총통이 통치하고 있는 것 같다. 그러나 사실은 그렇지 않다. 그들 통치자 역시 사실은 『수호전』과 『삼국지』에서 벗어나지 못하고 있다. 그러므로 진정으로 중국인의 마음을 통치해온 것은 이 두 소설책이다. 전에 썼던 글을 아래에 인용해보겠다.

누가 중국을 통치하는가?

누가 중국을 통치하고 있는가? 내가 여기서 제기하려는 것은 문화적인 문제이다. 정치적인 문제가 아니다. 정치적인 차원에서는 옛날이나 지금이나, 최고 통치자가 정권을 잡는다. 이것은 논증할 필요가 없는 문제다.

그러나 문화적인 차원에서는 다르다. 누가 중국을 통치하고 있는가 하는 것은 매우 큰 문제이다. 지금 누가 중국을 통치하는가? 내 대답은 이렇다. 두 권의 소설에 담긴 문화적 가치관이 중국을 통치하고 있다. 하나는 『삼국지』이고 다른 하나는 『수호전』이다.

명나라 때 이 두 소설이 등장한 뒤 중국은 점차 이 책들의 통치를 받기 시작했다. 현대에 이르러 두 책이 위에서 아래까지 많은 사람을 변화시키고 있다. 그 안에 담긴 기본 관념이 사람들 위에 주재主宰하고 있다.

마오쩌둥은 비록 『수호전』을 비판한 적이 있지만, 그가 비판한 것은 송강이 탐관오리에 대해서만 반대하고 황제에 대해서는 반대하지 않은 투항주의자였다는 점뿐이다. 마오쩌둥의 머릿속은 오히려 '반역은 정당하다'는 『수호전』의 기본 이념에 지배당했다.

『삼국지』에 대해 그는 수백 가지 의견을 내놓았다. 지갈량의 치밀한 전법에서 장로張魯의 도교 사회주의까지 모두가 흠모하고 칭찬하는 내용이었다.

5·4운동 이후 중국이 서구의 지식과 사상을 받아들였지만 그것들은 모두 진정으로 중국을 통치하지 못했다. 유일하게 1949년의 혁명이 성공한 후에 마르크스주의가 겨우 사상적으로 몇십 년간의 통치적 지위를 얻고, 집권정당이 그것을 통치사상으로 선포했다.

그러나 마르크스주의는 문화적인 차원에서 정말로 중국을 지배했을까? 아마 그렇지는 않을 것이다. 혹자는 말하리라. 의식적인 차원에서 중국인들은 마르크스주의를 받아들였다고. 그렇지만 잠재의식의 차원에서 중국은 여전히 쌍전의 통치를 받았다.

문화대혁명 당시 마르크스주의 이데올로기는 역사적으로 최고봉에 올랐다. 마르크스주의의 수많은 이론은 한마디로 귀결시킬 수 있는데, 그것은 바로

'반역은 정당하다'는 말이다. 그것은 바로 『수호전』의 기본 사상이다.

문화대혁명 당시 그리고 그 이전의 여러 차례의 정치운동에서 등장한 폭력, 권모술수, 음모, 토벌 등 일체의 기세는 바로 『삼국지』와 『수호전』에서 나온 것이다. 당시의 홍위병, 반역파, 결방파結幫派가 서로 죽이고 싸웠는데, 그 잔인한 정도는 이루 형용할 수 없었다. 그들은 '혁명노선'을 말했는데, 실제로는 『삼국지』에 등장하는 도원결의와 같은 행태였다.

마르크스주의 외의 다른 사상과 사조는 아주 작은 범위에서 영향을 미쳤다. 지금 대륙에서 여전히 논쟁 중인 실존주의나 구조주의, 포스트모더니즘 혹은 탈식민주의 등의 사상도 마찬가지다. 주로 지식인 일부에게만 영향을 미친다. 전체적인 국면과는 거의 무관한 것이다.

중국인들에게 진정으로 영향을 미치고, 그들 마음을 사로잡은 것은 『삼국지』와 『수호전』이다. 특히 두 소설이 텔레비전 연속극으로 각색되어 방영된 뒤, 그 영향력은 가늠하기 힘들 정도로 커졌다.

1949년 이전에 중국인들의 문화의식은 바로 쌍전에 의해서 다듬어졌다. 광대한 농촌 곳곳에 관우의 사당과 조자룡의 사당이 세워졌다. 그러한 인격신은 주로 향촌에서 활동했고, 도시로 진입하기란 어려웠다. 그러나 현재는 쌍전이 가장 진보된 과학기술을 통하여 중국인들이 거주하는 전 세계 모든 곳으로 퍼져나가고 있다. 세계 도처에 영웅이 강림한 듯, 새로운 세대의 중국인들은 다시금 쌍전에 의해서 통치를 받고 있는 것이다.

3. 원형 문화와 위형 문화

대략 말하자면 네 권의 고전 명저는 인류 문화의 측면에서 볼 때, 한 민족의 '원형原形 문화'와 '위형僞形 문화'를 분명하게 구분하지 않은 잘못이 있다. 여기에서 진지하게 그 책들을 설명해보자면 다음과 같다. 『홍루몽』과 『서유기』는 '원형' 문화에 속한다. 한편 『삼국지』와 『수호전』은 '위형' 문화다.

원형 문화란 한 민족의 원질原質이며 원액과도 같은 문화다. 즉 참다운 본연의 문화다. 반면 위형 문화는 본연의 형태가 변하고 성질이 바뀐 문화다. 질적으로도 변질된 문화다. 모든 민족의 문화는 장기적으로 역사의 풍랑 속에서 변질될 수 있다. 문화를 고찰할 때는 자연히 이러한 현상을 정확히 파악해야 한다.

문화를 원형 문화와 위형 문화로 나누는 것은 우선 슈펭글러Oswald Spengler의 명저『서구의 몰락The Decline of the West』에서 힌트를 얻었다. 이 책에서 아랍과 러시아 문화에서 '위형'이 발생한 원인을 논할 때, 슈펭글러가 강조한 것은 외부적인 요인이었다. 즉 외래 문화의 침입과 영향이다. 말하자면 아랍 문화는 그것이 아직 형성되기 전 고전 문명의 대외적인 확장으로 인해 무력으로 점령당해 그 문화가 정상적으로 발전할 수 없었다. 그래서 그 문화 형태와 종교적인 생명이 모두 왜곡되고 억압을 받았다.

『서구의 몰락』에서는 '역사의 위형'이라는 중요한 개념에 대해서 다음과 같이 설명한다.[8]

어떤 광석의 결정結晶은 암석층에 매장되어 있다. 그런데 거기에 틈이 생기고 균열이 발생하면 그곳으로 수분이 스며들어간다. 그 결정은 천천히 침식되면서 순차적으로 빈 공간이 형성된다. 그 뒤 산악을 뒤흔드는 화산이 폭발하고 용화된 물질이 차례로 그곳으로 스며들고 응결하여 결정이 형성된다. 다만 그 물질들은 자신의 특수한 형식에 따라서 그 모든 것이 진행되는 것이 아니다. 채울 수 있는 빈 공간을 가득 채울 뿐이다. 이 때문에 왜곡된 형태가 출현하고, 내부 구조와 외부 형태가 모순되는 결정이 출현하는 것이다. 또 어떤 암석이 다른 종류의 암석 모양을 갖는 상황이 출현하기도 한다. 광물학자들은 이러한 현상을 '거짓 결정 현상'이라고 부른다.

이 거짓 결정 현상이 바로 역사의 '위형僞形'을 비유적으로 설명하는 것이다.

슈펭글러가 주장한 주요 내용은 이질 문화가 개입된 이후에 원질 문화에 '위형'이 발생한다는 것이다. 중국 문화에도 이질 문화의 개입과 충격이 있었다. 가장 중요한 것은 두 차례 있었는데, 하나는 고대 불교 문화가 전래된 것이며, 또 하나는 근대 서구 문화가 전래된 것이다. 첫 번째 이질 문화 전래는 비록 모종의 변형을 일으켰지만, 중국 문화 자체가 거대한 동화력을 갖고 있었기 때문에 결코 '위형'을 만들지 않았다. 불교 문화는 중국에 전파된 뒤 중국에서 선종으로 바뀌었다. 그것은 일종의 독립적인 문화가 되어서, 유교나 도교와 같은 주류 문화의 와해나 철저한 변질을 초래하지는 않았다. 또 몽골이나 만주 문화와 같이 주변 소수민족의 문화가 침입하여 정치적으로 통치적 지위를 점했지만, 그 역시 결국에는 한족 문화에 동화되어버렸다. 제2차로 이질 문화가 개입한 것은 5·4 운동을 대규모적인 기점으로 삼을 수 있다. 그러나 그것이 어떻게 중국 문화의 변형을 초래했는지 헤아리기 위해서는 시간이 필요하다.

외래의 이질 문화가 충격을 줘서 문화를 변동시킬 만한 힘을 만들어내기도 하지만, 내부의 온갖 풍파와 고난, 특히 전쟁의 고난과 정치적인 변동 역시 '위형' 문화를 발생시킬 수 있다.

유교 문화로 말하자면, 공자의 『논어』는 유교의 원형 문화에 속한다. 다만 한나라 제왕의 '독존獨尊'을 통하여 통치계급의 사상으로 바뀌어 1차 변형이 발생했고, 송명 시대 이학으로 엄격한 행위규범을 숱하게 만들어냈다. 왕양명의 위대한 심학이 출현하기도 했지단, 유교의 '원전原典'에는 이미 많은 '위형'이 발생했다.

『논어』가 유교 문화의 원형이라면, 『산해경』은 전체 중국 문화에서 형상적形象的인 원형이며 원전이라고 할 수 있다. 그것은 비록 역사가 아니라 신화에 속하지만, 중국의 진정한 원형 문화이자 영웅신화이다.

『산해경』은 천지가 처음 열리기 시작했을 때 등장했다. 그 영웅은 여와女媧, 정위精衛, 과보夸父, 형천形天 등등인데, 이들은 모두 지극히 단순하며, 모두 실패한 영웅이었다. 그러나 그들은 할 수 없다는 것을 알고도 도전한 영웅이었다. 그들은 선천적으로 공적을 세우는 일이나 이익을 도모하는 일은 모르고, 계산하고 계책을 세울 줄 몰랐다. 그들은 단지 탐험하고 천지를 개벽하는 것만을 알았으며, 인류를 위해서 행복을 주는 것만을 알았다. 그들은 사사로움이 없었고, 고독했으며, 건설적인 영웅이었다. 그들은 중화민족의 가장 원시적인 기질을 대표한다. 그들이 만든 것, 그들이 한 일들은 문명의 건강한 유년기를 잘 설명해준다. 그들이 꾼 커다란 꿈 역시 단순하며 아름다고 건강한 꿈이었다.

나는 『산해경』이 구현한 중국의 원형 문화 정신에 대해서 2002년에 다음과 같이 설명한 적이 있다.

『산해경』이 구현하고 있는 중국 문화의 정신은 무엇일까? 아주 과감하게 말하자면, 그것은 '할 수 없는 것을 알고도 하는' 정신이라고 할 수 있다. '여와女媧가 하늘을 메우고' '정위精衛가 동해바다를 메우고' '과보夸父가 태양을 쫓고' '후예後羿가 태양을 쏘고' 하는 등등은 모두 그런 종류의 정신이었다. 하늘을 메울 수 있을까? 바다를 메울 수 있을까? 태양을 쫓을 수 있을까? 태양을 쏘아서 떨어뜨릴 수 있을까? 모두 불가능하다. 그러나 태고의 영웅들은 모두 그것이 가능하다고 생각했다. 그들은 불가능한 일을 가능하다고 여기고 나아가 싸우고 쟁취하고자 했다. 그것은 커다란 정신을 형성했다. 정위는 아주 작은 새였다. 그 부리에 물고 있는 나뭇가지는 아주 작았다. 반면 그가 메우고자 한 바다는 매우 깊고도 광활하며 거칠었다. 이것은 얼마나 큰 차이인가? 그러나 강인한 생명력은 이러한 차이도 아랑곳하지 않았다. 그들은 원시적인 천진함이 있었기 때문이다. 성패를 계산할 줄 모르고, 득실을 계산할 줄 모르고, 단지 용감하게 진취적으로 나아가는 것만을 알았다. 진취적인 과정이 가장 중요했으며, 결과는 부차적이었다. 생명의 아름다움은 또 다른 가능성을 쟁취하는 과정에 있었다. 중국 고대 신화 속 영웅들은 할 수 없다는 것을 알고서도 도전했을 뿐만 아니라 그들이 시도한 행위는 모두 건설적인 것이었으며, 인간에게 복을 주기 위한 것이었다.[9]

『홍루몽』은 중국의 원형 문화라고 할 수 있다. 이 소설의 시작은 『산해경』과 밀접한 연관을 맺고 있다. 즉, 여와가 하늘을 메우는 이야기로부터 시작하며, 주인공은 여와가 잉태된 석두石頭이다. 그리고 『홍루몽』의 주인공과 그가 사랑했던 많은 여자, 나아가 책 전체에 스며 있는 정신은 모두 『산해경』의 정신과 갓난아이의 마음이었다. 모두 『산해경』이후의 혼탁한 세계로부터는 멀리 떠나 있다. 특히 사기를 쳐서 재물을 빼앗는 세계로부터는 멀리 떠나 있다.

가보옥 역시 할 수 없다는 것을 알면서도 도전한 사람이었다. 그는 천진함으로 방대하면서도 혼탁한 세상에 도전했는데, 과보나 정위와 마찬가지로 어리석었다.

『산해경』에서 보여주는 중국 원형 문화의 정신은 '사람'을 뜨겁게 사랑하라는 것이었다. 사람을 위해 복을 만들어주는 정신은, 어린아이와 같이 소박한 마음씨를 가진 정신이다. 『홍루몽』과 관련되고 『홍루몽』이 드러내서 풍부하게 만든 것은 바로 그러한 종류의 정신이었다.

『서유기』의 주인공인 손오공 및 당나라 승려 삼장법사가 보여준 것도 그러한 정신이었다. 손오공과 당나라 승려가 구축한 영혼의 구조는 동심과 자비심이 하나로 융합된 것이었다. 손오공은 다치 죽지 않는 형천形天과 같았다. 그런데 삼장법사는 그에게 자비의 규범, 즉 살인을 하지 말라는 규범을 주었다. 삼장법사가 만들려고 한 영웅은 타인을 위해 복을 만드는 자였다. 이러한 기본 정신과 『산해경』은 완전히 상통한다. 그렇기 때문에 『서유기』는 원형 문화에 속하는 것이다.

『수호전』과 『삼국지』는 다르다. 『산해경』을 좌표 삼아 참조해보면, 우리는 이 두 소설이 아주 심각한 '위형'을 만들어냈음을 알 수 있다. 그 안에 그려진 영웅들은 이미 건설적인 영웅이 아니다. 파괴적인 영웅들이며 그들이 지향하는 바는 사람들에게 복을 가져다주는 것이 아닌,

부단히 사람들을 베어 죽이는 것이었다.

그들은 '하늘을 메우려고' 한 것이 아니라 자기들 스스로가 '하늘'이 되고자 했다. 『수호전』의 이규와 무송은 천진성과 진실성을 모두 매장해버리고, 그것과는 완전히 다른, 권모술수와 음모를 다하는 방향으로 질주했다. 『삼국지』의 그들은 인간의 모든 지혜를 '하늘을 메우고' '바다를 메우는' 일에 사용하지 않고, 살인과 정복에 썼다.

쌍전은 전통적인 '충의忠義' 이념을 수용했지만, 영혼이 없었다. 또 정신적인 지향이 없었다. 루쉰은 『삼국지』의 분위기' '『수호전』의 분위기'라는 개념을 사용했는데, 표현이 아주 적확했다. 두 소설에는 단지 그런 '분위기'만 있었지 영혼은 없었다. '정서'만 있었을 뿐 '신념'은 없었다. 정치적인 전쟁터만 있었을 뿐 심미적인 질서는 없었다. 중국 문화의 원시적 정신은 '쌍전'에 이르러 '위형'의 최고봉을 이루었다.

『수호전』과 『삼국지』는 한편으로는 중국 영웅 문화의 '위형'이며, 다른 한편으로는 중국 여성 문화의 '위형'이었다. 중국 문화의 큰 줄기에서 이른 시기에는 여성 문화의 원형이 있었다. 그 원형 중에서 여성은 세상을 창조하는 숭고한 지위를 점하고 있었다. 그중에는 앞서 소개한 『산해경』의 여와도 있었는데, 하늘을 메우고 또 사람을 만드는 창세자가 여성이었던 것이다. 그는 중국 문화 원형의 위대한 상징이었다.

『산해경』에 등장하는 또 다른 여성은 바다를 메운 정위였다. 그녀는 원래 염제炎帝의 딸이었는데, 새가 된 뒤에는 바다 메우는 것을 스스로의 목표로 삼았다. 이는 '하늘을 메우는 일'에 대한 대응적인 행위였다. 이러한 이야기들은 태고에 여성의 지위가 비범했음을 설명해준다.

주나라 사람의 시조 후직后稷의 어머니 강원姜嫄 역시 신과 같은 우상이었다. 전설에 따르면 그녀는 들판에서 거인의 발자국을 밟은 뒤 임신하여 후직을 낳았다.

『시경』「대아大雅·생민生民」에는 "맨 처음 백성을 낳으신 분은 강원이었다"라고 했다. 『사기』「주본기」에는 이렇게 기록되어 있다. "주나라 후직의 이름은 '기棄'였다. 그 어머니는 태씨邰氏의 딸로 강원이라고 한다. 강원은 제곡帝嚳의 첫째 부인이 되었는데, 어느 날 들판으로 나가 거인의 흔적을 보고 마음이 매우 기뻐서 그곳을 밟아보고 싶어했다. 밟고 나니 몸의 움직임이 마치 임신한 것 같았다." 이러한 전설은 마치 『성경』의 예수 탄생 이야기와 비슷하다. 예수의 어머니 역시 성령으로 잉태하여 훗날 성모가 되었다.

춘추 전국 시대에 이르러, 매우 이른 시기에 노자의 위대한 철학서 『도덕경』이 출현했다. 그 사상은 부드러운 것을 숭상하고, 여성적인 문화를 숭상했다. '약한 것이 강한 것을 이기고, 유연한 것이 강직한 것을 이긴다' '천하의 지극히 부드러운 것이 지극히 강한 것을 이긴다'는 사상도 있다. 그러한 사상은 일찍부터 많은 사람이 주지하는 바였다.

또 거기에는 '남성다움을 알면서, 여성다움을 유지하라'(281장), '암컷은 항상 조용함을 가지고 수컷을 이긴다'(61장)는 문구도 있다. 그러나 '여성적인 것이 우월하다'는 관념은 홀대받기 십상이었다. 노자가 비록 직접적으로 여성에 대해서 논한 것은 없지만, 『도덕경』 철학의 전체적인 지향은 '물'과 같은 성질을 중시하는 것이었다. 유연한 것을 중시하고, 여성적인 것을 중시함은 분명했다.

진정한 영웅은 반드시 유연함과 강직함을 갖춰야 하고 남성적인 것과 여성적인 것을 합하고 그 이치를 합하고 그 세력을 합해야 한다. 남성 영웅은 마땅히 여성을 존중할 줄 알아야 하고, 자신은 여성보다 못할 수 있다는 것을 직시해야 한다. 이렇게 여성적인 것이 우월하다고 하는 철학은 중국의 원형 철학이었다. 나아가 중국 문화의 진정한 정화精華였다.

그러나 『수호전』과 『삼국지』는 그러한 철학의 변형이며, 변질이다. 이 두 소설은 모두 남성적인 폭력을 숭상함과 동시에 여성적인 것을 멸시하고, 심지어 여성을 적대시하거나 도끼로 찍어 죽이고, 여성을 이용했다. 그것은 중국 문화의 가장 암흑적인 한 페이지였다.

4. 인간적인 문화와 비인간적인 문화

원형 문화와 위형 문화를 구분한 뒤에, 나는 마음속으로 존경하는 저명한 시인이자 작가 녜간누聶紺弩를 떠올렸다. 그는 5·4 신문화운동에 관해 가설 하나를 세웠는데, 그것을 여러 차례 나에게 소개해준 적이 있다. '5·4 신문화운동 당시 『홍루몽』의 기치를 드높였으면 좋았을 텐데' 하는 것이었다.

5·4 신문화운동의 기본 출발점은 비판이었다. 비인간적인 사회와 비인간적인 문화를 비판하는 것이었다. 그러나 그 운동은 정면으로 기치를 내걸지는 않았다. 단지 니체와 입센 등을 기치로 삼았을 뿐이다.

사실 『홍루몽』은 중국 대지 위에서 생산된, 인간과 관련된 위대한 깃발이었다. 녜간누는 이렇게 말했다. "『홍루몽』은 인간의 책이다. 인간을 발견한 책이고, 사람들이 인간 속에서 인간을 발견하는 책이다."[10] 이는 매우 깊이 있는 견해라고 할 수 있다.

5·4 운동은 인간의 기치를 높이 올렸다. 이전에 볼 수 없는 기세로 중국이 표방해온 인의도덕의 구舊문화는 식인의 문화였다는 것을 폭로했다. 그러나 당시 선구자들은 중국 문화 안에 '인간의 기치를 드높인 대작이 있다는 사실을 잊고 있었다. 정면적인 기치와 참조 대상이 될 수 있는 대작, 즉『홍루몽』이 있다는 사실을 잊었다.

　　녜간누는 말년에 몸이 약해져 움직이기 어려워지자 작은 침상에 기대어 몇 권의 고대 소설을 읽었다. 그는「자견自遣」이라는 시에서 "남은 생을 홀로 웃으며 우리의 유산遺産, 『요재지이聊齋志異』『수호전』그리고『홍루몽』을 먹다"라고 적었다.[11] 녜간누는『홍루몽』과『수호전』에 대해 독창적이며 날카로운 견해들을 제시했다. 그리고 전통 시대의 비인간적인 문화를 비판한 5·4 운동이 인간을 주제로 삼아 문화적 대변혁을 시도했으면서도『홍루몽』과 같은 인간적인 작품을 기치로 삼지 못한 결함이 있다고 지적했다.

　　이러한 견해 덕분에 나는 근본적인 영감을 얻었다. 그래서 내가『홍루몽』관련 서적을 집필할 때, 그의 사상을 그 안에 포함시켰다.『홍루몽』은 비록 5·4 운동의 기치가 되지는 못했지만, 앞으로 영원한 영혼의 기치가 될 수 있을 것이다.

　　『홍루몽』을 5·4 운동의 기치로 삼자고 한 그의 가설로부터 영감을 얻어 나는 제2의 가설을 세워보았다. 5·4 운동이 공자를 주요한 타격 대상으로 삼는 대신『수호전』과『삼국지』를 주요 비판의 대상으로 삼았더라면 좋았을 것이다.

　　5·4 운동은 '사람'을 발견하는 운동이었는데, 거기에는 세 가지 발견이 포함된다. 즉, 그것은 사람을 발견하고, 여성과 아동을 발견하는 운

동이었다. 이것은 저우쭤런周作人의 설명이다. 그런데 『수호전』은 사람을 사람으로 여기지 않는다. 관리나 반역자들이나 모두 마찬가지다. 『수호전』의 영웅 가운데는 직접 사람 고기를 먹은 이도 있었다. 왕영王英, 장청張靑과 손이랑孫二娘 등이 그랬다. 관청의 관리들이 간접적으로 '사람을 먹었다'는 것은 더 말할 필요도 없다.

여성에 대한 묘사는 『수호전』이든 『삼국지』든 유사하다. 정치 곡마단의 동물로 묘사하거나 살육의 대상으로 묘사했다. 전자는 초선과 손권의 여동생 손상향孫尙香이었으며, 후자는 반금련潘金蓮, 반교운潘巧雲, 이교노李巧奴 등이었다. 혹은 여성은 말 못 하는 도구나 무기였다. 예를 들면 호삼랑扈三娘은 단지 전투하는 도구였으며 어떠한 자기 표현도 하지 않는 존재였다. 어린아이인 네 살의 무고한 소아내小衙內조차 도끼질에 두 조각으로 쪼개지는 참화를 입었다.

이 때문에 『홍루몽』이 진정한 '인간'의 문화라면 '쌍전'은 바로 비인간적인 문화라고 할 수 있다. 쌍전의 공식에는 집단 바깥에 속한 사람은 사람이 아니라는 점, 그리고 여자는 사람이 아니며, 아이도 사람이 아니라는 관념이 포함되어 있다.

5·4 신문화운동이 높이 올린 기치는 인간이었다. 그것은 모든 개체의 생명을 존중한 운동으로, 매우 위대하며 매우 대단한 운동이었다. 그것이 만약 운동의 대상을 바꿔 조설근曹雪芹으로 니체를 대신하고, 『홍루몽』을 긍정적인 대상으로 삼으며, '쌍전'으로 공자를 대신하여 주요 비판의 대상으로 삼았더라면 그 운동은 더욱 힘을 얻었을 것이다. 또 중국 문화의 정수와 나쁜 찌꺼기, 원형과 위형, 인간성을 선양하는 핵심적인 가치와 그것을 타격하는 핵심적인 관념(비인간적인 관념)을 모

두 명확하게 구분했다면, 그 운동이 더욱 명확해지고 더 이상 논쟁할 필요가 없을 것이다.

5. 암흑 왕국과 광명의 사례

『수호전』과 『삼국지』에 대해 분명한 어조로 비판을 해나가겠지만, 한 가지 먼저 설명해둘 것이 있다. 그것은 이 두 소설이 이룬 문학적인 성취에 대해서 긍정한다는 것이며 아울러 가치관의 측면에서도 긍정적인 내용이 없지 않다는 점이다. 인간적인 광채를 지닌 인물과 이야기가 담겨 있다는 점은 결코 부정할 수 없다. 물론 아쉽게도 그러한 내용은 매우 드물다.

『수호전』의 영웅들 가운데 독자들에게 따뜻한 인간성을 느끼게 하는 인물이 유일하게 딱 한 명 등장한다. 그는 바로 노지심魯智深인데, 앞에 '유일'이라는 표현을 처음 사용한 사람은 대만대학 중문과의 러헝쥔樂蘅軍 교수이다. 그녀는 『고전소설산론』에서 노지심에 대해서 다음과 같이 설명했다. 읽어볼 만한 가치가 크기 때문에 인용한다.[12]

> 노지심은 108명의 인물 가운데 진정으로 우리에게 광명光明과 온화함을 주는 유일한 인물이다. 그는 등장 이후 불행하게도 정도鄭屠를 타살하고 야저림野猪林에서 소란을 일으킬 때까지 줄곧 헌신적인 열정을 발산했다. 분명히 노지심도 살육을 면할 수 없었다. 그러나 그는 죄를 범하지 않는 착한 의인이었다. 그보다 더 훌륭한 것은 그가 정의에 찬 분노를 일으켰을 때 그는 자주 타인

의 죄악을 저지했다는 것이다. 또 그의 대범한 포부를 통해서 우리는 작은 이익에 얽매이는 이충李忠의 협량함을 느끼기도 하고, 소패왕小覇王 주통周通의 추함을 깨닫기도 한다. 아울러 그의 공명정대함으로부터 우리는 인간미에서 흘러나오는 진솔한 신뢰감을 느낀다. 이러한 모든 것을 초월하여, 『수호전』이 양산박의 인물들 가운데 부여한 유일한 영광은 바로 노지심이 가진 매우 인간적인 마음이었다. (…) 그는 와관사瓦官寺에서 한 무리의 남루하고도 매우 이기적인 승려들을 대면했다. 그들이 3일간 먹지 않았다는 말을 듣고, 그는 자기 자신도 장이 타버릴 듯이 배가 고팠으나 뜨거운 죽이 가득 담긴 그릇을 그들에게 건네주었다. 그것은 인류가 고난에 처한 상황을 진심으로 체험하고 깨달은 것이었다. 『수호전』은 그러한 상황을 감각적으로 잘 표현해냈다. 그의 세심한 반응은 마치 온화한 미풍이 고난받는 자의 마음을 따뜻하게 하는 것과 같았다. 세상을 구하고자 하는 이러한 연민은 원래 양산박이 처음 세워질 때의 동기였다. 나중에 송강이 큰 자선가나 되는 것처럼 재물을 여기저기 뿌린 행동과 비교하자면, 노지심의 거동은 은밀하게 감추어져 있었으나 사람의 마음을 더 감동시켰다. 『수호전』은 사실 가장 아끼던 붓을 오직 노지심에게만 남겨주었다. 그가 매번 큰 걸음으로 다가올 때는, 마치 보모가 우리를 보호하고 감싸주는 것 같았다. 두려움 없이 믿는 마음이 생기는 것이다. 김성탄은 노지심이 비록 매우 훌륭한 인물이기는 하지만, 무송과 이규에는 크게 미치지 못한다고 평가했다. 하지만 이것은 완전히 제멋대로 내린 평가다.

흥미롭고 치밀한 러형쥔 교수의 논의는 김성탄의 것보다 더 훌륭하다. 그녀는 노지심과 무송·이규의 차이점을 명확히 했다. 그 차이점이란 노지심이 무송이나 이규보다 못하다는 것이 아니라, 이규와 무송이 갖추지 못한 인간적인 광채를 그는 갖고 있다는 점이다.

러 교수는 이렇게 판단했다. "노지심은 원래 108명의 인물 중에서 진정으로 우리에게 광명과 온화함을 주는 유일한 인물이었다." 이러한 판단은 독단적인 것이 아니다. 지극히 정확한 인물 감정이며 『수호전』을 전체적으로 잘 파악한 견해라고 할 수 있다.

광명과 온화함을 독자들에 안겨줄 수 있는 인물은 한 사람밖에 없었다. 우리는 『수호전』의 인간적인 광채를 완전히 부정할 수는 없다. 왜냐하면 거기에는 적어도 노지심이 있기 때문이다.

우리가 『수호전』을 분명하게 비판해야 하는 이유는 광명과 온화함이 너무도 부족하기 때문이다. 애석하게도 노지심을 제하고는 『수호전』은 너무도 어둡고, 냉혹하며 잔인한 내용을 담고 있다. 주요 등장인물인 무송과 이규뿐만 아니라 거기에 등장하는 많은 인물은 보통 사람들이 용인하기 힘들 정도로 흉악하고, 냉혹하며 잔인하다. 그럼에도 불구하고 사람들은 무송과 이규의 어두운 면은 보지 못하고 그들에게 영웅의 호칭을 부여했다. 이러한 것은 단지 김성탄의 잘못에 그치는 것이 아니라 『수호전』이 탄생한 뒤, 한 세대 한 세대가 지나면서 무수한 독자가 범한 잘못이기도 하다.

노지심의 그러한 '광명'의 사례 외에 『수호전』에는 시비도 가리지 않고 선악도 구별하지 않은 채로 그려낸 애정 이야기가 하나 등장한다. 그것은 바로 송나라 휘종의 이야기인데, 저자는 무의식중에 이를 통해서 한 줄기 인간적인 광채를 노출시키고 있다.

도덕 법정으로 충만한 중국 사회에서는 한 개인의 몸으로서 사회의 정점에 위치한 황제 역시 자유를 누리지 못했다. 그래서 그는 기생인 애인을 찾아가기 위해 지하로 땅굴을 팔 수밖에 없었다. 만약 작가가 그 기생을 국가를 망칠 요물로 보고, 도덕 법정을 세워 송 휘종과 그 애인을 비판했다면, 그것은 큰 실수가 되었을 것이다. 그러나 저자 시내암은 그렇게 하지 않았다. 그는 단지 사실적으로 세세하게 묘사만 했지 과장하거나 폄하하지 않았다.

피비린내로 가득한 소설의 구성에서 뜻밖에 이런 인간적인 애정 이야기가 삽입된 것이다. 그것도 한 황제가 사랑을 추구하기 위해서라면 높은 곳에서 낮은 땅굴까지 내려올 수 있다는 이야기였다. 이렇게 인간미가 가득 담긴 이야기가 '욕망은 죄악'이라고 하는 논리에 빠지지 않았다는 것은 참으로 흥미롭다.

이러한 개별적인 사례는 당연히 우리의 비판 범위에 속하지 않는다. 그러나 안타깝게도 인간성을 존중하고 인간의 욕망에 대한 권리를 주장하는 것은 '쌍전'의 기조基調가 아니다.

【제1부】

『수호전』 비판

|

사회적인 반란 긍정론 비판

정치적인 반란 긍정론 비판

욕망 부정론에 담긴 명제 비판

도살 쾌감의 두 가지 현상

지옥의 빛―송강에 관한 재평가

1
사회적인 반란 긍정론 비판

1. 『수호전』의 두 가지 기본 명제

『수호전』의 문화는 근본적으로 폭력과 반란의 문화다. 반란의 문화란 주위 환경에 대한 반란, 이유와 목표에 대한 반란, 주체와 대상에 대한 반란 그리고 방식 등에 대한 반란을 포함한다. 이 모든 것이 『수호전』 가운데 표현되어 있다.

내가 이 책에서 논의하고자 하는 내용은 소설 본문에 내포되어 있는 다음과 같은 두 가지 기본 대명제이다.

첫째, 반란은 정당하다.
둘째, 욕망은 죄악이다.

이 두 가지 대명제는 또 『수호전』에 담긴 두 가지 커다란 논리라고도 할 수 있다. 『수호전』은 소설이지, 이론을 제시하는 저작물이 아니다. 따라서 이 두 대명제는 직접적으로 개념에 의해서 표현되어 드러나는 명제가 아니다. 소설의 전체 내용 가운데 숨어 있는 명제이며, 모든 이야기와 줄거리를 통해서 제시되는 근본적인 관념과 논리다.

앞에 제시한 첫 번째 기본 명제는 사실상 '무릇 반란은 모두 합리적인 것이다'라고 하는 일종의 공식과 논리라고 할 수 있다. 헤겔은 유명한 명제 하나를 제시한 바 있다. 즉 '존재하는 것은 모두 합리적이다'라는 것이다. 그의 표현 방식을 빌려, 우리는 『수호전』의 논리를 '반란은 모두 합리적이다'라고 귀결시킬 수 있다.

이 명제는 결코 무서워할 만한 것이 아니다. 무서운 것은 이 논리가 실제로 내포하고 있는 내용, 즉 '반란이 수단으로 삼는 것은 어떤 것이든 모두 정당하다'는 내용이다.

『수호전』에서의 반란은 두 가지 서로 다른 성질의 유형으로 나눌 수 있다. 하나는 사회적인 반란이며 다른 하나는 정치적인 반란이다. 전자는 반사회적이며, 후자는 반정권적이다.

전자는 사회적인 규범에 반대하는 것이며, 사회적인 불공평 현상에 반대하는 것이다. 아울러 그것은 탐관오리를 규탄하지만 황제를 규탄하지는 않는다. 즉 최고 정치권력의 핵심을 겨누지 않으며 정권의 구조를 바꾸려고 힘쓰지도 않는다. 후자는 근본적으로 정치 구조와 권력 체계를 바꾸려고 한다. 『수호전』에는 이 양자가 모두 포함되어 있다.

송강宋江은 분명히 "탐관오리를 규탄할 뿐 황제를 규탄하는 것은 아니다"라는 생각을 가지고 있었다. 하지만 그의 모든 반란 행동은 실제로 사회뿐만 아니라 정치권력의 중심까지 관련되었다. '반란은 정당하다'는 반란 긍정론은 전자와 후자 모두를 꿰뚫고 지나가는 것이다.

첫 번째 기본 명제에서 두 가지 유형의 반란은 모두 영웅관과 관련되며, 두 번째 기본 명제는 바로 여성관과 관련된다. '욕망은 죄악'이라고 인정하는 것은 실제로 '생활은 죄악'이라고 인정하는 것이다.『수호전』에 등장하는 영웅은 혼외정사, 심지어는 젊은 남녀 사이의 연애도 죄악으로 여긴다. 그들의 증오심은 한편으로는 관청을 향하지만 다른 한편으로는 애정을 가진 여성을 향한다. 양날을 가진 그 검은 한편으로 관리를 베어 죽였지만 다른 한편으로는 이른바 음란한 여성을 베어 죽였다.

관리가 탐욕스러우면 죽여야 하듯이, 부녀자가 음란하면 역시 죽여야 한다. 탐욕은 죄악이며, 음란한 것은 더 큰 죄악이다. 심지어 그것은 죄악 가운데서도 으뜸으로 절대 용서받을 수 없다.

『수호전』의 영웅들이 사용하는 폭력은 쌍방향적이다. 한편으로는 강자를 향하지만 다른 한편으로는 약자를 향한다. 여성이라는 약자를 향할 때 영웅들은 반정부적이거나 반사회적이지 않고, 반생활反生活적이다. 이 점에서『수호전』은 그 문화적 표현이 극단주의라고 할 수 있다.

그들은 최대의 원수인 고구高俅를 풀어줄 수 있었다. 소설에서 고구는 양산박에게 붙잡히지만 나중에 석방되어 서울로 돌아가는 대목이 나온다. 그러나 혼외정사를 벌인 여성을 놓아준 적은 절대로 없었다. 그들이 여성에 대해 품은 적개심은 심지어 적군에 대한 적개심을 훨씬 능가했다.

첫 번째 명제에서『수호전』이 정치 법정을 설치했다고 한다면, 두 번째 명제에서는 전례 없이 혹독한 도덕 법정을 세웠다고 할 수 있다. 여기서 두 소설을 비판하는 것은 바로 이 두 종류의 법정에 대해서 되살펴보는 일이다.

2. 두 종류의 서로 다른 반란

첫 번째 기본 명제, 즉 "반란은 정당하다"는 명제에 대해서 비판하기 전에 먼저 설명해둘 것이 있다.

나는 결코 막연하게 모든 반란을 부정하는 것이 아니다. 폭력혁명을 포함한 많은 혁명의 역사적인 정당성을 부정하는 것도 결코 아니다. 혁명에는 넓은 의미의 혁명과 좁은 의미의 혁명이 있다. 폭력적인 혁명도 있고 비폭력적인 혁명도 있다. 사회적인 것도 있고, 정치적인 것도 있으며, 문화적인 것도 있고 종족적인 것, 종교적인 것도 있다. 반란도 마찬가지다.

어떤 혁명과 반란 사건이든, 구체적인 역사와 환경 가운데 그것을 놓고 구체적인 분석을 해야 한다. 막연하게 그것을 일반화해서 판단하면 안 된다. 『수호전』의 첫 번째 기본 명제에 대한 나의 비판은 폭력적인 반란을 향한다. 그렇다고 해서 송나라 시대 농민기의起義의 역사적 정당성을 부정하는 것은 아니다. 『수호전』 중에 나타난 폭력 숭배와 폭력의 기치 아래 자행된 인간성에 반하는 흑막적인 수단을 비판하는 것이다.

아주 넓은 의미에서 말한다면, 일체의 '반항'은 모두 반란과 혁명의 성격을 지닌다. 사람들이 압박을 받았다면, 어떻게 반항이 없을 수 있겠는가?

루쉰은 일찍이 이렇게 말했다. "소위 혁명은 현재에 대해 불안해하는 것이며, 현재의 상태에 대해 만족하지 못하는 것이다."[13] 또 이렇게 말했다. "사실 '혁명'은 결코 희귀한 일이 아니다. 그것이 있고 나서 사회는 비로소 발전하고 인류는 진보할 수 있다. 원생동물에서 인간에 이르기까지, 야만에서 문명에 이르기까지, 그 때문에 한순간도 혁명이 없었던 때는 없었다."[14]

루쉰이 여기서 말하는 혁명은 분명히 가장 넓은 의미의 혁명으로 '개혁'의 뜻에 가깝다. 이렇게 '한순간도 혁명이 없었던 시기는 없었다'고 하는 의미의 변혁은 당연히 불변의 법칙이다. 어떤 압박에 대해 일어나는 이보다 더 격렬한 반항들도 역시 불변의 법칙으로 설명할 수 있다. 그러므로 '반란'을 논하고 '혁명'을 논할 때에는 그 의미의 한계를 정하는 것이 매우 중요하고 또 절실하다.

루쉰 그 자신에 대해서 말하자면, 그는 전통문호에 대해 크게 반란을 일으킨 사람이다. 심지어 그는 '혁명가'라 불리기도 한다. 그러나 그는 "혁명은 결코 사람을 죽이는 일이 아니고 사람을 살리는 일이다"[15]라고 선언했다. 또 "무산자無産者의 혁명은 바로 자신의 해방과 계급의 소멸을 위한 것으로 결코 사람을 죽이기 위한 것은 아니다"[16]라고 말하기도 했다.

이러한 인식에 근거해서 루쉰은 이규李逵와 같이 그렇게 '대열의 선두에서 사람을 베어나가는' 살인을 큰 쾌락으로 삼는 반란을 비판했다. 가장 깨어 있는 사상가로서 그는 두 가지 서로 다른 종류의 반란을 분명히 구분했다. 하나는 개혁자의 반란이며, 다른 하나는 강도와 같은 반란이다. 그는 「뇌봉탑 붕괴 재론」이라는 글에서 이 두 종류 반란의 경계선을 분명히 그었다. 구별을 짓는 요점은 전자의 경우 이상理想의 빛이 발하는 데 반해서, 후자는 그렇지 못하다는 점에 있다.

  루쉰 생전에 중국에 와서 여러 차례 연설을 한 바 있는 영국 철학자 러셀은 반란에 대해서도 이야기한 적이 있는데 그의 생각은 루쉰과 같았다. 그는 귀족 반란과 농민 반란을 분명히 구별했다.

  『서양철학사』의 '바이런' 장에서 그는 이렇게 말했다.

> 바이런은 당시에 귀족 반역자의 전형적인 인물이었다. 귀족 반역자와 농민 반역자들 혹은 무산계급의 반란 지도자들은 서로가 완전히 다른 유형의 인물들이었다. 배가 고픈 사람들은 치밀하게 구축된 철학으로 불만을 자극하거나 혹은 불만에 대해서 해석할 필요가 없다. 어떠한 것이든 이런 것들은 그들이 보기에 단지 한가한 부자들의 오락일 뿐이다. 그들은 다른 사람들이 현재 가지고 있는 물건을 갖고 싶어하지, 어떤 추상적이고 형이상학적인 좋은 점을 갖고 싶어하지는 않는다. (…) 충분히 먹을 수 있는 것은 바로 선善이며, 그 밖의 것들은 모두 공허한 이야기다. 굶주린 사람이 도움이 될 만한 생각을 가진 경우는 거의 없다. (…) 귀족 반역자들은 대개 먹을 것은 충분히 갖고 있다. 아마도 불만을 품은 데는 다른 원인이 있을 것이다.[17]

  러셀은 또 이렇게 설명했다. 농민의 반란은 바로 생존 목적, 즉 배불리 먹기 위한 반란이지만, 귀족의 반란은 생존을 초월한 더 높은 목적, 즉 권력을 확대하거나 존재 의의를 확대하기 위해 추구하는 것이다. 러셀은 철학사의 시각에서 반란 행위를 관찰한 것이다. 우리가 그의 관점에 동의하든 그렇지 않든 반란들이 서로 다른 성격을 가질 수 있다는 점에 대해서는 반드시 주의할 필요가 있다.

『수호전』의 문제로 다시 돌아가서, 우리가 먼저 긍정해야 할 것이 있다. 그것은 결국 사람들이 압박과 착취에 대해서 반항한다는 것은 천부적인 정당성을 지니며, 그것은 우주의 철칙에 속한다는 점이다. 『수호전』으로 말한다면, 소설은 시작하자마자 임충林衝의 이야기를 묘사하고, 관리의 핍박으로 민간이 반항하는 이유를 설명한다. 즉 임충의 반란은 정당하다는 것이다.

임충은 고구高俅와 고아내高衙內로부터 박해를 받았다. 임충이 어떻게 물러섰는지 상관없이, 권세자들은 어쨌든 그를 죽음으로 몰아가려고 했다. 이에 대해서 바르고 곧은 마음을 가진 사람이라면 의분을 느끼지 않을 수 없다. 그리고 그의 반항과 투쟁을 지지하지 않을 수 없다. 그러면서도 불만인 것은, 임충이 너무도 유약하고 너무도 주저한다는 점이다. 임충의 운명은 세상이 더 이상 갈 곳 없는 궁지에 몰렸다는 점과 어디에도 편안한 삶이 보장되지 않는다는 암흑 시기를 전형적으로 반영하고 있다.

권력자는 일단 절대 권력을 잡기만 하면 백성을 개나 돼지로 여기고, 권력을 이용해서 백성들을 속이고 억압했다. 밝은 대낮에 다른 사람의 부인을 겁탈했고, 심지어 왕궁을 지키는 병사들의 부인까지도 살아서 도망갈 곳이 없었다. 목적을 이루고자 권력자는 온갖 비열한 수단을 썼으며, 피해를 본 사람들에게 오히려 커다란 죄명을 씌워서 세상 바깥으로 내몰았다.

임충은 모든 것을 빼앗기고 풍설이 몰아치는 변경의 오지로 몸을 피했으나 권세가의 무참한 칼날은 그를 놓아주지 않았다. 울면서 하소연을 하더라도 목숨을 이어나갈 곳이 없었다. 고위층이었던 군인 관료의 운명이 이 지경이었는데 하물며 평민은 말할 필요도 없었다.

임충의 입장에서 말하자면 그는 정말 어쩔 수 없이 양산박으로 올라가게 되었다. 그가 양산박으로 올라가고, 그럼으로써 반란을 일으킨 것은 이렇듯 충분한 이유가 있었다. 즉 현실적으로도 충분히 합리적인 선택이었다. 중국 역사상 허다한 폭력혁명 역시 이렇게 역사적으로 합리적인 선택이었다.

이 책은 '반란은 정당하다'고 하는 명제를 비판하는데, 『수호전』을 비판의 대상으로 선택했다. 『서유기』를 택할 수도 있으나 그렇게 하지 않았다. 『서유기』도 사실은 『산해경』의 문화 원형에 밀접히 관련되어 있다. 『서유기』 역시 반란을 그렸는데, 그 주인공인 손오공은 바로 천궁天宮을 시끄럽게 한 반란 영웅이었다. 다만 손오공의 반란이나 그와 관련된 전체적인 이미지는 별로 나무랄 만한 점이 없다. 그의 이미지는 이규나 무송과 같이 그렇게 두려움을 주지 않는다. 오히려 귀여운 느낌을 준다.

이렇게 느껴지는 감각은 반란의 수단이 아닌 반란의 성질과 관련되어 있다. 즉 반란의 질이 다르다는 것이다. 그것이 목적이 되었든 수단이 되었든 반란은 질적인 차원에서 모두 다르다. 우리는 우선 손오공이 용궁이나 천궁을 시끄럽게 한 이유를 말하지 않는다. 단지 말하는 것은 그가 전全 생애, 즉 전기에 반란을 일으키고 후기에 경전을 취한 것 모두를 포함한 생애 중에 가장 중요한 한 가지 특징이 있는데, 그것은 그가 무고한 사람들을 함부로 죽이지 않았다는 점이다. 용궁이나 천궁을 시끄럽게 할 때든 혹은 서쪽으로 경전을 취하러 원정 가는 중에도 그는 무고한 백성을 한 사람이라도 죽인 적이 없다. 단지 요귀들을 치는 데 그칠 뿐, 평민 백성들은 절대로 상해를 입히지 않았다.

왜냐하면 그 주변에는 당승唐僧이라 불리는 사부가 있었고, 사부는 그의 머리를 꽉 조이는 머리띠를 가지고 있었기 때문이다. 그것은 손오공에 대한 제약이었고 손오공의 행위에 대한 규범이었다. 머리띠라고 하는 성스러운 물건, 즉 상징물은 반란에도 반드시 행위의 준칙과 도덕적 한계가 필요하다는 것을 상징한다. 어떠한 투쟁도 함부로 해서는 안 되며, 함부로 무고한 사람들을 죽여서는 안 된다는 것이다.

『서유기』의 저자 오승은吳承恩은 자신의 반란 영웅을 이끌어 천신만고의 여정에 오르게 하고, 아울러 사부와 머리띠라는 장치를 설치했는데, 그것은 정말 천재적인 구성이라고 할 수 있다. 저자의 지혜와 이성은 바로 이러한 구성 가운데 살아 있다. 머리띠가 암시하는 것은 어떠한 전투라도, 하물며 그것이 반란일지라도 모두 한도가 있고 규범이 있어야 한다는 점이다.

당나라 승려로 등장하는 삼장법사는 인류의 자비심을 대표한다. 암흑에 대한 어떠한 반항도 결국에는 모두 총체적인 합목적성을 지니는데, 그것은 인류의 생존과 행복 및 발전에 기여해야 한다. 그러므로 암흑에 반항할 때 자기 자신이 암흑이 되어서는 안 되며, 반항 중에 인류의 생존과 행복 및 발전을 파괴해서는 안 된다. 반란도 그 한도가 있으며 일정한 규칙이 있고 규범이 있다. 이것은 매우 중요하다.

『수호전』영웅들의 문제는 바로 그들이 이러한 한도를 넘어서버렸다는 점에 있다.

『서유기』에서 손오공이 화과산花果山에 있을 때 우마왕牛魔王과 형제 관계를 맺는 장면이 있다. 이 장면은 신과 마귀 사이 혹은 인간과 요귀 사이에 단지 담 하나의 간격밖에 없다는 것을 암시한다. 두 세계는 아주 쉽게 전환이 가능하다. 어떤 경계를 넘어서면 바로 질적인 변화가 일어날 수 있는 것이다. 만약 조여 매는 머리띠의 제약이 없었다면, 또 당승이 장악하는 제한이 없었다면, 손오공은 아마도 부처님을 향해 나아가지 않고 마귀를 향해 나아가 또 다른 우마왕이 되어버렸을 것이다.

  규칙이 있고 제약이 있었기 때문에 손오공의 반란과 정벌은 무고한 사람들을 해치지 않았다. 그것은 넘어서면 안 되는 경계였다.

  이규와 무송 등은 손오공과는 달리 제약도 없었고 한도를 제약하는 머리띠도 없었다. 그래서 결국 경계를 넘은 것이다. 그들의 모든 행위는 단지 하나의 공식만을 보여준다. 즉 그것은 '모든 반란은 정당하다'는 공식이다. 어떠한 목적에서 나왔든, 어떠한 수단을 사용했든 모두 정당하다. 무고한 사람들을 아무리 많이 죽여도 그것은 정당하다. 『수호전』이 그렇게 오랫동안 굳건히 중국인들의 마음을 사로잡을 수 있었던 것은 그 안에 하늘을 대신하여 정의를 행사한다는 논리가 있었기 때문이다. 말하자면, 나는 하늘을 대신하여 정의를 행사하기 때문에 당연히 정당하며, 내가 사용하는 어떠한 수단도 정당하다는 것이다. 심지어 무고한 사람들을 함부로 죽여도 도덕적인 명분을 갖는다.

  『서유기』에서 삼장법사와 손오공이라는 스승과 제자를 함께 등장시키는 구조는 중국의 원형적인 문화가 응집하여 이루어진 위대한 은유라고 할 수 있다. 그것은 마치 인류의 반항과 반란 행위에 대해서 다음처럼 귀중한 세 가지 규범을 제시한 것 같다.

1. 어떠한 반란이라도 모두 자비심을 가지고 이끌어야 한다. 루쉰이 말한 것처럼, 혁명은 사람을 구하기 위해서 하는 것이지 사람을 죽이

기 위한 것이 아니다.
2. 어떠한 반란이라도 모두 일정한 도덕적 경계를 벗어나서는 안 된다. 반드시 일정한 한도를 지켜야 한다.
3. 어떠한 반란의 수단이든 모두 인류의 생존이 지속되도록 하는 목적성을 가져야 한다. 즉 그것은 인간성의 준칙에 들어맞아야 한다.

『수호전』의 반란이 『서유기』의 반란과 다른 점은 자비심에 의한 인도가 결핍되었다는 점이다. 이규가 네 살 먹은 소아내를 두 토막 내서 죽인 행위나 연애하는 남녀를 칼로 쳐서 고깃덩어리로 만들어버리는 행위는 저자나 독자의 지탄을 받지 않고 모두 영웅적인 행위로 추앙되었다. 지금까지 『수호전』을 평론한 사람들은 거기에 등장하는 영웅들의 여러 행위를 굉장히 긍정적으로 보았다. 그 이유는 그들이 위대한 목적, 즉 하늘을 대신해서 정의를 행한다는 목적을 지니고 있기 때문이라는 것이다.

목적과 수단을 분리해서 숭고한 목적을 위해서는 비열하고 흉악한 어떠한 수단도 쓸 수 있다고 보는 것 같다. 목적과 수단은 서로 분리될 수 없이 아주 밀접한 관계라는 것을 인식하지 못하고, 암흑적인 수단과 비열한 수단으로는 밝고 숭고한 목적을 달성할 수 없다는 것을 인식하지 못한 것이다.

불법적이고도 비인간적인 야만 행위로는 하늘을 대신해서 정의를 행할 수 없다. 우리가 『수호전』을 비판하는 것은 바로 그 점이다. '하늘을 대신해서 정의를 행한다'는 기치 아래 자행된 불법적이고도 비인간적인 행위는 결코 합리적이지 않다는 것이다.

3. 반란 긍정론에 대한 몇 가지 비판

앞서 말한 것처럼, 『수호전』에서 반란은 두 가지 종류로 나눌 수 있다. 하나는 양산박에 모이기 전의 사회적인 반란으로 작은 반란이라고 할 수 있다. 다른 하나는 양산박에 모인 후에 창끝을 직접적으로 조정, 즉 정권의 중심으로 향하게 한 정치적인 반란으로, 대반란이라고 할 수 있다.

『수호전』이 중국 문화의 심층 심리에 자리를 잡고 나자 이 두 반란은 모두 합당한 것으로 간주되고 심지어 아주 당연한 도리로 인정받았다. 따라서 그 점에 대해서 『수호전』이 나온 뒤 지금까지 근본적인 질문이나 비판이 이루어지지 않았다.

이제 우리는 이러한 두 유형의 반란에 대해서 각각 약간의 논의를 진행해보자. 먼저 사회적인 반란부터 시작한다.

사회적인 반란은 창끝이 사회적인 불공평이나 불합리한 현상을 향한다. 정권의 중심을 향하는 것이 아니다. 그러므로 아직 '농민반란'이나 '농민혁명'의 범주에 들어갈 만하지 않다. 사회적인 반란은 사회적인 기본 원칙 및 규범과 관련된 도전이다.

『수호전』에서 양중서梁中書가 채태사蔡太師의 생일 축하용으로 보낸 헌상품을 중간에서 탈취한 사건이나, 원앙루鴛鴦樓를 피로 물들인 사건, 그리고 장청張青과 손이랑孫二娘이 운영한 인육식당 등은 모두 이러한 반란에 속한다. 이것은 넓은 의미의 반란이다. 현존하는 사회질서에 대한 회의, 불만, 도전과 파괴인 것이다. 오늘날의 중국에서도 이러한 종류의 반란 중 어떤 것, 예를 들어 헌상품을 중간에 탈취한 사건과 같은 것은 여전히 비난할 수 없는 영웅 행위로 간주된다.

| 헌상품 탈취사건 비판 |

『수호전』은 첫머리에서부터 아주 중요한 이야기 하나를 전개하는데, 그것은 바로 헌상품 탈취사건, 즉 '생일선물을 지능적으로 탈취한智取生辰綱' 이야기다. 이는 양산박 의거義擧 전에 조직적으로 움직인 중대한 반란 행위였다. 이러한 행위에 참여한 인물은 조개晁蓋, 오용吳用, 공손승公孫勝, 유당劉唐, 완씨阮氏 형제 등이었는데, 이들은 나중에 양산박 의거가 일어났을 때 모두 수령이나 간부로서 중요한 역할을 했다.

많이 알려져 있듯이 이 탈취사건의 시작은 이렇다. 북경의 대명부大名府 중서中書 양세걸梁世杰이 장인 채경蔡京의 생일을 축하하기 위해서 양지梁志에게 황금 10만 관을 동경東京, 즉 개봉開封까지 호송해줄 것을 부탁했다. 유당은 이 소식을 듣고 조개에게 알렸다. 조개와 오용은 곧바로 탈취 계획을 세웠다. 오용은 완씨 형제를 불러서 이렇게 말했다. "부귀하지만 의롭지 못한 이런 재산을 탈취하여 우리 모두 행복한 한평생을 누려보자."(제15회)

그들은 행동에 옮기기 전에 이렇게 선서하기도 했다. "양세걸은 북경에서 백성을 해치고, 사기로 금전과 재물을 탈취했다. 그런데 그가 동경 채 태사太師에게 생일을 축하하는 헌상품을 보낸다고 한다. 그것들은 바로 의롭지 못한 재산이다. 우리 일곱 명 가운데에 사심을 가진 사람이 있다면 천지가 주멸할 것이요, 신들이 감시할 것이다."(제15회)

소설의 저자도 시를 지어 이렇게 말했다. "의롭지 못한 재물이 나아가니, 영웅들이 뜻을 모아 오는구나." 헌상품을 탈취한 호걸들뿐만 아니라 『수호전』의 저자 역시 강조하는 것은 모두 '의롭지 못한 재산'이라는 점이다. 훗날 소설을 읽은 독자들도 그런 탈취 행위를 지지하고 동정을 표할 수 있었던 것은 역시 탈취한 물건들이 의롭지 못한 재물이었기 때문이다. 그래서 탈취 행위가 당연한 일로 변해버렸다.

헌상품 탈취를 일종의 행동 유형으로 본다면 이는 원래 뻔뻔한 강도 행위라고 할 수 있다. 그러나 그것이 오히려 중국인이 칭송하는 정의로운 행위가 되어버렸다. 이것은 왜일까? 그런 행위의 배후에는 일종의 정의로운 이유 즉 '부자는 나쁘다'라는 관념이 있기 때문이다. 따라서 영웅들이 부자들의 재산을 빼앗아 가난한 사람들을 돕는 일이 정의로운 행위가 되어버린 것이다.

이에 대해서 우리가 제기해야 할 문제는 이것이다. 즉 어떤 재물이 '의롭지 못한 재물'이라고 지목될 때, 예를 들면 양세걸의 헌상품과 같은 경우, 먼저 그것이 정말로 정의롭지 못한 재물인가를 꼭 확인해야 한다. 만약 그 점이 확인되었다면 우리가 제기할 문제는 정당하지 못한 수단, 즉 폭력으로 강탈하는 방법을 써서 재물의 귀속歸屬 문제를 해결할 수 있는가 하는 점이다. 다시 말하면 양세걸이 강탈한 재화, 즉 헌상품이 불법적이며 불합리하고 인습에도 반한다고 생각될 경우, 그것을 탈취한 조개의 행위를 합법적이고 합리적이며 인습에 어울린다고 긍정할 수 있느냐는 것이다.

이것은 '폭력에는 폭력으로'라는 태도와 유사하다. 첫 번째 폭력의 정당성을 부정할 때, 예를 들어 정의롭지 못한 재산을 권세나 폭력으로 탈취했을 때, 그것에 가하는 두 번째 폭력의 정당성을 긍정할 수 있을 것인가? 이 문제는 결국 인류사회가 폭력과 강탈의 악순환에 놓일 것인가 하는 커다란 문제로 발전한다.

사실 인류사회에는 매일 정의롭지 못한 행위가 발생한다. 사회에는 부정한 재물이 충만해 있다. 그러나 문명사회가 문명사회인 이유는 바로 그러한 '불의不義'에 대해서 부정한 방법을 사용하지 않는다는 점에 있다. 종교나 교육 등의 방법을 통해서, 특히 법률을 통해서 '불의'를 해소한다. 이러한 해소를 함에 있어 먼저 '부정한 재물'에 대해서 면밀히 심사하고 판단한다. 판단 전에 반드시 '무죄'라는 가설을 세우고 시작한다. 미리부터 부정한 재물이라고 가설을 세우지는 않는다.

사람들이 모두 알고 있는 이런 것들을 이야기하는 것은 서생의 티를 내고자 하는 말이 아니다. 그것은 한 가지 중요한 문제를 제기한다. 정의롭지 못한 재물을 처리하는 데, 피와 칼이 난무하는 폭력적 수단을 사용할 것인가, 아니면 법과 도리라는 문명적 수단을 사용할 것인가.

혹자는 천 년 전에 송나라 강호의 호걸들은 문명의 수단을 사용할 수 없었으며, 부정한 수단을 써서 정의롭지 못한 재물을 탈취할 수밖에 없었다고 말할지 모른다. 그렇다면 천 년이 지난 지금은 어떤가? 그러한 헌상품 사건에 대해서 정의롭다는 판단을 해야 할 것인가? 그들의 탈취 행위를 정정당당한 영웅적인 행위로 보아야 할 것인가?

또 이와 관련하여 헌상품 사건의 배후에 있는 '부자는 나쁘다' '부자에게 빼앗아 가난한 자를 돕는다' 등의 관념도 고려해볼 필요가 있다. 중국의 역대 농민혁명은 모두 '부자에게 빼앗아 가난한 자를 돕는다'는 것을 기본 구호로 삼았다. 『수호전』을 읽은 독자들이 헌상품 사건에 동감할 수 있었던 이유가, 하나는 중국의 탐관오리가 대부분 백성의 땀과 피를 빨아먹는 흡혈동물이었기 때문이며, 또 하나는 그런 행위가 농민의 절대 평등주의적인 문화심리에 들어맞았기 때문이다.

중국에서 근현대에 일어난 혁명뿐만 아니라 쑨원孫文도 평등 지권地權의 이상을 제시했다. 다만 역사를 돌아보면 경제적으로 절대적 평등은 영원히 실현 불가능한 유토피아라는 사실이 이미 입증되었다. 중국의 '제물론齊物論' 철학(장자)이라든지, '불이법문不二法門'의 철학(선종), 혹은 '누구든지 사랑하라'는 기독교 철학, 아니면 계몽가의 평등 철학은 모두 그 평등이 인격상의 평등일 뿐이지, 경제상의 평등일 수는 없다.

부자와 가난한 자의 차이, 경제적 생활수준의 차이는 영원히 존재할 것이다. 부자가 되고 나서 어진 사람이 될 수도 있고, 모진 사람이 될 수도 있다. 다만 부유함 그 자체에 죄가 있는 것은 아니다. 부자라고 모두 필연적으로 나쁜 사람이 되는 것도 아니다. '부자에게 빼앗아 가난한 자를 돕는다'는 이념의 잘못은 그것이 일종의 절대적인 평등주의라는 점에 있을 뿐만 아니라 총과 칼의 폭력 수단을 사용하여 절대 평등주의 실현을 강행한다는 점에도 있다. 그것은 또 일종의 유토피아적인 환상일 뿐만 아니라, 폭력에 의해서 유토피아를 실현하고자 하는 망상이기도 하다.

'부자에게 빼앗아 가난한 자를 돕는다'는 인식의 배후에 있는 심리에 관해서 지금까지는 거의 논의된 바가 없다. 기독교에서는 '질투'를 일곱 가지 원죄 중 하나로 보고, 신도들이 이러한 마음속 악마를 배척하도록 가르쳤다. 그런데 중국인이 가지고 있는 절대적 평등주의의 배후에는 병적이며 극단적인 질투 심리가 있다. 『수호전』 시대에 그런 심리가 있었는데 현대에 들어와서 그것은 더욱 광적으로 변해버렸다.

헌상품 사건이 고대인이나 현대인들에게 통쾌한 기분을 느끼게 하는 것은 그것이 바로 예전부터 중국에 존재해왔던 질투 심리에 영합했기 때문이다. 이런 심리가 존재하는 한 헌상품 사건은 영원히 영웅적인 행위로 평가될 것이다.

루쉰은 사람들이 『수호전』과 『삼국지』를 좋아하는 것은 중국 자체가 다분히 그런 성격을 띠는 국가이기 때문이라고 했다. 우리는 좀 더 구체적으로 이렇게 말할 수 있다. 중국인이 헌상품 사건을 굉장히 즐기는 이유는 바로 그들의 심리에 질투가 충만하며, 절대 평등주의에 대한 환상이 충만했기 때문이다.

중국에서는 보통 사람들이 갑자기 부자가 되면 여러 가지 거대한 압력을 엄청나게 받는다. 의식 형태의 압력이나 도덕적 압력, 인간관계의 압력 그리고 문화심리적인 압력까지 다양하다. 부자가 된 후에 사람들은 불안해한다. 왜냐하면 부자가 되고 나서 그들은 자기 수중에 있는 재산을 교묘하게 탈취해가려는 강호 호걸들을 대견해야 하기 때문이다. 뿐만 아니라 부자들은 사방에서 바닷물처럼 넘쳐나는 질투의 눈초리와 그 눈초리 뒤에 숨어 있는 원한의 독약과 대면해야 한다. 만약에 헌상품 사건과 같은 행위가 여전히 영웅적 행위로 인정된다면, '부자는 나쁘고, 부자의 재산을 빼앗는 것은 정의다'라는 논리가 영원히 사회를 뒤덮고 부자들의 머리를 짓누를 것이다.

중국은 그동안 한 번도 서양처럼 '개신교의 윤리'로 '구교舊敎의 윤리'를 대신한 거대한 변화를 겪어본 적이 없다. 막스 베버는 『프로테스탄티즘의 윤리와 자본주의 정신』에서 그러한 변화를 매우 흥미롭게 묘사했다. 그의 설명에 따르면, 서양에서 자본주의의 흥기에는 경제 그 자체의 원인 외에도 정신적인 원인이 있었다. 그것은 바로 '개신교 윤리', 즉 프로테스탄티즘 윤리의 탄생과 그런 이념이 재산과 돈벌이, 나아가 부자에 대한 시각을 근본적으로 바꾸어버렸다는 점이다. 개신교는 부자가 돈을 버는 일을 하느님이 지지했다고 공언했다. 그러한 정신에 관해서 위잉스 余英時는 『중국 근세 종교윤리와 상업정신』에서 이렇게 말했다.

> 베버의 특별한 공헌은 서양 근대 자본주의의 흥기가 경제 그 자체의 요인 외에도 문화적인 배경을 가지고 있다는 점을 지적한 것에 있다. 그 배경이란 '개신교 윤리'인데 그는 그것을 "생활 속의 고행inner-worldly asceticism"이라 불렀다. 그는 칼뱅파의 '생활 속의 고행'이 특별히 자본주의의 흥기에 도움이 되었다고 생각했다. 그래서 그의 저서는 주로 칼뱅파가 영향을 끼친 지역 즉 네델란드, 영국 그리고 북미 지역 등을 연구 대상으로 삼았다. 그는 특별히 벤저민 프랭클린이 언급한 말들을 가지고 자본주의 정신을 소개하고자 했다. 이러한 정신은 근면, 검약, 성실, 신용 등의 미덕을 포함한다. 다만 더욱 중요한 것은 사람의 일생은 반드시 끊임없이 돈으로 돈을 벌어야 하는 것이며, 인생이란 바로 돈을 버는 것이 목적이라고 했다. 또 돈을 버는 것은 단지 한 개인의 행복 때문이 아니며, 다른 세속적인 소망을 만족시키기 위한 일도 아니다. 바꿔 말하면 돈을 버는 일은 인간의 천직, 즉 중국인들이 말하는 '의로운 일calling'인 것이다.18

돈을 벌고 재산을 모으는 일이 윤리의 심판대에서 '의롭지 못하다'고 판결을 받다가 '의롭다'고 판결을 받았다는 사실은 이념적으로 천지가 뒤바뀔 만한 거대한 변화다. 중국에서는 비록 위잉스가 말한 것처럼 명 청 시대 일부 지식인들 가운데 그런 변화가 일어나기는 했지만, 전체적으로는 여전히 부를 쌓는 일은 의롭지 못하며, 나쁘다는 인식이 강했다. 돈을 벌어 부유해지는 것을 의롭다고 보는 일은 거의 없었다. 문화의 심층적인 수준에서, 중국은 아직 개신교 윤리가 구교 윤리를 대신한다고 하는 그런 근본적인 가치관의 변화는 없었다. 『수호전』의 시대에는 더욱 그랬다.

양산박 대장부들이 '축가장을 세 번 친 사건三打祝家庄'은 송강이 반란 지도자가 된 후에 스스로 나서서 지휘한 전쟁이었다. 그것은 양산박 집단이 사회를 향해서 대규모로 일을 벌이기 시작한 사건이기도 했다. 사람들은 지금까지 줄곧 전쟁을 찬양하고 긍정했다. 그러나 우리가 마음을 냉정하게 가다듬고 그들이 축가장을 공격한 이유를 연구해보면 거기에는 별다른 이유가 없었다는 사실을 발견할 수 있다.

그 이유란 단지 이렇다. 시천時遷이 주점에서 닭 한 마리를 훔쳤는데, 점원이 이렇게 말했다. "손님들이 여기 계시면 큰 화를 당합니다. 우리 주점보다는 다른 곳이 낫습니다. 시천을 마을로 데려가면, 양산박의 도적들이 해결하러 올 겁니다." 점원은 과연 시천을 데리고 마을로 갔다. 축가장 사람들은 그를 양산박의 도적이라고 여기고 관청에 보고했다.

이렇게 해서 단지 닭 한 마리가 원인이 되어 커다란 전쟁을 일으키게 되었다. 사실 닭 한 마리 사건은 핑계일 뿐이다. 그 전쟁을 낳은 근본적인 원인은 양산박 사나이들 마음에 저마다 '부자는 나쁘다'라는 생각이 있었다는 점에 있다.

축가장은 양산박 부근에서 가장 큰 장원 마을이었다. 『수호전』의 영웅들은 이미 오래전부터 그곳을 장악해서 자신들을 살찌우고 스스로의 세력을 확장하려는 생각이 있었다. 혹 시천의 닭 사건이 없었더라도 그들은 '부자에게 빼앗아 가난한 자를 구한다'는 기치를 내걸고 축가장을 소탕해버렸을 것이다. 축가장을 세 번 공격한 사건이나 현상품을 탈취한 사건은 모두 강탈한 것이며 타격을 가한 것이다. 형식은 다르지만 의식 형태의 측면에서 그 사건들은 동일하다. 강탈을 지지하고 타격을 지지하는 것에는 모두 같은 이유가 있었는데, 그것은 부유함을 나쁘게 보고 의롭지 못한 것이라고 생각했기 때문이다. 그들이 타격을 가한 것은 의롭지 못한 사람들이며 강탈한 것은 의롭지 못한 재산이었다.

또 한 가지 주의할 필요가 있는 것은, 서양의 도적들은 자기가 훔친 것은 훔친 것이며, 강탈한 것은 강탈한 것이라고 인정한다는 점이다. 예를 들면 은행 강도는 절대로 자신이 "가난한 자를 구한다"는 명분을 내걸지 않는다. 그러나 중국에서 재물을 강탈할 경우에는 "가난한 사람을 돕는다"는 명분의 마스크를 착용한다. 이 때문에 '부자에게 빼앗아 가난한 자를 돕는다'는 슬로건은 농민반란에서 일종의 전략적인 구호가 되어버렸다. 그래서 당연하게 많은 반란군은 어떤 지역을 공략한 후에는 항상 창고를 열어서 백성들을 구제하는 모습을 보여주고 그것을 민심 수습에 이용한다.

그러나 일단 정권을 장악하고 스스로가 황제의 지위에 올라서면, 우선적으로 자기 자신이 부귀한 자가 되는 새로운 국면을 연출한다. 승리자는 벼락부자가 되고, 실패한 자는 거지가 된다. 그럼으로써 부富는 소수가 독차지하게 되고, 대다수는 여전히 가난한 것이다.

반란 초기에는 '부자에게 빼앗아 가난한 자를 돕는다'고 하지만 막바지에 이르면 '부자에게 빼앗아 자기를 돕는다.' 잔혹한 전쟁이 결국은 부귀한 자가 뒤바뀌는 일이 될 뿐이다. 조개 일행은 직접적으로 '부자에게 빼앗아 가난한 자를 돕는다'는 거짓 구호를 외치지는 않았으며 그런 마스크로 얼굴을 가리지 않았다. 그들은 오히려 재물을 강탈하여 자기들이 차지하겠다고, 즉 부자에게 빼앗아 자기들이 갖겠다고 공공연하게 외쳤다.

오용은 "의롭지 못한 재물을 빼앗아 우리 모두 한평생을 즐겨보자"고 말했다. 완소오阮小五도 양산박 사람들에 대해 이야기할 때에 이렇게 말했다. "그 사람들은 하늘도 무서워하지 않고 땅도 무서워하지 않는다. 관리들도 무서워하지 않는다. 서로 금은을 나누어 가지고, 비단과 면으로 잘 차려입은 뒤, 항아리에 가득한 술을 마시고 커다란 접시에 담긴 고기를 먹으니 어찌 통쾌하지 않겠는가?"

완소칠阮小七은 "사람은 태어나 한평생을 살고, 잡초는 태어나 1년을 산다. 우리는 (…) 그들을 따라 하루만 살더라도 좋다"라고 말했다. 이것은 바로, 의롭지 못한 재물을 강탈하는 목적이 사회를 구제하기 위한 정의로운 사업이 아니라 단지 양세걸의 주머니에 있는 재물을 빼앗아 자기 주머니로 옮기는 것에 불과함을 말한다.

탐관오리의 '10만 냥'은 부도덕한 것이다. 그 '10만 냥'을 강탈해서 자기 주머니에 넣는 것도 도덕적이라고는 할 수 없다. 채경과 양세걸은 분명히 증오할 만하다. 그러나 조개와 오용의 강탈 행위도 결코 바람직하다고는 할 수 없다.

그러면 이제 '10만 냥'의 배후에 있는 사회 규칙과 법률 제도 등 중요한 문제를 살펴보자.

고위 관료의 생일을 축하하기 위해서 그 밑의 관료가 백성들의 피땀을 짜서 '10만 냥'을 만들어 축하 선물로 삼았다. 그런 사실 자체는 당시 사회 제도의 거대한 불합리성과 사회적으로 암암리에 퍼져 있는 관습의 커다란 폐단을 반영한다. 그것을 강탈한 것은 그런 어두운 관습에 대한 징벌이었다. 바로 이 점 때문에 독자들은 통쾌했던 것이다. 그러나 불합리한 관습을 징벌하는 데 강탈자들이 사용한 것은 마찬가지로 야만적이며 어두운 관습이었다. 어둠에 어둠으로, 폭력에 폭력으로 대응하는 행위에 불과했던 것이다.

백성들에 대한 양세걸의 행위는 '강탈'이었다. 조개 등이 양세걸에게 취한 행동 역시 '강탈'이었다. 양세걸이 사용한 것이 '첫 번째 폭력'이었다면 조개 등이 사용한 것은 '두 번째 폭력'이었다. 첫 번째 폭력이 국가기구의 권위와 힘을 통한 폭력으로 백성들의 재산을 착취했다고 한다면, 두 번째 폭력은 직접적으로 무기에 호소한 폭력이었다. 이렇게 도둑을 도둑으로, 폭력을 폭력으로 대체하는 것은 불합리한 관습으로 또 다른 불합리한 관습을 대체하는 방법이다. 이런 식으로는 인류사회가 변함없는 암흑 속에서 순환할 뿐이다.

생일 축하 헌상품을 강탈한 사건을 지지하는 것은 이미 사람들의 집단 무의식이 되어버렸다. 중국 사람들은 일찍이 조개 등의 탈취 행위에 대해서 문제시할 의식이나 능력을 상실해버렸다. 여기서 두 가지 커다란 이론적인 문제를 다뤄보자.

하나는 목적과 수단의 문제다. 한발 뒤로 물러서서 만약 조개 등이 정말로 부자들에게 빼앗아 가난한 사람들을 도우려고 했다 하더라도 그 수단이 도적들의 것이었다면 그것은 정당할까?

양산박에서 뜻을 모은 뒤 하늘을 대신해서 도를 행한다는 숭고한 목적을 높이 내걸고는 사실상 그들은 불법적이면서도 무자비한 수단을 사용했다. 그들의 모든 문제는 바로 거기에서 비롯된다. 내 생각에 수단과 목적은 서로 뗄 수 없는 구조를 가지고 있다. 암흑적인 수단을 가진 밝은 목적은 없다. 마찬가지로 위대한 목적을 가진 비열한 수단은 없는 것이다.

또 하나는 '개인의 재산은 침범할 수 없다'는 인류의 공리公理가 보편적인 것인가 하는 문제다. 즉 이러한 공리가 탐관오리라고 의문시되는 자의 재산에도 여전히 적용될 수 있을 것인가? 바꾸어 말하면 아직 판결을 거치지 않은 상태에서 먼저 다른 사람의 집을 털어서 재산을 몰수하는 것이 과연 정당한 행위에 속하는 것일까?

| 인육식당 비판 |

만약에 현상품 탈취 사건이 상층사회를 지향하는 이야기였다고 한다면, 장청張靑과 그 부인 손이랑孫二娘이 인육人肉을 파는 주막을 열고 나름대로 내세운 사람 잡는 원칙은 오히려 모든 사회, 즉 하층사회를 포함한 모두의 사회를 지향하는 것이었다.

장청과 손이랑은 나중에 양산박 108명의 영웅 집단에 들어갔는데, 그전에 그들이 운영한 주막은 공공연하게 인육 만두를 만들어 팔았다. 그들의 주막을 거쳐가는 사람은 누구나 잘게 잘려서 만두속이 되어버릴 가능성이 있었다. 심지어 무송武松도 살해당해 먹혀버릴 뻔했다. 그것은 참으로 놀라운 일로, 야만성이 최고점까지 달한 금수와 같은 행위였다. 맹자가 말한 사람과 짐승의 구별이 바로 이러한 장면에서 아주 잘 이해된다.

장청 부부의 행위는 사람의 행위가 아니었다. 사람을 먹는 전형적인 짐승의 행위다. 그들이 인육 만두를 만드는 행위에는 사람을 포획하고, 찔러 죽이고, 잘게 나누고, 끓여서 삶아 파는, 가장 어둡고도 야만적인 행위가 포함되어 있다. 여기에서 정말 무서운 것은 사람을 죽인다는 사실이 아니라, 인체를 해체하고 인육을 맛보면서도 전혀 심리적인 죄책감을 느끼지 않았다는 점이다. 심지어 스스로 그런 행위를 천하 호걸의 사나이다운 행위라고 생각했다.

잔인하다는 것을 전혀 느끼지 못했기 때문에 세 부류의 사람 외에는 모든 사람을 먹는다는 인육식당의 원칙을 세울 수 있었다. 그 세 부류란 승려, 기녀, 죄수였다. 장청은 큰 소리로 부끄러운 기색도 없이 무송에게 이야기했다.

자신은 일찍부터 아내에게 "그 세 부류의 사람들은 해쳐서는 안 된다"고 명령을 내렸는데, 그 이유는 다음과 같았다. "첫 번째는 여기저기 구름처럼 떠돌아다니는 승려들이다. 그들은 너무도 누려보지 못한 사람들이고 또 출가한 사람들이기 때문이다." 장청은 그런 원칙 때문에 자신이 노지심을 먹지 않았다고 자랑했다.

"두 번째는 강호에서 활동하는 기녀들이다. 그들은 활동 경험이 풍부하여 장소만 있으면 바로 무대를 펼치고 얼마가 되었건 조심해서 돈을 모은다. 만약 그들을 해치면, 그들은 서로서로 말을 전해 무대 위에서 우리 강호의 사나이들이 영웅답지 못하다고 말할 것이다." "세 번째는 범죄를 저지르고 유배에 처해진 사람들이다. 그 가운데는 멋진 사나이들도 있으니 절대로 해치면 안 된다"(제27회)는 것이다.

이러한 장청의 말을 들어보면 이 세 부류의 사람들은 서로 정도는 다르지만 반사회적인 인물이기 때문에 풀어주는 것이다. 그 외 사람들은 모두 잡아 먹어버린다. 사회에서 1퍼센트에도 미치지 못하는 극소수의 사람들을 먹지 않는 대신, 그 외 99퍼센트는 모두 잡아서 삶은 뒤 먹어버리는 것이다. 그 때문에 노지심이나 무송은 장청 부부가 알아보지 못해 하마터면 먹혀버릴 뻔했다. 대부분은 걸리면 잡아 먹었다는 것이 이것으로 증명된다.

장청과 같은 사람들은 사실상 진화가 아직 덜 되어 인격이 미완성된 '잔혹한 인간'이다. 말하자면 차마 하지 못하는 마음을 털끝만큼도 갖지 못한 사람이라고 할 수 있다. 맹자의 말을 따르자면 그는 사단四端이 결핍된 사람이다. 사람의 가죽을 쓴 짐승이다. 그러나 그는 양산박에 진입했기 때문에 역시 나중에 영웅호걸이 되어서 '하늘을 대신해 도를 행했다.'

손이랑은 양산박에 가입하기 전에 사람 먹기를 보통 식사하듯이 했다. 양산박에 올라가 전투에 참가할 때는 무고한 사람들을 가리지 않고 학살했다. 장청과 손이랑이 세 부류의 사람들을 제외하고 기타 다른 사람들은 모두 먹고 또 해체하여 만두속으로 사용했다는 것은 사회의 근간을 이루는 인간 집단의 종족 자체를 말살시키는 행위였다. 짐승은 사람에 대해서 분류를 할 수 없다. 하지만 손이랑과 장청은 몇 종류의 인간은 죽음을 면할 수 있도록 분류를 했다. 짐승과 그들이 구별되는 것은 오직 그러한 사실에서뿐이다.

만약 죄를 논한다면 손이랑과 장청이 사람을 먹었다는 것이 진정한 죄이다. 그것은 인류 공인公認의 죄악으로 어떤 시대 어떤 나라에서도 변호할 수 없는 행위다. 왜냐하면 그들이 위반한 것은 어느 한 나라의 국법이나 어느 한 왕조의 법률이 아니라 인류사회의 생존을 유지하는 인류 공동의 법이기 때문이다. 그러나 손이랑과 장청은 나중에 모두 양산박 집단에 가입하여 하늘을 대신해서 도를 행한다는 기치 아래 모였기 때문에 108명의 영웅 집단에 낄 수 있었다. 따라서 그들이 사람을 먹었다는 사실은 곧바로 무죄가 되었으며, 세 부류의 사람은 먹지 않았다는 인육식당의 원칙은 어두운 주막의 살해 원칙이라고도 할 수 있지만, 사람들이 재미있어 하고 인정해주는 원칙이 되어버렸다.

결국 욕망은 죄가 되었으나 사람을 먹는 것은 무죄였다. 반금련과 반교운 등은 마귀로 여겼고, 손이랑은 영웅시했다. 이것이 바로 『수호전』의 가치관이며 전형적인 『수호전』의 논리였다.

인육식당은 사실상 일종의 비인간적인 문화다. 사람을 사람으로 여기지 않는 문화로, 달리 말하면 그것은 자기 집단 사람들은 형제라고 부르면서 집단 바깥에 있는 사람들은 모두 살육의 대상으로 생각하는 비인간적인 문화다. 그것은 단지 장청의 원칙이었을 뿐만 아니라 양산박의 원칙이기도 했다.

이러한 점에 관해서 루쉰은 일찍부터 깊이 있고 명석하게 판단했다. 그래서 그는 펄벅Pearl S. Buck이 『수호전』을 번역하여 '모두 형제다'라는 제목을 붙이려고 할 때 그것은 옳지 못하다고 비판했다. 1934년 3월 24일, 루쉰은 한 서신에서 이렇게 말했다.

> 펄벅 부인이 『수호전』을 번역했다는 말을 듣고 매우 기뻤다. 그러나 그가 책명을 '사해는 모두 형제다'로 붙이려 한다는 이야기를 들었는데 그것은 정확하지 않다. 왜냐하면 양산박 사람들은 결코 모든 사람을 형제로 여기지는

않았기 때문이다.(『루쉰전집魯迅全集』 제12권, 359쪽)

    루쉰의 이러한 비평은 그야말로 매우 단도직입적이다. 그는 『수호전』의 핵심적인 관념을 지적했다. 즉 그것은 집단 내부와 외부를 엄격하게 구분하는 관념으로, 오로지 집단 내부, 즉 108명만이 사람이며 그 안에 형제가 있다. 그 집단 외부에는 형제도 사람도 존재하지 않는다. 집단 내부에서는 인육을 먹은 사람이라도 왕영王英, 이규李逵, 장청은 서로 형제이며 영웅이다. 그러나 집단 바깥에 있는 존재는 사람이라 하더라도 멋대로 살해할 수 있다고 보았다.

    『수호전』의 충의忠義든(송강은 취의당聚義堂을 충의당忠義堂으로 바꾸었다), 아니면 『삼국지』의 결의結義든(도원桃園결의를 말함), 그 '의'의 요점은 어느 경우나 사랑이라는 보편성이 없다는 것이다. 사람을 사람으로 인정하는 보편성이 없는 것이다. 단지 결의나 충의를 모은 범위 내에서만 사람을 사람으로 본다. 의를 모은 집단의 바깥은 사람을 사람으로 보지 않으며 심지어는 먹이 삼아 잡아 먹기도 한다. 이용할 만한 사람은 먹지 않지만, 이용할 수 없을 경우에는 언제든지 죽여서 먹어버린다.

    루쉰이 지적한 이러한 진실은 중국의 모든 암흑 조직에 적용된다. 그러한 분별의 원칙은 바로 장청에서 왕륜 그리고 송강 등에 이르는 『수호전』 엘리트들의 공동 준칙이었으며, 적어도 공통으로 몰래 간직하고 있던 규칙이었다.

| 투명장 비판 |

양산박의 인물들, 즉 108명의 장수에 관해서는 이 책에서 장차 상세하게 설명하겠다. 여기에서는 우선 왕륜王倫의 '투명장投名狀'에 대해서 간단히 소개한다.

임충이 고구의 박해를 받고 갈 곳이 없어지자 양산박에서 부근 일대를 점령하고 왕이 된 왕륜에게 가 투항하고자 했다. 왕륜은 임충에게 먼저 투명장 하나를 제출하라고 했다. 그 집단에 가입하기 위한 입문증명서를 요구한 것이다. 그런데 그 투명장은 다름 아니라 피가 줄줄 흐르는 사람의 머리였다. 산채山寨 바깥으로 나가 한 사람을 죽여 입산의 결심을 표명해야 하는 것이다.

이 부분은 비록 작은 분량이지만, 왕륜 등 산채에 있던 사람들이 내심 가지고 있던 중대한 정보를 드러낸다. 사람을 사람으로 여기지 않는다는 것이다. 한 사람의 머리, 한 사람의 생명이 너무도 미미해서 언급할 가치도 없다는 것이다. 그것은 영웅이 천하를 엿보고 천하를 제패하여 사업을 펼칠 때 깔고 앉는 잡초 한 포기나 도로에 깔린 모래 한 알에 불과하다. 투명장의 이야기는 소홀히 할 수 없다. 여기에서 한번 복습해보기로 하자.

왕륜이 말했다. "형제들은 모를 것이다. 이 사람은 창주滄州에서 엄청난 죄를 지었지만, 오늘 이렇게 산에 올라왔다. 헌데 그 속마음은 모르겠다. 만약에 그걸 알고 싶다면 어쩌면 좋겠는가?" 임충이 말했다. "소인은 죽을죄를 저질렀습니다. 그래서 이렇게 와서 함께하려고 하는 것입니다. 어찌해서 의심합니까?" 왕륜이 말했다. "만약 그렇다면, 자네가 정말로 여기에 들어오고 싶다면 투명장 하나를 가져와라." 임충이 바로 말했다. "소인은 글자 몇 줄 정도는 꽤 잘 씁니다. 종이와 붓을 가져다주면 바로 쓰겠습니다." 주귀朱貴가 웃으면서 말했다. "여보시오 선생, 틀렸어. 사나이가 여길 들어오려면 투명장을 납부해야 하는데, 그건 당신이 산을 내려가 한 놈을 죽인 다음에 그 목을 잘라 헌납하는 것이오. 그럼 의심이 없어지지. 그것이 바로 투명장이라는 것이오." 임충이 말했다. "그것도 어렵지 않지요. 지금 바로 내려가지요. 그런데 지나가는 사람이 없을까 걱정되는군요." 왕륜이 말했다. "3일의 기한을 주겠소. 만약 3일 내에 투명장을 가져오면 우리 패거리에 끼워주겠소. 그러나 3일이 지나도 못 가져오면 우리 탓을 하지 마시오." 임충은 거기에 응답하고 숙소로 돌아왔다. 방에서 쉬면서도 내내 번민에 휩싸였다. 이때 마침 시 한 수가 떠올랐다.

괴로움은 늘어나고 고행길은 열렸구나.
아쉽도다. 왕륜이 의심해 괴팍하게 나오니.
내일은 아침 일찍 산길을 찾아야지.
모르겠구나. 어떤 머리를 잘라오게 될지.

비록 작은 이야기지만 여기에 깃든 뜻은 매우 크다. 그 뜻과 인육식당의 원칙은 서로 통한다. 자기 패거리와 자기들이 특별히 보호하고 있는 소수의 사람을 제외하고 다른 모든 사람은 죽일 수도 있고 잡아 먹을 수도 있다. 타인은 모두 개나 소, 돼지, 양과 같다. 언제든지 붙잡아 껍질을 벗겨서 물에 넣고 삶아서 즐길 수 있다. 가지고 놀 수도 있고 음식으로 삼을 수도 있다.

　임충은 왕륜의 입회 조건을 듣고도 '투명장'이 뭔지 몰랐다. 그래서 주귀가 그에게 "사람 하나를 죽여서 그 머리를 헌납하는 것"이라고 일러주었다. 그것을 듣고 임충은 놀라기는커녕, 혹시 지나가는 사람이 없어 헌납할 사람의 머리를 찾지 못하면 어떻게 하나 걱정할 뿐이었다.

　이를 보면 임충과 같은 영웅들에게는 사람 머리 하나가 잡초 한 포기나 마찬가지로 경중을 따질 만한 가치가 없다는 것을 알 수 있다. 그들의 잠재의식에서 무고한 사람의 머리는 자신의 입장권으로 삼아도 무방한 것이다.

　중국의 현대 시인 베이다오北島가 지은 시 한 편이 있는데, 즉 "비겁함은 비겁한 자의 통행증이다"라는 것이다. 사람 머리로 통행증을 삼고, 그러한 비겁함과 흉악함과 야만성을 상징하는 행위에 대해서 더 이상의 말이 필요 없다. 다만 두려운 것은 아주 많은 사람이 임충과 같이, 선혈이 흐르는 투명장에 이미 익숙해져서 '차마 하지 못하는 마음'이 미동조차 하지 않는다는 사실이다. 임충이 근심한 것은 무고한 자의 머리가 땅에 떨어지는 일이 아니라, 자기가 무고한 자의 머리를 찾기 어려워 도적 집단에 들어가지 못할까 하는 점이었다.

| 원앙루 사건 비판 |

『수호전』에 나오는 반사회적인 사건 중에 가장 엄중한 사건은 무송이 원앙루를 피로 물들이는 이야기다. 무송은 당시 양산박에 오르지 않았

을 때였다. 아직 정치적인 반란까지는 들어가지 않았지만, 그 사건은 역시 사회적인 반란의 범주에 속한다고 할 수 있다.

원앙루 사건의 원인은 무송이 맹주孟州의 안평채安平寨로 유배당한 뒤 시은施恩으로부터 이러저러한 은혜를 입고 그를 대신해 장문신蔣門神을 호되게 공격한 뒤에 쾌활림快活林을 탈취한 데 있었다. 그 때문에 무송은 장문신의 친구와 그 배후인 장단련張團練과 장도감張都監의 지목을 받았는데, 장도감은 계책을 꾸며 무송을 체포하려고 했다. 무송은 이로 인해 노기가 충천하여 복수극을 꾸몄다. 그는 원앙루에 마침 적들이 모여 있다는 것을 알고, 바로 그곳으로 달려가 피비린내 나는 살육 작전을 감행했다.

그는 먼저 마굿간으로 들어가 말을 키우는 마부 한 사람을 죽였다. 그리고 담장 안으로 넘어 들어가 주방 안에서 두 명의 하녀를 더 살해했다. 그런 후에 원앙루로 올라가 장도감, 장단련, 장문신과 두 몸종을 순식간에 베어 죽였다. 그때 그에게 한 가지 생각이 떠올랐다. '한 놈 죽이나, 두 놈 죽이나, 백 놈 죽이나 어차피 한 목숨이다.'

그래서 바로 누각 아래로 달려 내려가 장도감의 딸들과 며느리 그리고 같이 있던 여자 몇을 죽여버렸다. 그런 후에야 무송은 비로소 만족감을 느꼈다.

이러한 대大학살극에서 무송에게 세 사람, 즉 장도감, 장단련, 장문신을 죽일 이유는 많았다. 그러나 그는 15명이나 죽였다. 그중에는 어린 하녀도 있었고 여자아이들도 있었지만 그냥 지나치지 않았다. 그들은 모두 무고한 생명이었다. 그러나 그는 남김없이 죽였다. 칼날이 뒤틀리도록 베고, 원앙루에 시체가 가득 쌓이도록 베고, 온 땅에 피가 낭자하도록 베고, 마음에 만족감을 느낄 때까지 벴다. 그러고 나서야 그만두었다. 그것만으로도 사람들은 충격을 받아 입을 다물지 못한다. 그러나 더욱더 무섭고, 슬프고도 놀라운 것은 그의 심리 상태였다. 그는 당당하고 기세가 등등함을 느꼈다.

무송은 시신들 사이에서 옷을 찢어내 선혈을 묻혔다. 그리고 하얀 벽 위에 커다랗게 글을 썼다. "살인자는 호랑이 잡는 무송이다." 그러고는 혼잣말로 중얼거렸다. "이제 겨우 좀 만족스럽군. 가서 쉬자."

우리는 그 모습을 상상하고 놀라움에 입을 다물 수가 없다. 그러나 후대에 김성탄은 무송의 그러한 행동에 침이 마르도록 칭찬을 했다. 그는 무송과 함께 사람을 죽이는 쾌락과 흥분에 빠졌다. 무송은 늘 닥치는 대로 죽여나갔는데, 김성탄도 이에 따라 줄곧 그 행위를 음미해나갔다.

김성탄은 선혈이 낭자한 살육사건에 대해 평가하면서, 환호와 같은 논평 문구를 달았다. 마치 야구장에서 응원단이 소리를 지르듯이 외쳤다. "한 명 죽였다!" "두 명 죽였다!" "세 명 죽였다!" "일곱 명 죽였다!" "여덟 명 죽였다!" "열한 명, 열두 명 죽였다!" "열세 명, 열네 명, 열다섯 명 죽였다!" 이러한 논평에는 김성탄이 살인극을 보면서 느꼈던 커다란 쾌감이 흘러넘치고 있다.

무송이 원앙루의 남녀들을 모두 죽이고 혼잣말로 "이제 겨우 좀 만족스럽군" 하고 말했을 때 김성탄은 그 문장 옆에 이렇게 적었다. "절묘하게 멋진 말이다." 무송이 벽에 "살인자는 호랑이 잡는 무송이다"라고 적은 것을 읽고 김성탄은 최고의 논평을 헌사했다.

"기묘한 문장이요, 기묘한 붓이요, 기묘한 먹이요, 기묘한 종이로다." 단 몇 글자인데, 역시 호랑이를 때려눕힐 만한 힘이로다. 짧은 문장이지만, 여기에는 기묘한 분위기가 스며 있다. 정말로 천지간에 드문 걸작이로다."

한쪽에서는 줄곧 죽여나가고, 다른 한쪽에서는 줄곧 칭찬한다. 한쪽에서는 사람을 죽여서 만족해하고, 다른 한쪽에서는 그것을 칭찬하면서 만족해한다. 무송은 사람을 죽이면서 통쾌해하고, 시내암은 사람 죽이는 모습을 묘사하면서 통쾌해하며, 김성탄은 그것을 읽으면서 더욱더 통쾌해하고, 『수호전』을 읽은 독자들은 대를 이어 내려가면서 통쾌해했다.

모두가 크게 환호하고 모두가 크게 통쾌해하는 가운데, 누구 한 사람 무고한 어린 하녀의 머리가 땅에 떨어지고, 무고한 마부의 머리가 땅에 떨어지고, 무고한 몸종의 머리가 땅에 떨어진 것을 생각하지 않았다.

하녀도 마부도 생명이다. 아버지도 있고 어머니드 있고, 형제도 있고 언니 동생도 있고, 피부와 머리카락도 있고, 영혼이 있는 생명이다. 무송은 이들 무고한 생명을 베어 죽일 때, 심리적인 저항이 없었을 뿐만 아니라 오히려 만족감을 느꼈다. 김성탄도 이러한 살인 행위에 대해서 어떤 측은지심의 감정도 없었을 뿐만 아니라, 오히려 박수를 치고 통쾌해했다. 후대의 독자들도 그렇게 잔인무도한 장면에 대해 오히려 통쾌해하며 읽고 또 읽었다. 보면서 즐거워하고 피가 뿌려지는 멋진 장면에서 환호성을 질렀다.

사람들은 피바다 속에 있던 거대한 영웅의 입장에 서서 감상하고 대대로 그러한 입장에서 찬미를 했다. 그 영웅들은 얼마나 높고 위대한 것일까? 김성탄은 단도직입적으로 그들을 '천인天人'이라고 했다. 높기가 지극하고 위대하기가 지극하다는 것이다. 김성탄과 독자가 품는 이러한 영웅숭배의 정신은 어떠한 문화심리일까? 정상적인가 비정상적인가? 아니면 변태적인가? 그것은 또 사람에 속하는 것일까, 짐승에 속하는 것일까? 중국 사람들의 문화심리의 원형이라고 할 수 있을까, 아니면 가짜 원형, 즉 위형일까?

아마도 말할 수 있는 것은 그것이 중국 문화의 위형일 것이라는 점이다. 『산해경』에서 하늘에 난 구멍을 막은 여와나, 바다를 나무와 돌로 모두 메워버리고자 한 정위, 해를 쫓던 과보 등은 모두 전설적인 영웅이었다.

그런데 『수호전』에 이르러 이렇게 변질돼 살육적인 영웅 무송이 된 것이다. 가짜의 원형 문화는 『산해경』의 원형 문화가 변질되어 생긴 것이다. 역시 『도덕경』이라는 원형적인 경전이 허물을 벗은 것이기도 하다.

『도덕경』이 보인 살인에 대한 태도는 바로 중국인이 원시 시대에 지녔던 태도였다. 노자는 『도덕경』에서 "승리를 해도 멋지다고 하지 않는다勝而不美"는 명제를 제시했다. 즉 전쟁에서 승리했다고 해서 그것을 좋아하고 쾌락으로 삼지 않는다. 왜냐하면 전쟁 중에 사람을 죽였기 때문이다. 따라서 승리할 때에는 성공을 축하하는 연회를 열지 않으며 스스로 찬미하지도 않는다. 오히려 상례喪禮로 승리의 의식을 대신한다.

이것은 로마가 시작한 개선문 행사 문화와는 아주 다르다. 카이사르나 나폴레옹이 전쟁 승리를 기념하던 태도와도 완전히 다른데, 사람의 도리와 인성人性이 충만한 태도라고 할 수 있다. 무송이 사람을 죽이고 굉장히 만족해하던 태도를 생각해보면, 노자의 말이 각별히 흥미롭게 다가온다. 노자는 『도덕경』에서 이렇게 말했다.

무릇 무기란 상서롭지 못한 기물이다. 만물은 그것을 싫어한다. 그러므로 도를 깨달은 자는 그것을 가까이하지 않는다. 군자는 평소에 거처할 때는 왼편을 귀하게 여기고, 무기를 쓸 때는 오른편을 귀하게 여긴다. 무기는 상서롭지 못한 기물이며 군자의 기물이 아니다. 부득이하게 사용하는 것이므로 고요하고 맑은 마음으로 하는 것을 중하게 여긴다. 승리하고도 아름답다고 여기지 않는다. 그것을 아름답다고 생각하는 것은 살인을 즐기는 일이다. 무릇 살인을 즐기는 자는 천하에 뜻을 얻을 수 없을 것이다. 좋은 일은 왼편을 높이고 나쁜 일은 오른편을 높인다. 편장군偏將軍은 왼쪽에 서고 상장군은 오른쪽에 선다. 이것은 장례의 예식을 따른 것이다. 사람을 많이 죽였으면 슬프게 울어야 하고, 전쟁에 승리하면 상례를 따르는 것이다.

노자는 전쟁과 살인이 나쁜 것임을 인정했다. 만약 부득이하게 전쟁을 해서 승리했다면 득의양양해서는 안 된다. 오히려 애통한 심정으로 승리에 대처하고, 상례 의식으로 승리의 뒷일을 처리해야 한다고 했다. 이것이 인성에 가장 어울리며, 천리와 인간의 이성에 가장 알맞은 태도이다. 노자의 이런 사상은 바로 중국 문화의 정화이며 진정한 영웅관이다.

그렇기 때문에 진정으로 합리적인 인류의 영웅은 모두 비통한 심정으로 승리에 대처해야 한다. 자기에게 패배한 실패자에 대해서도 마찬가지다. 가엽게 여기고 애처롭게 여기는 마음은 바로 생명에 대한 존중이며 폭력에 대한 부정이다. 이러한 태도는 나폴레옹이 세운 개선문의 행위와 비교해서, 그 정신적 수준이 수천 배나 더 높다고 할 수 있다.

노자의 사상을 참조하여 보면, 무송이 바로 '승리를 아름답게 여기는 자'라고 할 수 있다. 무고한 사람들을 무자비하게 죽이고 그것을 크게 즐기며 기뻐하는 자인 것이다. 정말 기괴한 것은 그러한 피비린내 나는 살인 행위를 무송 자신도 아름답게 보았으며 그것을 묘사한 『수호전』 저자도 그렇게 보았다는 것이다.

김성탄에 이르러서 그는 단도직입적으로 "노달魯達은 이미 인간 중에 최고다. 무송은 다름 아닌 하늘의 신天神이다"라고 하여 무송을 신적인 존재로 받들었다. 김성탄의 『수호전』에 대한 비평은 매우 통쾌하고 날 카로운 점이 있다. 그러나 그는 무송을 지나치게 좋아하였는데 그것은 원래 그가 살인사건을 즐기는 사람이었음을 반영한다.

김성탄은 『수호전』을 반으로 잘라버렸다. 그것은 단지 그가 느끼기에 천신과 영웅들의 최후가 보잘것없었기 때문이다. 그들 중에는 방납方臘을 공격하다 죽은 자도 있었고 다친 사람도 적지 않았다. 그런 모습이 너무 썰렁하고 별로 통쾌하지도 않았으므로, 굳이 남겨서 분위기를 심각하게 할 필요는 없다고 본 것이다.

살인자들이나 그것을 소설로 남긴 사람, 그리고 비평을 한 사람 모두 살인극을 즐기고 멋지다고 생각했다. 뿐만 아니라 『수호전』을 읽은 수많은 세대의 독자들도 오늘날 중국의 TV 시청자들과 마찬가지로 『수호전』의 이야기를 통쾌하다고 느꼈다.

당시 사람들은 '손봐야 할 때 바로 손을 본다'라는 노래를 불렀다. 그런데 『수호전』에서 무송이 그렇게 손을 본 결과로 인해 얼마나 많은 생명을 피바다 속에 몰아넣었는지 생각해본 사람은 얼마나 될까? 평론가와 독자들은 단지 자신들의 심리적 만족만을 구했다. '생명'이라는 기준, 즉 인간성이라는 기준에서 영웅의 행위를 평가하는 것을 잊었다.

물론 '잊었다'는 말보다는 근본적으로 그런 의식이 없었다고 하는 편이 옳을 것이다. 왜냐하면 살인사건을 즐기는 일종의 문화적 변태 심리는 이미 집단 무의식이 되어버렸기 때문이다.

루쉰은 재차 이렇게 비판했다. "중국인들은 같은 민족끼리 서로 죽이는 것을 좋아한다. 뼛속 깊숙한 곳까지 피비린내 나는 이기주의와 무관심으로 가득 차 있다. 더욱 애석한 것은 그런 사실즈차도 깨닫지 못한다는 것이다."

무송은 지금까지 여전히 사람들의 마음속 대영웅이다. 사람들은 그가 어린 여자와 하녀들 그리고 하층사회의 마부들을 선혈이 낭자하게 베어 죽인 행위는 완전히 무시해버리고 기억하지 못한다.

2
정치적인 반란 긍정론 비판

앞장에서 『수호전』의 사회적 반란에 대해서 분석했다. 그들이 내건 반란의 논리란 사회의 규칙이 불합리하기 때문에 자기들이 어떤 수단이라도 써서 사회를 합리적으로 만들겠다는 것이었다.

물건을 강탈하고 사람들을 함부로 죽이며 인육으로 만든 만두를 파는 주막을 연 것도 그런 명분에서였다. 그러한 논리는 좀 더 간단히 말하면 다음과 같다. 사회는 악하다. 그러므로 나는 사회보다 더욱 악하게 행동해도 된다. 사회는 어둡다. 그러므로 나는 사회보다 더욱 어둡게 행동해도 된다. 이러한 논리를 배경으로 반란이 정당하다는 주장이 생겨나고 이것이 변해서 강탈도 정당하며, 살인도 정당하고, 사람을 먹는 것도 정당하다는 주장이 된 것이다.

여기에서 『수호전』의 주제, 즉 양산박 농민반란의 주제로 들어가보자. 그것은 정치적 반란으로 대규모 투쟁 세력이 직접적으로 조정의 정권을 겨눈 것이었다. 그러한 반란은 역사적 정당성을 지닌다. 소설은 처음부터 임충이 고구 부자에게 박해받는 장면을 묘사하고 있다. 권력가에 의해서 죽음의 문턱으로 몰리자 그는 어쩔 수 없이 양산박으로 향했다. 암흑적인 상황이 영웅을 압박하여 반란의 길을 걷지 않으면 안 되게 한 것이다. 관리가 백성을 반란으로 내몬 것이다.

임충의 사례는 반란의 충분한 이유를 설명해준다. 아울러 송나라 때 일어난 그 농민혁명이 역사적으로도 정당성이 있다는 것을 보여준다. 만약 그 반란이 압박받은 백성들에 의해서 암흑적인 정권의 핍박을 받아 어쩔 수 없이 일어났다고 인정된다면, 임충의 반란은 분명히 정당한 것이다. 임충은 동정받을 만한 가치가 있었다. 『수호전』의 작자 시내암이 임충의 이야기를 서술하면서 취한 동정과 이해는 기본적으로 틀리지 않다.

그러나 여기서 비판하려는 것은 반란은 정당하다는 대명제다. 관리들이 백성을 핍박하여 백성들이 반란을 일으켰다고 하는 사실을 비난하려는 것이 아니다. 반란에 동원된 논리를 비판하려고 한다.

즉 "반란은 어떤 수단을 써도 정당하다"는 논리를 반박하고자 한다. 양산박의 반란자들은 '하늘을 대신해서 도를 행한다'는 기치를 내걸고 반란을 일으켰다. 따라서 반란은 모두 천부적으로 정당했다. 그들의 모든 행동도 천부적으로 정당했다. 무법적이며, 잔인하고, 백성들의 생명을 무시하여 그들을 돼지나 개로 여기는 사람들에 대해서, 즉 양산박 바깥 사람들에 대해서 그 어떤 자도 남김없이 존엄한 권리를 무시하는 것은 당연했다.

이렇게 『수호전』 문화에 담긴 반인간적인 내용을 사람들이 수백 년간 정확하게 직시할 수 없었던 것은 바로 모든 반인간적인 내용이 '하늘을 대신하여 도를 행한다'는 숭고한 기치로 은폐되어 있었기 때문이다.

'하늘을 대신하여 도를 행한다'는 구호가 있고 나서 혁명은 성스러운 행동으로 변했다. 혁명의 숭배와 영웅 숭배의 분위기에서 반란자들은 좋은 일을 할 때면 당연히 좋은 평가를 받았다. 그러나 그들이 행한 나쁜 일도 당연한 일, 정당한 일이 되어버렸다.

사람들은 반란이 정당하다고 생각했으며 그것은 공리公理가 되었다. 그 때문에 비인간적인 행위에 대해서 비판능력을 상실해버린 것이다.

우리는 이제 '관리들이 핍박하여 백성들이 반란을 일으킨다'는 명제의 반대, 즉 '백성이 압박하여 관리들이 반응한다'는 관점에서 양산박 반란자들의 행위를 살펴보자. 여기에서 백성이란 양산박의 사나이들을 말한다. 그들의 행위는 정당한 것인가?

역대로 『수호전』 독자들은 주로 앞의 명제로부터 발생한 피로 범벅된 사건을 주목했다. 즉 관리들이 핍박하여 백성들이 반란을 일으킨다는 관점에 서 있었다. 그 반대의 경우, 즉 뒤의 명제가 일으킨 피비린내 나는 사건은 보지 못했다.

그렇다면 우리는 양산박의 두목들이 주동朱소, 안도전安道全, 진명秦明, 노준의盧俊義 등을 압박하여 산을 오르게 된 과정을 살펴보자. 그런 과정에서 피비린내가 얼마나 진동했는지도 살펴본다.

1. 반란 기치 아래의 영아 살해

먼저 양산박 수령이 주동朱소을 압박하여 양산으로 오르게 된 과정을 살펴보자. 주동에 관해서는 멍차오孟超가 설명한 내용을 빌린다.

주동은 원래 운성현鄆城縣의 부호였다. 키는 2미터가 넘었으며 얼굴은 홍갈색으로 눈은 초롱초롱했다. 수염은 호랑이 수염 같았는데 길이가 45센티미터 정도였다. 그래서 그에게는 '미염공美髥公'이라는 별명이 있었다. 정의로운 기개를 중시하고 금전과 재산을 가볍게 여겼으며, 강호의 사나이들과 친하게 지냈고 멋진 무예를 몸에 익혔다. 이 때문에 운성현 오마병衙馬兵의 군관이 되었다. 양산박 사람들이 뜻을 모아 생일 헌상품을 탈취해가자, 그는 뇌횡雷橫과 함께 달려가 조개를 체포했다. 그러나 지혜를 발휘해 삽시호揷翅虎 뇌횡을 속이고 조천왕晁天王 조개를 풀어주었다. 송강이 염파석閻婆惜을 죽이자, 운성현은 또 주동과 뇌횡을 파견하여 한달음에 달려가 체포하도록 했다. 뇌횡은 마을의 앞뒤를 수색한 뒤에 불당 안으로 들어가 바닥에 설치된 판자를 열어젖혔다. 그리고 굵은 쇠사슬을 한 번 끌어당기자 방울 소리가 나고, 바닥의 구멍에서 송강이 기어 나왔다. 주동은 "뇌횡은 집착이 심하고 주도면밀하지 못합니다"라고 하면서 송강을 풀어주었다. 나중에는 뇌횡도 석방시켜버렸기 때문에 주동은 창주滄州로 유배를 당했다. 주동은 그곳 지부知府의 거처에서 매일 지부의 아들 소아내小衙內를 돌보면서 놀았다. 뇌횡은 양산박으로 들어갔는데, 조개와 송강은 모두 그의 의리와 기개에 감탄했다. 그래서 오용과 뇌횡을 파견하여 주동도 양산박으로 오라고 권유하게 했다. 결국 이규가 주동이 돌보던 소아내를 죽여버렸기 때문에 주동은 어쩔 수 없이 양산박으로 도망칠 수밖에 없었다. 나중에 그는 양산박 기병대의 대표기大驃騎 겸 선봉이 되었다.[19]

주동은 멋진 사나이였다. 그건 의심할 나위가 없다. 양산박 영웅들은 영웅을 아꼈다. 이것 역시 크게 비난할 수 없다. 문제는 주동이 양산의 무리에 들어가길 원하지 않았다는 것이다. 그러나 양산의 수령들은 그를 압박해 같은 패거리가 되도록 했다. 이를 위해서 다음과 같은 지독한 계책을 썼다.

주동은 인정에 이끌려 호송하던 뇌횡을 풀어주었다. 그 때문에 자기 자신이 오히려 창주부에 유배를 당해 성에 갇혔다. 그런데 그곳 지부의 최고 책임자가 주동이 뛰어난 인재임을 알아차리고 자기 곁에 남겨두어 부중의 하급관리로 일을 맡도록 했다. 마침 지부의 네 살 먹은 아들 소아내가 있었는데 주동의 긴 수염을 보고 매우 좋아했다. 그 아이는 주동의 수염에 올라가서 주동이 안고 놀아주기를 원했다. 지부는 그것을 보고 사랑하는 자기 아들을 주동이 돌봐주기를 부탁하지 않을 수 없었다. 이로 인해 주동은 지부로부터 매우 두터운 신임을 받게 되었다.

그런데 양산의 두령들은 바로 이 점을 노려 주동이 양산으로 도망오도록 계책을 꾸몄다. 오용은 이규를 데리고 창주부로 갔다. 뇌횡이 거기에 합류했다. 오용이 주동과 이야기하는 틈을 타 이규는 소아내를 안고 달아났다. 그리고 우선 이 네 살 먹은 아기의 입에 마약을 집어넣어 소리를 내지 못하게 하고, 숲속으로 데리고 가 도끼로 아이의 머리를 "깨트려 두 조각 냈다." 주동이 아이를 죽게 만든 책임을 지도록 한 것이다. 결국 그는 도망갈 곳을 찾지 못해 양산박 집단에 합류했는데, 그들은 주동을 끌어들이기 위해 이렇게 무서운 계략을 펼쳤던 것이다.

시진柴進이 훗날 주동에게 이렇듯 담백하게 고백했다.

"그대가 거절하고 따르지 않을 것을 알고, 고의로 이규에게 소아내를 살해하라고 한 것입니다. 먼저 그대가 돌아갈 길을 막아 어쩔 수 없이 양산박으로 오게 한 것이지요."

이규가 도끼 한 방으로 모든 것을 결정했다. 주동은 창주에서 더 이상 몸을 맡길 곳이 없어져버렸다. 물론 더는 몸을 맡길 이유도 없어졌다. 오직 오용을 따라 양산을 오르는 길밖에는 없었다. 다만 그는 그 후로 이규를 한없이 증오했다. 그리고 시진을 향해서 자신은 정말로 하늘의 도리에 어긋나는 그런 수단은 도저히 이해할 수 없다고 호소했다. 아울러 이렇게 말했다. "당신들 형제끼리는 우정과 의리로 그리했겠지만, 그것은 너무 지나쳤다."(제51회)

어린아이 소아내를 도끼로 쳐 죽인 것은 인간적으로 말해서 엄청나게 충격적이며 악독한 사건이다. 이 사건은 양산에 있던 영웅들의 의식과 잠재의식을 잘 설명해준다. 양산의 '형제들'의 생명은 가치가 있지만, 그 외 생명은 모두 경중을 가릴 만한 가치도 없다는 것이다. 즉 자기들을 제외한 모든 생명은 반란 사업을 추진하기 위해서 사용할 수 있는 제사 공물이거나 도구일 뿐이었다.

인간적인 심성이 여전히 남아 있는 사람들은 이 사건에 대해서 의문을 제기하지 않을 수 없다. 이규는 어떻게 도끼를 내려칠 수 있었을까? 송강과 오용 등은 어떻게 어린아이를 죽일 결심을 했을까?

굴원은 '하늘에 질문天問'을 던졌다. 우리는 오늘 '사람에게 질문人間'을 던져야겠다. 반란이 정당하다는 말은 반란으로 사람을 구할 수 있어서이지, 반란으로 사람을 죽여서가 아니다. 그렇다면 네 살 먹은 어린아이는 사람이 아닌가? 그렇게 작은 생명을 인질로 삼아, 그의 머리를 베어 반란 사업을 추진하는 것은 정당한가?

무송이 어린 하녀들을 죽이고, 이규가 어린아이를 죽이면서 어떠한 심리적인 거리낌도 없이 한칼에 행했다. 이것을 보면 이들 두 사람의 영웅은 차마 하지 못하는 그런 마음이 전혀 없는 잔인한 사람들이다.

나는 이전에 『인론人論 25종』이라는 책에서 잔인한 사람에 대해서 논한 적이 있다. 그들을 간단히 정의하자면 다음과 같다.

중국 문화에서는 '차마 하지 못함'이라는 개념이 아주 중요하다. 맹자는 일찍이 '차마 하지 못하는 마음'에 대해서 논한 적이 있다. 그는 사람들의 마음에는 선량한 일면이 있는데, 그것을 '차마 하지 못하는 마음不忍之心' 즉 측은한 마음이라고 했다. 차마 하지 못하는 마음이란 바로 양심이다. 사람이 사람인 이유 중 하나는 바로 이러한 특징 때문이다. 짐승들과는 다른 특성이다. 예를 들어, 사람들은 다른 사람이 심각한 피해를 입거나 살육을 당하거나 박해를 당하면 일종의 동정심을 느낀다. 이러한 동정심이 짐승들에게는 없다. 정상적인 사람이라면 부녀자나 어린이가 강물에 떨어지면 누구나 불안함을 느낀다. 누가 사람의 머리나 손발을 베어서 죽이는 모습을 보면 누구나 충격을 받고 차마 눈 뜨고 보지는 못할 것이다. 이것은 인간 본성의 세계에서 일어나는 어떤 신비스러운 작용으로 고대 성인들은 이러한 것을 일컬어 '차마 하지 못하는 마음'이라고 했다. 내 생각에 이렇게 차마 하지 못하는 마음을 가진 사람은 정상적인 사람이다. 잔인한 사람이 아니다. 잔인한 사람은 이렇게 차마 하지 못하는 마음을 없애버린 자다. 그들은 인류의 불행이나 재난, 잔혹함에 대해서 동정심을 느끼지 못하고 본성이나 마음도 움직이지 않는다. 잔인한 일을 보고도 마음이 움직이지 않기 때문에 그들 자신도 살인자가 될 수 있다. 특히 중요한 것은 그들은 잔인한 행위를 할 수 있을 뿐만 아니라 그런 행위에 대해서 전혀 마음의 동요를 느끼지 못하고 즐길 수 있다는 것이다. 이렇게 잔인한 행동을 하고 그것을 감상할 수 있는 사람이 바로 잔인한 사람이다.

무송과 이규는 바로 스스로 살인자가 되어 잔인한 행위를 했다. 그러고도 전혀 마음의 동요가 없었고 심지어는 스스로 그것을 즐긴 사람들이었다. 기괴한 것은 어린아이, 즉 소아내를 살해하고 소녀, 즉 어린 하녀들을 살해한 잔혹 행위에 대해서 이규와 무송은 마음에 거리낌이 없었는데 이러한 행위를 보고서도 후세의 독자들 역시 가볍게 지나쳤다는 점이다.

독자들이 이규 등의 행위를 지나칠 수 있었던 것은 '정치적 정당성' 때문이었다. 살인은 완전히 양산박의 반란 사업을 위한 것이었다. '큰 도리는 작은 도리보다 앞선다'는 명분인 것이다.

그런데 중국 문화는 맹자로부터 시작하여 그 '큰 도리'라는 것을 오히려 작은 도리라고 지적했다. '차마 하지 못하는 마음'이 있는가 없는가에 따라서 사람과 짐승이 구별되며, 그것이 바로 큰 도리인 것이다. 사람이 사람인 이유, 그것 때문에 사람은 짐승의 행위를 할 수 없다. 이것이 기본 도리다. 이러한 큰 도리 역시 마땅히 반란의 도리보다 앞선다.

만약에 어린이를 칼로 내려쳐 죽인 것이 육체에 대한 소멸이라고 한다면, 주동을 강제로 양산박에 가입시킨 것은 그의 영혼을 소멸시킨 것이다. 적어도 주동이 지닌 내면의 마음을 강제로 개조시킨 것이라고 할 수 있다. 주동은 품성이 정직했다. 암흑세계로 함께 들어가 자신이 혼탁해지는 것을 바라지 않았다. 그러나 그 역시 혁명집단에 들어가 그

일원이 되지 않을 수 없었다.

그는 다른 선택을 할 수도 있었다. 산 아래에서 몰래 혁명을 지지하거나 혹은 흑과 백 양쪽 진영 가운데서, 즉 회색 지대에서 생활할 수도 있었다. 그러나 양산박 영웅들은 주동이 선택할 여지를 주지 않았다. 그들은 그가 반드시 자기들 편에 가담하도록 했다. 사실 그것은 육체적인 피해보다 훨씬 더 심각한 정신적인 피해였으며 생명 주권에 대한 박탈이었다.

2. 반란 기치 아래의 살인 행위

양산박의 영웅들은 주동을 압박하여 양산으로 오르게 하기 위해서 한 사람을 죽였다. 그리고 의사 안도전安道全을 끌어들이고자 네 사람을 죽였다. 안도전이 양산에 오르는 이야기에 대해서 사람들은 비교적 관심을 덜 갖는다. 원앙루 살해 사건처럼 그렇게 유명하지도 않고 이규가 소아내를 죽인 사건처럼 그렇게 전설적이지도 않기 때문이다. 그렇지만 이 사건 역시 '반란은 정당하다'는 기치 아래 일어난 살인사건이었다. 성격적으로 보아서는 이규의 영아 살해사건과 흡사하다.

안도전은 지살성地煞星 72명 가운데 앞 대열에 속하며 '지령성地靈星 신의神醫 안도전'이라 불렸다. 그런 '신의'를 압박하여 양산으로 올라오게 한 아이디어는 송강이 병에 걸린 뒤부터 시작되었다. 송강은 대명부大名府를 공격한 다음 날 갑자기 "정신이 피곤하고, 온몸이 욱신거렸다. 머리는 마치 도끼로 내려쳐진 듯했으며 몸은 마치 찜통에서 증기로 찌는 듯했다. 그리고 한번 드러눕자 일어나지를 못했다."

오용이 와서 살펴볼 때 마침 송강의 말이 생각났다. "꿈에 조천왕이 말했는데, 백 일의 재앙은 강남의 지령성을 제거하면 나을 수 있다." 그래서 송강과 상의하여 장순張順을 파견해서 안도전을 데려오라고 했다. 장순은 오용이 당부한 '싫건 좋건 반드시 그와 함께 와라. 절대 잘못이 있어서는 안 된다'는 사명을 짊어지고 직접 건강부建康府로 달려갔다.

장순은 안도전을 만나 자초지종을 설명했다. 그러나 안도전은 명쾌하게 답해주지 않았다. 왜냐하면 그는 그때 아주 아름다운 기녀 이교노와 사랑에 빠져 있었기 때문이다. 그 여자는 외지에서 사람이 찾아온 사실을 알고 안도전이 멀리 가지 못하게 했다. 장순은 이교노를 죽일 수밖에 없다고 생각했다. 아울러 동시에 살인죄를 안도전에게 뒤집어씌워야 그가 자신을 따라서 양산으로 갈 것이라고 판단했다. 그날 밤, 안도전은 이교노와 함께 기녀의 집 안에서 숙박을 했는데 바로 그때 참상이 벌어졌다. 다음은 그 이야기이다.

밤 12시쯤 되었을 때. 주방의 두 하인도 술에 취했다. 기녀 집의 여주인도 몸을 비틀거렸다. 술 취한 두 눈이 등불에 드러났다. 장순은 조용히 방문을 열고 주방으로 들어갔다. 식칼 하나가 보였다. 부뚜막 위에서 번쩍이고 있었다. 여주인을 보니 긴 나무 걸상 위에 머리를 옆으로 하고 쓰러져 있었다. 장순은 살그머니 걸어가 식칼을 들었다. 먼저 여주인을 죽이고 하인들을 죽이려고 하는데, 주방의 식칼이라서 속도가 빠르지 못했다. 한 놈을 쳐서 베고 나니 칼날이 벌써 굽어버렸다. 남은 한 놈이 막 소리를 지르려고 했다. 마침 장작 패는 도끼가 옆에 있어서 신속하게 들어 그 놈을 찍어버렸다. 방 안에 있던 여자가 소리를 듣고 황급히 문을 열었다. 마치 장순을 맞이한 듯했는데, 장순은 순식간에 손을 들어 도끼를 내려쳤다. 반으로 쪼개진 가슴이 땅으로 떨어졌다. 장왕張旺은 등불 아래에서 도끼에 찍힌 여자를 보자마자 뒤쪽 창을 열고 담장을 넘어 도망가버렸다. 장순은 몹시 언짢았으나 바로 옷을 찢어 내 피를 묻힌 뒤 하얀 벽에다 이렇게 썼다. "살인자는 안도전이다." 계속해서 수십 곳에 썼다. 벌써 날이 밝아오기 시작했다. 마침 방에 있던 안도전이 술에서 깨어나 이교노를 불렀다. 장순이 말했다. "형님 소리 내지 마십시오. 제가 두 사람을 보여주겠습니다." 안도전이 일어나 4구의 시체를 보고 놀라서 온몸이 마비되어 한참을 떨었다. 장순이 말했다. "형님, 벽에 쓰인 글씨를 보았소?" 안도전이 말했다. "네가 나를 고통스럽게 만드는구나." 장순이 말했다. "오직 두 가지 길밖에 없소. 만약에 이 일이 널리 알려지면 나는 가버릴 것이고, 형님은 가서 사람을 죽인 대가를 치를 것이오. 만약에 나를 따라가면 별다른 일은 없을 것이오. 집 안에서 약 주머니를 찾아서 밤중에라도 양산박으로 올라가 우리 형님을 구해주시오. 이 두 가지 길 중에 하나를 선택하는 수밖에 없소." 안도전이 말했다. "형제여 잘못됐다. 이건 너무 짧은 생각이다!"(제65회)

장순은 안도전을 압박하여 양산에 오르도록 하기 위해서 하룻밤에 네 명이나 죽였다. 이교노와 그녀를 돌봐주던 여주인, 그리고 주방의 하인 두 명을 죽였다. 나중에 그 자리에서 도망쳤던 장왕도 추적하여 죽여버렸다. 그는 사람들을 죽인 후에 곧바로 벽에 '살인자는 안도전이다'라고 썼다. 그것도 한 군데가 아닌 수십 군데에 그렇게 썼다. 안도전에게 자신의 죄를 전가한 것이다. 일이 이렇게 되니 안도전은 그를 따라 양산으로 올라갈 수밖에 없었다.

이러한 참극이 발생한 뒤에 『수호전』의 작자는 최후에 4구시를 써서 매듭을 지었다. 이 시는 특별히 주의해서 볼 가치가 있다. 어떤 가치관이 그 시에 스며 있기 때문이다. 시내암이 보기에 안도전을 압박하여 무고한 사람들의 피를 밟고 양산에 오르도록 한 것은 천부적으로 정당하다. 이교노의 머리가 땅에 떨어진 것도 당연했다.

"여성은 정보다는 돈을 사랑하지. 떠나는 게 무슨 일이라도 되는가. 더욱더 재미에 빠지네"라고 시내암은 시를 썼다. 안도전이 그렇게 너무 빠져 있는 것은 바로 그 여자가 발목을 붙잡고 있기 때문이라 보았다. 그와 같은 참극이 일어나도 살인자는 죄가 없다. 피살자가 오히려 죄를 뒤집어쓴다. 이것이 바로 반란을 정당화하는 논리다.

칼 아래의 귀신은 모두 영웅들이 '하늘을 대신해서 도를 행한다'고 할 때 길을 막는 존재일 뿐이다. 누구든 그 사업을 방해하는 자는 바로 죽여버리는 것이 당연하다. 이규가 소아내를 살해한 것은 이러한 논리를 따른 것이다. 장순이 이교노 일가를 살해한 것 역시 이러한 논리에 서다.

이규가 어린아이를 죽인 것이나 장순이 젊은 여성을 죽인 것은 그러나 오히려 작은 일이다. 그보다 훨씬 더 큰 참극이 그러한 논리로 자행된다. 진명과 노준의가 양산에 올라가 조성한 대규모의 유혈극이 바로 그러한 참극이었다.

3. 반란 기치 아래의 소탕 행위

진명은 청주青州의 병마통제兵馬統制였다. 그는 이빨이 달린 낭아봉狼牙棒을 잘 휘둘렀으며 만 명도 대적할 수 있는 용감한 송나라 군관이었다. 그는 청주성青州城의 모용慕容 지부의 명을 받아 청풍채를 토벌하러 갔다. 그때 송강과 화영花榮도 같이 있었다. 청풍채에는 연순燕順, 왕영王英, 정천수鄭天壽가 있었다. 그러나 진명은 도중에 매복을 하고 있던 청풍채 무리에게 포박당했다.

체포 후에 송강과 화영은 진명에게 도적 떼에 합류할 것을 권했으나 그는 대답하지 않았다. 이에 송강과 화영은 그를 하룻밤 머물게 하면서 정성껏 환대를 베풀었다. 그가 술에 취해 잠든 틈을 타서, 다른 사람을 시켜 그의 갑옷을 입고 투구를 쓰고 낭아봉을 들게 했다. 그리고 진명의 말을 타고 사람들을 몰고 가 성을 공격하도록 했다. 그들은 성 주변에 있던 백성들을 무자비하게 도살하고 집들에 불을 놓아 모두 태워버렸다. 모용 지부는 그 소식을 듣고 진명이 반란을 일으킨 것으로 생각하고 하늘을 찌를 듯이 분노했다. 이에 즉각 성안에 남아 있는 진명의 가족들을 상대로 보복하여 진명의 아내와 아이들을 죽여버렸다.

한편 청풍채에서 진명은 술에서 깨어났으나 그러한 상황을 전혀 모르고 있었다. 송강 등은 아무렇지 않게 정성껏 그를 대하며 그의 갑옷과 투구를 가져다주었다. 그가 탔던 말도 끌고 와, 그에게 낭아봉을 건네주면서 산을 내려가는 것을 배웅했다.

진명은 모용의 성문 아래에 도달하고 나서야 비로소 지부가 성 위에서 자신을 통렬히 욕하면서 그가 반란을 일으키고 불을 지르고 살육행위를 했다고 성토하고 있다는 사실을 알았다. 또 성 위에서 병사들이 창끝에 자기 아내와 아이들의 머리가 꿰여 있는 것을 보고 가슴이 터질 듯한 소리로 고통스럽게 외쳤다.

"귀신이 곡할 노릇이구나. 죽일 놈의 도적들이 나로 가장하여 가서 성을 공격하여 선량한 백성들을 학살하고 가옥들을 불태웠구나. 결국 우리 가족을 죽게 하고, 나는 하늘로도 땅으로도 도망갈 곳이 없게 되었구나."(제33회)

이후 송강과 화영 등은 또 한 차례 잔꾀를 부렸다. 산채 중의 다섯 사나이는 모두 무릎을 꿇게 하고 사죄를 청하도록 했다. 또 화영의 여동생을 진명에게 보냈다. 이렇게 협박하고 구슬르면서 결국 진명을 자기편으로 돌아서게 만들었다.

진명을 강제로 자기들 도적 떼로 끌어들이기 위해 그들은 이와 같이 악랄한 음모와 계략을 서슴지 않았다. 목적을 위해서 남을 속이는 그 자체도 음험할 뿐만 아니라, 음모를 실현하기 위해서 진명의 가족을 모두 죽음으로 내몰게 한 방법도 음험한 것이었다. 더구나 그들은 성 주변의 무고한 백성들을 살해하고 불태우는 행위도 마다하지 않았다.

소설에는 이렇게 묘사하고 있다. "원래 수백 가구가 있었는데, 모두 불타버려 빈터가 되어버렸다. 기왓장만 뒹구는 길 위에는 죽은 남녀의 시체가 쌓여 있는데 그 수는 헤아릴 수 없이 많았다."(제33회)

군관 한 명을 자기들의 반란 행렬에 끌어들이기 위해서 헤아릴 수 없이 많은 생명을 죽이는 것이 『수호전』의 계산법이었다. 진명이 다시 산채로 돌아가자 송강은 그에게 이러한 수학 방정식을 설명해주었다.

"총관總管, 진명께서는 이상하게 생각하지 말아주십시오. 어제 총관이 산에 머물도록 권했으나 너무도 굳게 거절하셔서 제가 그런 계책을 생각해냈습니다. 부하를 총관의 모습처럼 꾸미고, 입고 계신 갑옷이며 투구를 대신 쓰게 해서 총관의 말을 타고 낭아봉을 휘두르게 했습니다. 그리고 곧장 청주성 아래로 가서 사람들을 죽이게 했는데, 연순과 왕왜호王矮虎가 50여 명을 데리고 가 도왔습니다. 이는 단지 총관을 가장해서 총관 집안사람들을 데리고 올 목적이었습니다. 사람들을 죽이고 방화를 한 것은 우선 총관이 돌아갈 생각을 없애려고 한 것입니다. 오늘 모두 이렇게 땅에 엎드려 사죄합니다."(제33회)

진명은 이 말을 듣고 마음속으로는 분노가 끓어올랐다. 그래서 송강 등과 목숨을 걸고 한번 겨루려고 했다. 그러나 마음속으로 다시 생각했다. 그동안 송강의 무리는 공손하게 자신을 대접해주었다. 그리고 혹시라도 그들과 싸워 이기지 못할 가능성도 있었다. 이에 말투를 부드럽게 바꿔서 이렇게 말했다.

"여러 형제가 비록 좋은 뜻으로 나를 여기에 머물게 하려 한 것이겠지만, 그것이 혹독한 재앙이 되어 나는 처와 아이들을 모두 잃어버렸소."

송강이 대답했다. "이처럼 하지 않으면 형님께서 어찌 마음을 바꾸시겠습니까? 형수님께서 이미 돌아가셨으니 제가 마침 화지채花知寨의 여동생을 소개해드리려 합니다. 매우 현명하고 지혜로운 여자입니다. 제가 중매를 서서 결혼을 준비할 터이니, 총관께서 새로 가정을 꾸리심이 어떠신지요?"

진명은 여러 사람이 이렇게 서로 존경하고 서로 사랑하는 모습을 보고 마음을 놓고 도적 떼에 가담하게 되었다.

송강의 고백에서 드러난 사실은 진명을 자기편으로 끌어들이기 위해서 먼저 진명이 돌아갈 생각을 없애버리고자 했다는 점이다. 그래서 그들은 진명 가족이 모두 살해당하는 일도 불사한 것이다. 게다가 수많은 사람을 죽이고 마을에 방화까지 했다.

이렇게 산채의 세력을 조금 늘리기 위해서 무고한 백성들의 목숨도 아깝지 않게 생각하는 사고방식을 진명은 '혹독한 재앙'이라고 표현했다. 그러나 양산박 지도자들은 오히려 그것에 대해 당당하게 행동하고 또 당당하게 말했다. 왜냐하면 그것은 그들 스스로가 자신들의 행위는 모두 '하늘을 대신하여 도를 행하는 것'이라고 생각했기 때문이다. 진명의 가족이 피를 흘리고 쓰러진 것이나 성 주변의 백성들이 죽음에 내몰리고 도탄에 빠진 것은 단지 도를 행하는 가운데 어쩔 수 없이 일어난 부득이한 사건일 뿐이었다.

4. 반란 기치 아래의 살육 행위

진명을 강제로 산채에 끌어들인 규모는 그래도 작은 편이었다. 노준의를 압박하여 강제로 끌어들인 것은 그보다 훨씬 더 큰 규모였다.

노준의는 원래 재산이 많고 용기와 의리가 있어 하북河北의 삼절三絶로 불렸다. 무예에 뛰어나고 곤봉으로는 천하에서 대적할 자가 없었다. 양산박 집단은 그들 산채의 지위와 명성을 높이기 위해서 그의 손을 빌리고자 했다. 그러나 대상인이면서 대호족인 그가 본질적으로 대지주·대호족·대상인과 대립하는 혁명 집단에 가담하는 것은 지극히 쉽지 않은 일이었다.

더군다나 노준의는 청백리와 같은 사람으로 관리와도 가깝지 않고 도적들과도 가깝지 않았다. 명성도 있고 전도가 유망했으며 가진 재산도 많고 세력도 있었으니, 어찌 도적이 되려고 하겠는가? 의심할 나위 없이 노준의와 양산박 반란의 초창기 수령들 사이에는 엄청나게 큰 사회적인 지위와 문화적 차이가 있었다.

그러나 송강과 오용 등은 혁명의 필요에 따라 세력을 더 키우기 위해 그를 억지로 끌어들이려고 했다. 양자 간의 지위와 문화 차이가 너무 컸기 때문에 노준의를 압박하여 산채로 오르게 하기란 굉장히 힘들었다. 그래서 그 과정에서 그들은 온갖 음모를 동원했다. 그들이 벌인 각종 음모는 앞서 소개한 사건들보다 더욱더 잔혹하고 어두웠다.

그 일을 위해서 오용이 직접 나섰으며 온갖 지략과 역량을 동원했다. 그 과정에는 다음과 같은 일들이 포함되었다.

오용은 관상을 보는 점쟁이로 분장하고 또 구원자로 분장했다. 그리고 노준의에게 "백 일 안에 반드시 죽음에 내몰리는 재앙을 당할 것이오. 동남쪽 천 리 바깥으로 피난을 가시오"라고 말해 공포감을 심어 그가 포위망으로 들어가도록 유도했다. 또 반란의 시를 지어서 노준의에게 뒤집어씌웠다. 노준의는 그 때문에 조정을 반역하는 죄를 짓게 되었다.

아울러 노위탕蘆葦蕩 주변에서 매복 작전을 펼쳐 납치를 강행했으며, 이고李固를 생포했다가 다시 사로잡기 위해서 그를 풀어주었다. 이고가 관가에 밀고하도록 성으로 되돌려 보낸 것이다. 그들은 이고에게 이렇게 말했다.

"너의 주인은 이미 우리와 협상을 하고 지금 제2인자가 되었다. 그는 산채에 오르기 전에 이미 반란의 시를 자기 집 벽에 쓴 적이 있다. 원래는 너를 죽일 생각이었지만 풀어준다. 네 주인이 돌아갈 것이라고는 생각하지 마라."

나중에 노준의가 관가로 돌아가면 반드시 감옥에 갇힐 것을 알고서도 그들은 노준의를 놓아주었다. 그리고 그가 돌아가서 감옥에 갇히는 불행을 겪게 하고 절망의 나락에 떨어지는 것을 즐겼다. 노준의는 서울에 올라가 관가로 들어갔는데 거기에서 피부가 벗겨지고 선혈이 낭자할 정도로 매를 맞았다. 사형수로서 100근이 넘는 형틀을 목에 차고 없는 죄를 자백하도록 고문을 당했다. 결국 이규 등은 노준의를 구출하기 위해서 성으로 들어가 도살을 감행했다.

이 모든 과정과 수단은 지극히 험악했다. 그 때문에 발생한 결과 역시 험악했다. 노준의는 형벌의 고통을 받았을 뿐만 아니라 그의 심신은 상상하기 어려울 정도의 상처를 입었다. 가정도 파괴되고 가족들은 변고를 당했다. 더욱 심한 폐해는 성안의 죄 없는 백성들이 커다란 재난을 당한 것이다.

양산박 사람들은 노준의와 석수石秀를 구하기 위해서 대명부가 있는 성안으로 들어가 도살을 감행했다. 이때는 특히 양산박에 있던 모든 군인이 출동한 대규모의 군사행동이었기 때문에 전투가 치열하고 참혹했다. 이규 등 각 부대 병사들은 누구든 상관없이 닥치는 대로 사람만 보였다 하면 살해했다. 아침부터 저녁 늦게까지 성안이 온통 휘두르는 칼과 흘러내리는 선혈로 가득했다.

소설에는 그 광경을 이렇게 묘사했다.

성안에 연기는 가득 차고, 화염 속에 누대가 불타고 있다. 빨간 불꽃 안에서 유리가 깨지고 맹렬한 화염 속에서 비취가 타고 있다. 앞거리의 광대는 앞인지 뒤인지 정신없고, 밤을 밝히던 무대는 밝은지 어두운지 쳐다보는 사람도 없다. 흰머리 노인은 수염이 타들어가고, 긴 머리 아이들은 우산을 접지도 못하고 달린다. 묘기 부리던 사람들은 어둠 속에서 창칼을 맞고, 춤추던 사람들도 창칼을 피하기 힘들다. 꽃같은 궁녀들은 사람들 사이에서 금과 옥처럼 쓰러지고, 구경하던 미인들은 순식간에 별과 구름처럼 흩어진다. 안타깝도다, 천 년의 놀이터가 하나의 전쟁터로 변해버렸다니.(제66회)

이러한 도살의 참상은 채복까지도 차마 볼 수 없게 만들었다. 그는 양산박에 투항할 것을 준비하면서 내통하고 있었던 직업적인 망나니였다. 그는 차마 그럴 수 없다는 심정으로 시진을 급히 보내 도살을 저지하고자 했다. 소설의 본문에는 사람의 간담을 서늘케 하는 직업적인 살인마가 민중을 위해 인정에 호소하는 모습을 다음과 같이 잘 표현하였다.

한편 시진은 채복과 함께 집으로 들어가 가산과 가족을 모두 모아서 함께 산채로 올라갔다. 이때 채복이 말했다. "대관인大官人은 성안의 모든 사람을 구하시고 그들을 해치지 못하게 해주십시오." 시진은 그 말을 듣고 바로 가서 군사 오용을 찾았다. 시진은 급히 채복의 말을 알려 오용이 전령을 내려 백성들을 살해하지 못하도록 당부했다. 그러나 성안 사람들은 거의 반이 피해를 입은 뒤였다.(제66회)

성안 사람들 중 거의 반이 피해를 입었다는 것은 무슨 말인가? 죽임을 당한 숫자나 그 모습은 어떤 것이었을까? 『수호전』은 양산박 인물들의 영웅적인 행위를 중심으로 묘사했다. 학살 상황을 상세히 그리지는 않았다. 그러나 채복이 시진에게 부탁하여 성안의 모든 백성을 구하도록 했다는 간단한 정보는, 그들이 단순히 감옥을 부수고 수감자만 구하는 데 그치지 않고 대도살을 감행했다는 사실을 드러낸다.

 소설에서는 담담하고도 간단하게 서술했지만, 얼마나 많은 사람의 머리가 땅에 떨어지고 얼마나 많은 피가 흘렀을지 상상하기 어렵지 않다. 이처럼 거대한 학살극은 본래 귀신이 울고 천지가 슬퍼할 만한 일이다. 그러나 역시 '반란은 정의롭다'는 이념 아래 사람들의 반성을 불러일으키기보다는 오히려 하늘을 대신해서 도를 행하는 것으로 여겨졌다.

 혁명은 원래 물과 불의 재해로부터 백성들을 구하는 것이다. 그러나 대명부大名府를 공격한 그들은 오히려 성안 백성들을 물과 불의 비참한 재난에 처하도록 했다. 더구나 이처럼 일체의 불합리하며 반인간적인 행위는 모두 일종의 혁명 숭배적인 정신에서 기인했다. 소위 '반란은 정의롭다'는 구호는 바로 그러한 잘못된 합리화를 통해서 지극히 잔혹하고 지극히 불합리한 행위를 덮고 은폐하는 데 힘썼다.

 노준의는 양산으로 올라간 뒤 제2인자가 되었다. 대부호이면서 대호족이었던 그가 대부호와 대호족에 반대하는 혁명 집단의 주동자가 된 것이다. 양산 집단은 정말로 그를 개조하는 데 성공한 것 같았다. 그러나 정말로 성공했을까?

 『수호전』은 그가 양산에 들어간 뒤에 올린 공적만을 묘사했다. 그의 심리적인 정서에 대해서는 결코 서술하지 않았다.

 이렇듯 영웅전은 개인의 생명 논리를 가리고 숨기기 때문에 '반란은 정의롭다'는 논리가 한 세대 한 세대 시간이 흐르면서 사람들에게 면면히 전달된 것이다. 민족의 성격은 그렇게 시간이 흐르면서 형성되었다.

5. 반란 긍정론에 대한 네 가지 사색

주동, 안도전, 진명, 노준의 등을 강제로 혁명 집단에 참여하게 한 사건은 중국 문화와 관련하여 네 가지 생각해볼 만한 문제를 제기한다.

1) 과거에 양산박 사람들이 양산으로 올라가게 된 현상을 논의할 때는 '관리들이 압박하여 백성들이 반란을 일으켰다' 혹은 '백성들이 부득이하게 반란을 일으켰다'는 측면을 주로 주목했다. '백성들이 압박하여 관리들이 반란을 일으켰다'는 또 다른 측면은 무시했다.

역대 통치자 집단은 반란자들을 '비적'이라며 업신여겼다. 만약 우리가 이런 점을 무시하고 양산박의 핵심 세력을 사회 밑바닥의 호걸로 본다면, 사실 백성들이 관리들을 압박하여 반란을 일으키도록 한 일도, 관리들이 백성들을 압박하여 반란에 이르도록 한 일과 마찬가지로 피비린내 나고 잔혹했다는 점을 알아야 한다.

고구高俅 등은 임충을 박해하는 데 국가 기구를 이용했다. 그들은 천자를 대신해서 도를 행한다고 했다. 또 국가의 이름으로 각종 비열한 수단을 사용했다. 그런데 송강 등도 주동, 안도전, 진명, 노준의 등을 핍박할 때 '혁명'의 논리를 내세웠다. 즉 하늘을 대신해서 도를 행한다고 했다. 아울러 혁명의 이름으로 각종 잔혹한 수단을 동원했다. 수단은 달랐지만 타인의 생명과 정신의 권리를 침범한 면에선 같았다. 그들은 모두 타인을 극단적인 고통과 재난에 처하게 했다.

사실 백성도 사람이고 관리도 사람이다. 비록 그들의 정치적 지위나 경제적 지위는 다르지만, 인격은 평등하다. 관료들이 세력에 의지해서 사람들을 속이고, 백성들을 사람으로 여기지 않는 것은 윗사람이 아랫사람에 대해서 행하는 어둠 속의 압박이다.

하지만 민간의 반란 집단이 압박에 대한 반항으로 관료들을 함부로 살해하는 것 역시 쉽사리 정당화될 수 없다. 또한 살인방화 등 인류가 공인하는 죄악 행위로 관료들을 강제하거나 그들에 대한 '개조'를 강행해서도 안 된다.

진명의 갑옷과 투구로 위장하고 백성들을 살해함으로써 진명과 그 가족이 재난을 뒤집어쓴 것, 그리고 진명이 어쩔 수 없이 음모자들의 제안을 받아들이도록 한 것은 적지 않은 심리적 상처와 인간성의 피폐를 내포한 것이다. 이렇게 백성이 관료를 반란으로 이끈 행위 역시 일종의 압박 행위라고 할 수 있다.

2) '반란'에 대해서 어떤 역사적 정당성을 인정하는 것은 '독재적 제도' 혹은 '독재적 권력'에 대한 반항을 인정하기 때문이다. 결코 그들의 '독재적 인격'을 인정한다는 의미는 아니다.

송강, 오용, 이규, 장순 등이 다른 사람들을 자기편으로 끌어들이면서 보여준 인격은 일종의 극단적인 독재적 인격들이었다. 그들은 타인이 하나의 생명체로서 자유롭게 선택하는 것을 존중하지 않았다. 정치적 입장의 자유로운 선택도 인정하지 않고, 강제적인 '개조'를 추진했다. 아울러 타인을 핍박하여 자기들의 생각과 입장, 방식을 받아들이도록 했다.

중국 남자들은 대다수가 독재적인 성격을 지니고 있다. 독재적인 인격은 가정에서 곧잘 드러나는데, 바로 가정의 독재이다. 사회에서는 이것이 정치권력의 독재로 드러난다. 중국에서는 독재 제도와 독재 정권에 대한 농민혁명이 무수하게 일어났지만, 결과적으로는 항상 왕조만 바뀔 뿐이었다.

독재가 아닌 정치 형태나 문화 형태가 새롭게 세워진 적은 결코 없었다. 그 원인은 독재 정권의 주체와 독재 정권에 반항한 주체가 심리적으로 모두 동일한 구조였기 때문이다. 그들은 어느 쪽이나 사유 방식에 있어 동일한 독재적 성격을 지니고 있었다. 바꿔 말한다면, 황제와 황제에 대항하여 반란을 일으킨 자, 그리고 관료와 관료에 대항하여 반란을 일으킨 자 모두 사실은 심층 의식에서는 형제지간이다.

3) 중국인은 백성이든 관료든, 아니면 지식인이든 그들의 생존 환경은 지극히 열악했다. 그러나 가장 열악한 곳은 양 극단이 아닌 양 진영 가운데에서 자유 선택이 없는 제3의 진영이었다.

중국에서는 흑黑이든 백白이든, 혁명이든 반동이든, 두 진영으로 나뉘어 서로 목숨 걸고 싸운다. 한쪽이 다른 한쪽을 잡아 먹어야 끝이 난다. 두 진영은 모두 인구의 절대다수를 점하는 평민 백성들과 지식인들에게 자기 쪽에 따르고 합류하기를 요구한다. 흑백 사이의 광활한 회색지대를 인정하지 않는 것이다.

진용金庸의 소설 『소오강호笑傲江湖』의 주인공 영호충令狐衝이 처한 상황은 사실 중국인들과 중국 엘리트들이 처한 전형적인 상황이다. 그는 옳고 그름으로 대치된 두 세력 가운데서 독립적이며 독자적으로 행동하고자 했다. 그러나 이는 허락되지 않았다. 그는 소위 정교正敎인 화산파華山派 악불군岳不群의 제자였는데, 악불군의 딸을 좋아했다. 동시에 사교邪敎 교주의 딸 임영영任盈盈도 사랑했다. 그는 무술에 매우 뛰어나 양쪽에서 모두 그를 이용하고자 했다. 그러나 뜻대로 되지 않자 그에게 해를 입히려고 했다. 다행히 그 당시에는 세속사회 바깥에 도피할 수 있는 산림이 있었다. 그는 최후에 임영영과 함께 사람들의 인적이 없는 곳으로 도망갈 수밖에 없었는데, 거기에서 '소오강호'라는 천고의 절창絶唱을 연주했다.

송강의 양산 봉기로부터 현대에 이르기까지 중국에서는 줄곧 제3의 공간이 없었다. 노준의와 같은 인물이 생존할 만한 제3의 공간은 주어지지 않았다.

4) 『수호전』은 '관리가 백성을 반란으로' 내모는 상황으로부터 '백성이 관리를 반란으로' 내모는 과정을 잘 보여준다. 이러한 현상에서 두 종류의 괴물을 발견할 수 있다.

하나는 독재적인 황권皇權정치가 조성한 것으로 '고구'로 대변되는 괴물이다. 이러한 괴물은 원래 재능이나 품격 혹은 지혜가 결여되어 있다. 단지 타인의 비위를 맞추려는 아첨과 아부 그리고 알랑거리는 능력만 가지고 있다. 그 괴물은 독재 기구가 도태를 향해서 역행하는 암흑적인 기능에 영합하여 권력의 맨 꼭대기로 올라가 어떠한 악행이든 다 하면서도 혁명의 정당성을 만들어낸다.

또 다른 괴물은 반란이라고 하는 대전차가 조성한 것으로 이규, 무송, 장순 등으로 대변된다. 이들 괴물은 본질적으로 단순하다. 그들은 '하늘을 대신하여 도를 행한다'는 반란의 기치 아래에서 무턱대고 살인의 명령에 복종하는 것만을 알고 있다. 단지 역량만 있고, 두뇌는 없다. 단지 야수의 용맹만 있고, 인간적으로 차마 하지 못하는 그런 마음은 없다.

정치적 반란은 구정권을 뒤집어엎기 위해서 '너 죽고 나 살자'는 식으로 진행된다. 그러므로 그것은 매우 참혹한 생존 투쟁이 된다. 전투는 지극히 잔혹하며 지극히 험악해지고, 반란자는 생존과 발전을 위해 치닫기 때문에 올바른 수단을 사용할 수 없다.

그것은 사회가 존재할 수 있도록 지탱하는 기본 규칙을 모두 파괴하도록 정해져 있으며, 따라서 학살의 피비린내 나는 길을 걷는다. 이 때문에 반란 집단도 마찬가지로 험악한 괴물이 자신들의 선봉에 서기를 바란다. 암흑 속에서 자기 집단을 위해 피의 도로를 내주길 바라는 것이다. 따라서 그런 종류의 괴물이 태어나는 것은 필연적이다. 중국에서 일어난 대반란 운동이 그러했을 뿐만 아니라, 다른 나라에서 일어난 대혁명도 그러했다.

프랑스 역사학자 토크빌Alexis de Tocqueville(1805~1859)은 그의 유명한 저서 『앙시앵 레짐과 프랑스 혁명』에서 그러한 점을 지적했다. 그는 프랑스 대혁명을 논하면서 이렇게 말했다.

많은 사람은 대혁명을 악마가 세상에 모습을 드러낸 것이라고 여긴다. 1779년부터 조제프 메스트르Joseph de Maistre(1753~1821)는 이렇게 말했다. "프랑스 혁명은 악마적 특징을 갖추고 있다." 그와는 달리 또 다른 사람들은 대혁명 자체에서 상제의 복음을 발견했다. 그것은 프랑스의 면모를 새롭게 바꾸려고 했을 뿐 아니라, 모든 세계를 완전히 새롭게 바꾸도록 했다. 혹자는 일종의 신인류, 신세계를 창조하려 했다고 한다. 당시 많은 작가에게는 이러한 종교적 성격의 공포 심리가 있었다. 마치 살베이가 처음으로 미개 민족을 본 것과 같았다. 보커는 계속해서 자신의 사상을 이렇게 한탄하면서 서술했다. "프랑스가 어찌 앙시앵 레짐만 상실했겠는가? 그야말로 모든 정부를 상실해버렸다. 프랑스는 앞으로 온 인류의 재난과 공포가 될 것이다. 아니 그보다는 차라리 거의 굴욕과 동정의 대상이 될 것이라고 말하는 편이 좋을 것이다. 왜냐하면 살해된 군주 독재의 분묘에서 오히려 더욱 추악하고 방대하며 인간의 모든 상상력을 초월해 사람을 진실로 두렵게 만드는 괴물을 불러냈기 때문이다. 추악한 그 괴물은 곧장 목표를 향해서 달려나간다. 위험을 두려워하지 않고 오히려 퇴보를 두려워하기 때문에, 고유한 모든 규칙과 모든 일상적인 수단에 동의하지 않는다. 누군가 그 괴물의 존재를 이해하지 못하면 괴물은 바로 그를 쳐서 넘어뜨릴 것이다."[20]

토크빌은 대혁명의 영웅들을 악마로 보았다. 그와 달리 그들을 천사로 보는 경우도 있다. 중국의 김성탄은 무송을 '천인天人'으로 보았다.

하지만 정신을 차리고 대혁명의 불덩이와 앙시앙 레짐의 폐허에서 걸어 나오는 그 괴물을 살펴보자. 영웅적으로 보이는 그 괴물은 추악하면서도 방대하고, 인류의 모든 상상력을 초월하는 가공할 만한 존재이다. 그러한 괴물은 분명히 토크빌이 묘사한 것과 같다. 그것은 곧장 목적을 향해서 달려나가며 위험을 두려워하지 않는다. 오히려 물러서는 것을 두려워하여 일체의 통상적인 수단을 무시해버린다. 우리가 『수호전』에서 본 이규가 바로 그러한 괴물이다.

　이규와 『수호전』의 영웅들, 예를 들면 무송, 장순, 석수, 양웅 등의 인물은 토크빌이 말한 괴물과 같은 성격을 지니고 있다. 동시에 자신의 특성도 지닌다. 그러한 특성은 또 『수호전』의 주요한 영웅들이 공유하는 성격이기도 하다.

　개괄해서 말한다면, 그러한 특성으로는 두 가지가 있다. 하나는 살인을 즐긴다는 것이며, 또 하나는 여색女色을 멀리한다는 것이다. 다음에서 우리는 『수호전』의 2대 명제를 살펴볼 것이다. 나아가 『수호전』의 괴물들이 지닌 두 가지 특성에 대해서도 살펴보자.

3
욕망 부정론에 담긴 명제 비판

1. 욕망의 권리와 불평등

『수호전』 전체에 침투되어 있는 가장 큰 논리, 가장 큰 관념은 '반란은 정당하다'는 것이다. 이러한 논리와 이념은 그에 합당한 영웅관을 형성했다.

그리고 『수호전』 전체에 침투되어 있는 두 번째 큰 논리, 큰 관념은 '욕망은 죄악이다'라는 것이다. 마찬가지로 '생활은 죄악이다'라고 말할 수도 있다. 이런 관념에서 『수호전』의 여성관이 형성되었다. 고대부터 현재까지 중국에서 여성에 대한 멸시와 배척, 천시, 나아가 비방은 『수호전』에서 그 극단적인 표현을 볼 수 있다.

욕망, 그중에서도 특히 식욕과 성욕은 생명과 인간 본성의 기점이다. 그것은 본래 선하지도 악하지도 않으며, 중성적인 개념에 속한다. 다만 사람이 사람인 이유는 인간의 욕망이 동물의 그것과는 다르며, 욕망을 인정으로 바꿀 수 있기 때문이다. 이러한 과정이 바로 자연적인 생명의 인간화라고 할 수 있다.

　인간의 감성과 이성은 동물적인 성욕을 이성적으로 억제하여 승화시킨 것이다. 욕망이 있어야 사람이다. 그러나 능히 욕망을 이성적으로 끌어올려야 진정한 사람인 것이다. 인간의 감정과 이성은 동물의 그것과 다르다. 마찬가지로 신적인 존재와도 다르다. 신은 욕망이 없으며 격정도 없고 음식에 대한 욕구도 이성異姓에 대한 욕구도 없다.

　문명사회는 동물적인 표준을 내세워 사람들을 방종하도록 풀어놓지 않지만, 또한 신적인 표준으로 사람들을 꽁꽁 묶어놓는 사회도 아니다. 그것은 인간적인 태도를 가지고 우선 욕망의 권리를 확인하고, 교육을 통해 그 욕망을 좀 더 높은 단계로 끌어올리며, 도덕과 법률을 통해 그것을 제어하는 사회다.

　다만 『수호전』의 핵심적인 가치 관념 중 하나는 욕망은 죄악이라고 판단하는 것이다. 아울러 여성은 욕망의 주체이기 때문에 그들을 재앙을 부르는 원천이며 숱한 악의 근원으로 본다. '많은 악 가운데 음란함이 으뜸'이라고 여긴다.

　『수호전』과 『홍루몽』은 여성에 대한 태도의 두 극단을 표현한 소설이다. 『수호전』에서 여성은 사람이 아니다. '물건物'이다. 즉 반금련, 반교운, 염파석閻婆惜과 같은 '요물'에 속하거나, 혹은 호삼랑, 이교노와 같은 '기물'에 속하거나, 아니면 손이랑孫二娘, 고대수顧大嫂 등과 같은 '동물'에 속한다.

　『수호전』의 영웅들은 위의 세 부류 중에서도 '요물'에 대한 원한이 가득하다. 그래서 모두 도끼나 칼, 창으로 보복한다. 그들은 특히 다른 남자와 바람을 피운 여성을 가장 나쁜 죄인으로 보고 사형에 처해 지옥에 떨어지기를 바란다.

그러나 『홍루몽』은 소녀를 천지간에 영기가 집중하여 만들어진 우수한 피조물의 결정체로 본다. 나아가 소녀를 우주의 본체로까지 보았다. 이미 결혼한 여성에 대해서는 두 가지 부류로 나누었다.

하나는 '죽은 보석' 혹은 '생선의 눈', 즉 생명의 활력을 잃어버린 사람들이며, 또 하나는 여전히 애정을 추구하는 존재이다. 가령 진가경秦可卿을 들 수 있다. 특히 후자에 속한 여성들에 대해서 『홍루몽』은 최대한의 동정심을 보냈다. 진가경은 비록 반금련이나 반교운과 같이 혼외 연애를 한 경우였지만, 그녀는 가장 아름다운 미인으로 평가되었다. 그래서 사후에는 천하가 놀랄 정도로 성대한 장례가 거행되었다.

조설근의 위대한 점은 바로 인류의 정욕에 대한 권리와 정욕에 대한 정당성 및 합법성을 인정했다는 점이다. 『홍루몽』은 심미적인 법정을 세웠으며, 도덕적인 법정을 세우지는 않았다. 『수호전』과 『삼국지』는 이와는 상반된다. 단지 도덕적인 법정만 세우고 심미적인 법정은 세우지 않았다.

중국의 봉건사회는 정치 문화와 도덕 문화에 등급을 매겼다. 그것이 지닌 허위성은 다음 두 글자에 집중적으로 불평등으로 표현되었다. 하나는 '형刑' 자이며 다른 하나는 '욕欲' 자이다.

전통 시대 중국에서 '형벌刑'은 대부大夫를 넘을 수 없었는데 이는 역사적으로 지금까지 그래왔다. 고관과 권력자는 일반 백성들과 법률적인 측면에서, 그리고 국가 기구의 측면에서 그동안 평등한 존재가 아니었다. 2000년 전에 벌써 장자는 "낫 한 자루를 훔치면 주살되는데, 국가를 훔치면 제후가 된다"고 하는 황당한 현상을 지적했다.

또 한 가지 황당한 것은 바로 '욕망欲'과 관련된다. 제왕은 3명의 부인과 6명의 첩을 거느릴 수 있었다. 권세가는 부인과 첩으로 무리를 이룰 수 있었다. 그러나 일반 백성의 경우 일단 바람을 피우면 도덕적인 법정과 정치적인 법정에 피소된다. 심한 경우에는 이러저러한 비인도적인 형벌을 받기도 한다.

그러나 참으로 슬프게, 그러한 점에 있어서도 항상 대중과 통치자가 완전히 일치한 점이 있었다. 그것은 소위 '음란한 여자'를 국가의 커다란 적이며 천하의 커다란 적으로 본다는 점이다.

『수호전』은 정치적 측면에서는 반란을 주장하는 편에 속한다. 그러나 도덕적인 측면에서는, 특히 금욕주의적 도덕 인식의 측면에서는 통치자들과 완전히 일치한다. 만약 그들의 혁명이 성공했다면, 여성들은 해방을 얻지 못했을 뿐만 아니라 아마도 더욱 심한 암흑 속의 지옥으로 떨어졌을 것이다.

이 점에서 무송과 이규 등은 지하의 땅굴을 파서 기녀와 몰래 정을 통한 송나라 황제 휘종徽宗과는 비교할 수 없다. 오히려 통치자인 후자가 반란을 일으킨 그들보다 더욱더 '문명적'이었으며, 더욱더 '인간적'이었다고 할 수 있을 것이다.

2. 영웅의 특징과 영웅의 미녀 살해

『수호전』의 주요 영웅, 즉 이규나 무송 등은 여성을 적대시하는 뿌리 깊은 이념과 여성에 대한 일종의 콤플렉스를 지녔다. 따라서 그들에게는 두 가지 큰 특징이 있었는데, 하나는 살인을 즐기는 것이고 또 하나는 여색을 멀리하는 것이었다. 특히 후자는 그들의 영웅적인 신조가 되었다.

위와 같은 특징은 어떤 때는 따로 따로 행해지고 어떤 때는 함께 결합되었다. 나누어 행해질 때, 영웅들은 전쟁터에서 혹은 다른 곳에서 목숨을 걸고 싸웠는데, 그러한 가운데 쾌락을 느꼈다. 그러나 그 두 가지 특징이 하나로 결합된 경우, 그들은 특히 여성들을 잔혹하게 살해했을 때 최고의 쾌감을 느꼈다.

이규를 예로 들어보면, 그가 최고의 영웅이 될 수 있었던 것은 바로 그런 특징을 모두 지녔기 때문이다. 그는 살인하기를 좋아했을 뿐만 아니라, 여색을 절대적으로 멀리했다. 다른 동지들이 여자를 가까이하는 것도 허락하지 않았다. 그가 큰형님으로 모시며 가장 숭배했던 송강조차도 일단 여자에게 접근하면, 이규는 바로 찾아가 따졌다. 의를 끊고 서로 칼을 겨누는 것도 개의치 않았다.

이규와 관련하여 '부형청죄負荊請罪'(죄를 뉘우치고 벌을 요청함)하는 연극이 있다. 거기서 이규는 송강이 유태공劉太公의 딸을 빼앗아갔다고 오해한다. 몹시 화가 난 그는 행황기杏黃旗를 부러뜨리고 송강을 당장이라도 베어 죽이려고 하는데 그 기세가 매우 늠름했다. 나중에 그는 그것이 오해였다는 사실을 알게 된다. 이러한 희극의 스토리는 『수호전』 제73회에 나온다.

『수호전』에서는 누가 여색을 멀리하면 그는 도덕적인 우위를 점하고, 최고의 법관이 된다. 이규는 양산박에서 바로 그런 법관이었다. 그러나 안타깝게도 그 법관은 너무 잔인했다. 제73회의 「흑선풍이 귀신을 잡다」를 보면 이렇게 묘사되어 있다.

이규는 "밤에 동경東京을 시끄럽게 한 뒤에 연청燕靑과 함께 바로 양산으로 향했다. 도중에 그들은 사류촌四柳村이라고 부르는 지방을 지나게 되었다. 해가 져서 촌장인 적태공狄太公의 집에 숙소를 빌렸다. 적태공은 반년 전에 자신의 친딸이 집 안에서 요사스러운 무엇인가를 접한 뒤에 집 바깥을 나가지 않는다고 이야기했다. 이규는 그것을 듣고 배불리 먹고 마신 뒤에, 귀신을 잡으러 그 집 딸의 방 안으로 갔다. 방 안에 들어가보니 어떤 젊은 놈이 여자 하나를 끌어안고 말을 하고 있었다. 밀회를 즐기고 있었던 것이니, 정말 어처구니가 없었다."

애정 행각을 벌이고 있는 남녀는 악귀보다 더 나쁘다. 이규가 어찌 용납할 수 있겠는가? 즉각 큰 도끼를 들어 그 젊은이의 머리를 내려쳤다. 떨어진 머리를 주워서 침대 위에 올려놓고, 침대 밑으로 숨어들어간 적태공의 딸을 침대 옆으로 끌어냈다. 그러고는 역시 "도끼를 들어 목을 내려쳤다." 그 후에 두 사람의 머리를 나란히 놓았다. 그러고도 부족하여 이규는 피비린내 나는 놀이를 좀더 계속했다.

이규는 두 사람의 머리를 함께 묶었다. 그리고 여자 시신의 머리와 남자 시신의 머리를 서로 나란히 했다. 이규는 "너무 배부르게 먹어 더 소화시킬 곳이 없네"라고 하면서 상반신의 옷을 풀어헤쳤다. 이윽고 도끼를 들고, 두 시신을 하나하나 훑어보다가 마치 북을 치듯이 시신을 잘게 쳐나갔다. 그러고는 웃으면서 "보아 하니, 이 두 연놈은 살아날 수 없겠다"라고 했다.

살인광이란 무엇인가? 저 당시의 이규가 바로 그런 사람이었다. 인간이라면 누구나 저런 야수보다도 못한 흉악한 행위에 대해서 충격을 받을 것이다. 이규는 무엇 때문에 저렇게 잔인하게 젊은 남녀를 죽였는가? 그것은 바로 그 두 남녀가 서로 사랑하고 서로 함께 있었기 때문이다.

이규가 두 사람의 머리를 들고 나가자 적태공은 울면서 말했다. "선생님, 제 딸을 돌려주십시오." 그러자 이규는 기세등등하게 말했다. "당신 딸은 사나이를 훔쳤소. 그런데 돌려달라고? 어찌 그렇게 울면서 나에게 감사할 줄 모르나."

아직 결혼을 하지 않은 젊은 여성이 애인을 찾는 것은 바로 '사나이를 훔치는 것'이요 그것은 '죽을죄'를 저지른 것이다. 그래서 마땅히 그 시신을 조각조각 잘라버려야 한다. 이규의 잠재의식 속에서 그 자신은 사회를 대신해서, 그리고 적태공을 대신해서 커다란 해악을 제거했다. 그러므로 사회와 적태공은 마땅히 그에게 감사해야 하는 것이다.

'욕정은 죄악이다'라는 관념이 이규의 심리 속에 얼마나 깊게 뿌리 박혀 있는지 알 수 있다. 그의 잠재의식 속에 얼마나 무섭고 얼마나 흉악한 도덕의 법정이 존재하고 있는지 알 수 있다. 그러한 법정은 염라왕의 궁전에서나 볼 수 있는 사망의 법정보다도 훨씬 더 어둡다.

연애를 하고 있던 청춘 남녀 두 사람에 대해서도 영웅들은 그와 같은 원한을 발산했다. 그런데 하물며 결혼한 여자가 바람을 피웠을 때는 어떻겠는가?

『수호전』에서 가장 잔혹하고 가장 어두운 도덕 법정은 유명한 삼대 음란 여성인 반금련, 반교운, 염파석에 집중되어 있다. 그들은 결국 모두 사형 판결을 받았는데, 사실 사형보다 더욱 잔혹하고 가혹한 처분을 받았다.

반금련에 관해서는 이미 1980년대 중반에 대륙의 극작가 웨이밍룬魏明倫이 연극을 통해서『수호전』의 이념에 의문을 제기했다. 사실 현대 문화를 참조할 필요도 없다. 이미 명대에 나타난 또 다른 장편소설『금병매』를 예로 들 수 있다. 이 작가의 이념은『수호전』의 작가와 크게 다르다. 현실주의적 걸작인『금병매』의 이념은 '생활은 무죄' '욕망은 무죄'라고 할 수 있다.

그 소설이 묘사한 것은 진실한 생활 모습이었다. 사회 세태를 그렸든 혹은 남녀의 정욕을 그렸든 그것은 모두 사실처럼 묘사했다. 가치 판단을 개입시키지 않았으며 도끼와 칼을 동원한 도덕 법정을 세우지도 않았다. 여성에 대한 태도는 동정적이었으며 가엾게 여기는 입장이었다.

반금련에 대해서 묘사할 때, 그것은 먼저 억압된 성性의 모습을 그리고, 그다음에 보복적인 성의 모습을 묘사했다. 맨 나중에는 변태적인 성의 모습을 그렸다. 반금련과 기타 여성들에 대해서 적대시하지 않았다. 작자도 그들을 묘사하면서 적대적인 필치나 애증의 태도를 보이지 않았다.

예를 들면 서문경西門慶은 비록 여성들을 감상하고 즐기는 입장이었지만, 역시 여성들을 존중했으며 결코 모욕적으로 대하지는 않았다. 이러한 것이 사실 대략적인 중국 남자들의 성향이었다.

서문경이 외출했을 때, 그가 관심을 갖고 있던 첩 이병인李甁儿이 적막함을 참지 못하고 장죽산蔣竹山과 정을 통했다. 그러나 그는 돌아와서 그 일을 알고도 이병인에 대해서 보복하지 않고, 그녀를 아내로 맞이했다.

서문경 주변에서 그를 둘러싸고 있던 여러 여성은 서로 총애를 받으려고 경쟁했다. 드러나게 혹은 몰래 이루어진 그러한 투쟁은 매우 잔혹했다. 그러나 사람들이 받는 인상은 그러한 상황이 여성 자신의 인간적인 약점 때문에 혹은 인간성이 나빠서 일어난 것이었지 결코 작가가 여성들을 왜곡하고 추하게 만든 것이 아니었다. 또는 작가가 여성들에 대해서 적대감을 품거나 원한을 가지고 있었다고 느껴지지 않는다.

『수호전』은 다르다. 그것은 한 문장 한 문장 모두 도덕적인 가치판단을 개입시키고 있다. 그리고 반금련의 머리에는 가장 엄격하고 잔혹한 도덕적인 칼날이 걸려 있다. 그녀는 두 차례의 성적인 억압을 경험했다. 첫 번째는 억지로 늙은 지주에게 시집을 간 경험이고 두 번째는 특별히 키가 작은 무대랑武大郎에게 시집을 간 경험이다. 작자는 그 점에 대해서 별다른 동정을 보이지 않는다.

그와 같은 억압을 경험한 젊은 여성이 애정의 발동에 의해서 무송을 사랑하게 되었다. 그것은 지극히 인간적인 일이었다. 혹자는 그것은 인간의 성적인 욕망을 드러낸 것으로 정당하다고 말한다. 그러나 작자는 그것이 정당하다고 생각하지 않고 오히려 죄악이라고 여긴다. 나아가 영웅에 대한 유혹이라고 판단한다.

반금련은 나중에 무대랑을 살해하는 과정에서 줄곧 피동적으로 움직였다. 처음에는 유혹을 당하여, 사회적으로 미리 둘러쳐져 있던 함정에 빠졌다. 이것을 보면 우선 사회의 책임이 컸다. 사회가 그녀에게 정욕을 발산할 권리와 합법성을 부여하지 않았기 때문에 그녀와 서문경의 결합은 어떤 의미에서는 젊은 여성이 욕망을 향유할 권리를 실현한 것이었다.

나중에 그녀는 지나치게 행동했다. 피동적이지만 그들이 세운 살해

사건에 가담했다. 정말로 범죄를 저지른 것이다. 그러나 작자가 미처 자각하지 못한 것은, 그러한 죄는 단지 그녀 자신의 인간적인 약점의 결과였을 뿐만 아니라 사회의 금욕적인 전제주의의 결과였다는 것이다. 사랑의 자유가 박탈된 결과였으며, '욕망은 죄악이다'라고 하는 문화적 이데올로기의 결과였다.

그러나 무송은 오로지 그녀가 10가지 죄악을 저질렀으며 그것을 용서할 수 없다고 생각하고, 큰 칼로 그녀의 명치를 찌르고, 이어서 그녀의 머리를 내려찍었다. 이 부분을 한번 읽어보자.

그 여자는 상황이 좋지 않다는 것을 알고 도망치려고 했다. 그러나 무송에 의해서 머리채가 잡혀 끌려나왔다. 그는 두 다리로 그녀의 두 팔을 막고, 가슴의 옷을 잡아 풀었다. 말할 때는 느렸으나 이때는 빨랐다. 무송은 한칼에 그녀의 가슴을 도려냈다. 그리고 입에 칼을 물고, 두 손으로 그녀의 가슴을 비틀어 열고 오장육부를 끄집어 올렸다. 그것으로 불전 앞에 공양을 하고 다시 한칼에 그 여자의 머리를 잘라버리니, 피가 사방으로 흘러넘쳤다.

이렇게 몹시 야만적인 형벌에 대해 무송은 아주 통쾌해했다. 사람의 머리가 땅에 떨어지는 순간의 쾌락을 즐겼다. 『수호전』 작자는 그러한 장면을 아주 통쾌하게 묘사했다. 피비린내 나는 장면을 묘사하는 쾌감을 느낀 듯하다. 독자들도 적지 않은 사람이 통쾌한 저 장면을 읽고 쾌감을 느끼는 경지까지 도달했을 것 같다.

무송이 반금련을 죽인 것은 그래도 죄가 있다는 이유를 들 수 있다. 반금련은 신랑을 살해할 때 공모한 혐의가 있었다. 그러나 석수石秀가 반교운을 죽인 것은 순수하게 성욕 때문이었다.

양웅의 부인 반교운은 승려 배여해裵如海와 몰래 정을 통했다. 배여해는 반교운의 아버지를 수양아버지로 섬겼다. 반교운은 유부녀로서 소위 외도를 한 것이다. 이 일에 대해서 양웅은 원래 이혼서류 한 장으로 결혼생활을 끝내려고 했다. 그러나 석수가 그에게 계책을 제안했다. 그에 따라 양웅은 자기 부인을 조용한 산속으로 유인했다. 그리고 먼저 반교운과 하녀 영아迎兒에 대해서 공포에 휩싸인 심판을 진행했다. 그후 무서운 살육극을 전개했다. 육체적인 훼손과 정신적인 훼손이 동시에 진행되었다.

『수호전』 46회에는 그러한 과정이 적나라하게 묘사되어 있다.

양웅은 이렇게 말했다. "형제여, 자네는 나를 위해서 이 화냥년의 머리 장식과 의복을 벗겨달라. 내가 직접 처리하겠다." 이에 석수는 양웅 부인의 머리 장식이며 의복을 벗겼다. 양웅은 치마를 들어 벗겨버리고, 자기 부인을 나무에 동여맸다. 석수도 다시 영아에게 달려들어 머리 장식을 모두 벗겼다. 그리고 칼을 빼 양웅에게 주며 말했다. "형님, 저 작은 도둑년은 살려서 뭣합니까? 같이 제거해버려서 화근을 없애야죠." 양웅이 말했다. "자네 말이 옳다. 칼을 달라, 내가 직접 처리하겠다." 영아는 형세가 불리함을 알고 소리를 지르려고 했다. 양웅이 칼을 한 번 휘두르자 영아는 두 조각이 나버렸다. 양웅 부인은 나무에 매달려 이 광경을 보고 석수에게 외쳤다. "도련님, 좀 말려주세요." 석수는 "형수님, 형님이 직접 와서 응답할 겁니다"라고 말했다. 양웅은 먼저 부인의 앞으로 가 칼을 들어 혀를 한칼에 베어내, 소리를 지르지 못하게 한 뒤 이렇게 꾸짖었다. "이 음란한 화냥년아. 내 한순간 너의 간사한 말에 속아 하마터면 우리 형제의 좋은 우정을 상할 뻔했다. 또 하마터면 네 손에 생명을 잃을 뻔했다. 오늘 내가 먼저 끝장을 내주겠다. 네 이년의 오장육부가 어떻게 생겼는지 한번 보고 싶구나" 하고 한칼에 명치에서 하복부까지 칼을 넣고 갈라버렸다. 그러고는 오장육부를 끄집어내서 나무에 걸었다. 양웅은 또 그 여자의 시신을 7개로 나누어 잘랐다. 그다음 여자의 머리 장식과 남은 유물을 보따리에 쌌다.

인간성을 무참히 말살해버리는 이러한 종류의 행위는 진실로 충격적이다. 그러나 『수호전』의 두 영웅은 오히려 매우 냉정하다. 먼저 독살스럽게 욕을 퍼부어 그 마음을 고통스럽게 했다. 그런 뒤에 행동을 개시하여 혀를 빼서 자르고, 날카로운 칼로 배를 찌르고 하복부를 갈랐다. 그러고도 부족하여 오장육부를 끄집어내서 나무 위에 걸었다. 최후에는 또 시신을 일곱 조각 냈다. 이러한 행위는 중국에서 오랜 옛날부터 있던 사지 절단, 혀 자르기, 시신 자르기 등 문화의 정수를 모은 것이다. 형벌 문화의 극한까지 도달한 것이다.

세상에 존재할 수 있는 가혹한 형벌이 다 동원되었는데, 그 대상은 아무런 무기도 들고 있지 않은 나약한 여성이었다. 혼외정사라는 잘못을 저지른 유부녀였다. 단두대보다 더 흉악한 폭력의 사형장이었다. 양웅이 이렇게까지 흉악할 수 있었던 이유는 그의 잠재의식에 그 여성이 범한 불륜이 천하에서 가장 큰 죄라는 인식이 있었기 때문이다.

만 가지 죄악 중에 음란이 가장 큰 죄다. 이러한 죄를 범한 여자는 한칼로 그 생명을 끊는 것으로는 부족하다. 반드시 오장육부를 도려내고, 말 다섯 마리로 죄인의 시체를 찢어버리듯이 음란한 여자의 시신을

7개로 잘라버려야 법이 바로 선다. 그렇게 생각한 것이다.

양웅이 자기 처를 죽인 것이나 무송이 자기 형수를 죽인 것은 그 내용이 비슷하다. 광적으로 잔혹한 정도 역시 비슷하다. 이것은 바로 그들이 공통의 이념과 유사한 잠재의식을 지니고 있었기 때문이다. 그러한 처참한 폭행에 대해서 수백 년 동안 독자들이 이의를 제기한 적은 극히 드물었다.

그 이유는 우선 국민성이 통했기 때문이다. 또 하나는 바로 『수호전』의 작가가 그러한 의식을 키우는 데 크게 기여했기 때문이다. 작가는 부단하게 바람을 피우는 승려를 저주했으며, 그들을 여색에 굶주린 귀신으로 지탄했다. 또 부단하게 반교운을 추하게 묘사했으며, 그 여자가 양웅과 석수의 형제 사이를 이간질한다고 강조했다. 그럼으로써 양웅이 반교운을 죽인 데에는 그만한 도덕적인 이유가 있다고 생각하도록 독자들을 유도했다.

사실 온갖 설명이 난무하는 가운데, 진정한 이유는 오직 하나뿐이다. 그것은 바로 정욕은 유죄라는 관념이다. 나아가 그것은 큰 죄이며 죽을죄이고, 아무리 가혹하게 처벌해도 지나치지 않은 천하제일의 죄악이라는 것이다.

그러한 잔혹한 법정과 잔혹한 형장을 지지하는 것은 중국에서 수천 년간 형성해온 대大남성주의인 '부권문화夫權文化'이다. '남편은 부인의 벼리'라는 부권의 절대화는 혼인 후에 남자 쪽이 여자에 대한 절대적인 소유권을 갖도록 했다. 그것은 생명권과 정욕권을 포함한 절대적인 점유라고 할 수 있다. 따라서 남자들은 처나 첩을 몇 명이고 둘 수 있다. 반면 여자 쪽은 남편 외에는 다른 사람을 사랑할 권리가 없다. 그러한 절대적인 부권은 여성에 대해서 말하자면 절대적인 지옥인 것이다.

양웅은 여성을 큰 적이나 되는 것처럼 여겼다. 여성이 절대적인 부권을 침범한다면, 절대로 용서할 수 없다. 양웅과 같은 『수호전』의 영웅은 자신의 숙적에게도 살아남을 여지를 제공한다. 고구에게도 살아날 길을 제공했다. 그러나 바람을 피운 여성에게는 절대로 그러한 여지를 남겨두지 않았다.

3. 『홍루몽』『수호전』『금병매』의 혼외정사관

여성에 대한 태도는 『홍루몽』『수호전』『금병매』 등 세 소설에서 완전히 다르게 나타난다. 특히 혼외정사를 한 여성에 대한 태도는 '천양지차天壤之差'라는 단어를 써야 할 정도로 다르다. 결혼이라는 굴레를 벗어나 '혼외정사'한 여성들에 대해서, 『홍루몽』은 그들을 천당으로 보내고, 『금병매』는 그들을 인간세계에 집어넣고, 『수호전』은 그들을 지옥으로 쳐넣었다.

『홍루몽』 중 가장 유명한 혼외정사자는 진가경이다. 『금병매』와 『수호전』에서 가장 유명한 혼외정사자는 반금련이었다. 『금병매』에는 또 이병아李甁兒, 임태태林太太 등이 있고, 『수호전』에는 반교운 등이 더 있다.

진가경이 혼외정사자라는 사실은 의심할 여지가 없다. 그녀가 죽을 때 가진賈珍은 너무도 울어서 눈이 퉁퉁 부었다. 많은 『홍루몽』 연구자들은 진가경과 가진의 애정관계에 대해서 고증하기를 좋아한다. 왜냐하면 고증의 여지가 있기 때문이다. 소설에서는 이 두 사람 사이의 감정 묘사가 단지 암시적일 뿐이다. 매우 함축적이기 때문에 단지 느낄 뿐이며 말로 전하기가 어렵다.

진가경이 죽은 후에 그 하녀 서주瑞珠는 기둥에 부딪혀 죽었다. 고증학자들은 서주가 가진과 진가경의 애정 장면을 보았기 때문이라고 하지만 그것은 다소 과장된 것이다. 진가경은 가진과 애정관계에 있었을 뿐 아니라 가보옥賈寶玉에게도 연정을 느끼고 있었다. 그녀는 보옥으로 하여금 성에 눈뜨게 한 계몽가였다.

가보옥은 먼저 계몽가와 사랑을 했다. 그 후에 비로소 갑자기 습격해 들어온 사람과 사랑을 나누었다. 그래서 하인 초대焦大가 큰 소리로 영국부寧國府가 더럽다고 욕을 한 것이다. 초대는 여기에서 도덕 법정의 심판자 역할을 했다. 그러나『홍루몽』의 저자는 위대한 조설근으로 하여금 결코 초대의 역할을 스스로 담당하게 하지는 않았다.

그는 진가경이 혼외정사자라는 것을 암시했다. 다울러 아주 대담하게도 시아버지 및 삼촌들과 정을 통해 혼외정사자들 가운데에서도 가장 부도덕한 죄악을 저질렀다는 것을 암시했다. 그러나 이런 여자에 대해서도 조설근은 오히려 아주 사랑스러운 여인으로 묘사했다. 그녀의 이름도 아주 사랑스러운 여인이라는 뜻에서 가경可卿이라고 지어주었다. 그녀의 자호字號는 겸미兼美였다. 그것은 임대옥林黛玉의 애잔한 아름다움과 설보채薛寶釵의 현숙미, 그 외 각종 아름다움을 겸했다는 뜻이었다. 그녀는 재능과 아름다움을 겸했을 뿐만 아니라, 숨어 있는 철학자였고 경영자였다.

그녀는 임종 직전에 왕희봉王熙鳳에게 꿈 이야기를 들어 유언을 남겼다. 그 유언은 매우 형이상학적이었는데 "높이 오르면 반드시 심하게 떨어진다"든가, "불안이 깊어지면 평온이 찾아온다"는 철학적인 표현이 들어 있었다. 또 조상의 무덤 부근에 있는 밭과 농가를 구입할 것을 구체적으로 건의(제13회)하는 등 매우 천재적인 소질을 지니고 있었다.

이러한 혼외정사자에 대해서 조설근은 가장 아름다운 표현을 선사했을 뿐만 아니라 그녀가 죽은 후에는 매우 성대한 장례를 치러주었다. 그녀가 최고의 슬픔과 영예를 받을 수 있도록 북정왕北靜王도 나타나 노재를 진행하도록 배려했다. 나아가 가장 중요한 것은 그녀가 천당으로 올려 보내졌다는 사실이다.

진가경은 소설 첫 부분에서 보옥이 꿈속에서 태허의 환상적인 경지에서 놀 때 그 여동생 신분으로 등장했다. 사후에 그녀는 자연히 다시 언니 곁으로 돌아갔다.

조설근은 세속에서는 '화냥년'으로 불릴 여성을 '아름다운 여성'으로 평가해주었으니, 사실 이것은 역사를 뒤집어엎는 커다란 사건이라고 할 수 있다. 그가 일으킨 대사건은 반란자로서 구시대의 진부한 이념을 성토한 것이 아니라 심미적인 법정으로 도덕적인 법정을 대신하도록 한 것이다.

심미적인 경지는 도덕적인 경지보다 훨씬 더 높다. 조설근은 진가경을 심미적인 경지에 올려놓았다. 그녀의 행동은 선하지도 않고 악하지도 않았다. 옳은 것도 아니고 틀린 것도 아니었다. 그러나 모두 굉장히 아름다운 행위로 그렸다. 조설근은 여성들의 위대한 해방론자였던 것이다.

반금련은 먼저 무송과 연애를 했다. 그 후에 서문경과 연애를 했다. 그러나 그녀의 운명은 진가경의 경우와 완전히 달랐다. 진가경은 『홍루몽』 저자와 독자들의 충분한 동정과 사랑을 받았지만, 반금련은 그와 반대로 『수호전』 저자와 독자들의 증오와 저주를 받았다. 저자의 가치관이 달랐으며, 소설에 묘사된 인물들과의 만남도 너무나 달랐다.

진가경은 죽은 뒤에 천당으로 보내졌다. 그러나 『수호전』에서 반금련은 지옥으로 떨어졌다. 시동생의 날카로운 칼이 그녀의 가슴을 찔렀으니 더 이상 말할 것이 없다. 저자 시내암은 그녀를 줄곧 음란한 여자로 묘사하고 이렇게 설교했다.

"본 남편이 오히려 외간 남자에게 해를 당한다. 음탕이 초래한 해악은 함께 오는 것이다."(제25회) 독자들은 이것을 읽고 모두 반금련에 대해서 이를 갈게 된다. 최후에 무송은 반금련의 머리를 잘라 무대랑에게 제사를 올렸다. 이 무대랑은 분명히 동정받을 가치가 있다. 그러나 시내암은 무대랑에게 제사를 올렸지만 실은 그가 설치한 것은 아주 잔혹한 도덕 법정이었으며 단두대였다.

『수호전』과 『삼국지』는 여성에 대해서 모두 심미적인 인식이 없다. 이 두 소설은 음란함을 만 가지 죄악 가운데 가장 으뜸으로 본다. 아울러 만 가지 죄악의 근원을 음란함으로 여긴다. 만약에 반금련과 반교운의 이미지가 사회를 향해서 제시한 것이 '만 가지 죄악 가운데 으뜸'이라면, 또 다른 이미지로서 음란한 여성이었던 염파석이 암시한 것은 '만 가지 죄악의 근원'이었다.

만약에 염파석이 몰래 정을 통하고 밀고를 유도하지 않았다면, 충효의 정신으로 가득 찬 송강이 어떻게 칼을 들고 살인을 하여 '초야에 떨어져 도적으로 전락'하는 일이 생겼겠는가? 송강이 양산에서 혁명을 선동하고, 최후에 조정의 명령을 받아 방납方臘을 치는 등의 '죄악'을 저지른 것은 그 뿌리가 염파석의 정욕에서 비롯되었다. 송강이 방납을 살해한 일에 대한 시시비비는 별로 중요하지 않다. 중요한 것은 그러한 이야기가 암시하는 내용, 즉 한 여자가 한 남자의 일생을 바꿔버렸다는 점이다.

한 여자가 유교적인 마음을 지닌 열혈 남성을 곤란에 빠트려 최후에는 부득이하게 양산으로 올라가 도적이 되게 했다. 남권男權사회에서는 결국 여성이 재앙의 씨앗이라고 말한다. 상주商周 시대의 달기妲己[21]로부터 『수호전』에 등장하는 음탕한 여성들까지 모두 재앙의 씨앗이었다. 반금련, 반교운, 염파석 등은 바로 재앙의 씨앗이자 뿌리이고 그 근원의 종합적인 이미지를 가졌다.

『수호전』이 반영하고 있는 '정욕은 죄악'이라는 이념과 성적인 여성들에 대한 뿌리 깊은 원한을 보면, 중국 여성들에게 해방이 얼마나 어려운 일인가를 알 수 있다. 여성들의 해방은 바로 정욕을 실현하는 기본적인 권리다.

그것은 또 거대한 도덕과 이데올로기 등 다중적인 압력에 직면해야 할 뿐만 아니라, 머리까지 물에 잠기는 거대한 대재앙에 직면해야 한다. 그러므로 여성해방을 사회해방의 표식으로 볼 수 있을 것이다. 5·4 시기의 신문화운동 선구자들은 바로 그렇게 보았다. 중국의 여성해방은 기본적으로 일종의 '노예해방'이다. 좀 더 철저하게 말하자면 '지옥해방'이라고 할 수 있다.

『금병매』는 『홍루몽』과 『수호전』이 천당과 지옥의 양 극단으로 치닫는 것과는 다르다. 반금련 등 혼외정사자들을 인간의 정상적인 생활의 측면에서 바라보았다.

『금병매』는 현실주의적인 걸작이다. 아주 철저하게 사실과 진실을 묘사했다. 앞서 지적했지만, 그것은 생활의 원래 모습을 그대로 보여주며,

도덕에 근거한 독재적인 법정을 세우려고 하지도 않는다. 『금병매』는 '욕망은 무죄' '생활은 무죄'라는 이념을 암시한다.

중국에서 남자와 여자들은 어떻게 생활하는가? 『금병매』는 그것을 아주 분명하게 그려냈다. 중국 남자들이 얼마나 경솔하고 얼마나 저속한지는 서문경을 보면 안다. 중국 여자들이 질투를 하는데 어느 정도까지 하는지는 반금련과 서문경의 다른 여자들을 보면 알 수 있다. 그러나 『금병매』의 저자는 그러한 사정을 냉정하고 재미있게 그릴 뿐 결코 격분하지 않았다.

『금병매』의 저자는 서문경을 아주 저속한 사람으로 그렸다. 그러나 그를 악인으로 그리지는 않았다. 마찬가지로 저자는 반금련을 욕정에 굶주린 사람으로 그렸다. 그러나 그녀를 너무도 사악해서 용서하지 못할 정도의 '음란 여성'으로 그리지는 않았다.

생활은 본래 그런 것이며, 인간성은 본래 그런 것이다. 저자는 냉정하게 사회와 인생을 바라보았으며, 독자들이 아주 사실적으로 그것을 목격하도록 했다. 사회의 수많은 모습, 인간 생활의 수많은 양상에 직면하여 그는 슬퍼하지도 기뻐하지도 않고, 분개하지도 않았다.

반금련에 대해서도 단지 욕망을 품고 격정과 쾌락과 고통을 느끼는 보통 여성으로 그렸다. 그녀의 모든 행위에 대해서 진실한 모습을 드러내고자 했을 뿐이지 거기에 어떤 평가나 판단을 가하려 하지는 않았다. 사회가 비속하니, 그녀는 그 가운데에서 비속하게 행동했을 뿐이며, 가정 관계가 긴장되니, 그녀는 그 긴장 속에서 몸부림쳤을 뿐이었다.

반금련의 유일한 요구는 생활을 하면서 만족을 도모하는 것이었다. 그러한 요구는 선도 아니며 악도 아니다. 틀리지도 않고 옳지도 않다.

저자는 여기에 대해서 비웃지도 않고 칭송하지도 않는다. 너무 아름답게 묘사하지도 않고 너무 악하게 묘사하지도 않았다. 그녀가 사랑스럽다고 하지만 그녀는 결코 사랑스럽지 않았으며, 그녀가 가증스럽다고 하지만 가증스럽지도 않았다. 그녀가 불쌍하다고 하지만 그녀는 결코 불쌍하지도 않았으며, 그녀가 무섭다고도 하지만 그녀는 무섭지도 않았다. 수천 년 동안 중국에서 대부호의 부인들은 대개 그렇게 생활해왔다. 그렇게 그녀들은 일생을 살았다.

반금련이 애정을 추구한 모든 것에 대해서 독자들은 남의 사랑을 훔쳤다고 할 수도 있고, 간통을 했다고도 할 수 있다. 유심주의라고 비판할 수도 있고, 부끄러움을 모른다, 비극이다, 희극이다 등등의 평가를 할 수 있다. 그러나 그녀는 그러한 평가들에 개의치 않는다. 단지 아는 것은, 한 여인은 마땅히 그렇게 생활해야 한다는 것이다. 생명과 자연의 순리에 따라 그렇게 생활해야 한다고 믿었다.

결론적으로 말한다면, 반금련은 한 인간으로서 인간사회에서 진실하게 살았다는 것이다. 그 인간사회는 천당도 아니었고, 지옥도 아니었다. 그것은 인간적인 사회였으며, 인간적인 생활이었을 뿐이다.

멍차오孟超는 「금병매 인간론」에서 반금련에 대해 언급한 적이 있다. '음란 여성 반금련'이라는 죄명에 대해서 의문을 표시하고 이렇게 평가했다.

반금련은 청하현淸河縣 남문 바깥 반재봉潘裁縫의 여섯째 딸이었다. 부친은 일찍이 사망하여 모친이 그녀를 왕초선王招宣에게 팔아, 거기에서 악기 다루는 법과 노래를 배웠다. 왕초선이 죽은 후에 그녀의 어머니는 다시 그녀를 빼앗아 장대호張大戶에게 하녀로 팔았다. 장대호는 반금련을 첩으로 삼으려고 했지만 그 부인이 용납하지 않아 그녀를 떡장사 무대武大에게 시집보냈다. 그러나 사실상 반금련은 장대호의 내연녀였다. 무대는 키도 작고 못생겼다. 그러나 그 동생 무송武松은 범을 때려잡는 사나이였다. 반금련은 무송에게 사랑을 느꼈으나 이루어지지 않았다. 나중에 반금련은 서문경과 결탁하여 남편인 무대를 죽이고, 서문경에게 시집을 가 다섯 번째 첩이 되었다. 그녀는 서문경의 집에서 여러 가지 굴욕을 당하면서 서문경의 총애와 재산을 빼앗기 위해서 싸웠다. 서문경이 죽자 그 사위 진경제陳經濟와 사통했다. 결국 반금련은 쫓겨났는데 나중에 무송에 의해서 그 형의 보복으로 살해당했다.

'음란 여성 반금련'. 이 말은 이미 확고부동한 단어가 되어버렸다. 그의 평생을 살펴보면, 그녀는 여러 차례 결혼을 했고, 많은 사람을 유혹했으며, 자기 남편을 다른 사람과 공모하여 살해해버렸다. 또 무수한 다툼을 야기했다. 그녀의 구애, 사랑싸움, 질투, 음탕함 등의 이야기는 『금병매』 전체에 가득 실려 있다. 그녀에게 주어진 평가와 죄명은 이미 반박의 여지가 없을 것 같다. 수백 년 후에라도 수많은 사람이 그녀를 욕할 것이고, 사람들의 입에서 음란한 여성의 대표적 사례로 오르내릴 것이다. 아마도 영원히 그런 평가에서 벗어날 수는 없을 것이며, 또 그런 평가를 뒤집을 수도 없을 것이다. 그것은 마땅한 응보인 셈이다. 그러나 좀 생각해보자. 반금련은 천생적으로 나쁜 사람이었을까? 어떤 환경에서 그러한 인물이 나오게 되었을까? 그녀는 어떤 출신이며 어떤 신분이었을까? 그녀는 어떠한 사람들과 만났을까? 그녀는 자기 생활에 어떻게 대처했을까? 그녀는 무엇 때문에 비참한 죽임을 당했을까? 이러한 문제를 하나하나 답하기란 그리 간단하지 않다. 그러나 그녀는 바로 이러한 것들 때문에 『금병매』의 주인공이 되었으며, 역시 바로 그 때문에 『금병매』에서 가장 비참한 피해를 입었고, 가장 잔혹한 박해를 입었다. 그러므로 그녀는 천고千古의 비극적 인물이라고 해도 과언이 아닐 것이다.

멍차오는 반금련을 '천고의 비극적 인물'이라고 했는데 맞는 말이다. 다만 그녀가 피해를 가장 지독하게 당한 자, 가장 잔혹하게 당한 자는 아닐 것이다. 정말로 피해를 가장 잔혹하게 입고 살육당한 인물은 『수호전』의 반금련이다. 그녀는 자신이 사랑하던 시동생에게 머리를 찍히고 오장육부까지 적출당했다.

시내암의 주인공들은 연약한 여성들에 대해서 가장 악랄한 보복을 행했다. 가장 매정하게 칼날을 휘둘렀다. 『수호전』의 교수대와 단두대는 누구를 위해서 준비되었는가? 그것은 바로 반금련과 반교운 등을 위해서 준비된 것이었다.

4
도살 쾌감의 두 가지 현상

1. 도살 쾌감의 심미화 현상 [22]

이규, 무송, 양웅 등의 살인 쾌감을 심미적 비판의 영역으로 끌어들여, 독자들을 야만적인 감상 취미로 인도한 이는 명대와 명청 교체기의 소설비평가들, 예를 들면 이탁오 李卓吾(이지李贄)와 김성탄 등이었다.

이탁오는 중국 근대사상 해방의 선구자 중 한 명이다. 그의 '동심설童心說'은 근 500년 동안 작가들 사이에 깊은 영향을 미쳤다. 송명이학이 출현하여 '천리를 보존하고 인욕을 소멸시키자'고 하는 부패한 명제가 등장한 이후, 그는 가장 먼저 분명하게 사람의 욕망에 대한 권리를 인정했다.

'사람이 원하는 바를 인정하는 것은 예부터 당연한 것이었다. 그는 이렇게 말했다.

성인은 '부귀를 뜬구름처럼 본다'고 했지만, 부귀를 얻게 되면 그건 분명히 존재한다. 또 비록 '도를 가지고 부귀를 얻지 않으면 거기에 처하지 않는다'고 했지만, 또 역시 '부귀는 사람들이 모두 원하는 바이다'라고 이야기했다. 공자가 노나라 재상이 된 일을 살펴보면, 겨우 3개월에 흰옷은 사슴 가죽으로, 누런 옷은 여우 가죽으로, 검은 옷은 염소 가죽으로 만들어 입었으니 지극히 부귀함을 누리지 않았는가? 추울 때는 가죽옷 하나로는 부족하며, 털옷과 가죽옷의 장식도 하나로는 부족하다. 「향당」편에 기재되어 있는 것들은 대개가 이렇다. 성인이 부귀를 바라지 않았다는 말은 지금까지 없었다.[23]

이탁오는 공자를 비판하고 불교를 숭상했으며, 불심佛心과 동심童心을 함께 추구했다. 동시에 그는 전통의 교조적인 한계를 돌파하고자 했으며 감히 욕망의 권리를 긍정했다.

여기에 비추어 보자면, 그가 『수호전』에 대해서 내린 평가는 응당 후대 사람들을 계몽시키는 내용이 있어야 한다. 적어도 그의 평가는 '자비'라고 하는 불성을 지향해야 하며, 아동과 부녀를 보호하는 인간성을 지향해야 한다. 그러나 그는 오히려 그와 상반된 방향으로 자신의 평론을 진행했다. 『수호전』의 폭력을 숭상하고 그런 폭력 아래 형성된 피비린내 나는 취미를 감상했다. 그러한 그의 태도는 후대 사람들에게 지극히 나쁜 영향을 끼쳤다.

이탁오의 『수호전』에 대한 평가는 그의 모든 저작 가운데 그 사상이 가장 혼란스러운 부분이며, 분명히 잘못 집필된 부분이다. 이탁오는 나 개인적으로도 숭배하는 사람이다. 그의 이단적인 사상, 특히 생명의 참모습을 추구하는 깊은 사상에 대해서 줄곧 충심으로 흡수하고자 했다. 그러나 『수호전』에 대한 그의 평가는, 예술 감상의 부분을 제외하고는 모두 이해할 수 없다.

이탁오의 『수호전』 평가에서 그 치명적인 착오는 폭력의 화신 이규에 대한 숭배에 있다. 이탁오 이후에는 김성탄이 이런 숭배를 계속했다. 단지 대상만 무송으로 바뀌었을 뿐이다. 김성탄은 무송에게 '천인天人'이라는 최고의 월계관을 씌워주었다. 이탁오의 첫 번째 숭배 대상은 이규였는데 그는 이규에게 최고의 월계관을 씌워주고 '활불活佛', 즉 살아 있는 부처님이라 불렀다. 소위 '부처님'이란 자비심을 가진 존재임이 분명한데, 이규는 그런 자비심과는 너무나 멀리 떨어져 있는 존재였다.

사실상 석가모니의 가장 표면적인 요구는 마땅히 살생을 경계해야 한다는 것이었다. 그러나 이규는 기막히게도 살인을 즐기는 천하제일의 도끼잡이였다. 그런데 이탁오는 그를 '활불'로 보았을 뿐 아니라 그를 '동심'의 구현체, 즉 대표적으로 '동심설童心說'을 형상화시킨 존재라고 보았다.

그러나 그건 틀려도 너무나 틀린 판단이다. 그러한 기본적인 판단에 중대한 착오가 발생한 후에, 이탁오는 여성들의 욕망이 이규에 의해서 무참히 파괴당할 때에도 아무런 말을 하지 않았다. 오히려 이규를 칭송하는 말만 계속했다.

이탁오가 이규를 '활불'이라고 칭한 기록은 용여당 판본 『수호전』 제50회에 보인다. 그때는 이규가 축가장을 공격하여 무수한 사람을 살해한 뒤였다. 송강마저도 너무 지나치다고 느끼고 그것을 공로로 기록해주지 않았다.

흑선풍 이규가 웃으면서 말했다. "비록 공로가 없어졌다고 하더라도, 나는 정말 통쾌하게 살육을 했으니 그것으로 감수하겠소."

여기에 대해서 이탁오는 문장의 행간에 이렇게 주석을 달았다. "신묘한 사람. 신묘한 사람. 사물 바깥에서 초연하니, 정말 활불이 이 세상에 다시 태어났구나."

나아가 이탁오는 이규를 천진난만한 어린아이로 여겼다. 따라서 그것에 상응하게 이규의 피비린내 나는 살인극을 아이들 장난으로 생각했다. 결국 살인의 참극을 감상하고 즐긴 것이다.『수호전』제73회의 주석에서 이탁오의 그런 모습을 찾아볼 수 있다.(인용문에 추가된 [ ]안의 주석은 이탁오가 써넣은 내용임.)

이규는 먼저 그 사나이의 머리를 도끼로 힘껏 내려찍었다. [부처님이다.] 그리고 침대 옆으로 가 도끼로 침대 한쪽을 두드리면서 외쳤다. "이년아, 너 빨리 안 나와? 만약에 빨리 기어 나오지 않으면 침대와 함께 조각조각 내버리겠다." 그러자 바로 여자 목소리가 들려왔다. "목숨만 살려주시면 나갈게요." 머리가 겨우 바깥으로 나오자, 이규는 머리칼을 잡고 시신 옆으로 끌어냈다. 그리고 물었다. "내가 죽인 이놈은 누구냐?" [이규 형님도 잘 아는데, 기묘하다. 기묘하다.] 여자가 말했다. "저와 정을 통한 왕소이王小二입니다." 이규가 또 물었다. "저 밥은 어디서 가져온 거냐?" 여자는 "그것은 제가 금은으로 된 머리장식품을 그에게 주어서 밤에 담을 넘어 사오도록 한 것입니다." 이규가 말했다. "이 더러운 년아, 너를 어디다 쓰겠냐?" 그러고는 그녀를 침대 옆으로 끌고 가 도끼로 머리를 내려쳤다. [흥미롭구나.] 그리고 윗도리를 벗어젖

히고 도끼 두 자루를 들었다. 두 시신을 보면서 한 번은 위에서 한 번은 아래에서, 마치 북을 치듯이 난타해나갔다. 그 일이 끝나자 이규는 웃으면서 말했다. "보기에 이 두 연놈은 살아날 수 없겠다." [흥미롭다.] 이규는 도끼를 집어넣고 머리 두 개를 들고, 큰 소리를 내면서 마당으로 나가면서 말했다. "두 귀신을 모두 잡았소." [흥미롭다.]

또 제43회를 읽어보면 이규는 사람의 인육을 크게 한 입 베어 먹는데, 이탁오는 이 장면에서도 이렇게 주석을 달았다.

이규는 밥을 떠서 한 번 먹고, 웃으면서 이렇게 혼잣말을 했다. "난 정말 바보야. 좋은 고기가 면전에 있는데 먹을 생각을 못 하다니." [흥미롭군.] 칼을 빼내서 이귀李鬼의 다리에서 두 덩어리의 살을 잘라내, 그것을 물로 깨끗하게 씻었다. 그리고 아궁이 불로 구웠다. 한편으로는 계속 구우면서 먹기 시작했다. [멋진 반찬이군.]

이규는 사람 머리를 도끼로 찍고, 사람 몸을 잘게 자르고, 또 그것을 먹었다. 야수들이 피를 마시는 것과 같이 가장 야만적이고, 가장 피비린내 나는 인간의 참극을 그대로 보여준 것이다. 이탁오는 결국 '부처님' '기묘하다' '흥미롭다' 등의 말로써 이러한 참혹한 광경을 음미해나간 것이다. 야수를 보살로 여기고, 잔인함을 흥미로움으로 평가했다. 이것은 심미적인 행위도 아니고 문학비평도 아니다. 죄악을 음미하고 광기를 노래하는 것에 지나지 않는다. 이렇게 잔인함을 아름다움으로 인정하고 흥밋거리로 삼는 평론은 바로 배후에 있는 폭력 숭배의 가치관을 반영하는 것이다.

　폭력 취미를 감상하고 있는 것을 보면, 이탁오는 결국 자기가 긍정한 욕망의 권리를 잊어버렸다고 할 수 있다. 만약 그런 긍정이 철저했다면 마땅히 여성들의 혼외 연애도 긍정해야 하며 결코 죄악으로 몰아서는 안 된다. 더구나 그들에 대해서 잔인한 살육을 행해서는 안 되는 것이다. 그러나 이탁오는 무송이나 뇌횡雷橫 등이 일으킨 여성 살해사건에 대해서 여전히 칭찬의 말을 늘어놓았다.

　'부처님'이라는 의미의 '불佛' 자 비평어는 이탁오의 비평 습관과 부합된다. 그 전형적인 사례는 만력 26년에 지은 『이탁오 선생이 왕용계 선생을 비평한 어록초卓吾先生批評龍谿王先生語錄鈔』에 나온다. 이 책에는 비평어로 사용된 '불' 자가 여기저기에 자주 나오는데, 그런 증거가 될 수 있을 것이다.

　『수호전』에 사용된 '부처님佛' 자는 그 의미가 다양하고 그 뜻 역시 복잡 미묘하다. 다음의 사례는 모두 피비린내 나는 장면을 평가하여 사용된 경우다.([ ] 안의 내용은 이탁오의 주석임.)

말할 때는 느렸으나 이때는 빨랐다. 무송은 한칼에 그녀의 가슴을 도려냈다. 그리고 입에 칼을 물고, 두 손으로 그녀의 가슴을 파고 오장육부를 끄집어 올렸다. [부처님] 그것으로 불전 앞에 공양을 하고 다시 한칼에 그 여자의 머리를 잘라버리니, [부처님] 피가 사방으로 흘러넘쳤다.(제26회)

뇌횡은 효자였다. 자기 어머니가 매를 맞는 것을 보고 순식간에 노기가 발하여, 형틀을 들어 백수영白秀英의 머리를 향해 힘껏 내려쳤다. 형틀의 끝부분이 두개골에 정확히 맞아, 머리가 쪼개지면서 그는 땅에 쓰러졌다. [부처님, 진실로 효자이며, 진실로 어진 사람이며, 진실로 보살이고, 진실로 성인이다.](제51회)

처음 이탁오의 『수호전』에서 이러한 비평어를 읽으면 느낌이 이상할 것이다. 대체 어떻게 된 일인가? 그렇게 지혜가 있고, 그렇게 진실한 사상가가 어떻게 이렇게 폭력을 즐기고 칭송하는 말을 할 수 있을까?

그러나 계속 읽어나가면, 비로소 이해할 것이다. 원래 이탁오가 이규를 사랑한 것은 이단이 이단을 사랑한 것과 같다. 이탁오는 이규의 폭력을 정의로운 폭력이라고 보았다. 이규가 폭력을 써서 억압적인 폭력이 충만한 세계에 대항하는 것, 즉 폭력을 폭력으로 항거하는 것이 합당한 일이라고 인정하게 된다. 결국, 반란은 정의롭다는 것이다.

이러한 논리를 이해하고 수긍한다면, 이규 및 그 동료들이 행한 일체의 피비린내 나는 행위는 모두 합리적일 뿐만 아니라 아주 아름답고도 천진난만한 어린이의 정취임을 인정하게 될 것이다. 그래서 폭력은 더욱 격렬해지고 살육은 더욱 잔인해졌으며, 그럴수록 더욱 진실해지고 더욱 감상의 가치가 커진 것이다.

살육의 주체인 이규 등은 사람을 더 많이 더 잔혹하게 죽이면 죽일수록 그 통쾌감이 커졌으며, 그것을 감상하는 주체, 즉 이탁오 등은 그것을 보면 볼수록 더 통쾌하고 재미있었던 것이다. 이탁오는 이규를 특별히 더욱 높게 평가했다. 그것은 이규가 살인을 할 때 가장 과감하고 철저했기 때문이다. 그 철저함 때문에 이규는 자신의 행위에 대해서 '무한한 재미'를 느꼈으며, 이탁오 역시 덕분에 '무한한 재미'를 느꼈다. 후세의 독자들도 이규를 열렬히 사랑했다. 독자들 역시 '이규 형님'이 자신들에게 '무한한 재미'를 제공한다는 것을 느낀 것이다.

2. 도살 쾌감의 국제적인 현상

지금까지 이규, 무송, 양웅 등이 여성을 증오하고 살육을 벌인 것에 대해 서술했는데, 이러한 것에서 우리는 그들이 공통으로 지닌 심리 하나를 발견할 수 있다. 그것은 여성을 공격하는 데서 오는 쾌감이다.

이러한 쾌감은 단지 그들의 살육 쾌감이나 공격 쾌감의 일부분에 지나지 않는다. 그들의 살육은 종종 남녀노소를 가리지 않았다. 한 줄로 세워 베어나가기도 했다. 특히 이규는 여성을 살육하는 데만 쾌감을 느낀 것이 아니라, 모든 살육에 대해서 항상 쾌감을 느꼈다.

『수호전』제39회에 그려진 그의 살인 풍경을 보면 "커다란 도끼를 골라 오로지 힘껏 도끼로 찍어나갔다." "군인이든 관리든 백성이든, 닥치는 대로 죽여서 시체들은 땅에 가득 쌓이고, 피는 흘러 도랑이 되었는데, 죽은 자의 수가 헤아릴 수 없이 많았다."

조개는 이러한 살벌한 광경을 보고 그것을 저지해보려고 이렇게 외쳤다. "백성들은 상관없다. 멋대로 사람들을 상하게 하는 것은 멈춰라." 그러나 이규는 살육의 욕망을 억제할 수 없었다. 그는 "한 번에 한 명씩, 차례차례 사람들을 베어나갔다."

이규는 그야말로 살인에 중독이 되어버린 것 같았다. 죽일 수 있는 사람이 있으면, 피울 수 있는 아편이 있는 것과 같았다. 도끼를 골라 잡는 것은 마치 아편을 골라 연통에 아편을 집어넣는 것과 같았다. 일단 시작하면 정신이 돌아오고 마음이 쾌활해졌다. 그는 축가장을 공격할 때 무수히 많은 사람을 죽였다. 심지어 송강마저도 그에게 군령을 위반했다고 경고하고, 이규가 세운 공적을 인정해주지 않았다. 그러나 이규는 개의치 않고 이렇게 말했다. "비록 공로가 없어졌지만, 통쾌하게 살인을 했으니 그걸로 만족한다."

사람을 죽여서 그것으로 통쾌하다는 것은 피비린내를 맡고 마음이 편안해졌다는 것으로 들린다. 이러한 심리는 무송이 원앙루를 피로 물들인 직후에 보여준 것과 같다. 앞서 소개했듯, 무송은 15명이나 죽인 뒤에 벽에다 이렇게 썼다. "살인자는 호랑이를 때려잡은 무송이다." 그리고 그는 혼잣말로 "이제 겨우 좀 만족스럽군. 가서 쉬자"라고 중얼거렸다.

사람들을 죽여놓고 통쾌해한다든지, 순식간에 많은 사람을 죽여놓고 충분히 만족했다든지, 15명이나 살인을 해놓고 비로소 만족했다든지 하는 무송과 이규의 심리는 너무도 비슷하다. 두 사람 모두 살인하면서 쾌감을 얻었으며, 그 쾌감의 정도도 살인의 숫자와 정비례했다. 더 많이 죽이면 그 쾌감은 더욱 커지고 더욱 강렬해졌다.

이규와 무송이 사람을 더 많이 죽일수록 더 통쾌해졌다고 한다면, 양웅은 더 잔인하게 죽일수록 더 커다란 통쾌감을 느꼈다. 혀를 뽑아 잘라버리고, 그것이 부족하면 심장과 간을 파냈다. 그것마저 부족하면 오장육부를 잘라내서 나무 위에 걸어놓고 그것을 감상했다. 그래야 더 만족스럽고 더 큰 쾌감을 느꼈다.

양웅이 반교운을 죽인 것이나 무송이 반금련을 죽인 것은 그 방법 면에서 매우 유사했다. 모두 머리를 찍어 살해했으며, 칼로 복부를 찔러 심장과 간 등 오장육부를 끄집어냈다. 시내암은 무송이 형수를 죽이는 모습을 묘사할 때, 특별히 그 소리와 속도를 이렇게 묘사했다. "철컹 하는 소리와 함께 한칼에 그 여자의 머리를 잘라버리자 피가 흥건하게 흘러나왔다."

　이것을 보면 무송이 스스로 '철컹' 하는 소리를 들었을 때, 심리적으로 얼마나 통쾌했을지 상상이 간다. 또 양웅이 나무 위에 걸린 자기 부인의 오장육부를 감상하면서 얼마나 흥분했을지 상상할 수 있다. 마찬가지로 이규가 사류촌에서 적씨의 딸과 그 남자친구를 살해할 때, 도끼가 그들을 내려치는 소리를 듣고 얼마나 그 마음이 즐겁고 혼이 녹아내리는 쾌감을 느꼈을지, 충분히 상상할 수 있다.

　이러한 병적인 욕망과 쾌감에 대해서 나는 이전에 스스로 생각해본 적이 있다. 이것은 혹시 중국인들의 국민성이 열등하기 때문은 아닌가? 그러나 생각 끝에 암흑적이고 야만적인 심리는 단지 중국에만 존재하는 것은 아니라고 결론지었다.

　인류가 문명사회로 진입하기 이전에는 모두가 그런 미개한 심리 상태를 가지고 있었다. 또 말하자면, 동물에서 진화해온 인류가 그 동물성을 버리고 이성을 획득하는 과정이 순식간에, 한 번에 이루어진 것이 아니라는 것이다. 전체적인 진화과정에서, 아직 진화가 충분히 완성되지 못한 단계가 있었다. 그러한 단계에서 지구상의 각 종족은 모두 살육을 쾌감으로 여기는 야만적인 행위를 경험했다. 이러한 과정을 우리는 서구 문명의 발전사에서 확인해볼 수 있다.

　엘리아스[24]가 지은『문명화 과정』은 '감정 양식'의 변천이라는 시각에서 서양 문명을 야만적인 공격욕과 살육욕에서 끊임없이 벗어나는 과정이라고 했다. 그것은 "각종 잔혹한 행위 및 다른 사람을 파괴하고 고통스럽게 함으로써 일어나는 쾌감 그리고 체력적으로 우세한 점에 대한 과시 등이 점차적으로 국가 조직이 확립한 강대한 사회적 통제 아래에 수용되는"[25] 과정이라고 했다.

이 책의 저자는 유럽의 중세는 매우 야만적인 시대였다는 사실을 지적하고, 사람들은 종종 그 시대가 암흑적인 종교 독재의 시대였다는 것만 알고 있다고 한다. 사실 그 시대는 사회적인 정서 행태가 지극히 암흑적이었고, 궁정 시인들조차 살육의 소리를 듣기를 갈망했으며, 심지어 피비린내 나는 쾌감을 추구했다고 한다. 저자가 제시한 그런 종류의 살육 쾌감과 공격적 쾌감은 이규와 아주 유사하다. 엘리아스의 다음 몇 문장을 읽어보자.[26]

> 서양 중세의 사회생활은 이와 반대 방향으로 발전했다. 강탈, 전쟁, 사람과 동물에 대한 사냥 등 이 모든 것은 당시의 생활에 매우 필요한 것들이었다. 이러한 활동들은 사회구조와 서로 결부되어 있어서 거의 공개적으로 표현되었다. 따라서 권력자와 세력가들에게 그러한 일은 삶의 즐거움에 속했다. 중세의 궁정 시인이자 음유시인인 베르트랑 드 보른이 지은 전쟁 찬가에서는 다음과 같이 노래한다.
>
> "당신에게 알려드리지요. 싸우는 두 진영으로부터 들려오는 소리. '적들을 죽여라!' 주인 잃은 말들이 울부짖는 소리. '살려주세요, 살려주세요'라는 병사들의 절규. 어른이건 아이건 모두 풀밭 위에 쓰러져 있는 전사자들. 창끝에 찔려 죽은 시체들에서 흘러내리는 피. 이런 것들이 있어야 저는 먹을 수

있고, 달콤하게 잠을 잘 수가 있지요."

바로 눈앞에서 벌어지는 전쟁의 소동을 볼 때 비로소 삶에 대한 즐거움, 먹고 마시고 잠자고 싶은 욕구가 생긴다. 옆구리가 찢겨 벌어진 시체들, 치명적인 창들, 울어대는 주인 잃은 말들, "진격하라!"는 외침과 패배자들의 살려달라는 비명 등 문학적인 표현으로 그려진 이 모든 것은 감정의 원초적 야성을 인상 깊게 새겨준다. 이러한 전쟁 찬미가의 다른 곳에서 베르트랑 드 보른은 다음과 같이 노래한다.

즐거운 계절이 다가왔다.
우리의 함선이 출정 준비를 하면,
우리의 용감하고 강인하고,
아무도 대적할 자가 없는 리처드 왕이 오신다.
그러면 우리는 금방 오랫동안 기대했던 장면을 보게 되리라.
사람들은 금을 흙처럼 뿌려버리고,
새로 만든 포탄은 앞 다투어 발사된다.
성벽은 산산조각 나고 성루는 휘청거리며 주저앉는다.
적들은 장차 감옥과 쇠사슬을 맛보게 되리라.
나는 좋아한다.
푸른 방패들과 기름으로 반짝거리는 주홍 방패들을,
형형색색의 군기와 기수의 무리를,
평원 위에 펼쳐진 크고 작은 천막들을,
부러진 창들과 뚫린 방패들을,
쪼개진 투구들과 주고받는 주먹다짐을.

이 '무훈가'에서 전쟁은 다음과 같이 표현된다. "전쟁이란 강자로서 적들을 덮쳐, 그들의 포도나무 줄기를 자르고 그 뿌리를 뽑아내며, 그들의 땅을 황폐하게 만들고 그들의 성을 점령하며, 그들의 샘을 막고, 그들의 식솔을 붙잡아 죽이는 것이다." 그들은 포로들을 때려 불구로 만드는 것에 특별한 쾌감을 느꼈다. 앞의 노래에서 왕은 이렇게 말한다. "맹세코 나는 네가 무슨 말을 하든지 조소하고, 네 공포를 조금도 개의치 않을 것이다. 내가 사로잡은 모든 기사에게 모욕을 주고, 그의 코나 귀를 베어버릴 것이다. 그가 만약에 관리나 상인이라면, 나는 반드시 그의 두 팔과 다리를 잘라버릴 것이다."

이 책은 이외에도 13세기부터 15세기까지의 상흔을 기록했다. 어떤 무사들은 전쟁을 너무 좋아하여 전쟁터에서 사람들의 붉은 피가 쏟아져 땅 위에 가득 흘러가는 모습을 보면 격동하여 뜨거운 눈물을 흘리기도 했다고 한다.

장 드 뷔에라는 병사는 단도직입적으로 이렇게 말했다. "전쟁은 정말 사람을 유쾌하게 만드는 일이다. 전쟁 중에 사람들은 피차가 서로 아끼고 돕는다. 사람들은 전쟁이 더욱더 격렬하게 진행되어, 선혈이 낭자하게 흐르는 것을 보면 바로 격동하여 뜨거운 눈물을 흘린다."[27]

『문명화 과정』의 저자는, 그러한 격동이 전우와 관련된 감정을 포함한다고 말한다. 즉 전우와 관련된 즐거움과 걱정이 그러한 격동으로 이끈다는 것이다. 그러나 16세기에 발생한 감정에는 괴롭힘과 학대에서 오는 일종의 순수한 쾌감이 내포되어 있었다. 엘리아스는 이렇게 말한다.[28]

16세기의 한 사례가 이 문제를 비교적 잘 형상화했다. 수많은 사례 중에서 굳이 이 사례를 택한 까닭은 사람들이 눈을 통해서 잔인한 것을 보고 즐기려는 욕망을 잘 보여주기 때문이다. 그런 잔혹한 행위에는 어떤 이성적인 이유가 없었다. 징벌을 하기 위해서도 아니었고, 어떤 교육적 목적을 가지고 있었던 것도 아니다. 순수하게 그저 괴롭힘과 학대를 통해 어떤 쾌감을 맛보기 위해서였다.

16세기 파리에서 요하네스 축제는 매년 6월 24일에 열렸는데, 그 축제에서는 10마리에서 20마리 정도의 고양이를 산 채로 불태우는 의식이 있었다. 그것은 축제를 위한 아주 유명한 행사였다. 온 시민이 모여들고, 축제 음악이 울려 퍼지는 가운데, 일종의 구조물 밑에 화형식을 위한 장작이 산더미처럼 높게 쌓였다. 그다음 사람들은 고양이들을 자루나 광주리에 담아 구조물에 매달았다. 자루나 바구니는 서서히 타오르기 시작한다. 고양이들이 장작 위로 떨어져 불에 타기 시작하면, 관중은 동물들의 고통스러운 울부짖음에 환호성을 지르며 기뻐한다. 통상적으로 왕과 궁정 신하들도 참석했다. 대개는 왕이나 왕세자가 불을 붙이는 영예를 차지했다. 한번은 샤를 9세의 특별한 바람에 따라 여우 한 마리가 붙잡혀 고양이와 함께 불태워졌다고 한다.

베어 죽이는 함성을 듣고, 창끝에 찔린 시신에서 피가 흐르는 것을 보아야 비로소 먹을 수 있고 달콤한 잠을 즐길 수 있다는 이러한 상황은 바로 이규의 경우가 아닌가? 다른 사람의 두 다리와 두 팔을 자르면서 즐기고, 사람을 도끼로 찍을 때 짜릿한 쾌감을 느끼는 것은 바로 이규의 특징이 아닌가? 괴롭힘과 학대를 가하면서 쾌감을 얻는다는 것은 이규와 무송 그리고 양웅 등 형제들이 공통으로 가지고 있던 감정의 양상이 아니었던가?

원래 생명이 칼 밑에서 혹은 불 속에서 처절하게 울부짖는 소리를 듣고 흥분하는 심리는 중국에도 있었고 서양에도 있었다. 피차가 동물의 그러한 수준에서 발전해온 것이다.

사람이 인간으로서 지구상에 두 발로 서기 시작한 시간은 그리 오래되지 않았다. 그러니 어떤 사람들은 아직 사람으로의 진화가 덜되었기 때문에 야수성이 인간성을 압도한 것도 결코 이상한 일은 아니다. 오히려 이상한 것은 중국의 문인, 예를 들면 김성탄과 같은 이가 야수성을 신성한 것으로 여겼다는 점이다. 그들은 무송의 비인간적인 행위를 비판하지 않았을 뿐만 아니라, 그를 '천인天人'으로까지 평가했다.

그렇다면 우리처럼 이미 20세기, 21세기로 진입한 문명인들은 어떻게 해야 할 것인가? 이규와 무송처럼, 그들이 등장하여 무차별적으로 살인 행위를 하는 장면을 텔레비전으로 보면서 멋지다고 하고, 심지어는 그 때문에 비로소 먹을 수 있고 그 때문에 비로소 달콤한 잠을 잘 수 있다고 한다면 되겠는가? 김성탄처럼, 무송은 '천인'이라고 큰 소리로 떠들고 노래로 칭송하고 살인 취미를 가진 야만적인 한 사람을 천상으로까지 올려서 숭배해야 할 것인가?

5
지옥의 빛 – 송강에 관한 재평가

　지금까지 서술한 것은 '반란은 정당하다'와 '욕망은 죄악이다'라는 기본적인 인식이 지옥의 문을 구성했다는 내용이다. 다만 『수호전』의 문화적 가치 관념에는 우리가 취할 수 있는 측면도 있다. 그것은 지옥 가운데에서도 빛나는 좋은 점이다. 그것을 '지옥의 빛'이라고 부르자. 이 '지옥의 빛'이란 바로 송강이 구현한 것으로 정치게임의 규칙 중 하나다. 그 이름은 '회유招安'라고 하는 평화적 타협의 규칙이다.

　송강에 대한 평가와 관련하여 역사적으로 많은 논쟁이 있었다. 역사적 인물로서의 송강이나 문학 속 인물로서의 송강 모두 논란이 되었다. 특히 문학 속 송강에 대해서 가장 험악하게 욕을 한 사람은 김성탄이었다.

　김성탄이 『수호전』의 예술에 관해서 행한 평론은 분명히 흥미로운 점이 있다. 이 점에 대해서는 린강林崗이 『명청 교체기 소설 평점연구明淸之際小說評點研究』(베이징대학출판부)에서 이미 상세하게 설명한 바 있다.

　다만 김성탄은 혁명광革命狂, 반란광反亂狂으로 그의 『수호전』에 대한 평점[29] 자체가 하나의 혁명이라고 할 수 있다. 혁명의 주요 대상은 송강이었다. 혁명을 기대하는 대상, 즉 혁명의 모범은 무송이었다. 그는 『수호전』을 반으로 나누어버렸다. 70회 이후의 내용을 무단으로 잘라버린 것이다. 그 이유에 대해서는 여러 가지 설명이 있었다. 그러나 주요한 이유는 아마도 자신이 숭배하는 혁명의 모범인 무송 등이 다른 혁명군을 토벌하는 도중에 희생되었기 때문일 것이다. 그리고 송강의 퇴장이 그다지 비참하지 않았기 때문일 것이다.

김성탄의 혁명적인 사유의 틀 안에서 송강은 응당 타도해야 할 대상이었다. 그는 송강에 대해서 아주 매정한 타격을 가했다. 세상에서 볼 수 있는 가장 악독한 글로 송강을 평가했으며 송강에게 10개가 넘는 죄악의 굴레를 씌웠다. 또 송강의 본질을 속이 좁은 사람, 간사한 사람, 순수하지 못한 사람, 나쁜 사람, 거짓된 사람, 바보, 속된 사람, 소인, 둔감한 사람 등으로 표현했다.

그의 원문을 보면 다음과 같다.

서당 선생들은 배가 진흙이고 눈이 석탄인지, 『수호전』을 읽으면서 송강의 입에서 좋은 말이 많이 나오는 것을 보고 느닷없이 '충의忠義' 두 글자를 들어 그 늙은 도적놈을 칭찬한다. 심한 경우는 그 책을 변호하면서 '충의'를 제목으로 삼기도 한다. 이것은 결코 동의할 수 없는 궤변이다. (…) 무릇 송강의 죄는 무궁무진하다. 가장 큰 것만 논해도 10가지는 된다. 그런데 서당 선생들은 오히려 두려워하면서 충의를 들어 그를 칭찬한다. 그러나 그런 말은 그에게 어울리지 않는다. 그의 마음은 어떤 마음인가?

어떤 사람이 김성탄에게 물었다. "노달魯達은 어떤 사람입니까?" 김성탄이 답했다. "속이 넓은 사람입니다." "송강은 어떤 사람입니까?" 성탄이 말했다. "속이 좁은 사람입니다." 또 어떤 사람이 "임충은 어떤 사람입니까?" 묻자 "독한 사람입니다"라고 말했다. "송강은 어떤 사람입니까?" 묻자 "그는 간사한 사람입니다"라고 대답했다. "양지楊志는 어떤 사람입니까?" 묻자 "그는 바른 사람입니다"라고 말했다. "송강은 어떤 사람입니까?" 묻자 "순수하지 못한 사람입니다"라고 말했다. "시진柴進은 어떤 사람입니까?" 묻자 "그는 좋은 사람입니다"라고 말했다. "송강은 어떤 사람입니까?" 묻자 "나쁜 사람입니다"라고 말했다. "완소칠阮小七은 어떤 사람입니까?" 묻자 "그는 통쾌한 사람입니다"라고 말했다. "송강은 어떤 사람입니까?" 묻자 "사람을 싫증나게 하는 사람입니다"라고 대답했다. 그렇다면『수호전』에 나오는 108명의 인물 중에서 나쁘기로는 송강을 이길 자가 없을 것이다.

1975년 8월 14일, 마오쩌둥은 다음과 같은 담화를 발표했다.『수호전』이라는 책은 좋기는 하지만 투항하는 데 좋은 책이다. 그러니 반면교사로 삼아서 인민이 모두 투항파의 정체를 잘 알도록 해야 한다는 내용이었다.

『수호전』은 단지 탐관오리에 반항한 것이며 황제에 반항한 것이다. 조개晁蓋는 108명에서 제외해야 한다. 송강은 투항을 하여 수정주의자가 되었다. 조개가 만든 취의청聚義廳을 바꿔 충의당忠義堂으로 만들고는 사람들을 회유했다. 고구高俅와의 투쟁과 마찬가지로 지주계급 내부에서 한 파가 다른 한 파를 반대하는 투쟁에서 송강은 투항을 했고, 그 후 바로 방납方臘(북송 말 농민반란의 우두머리)을 쳤다. 이들 농민 의거를 이끈 지도자들은 바람직하지 않게도 투항을 했다. 이규, 오용, 완소이阮小二, 완소오阮小五, 완소칠阮小七은 훌륭하다. 그들은 투항을 원하지 않았다.

루쉰은『수호전』을 잘 평가했다. 그는 말했다. "『수호전』은 아주 분명하게 말한다. 천자에 반대를 하지 않았기 때문에 그들은 대군이 도착하자 바로 투항을 해버렸다. 그리고 국가를 대신해서 다른 강도들을 쳤다. 하늘을 대신해서 도를 행하는 강도가 되지 않은 것이다. 결국 노예였다."(『삼한집三閒集』「부랑배의 변천流氓的變遷」)

김성탄에서 마오쩌둥까지 모두 '회유'를 받아들인 것을 '투항'이라고 보았다. 루쉰은 잡문「부랑배의 변천」에서 분명히 '회유'에 대해서 풍자했다. 그러나 루쉰은 감성적인 문학 언어로써 그것을 설명하면서 동시에 이성적인 학술용어로 그것을 분석했다. 그는 결코 '회유'와 '투항'을 간단한 문제로 보지 않았다. 그는 이렇게 말했다.[30]

그 가운데 '회유'설은 바로 송나라 말기에서 원나라 초기 까지의 사상이었다. 당시 사회는 혼란스러웠기 때문에 관군들은 백성을 억압했다. 백성들 가운데 평화를 중시한 사람들은 그것을 참고 받아들였으나 그렇지 못한 사람들은 떨어져나가 도적이 되었다. 도적들은 한편으로 관군과 싸웠는데, 관군들이 그들을 완전히 제압하지는 못했다. 또 한편으로 그들은 백성들을 대상으로 노략질을 했다. 백성들은 이 때문에 자주 그들에게 시달렸다. 그러나 일단 외적이 침입하여, 관군이 막아내지 못하면 백성들은 외부 민족을 적대시 했기 때문에 관병보다 비교적 나은 도적들을 이용하여 외적에 대항하고자 했다. 이 때문에 도적들은 당시에 칭찬을 받았다. 송강이 독약을 마셨다는 내용은 명나라 초기에 추가된 것이다. 명 태조가 천하를 통일한 후에 공신功臣들을 기피하고 살육을 즐겨 제 명命을 다 사는 경우가 드물었다. 사람들은 피해를 입은 공신들에 대해 동정을 표하기 위해 송강이 독약을 마시고 신이 되었다는 이야기를 추가한 것이다. 이것은 역사적 사실에 있어서는 결함이 될 수 있으나, 소설이기 때문에 대단원의 막을 내리기 위한 장치라고 할 수 있다.

루쉰이 여기에서 말하는 요점은 당시 백성들도 '회유'에 대해서 긍정적이었다는 것이다. 백성들의 소박한 입장에서 볼 때, 관군과 도적들이 서로 싸우는 것은 결국 필연적으로 그 재앙이 백성들에게 미친다. 도적들이 관군에 투항하여 관군과 도적들이 연합한다면, 조정을 도와서 외적들을 물리칠 수 있을 것이다. 그것이 바로 백성들이 바라던 바였다.

루쉰은 농민혁명의 지도자들에 대해서 줄곧 호감을 보이지 않았다. 그가 묘사한 장헌충張獻忠은 단지 살인에 중독된 악마에 지나지 않았다. 그는 관리의 마음, 민간의 마음, 도적의 마음 가운데 단지 민간의 마음만이 가치가 있다고 생각했다.

그래서 『중국소설의 역사적 변천』에서 그는 민간의 마음이라는 측면에서 '회유'를 분석했다. 그러한 시각은 바로 일종의 역사적, 이성적 시각이며, 백성을 본위로 한 시각이기도 하다. 만약에 그러한 시각으로 송강을 바라본다면, 송강의 이미지 자체는 아주 복잡한 문화적 내용을 포함하고 있다는 것을 알 수 있다. 그것이 지향하고 있는 가치는 꽤 취할 만하다. 다음의 세 측면에서 설명해보기로 한다.

1. 지도자의 비영웅성과 비영웅적 원칙

첸무錢穆는 중국 역사에 대한 연구에서 커다란 현상 하나를 발견했다. 그것은 바로 영도적 인물들, 즉 지도자들이 결코 자신들의 영웅성을 드러내지 않는다는 것이다. 오히려 비영웅성을 드러낸다고 한다. 그는 이렇게 말한다.[31]

집단에는 반드시 지도자가 있다. 그러나 그 지도자의 존재감은 집단보다 낮다. 그래서 모든 집단에서 지도자들은 쉽게 영웅적인 모습을 드러내지 않는다. 영웅적인 표현은 항상 지도자 아래에 존재한다. 예를 들면 한나라 고조 밑에는 한신韓信이 있었다. 한신의 영웅적인 행위는 오히려 한 고조보다 많았다. 그 이후의 역사도 대개 그러했다. 분명히 말하자면, 중국인의 관념에서 영웅은 마땅히 지도자가 되어서는 안 된다. 또 영웅들은 대사업을 쉽게 이루어서는 안 된다. 항우가 그런 예이다. 이런 관념은 중국인들의 심리에 깊이 스며들어 있다.

소설에서도 그러한 묘사가 많다. 예를 들면 시내암의 『수호전』에서 탁탑천왕托塔天王, 즉 지도자는 조개晁蓋였다. 그는 초창기 양산박 7인 가운데 지도자였다. 그러나 조개는 7인 중에서 가장 쓸모가 없었으며 가장 영웅적이지 않았다. 그럼에도 불구하고 그는 지도자가 되었다. 만약에 정말 그 7인 중에서 영웅적인 사람을 들어보라면, 아마도 가장 말단의 세 사람, 즉 완소이, 완소오, 완소칠을 들 것이다. 그들은 오용吳用이나 공손승公孫勝보다 훨씬 더 영웅적이었다. 나중에 송강이 양산에 올라, 조개를 이어 양산박 108명 사나이를 이끄는 정식적인 지도자가 되었다. 그러나 송강은 영웅족인 활약이 가장 적었다. 마치 쓸모없는 사람과 같았다.

결국 역사적으로 진실한 송강의 모습은 어떠한 것이었을까? 우리는 그 점에 대해서 깊이 논할 필요는 없다. 다만 지극히 많은 지혜를 통해 『수호전』을 쓴 시내암의 관념 속에서 송강이 그렇게 묘사되었다는 것은 매우 깊은 의미가 있다. 그것은 아주 심오한 진리라고 할 수 있다. 중국의 역사 전통에서 가장 큰 사업을 한 지도자는 결코 스스로 영웅적인 활약을 꾀하지 않는다. 송강 역시 그랬다. 간단히 논하여 송강은 김성탄이 비판했듯이 가짜 군자였을까? 이 점에 대해서 논할 필요는 없다. 어찌되었든 우리 모두가 본 송강은 그렇게 쓸모없는 사람이었다. 그 밑의 임충과 무송이 오히려 충분히 영웅적인 인물이었다. 임충 및 무송과 관련하여 전해지는 이야기들 외에도 그런 영웅적인 사례는 더 많다. 예를 들면 노지심魯智深, 화영花榮, 관승關勝, 호연작呼延灼 등도 모두가 영웅이었다. 단지 양산박의 두 번째 지도자, 즉 부지도자였던 노준의는 송강처럼 쓸모없는 인물이었다. 이것을 보면, 『수호전』이 비록 소설이기는 하지만 중국 역사와 전통문화에 담긴 정신을 잘 파악했다고 할 수 있다. 즉 집단성과 영웅성에서 보이는 상호간의 비중을 잘 파악한 것이다. 그렇기 때문에 그 후 600여 년간이나 중국에서 사람들은 이 소설을 즐겨 읽었던 것이다…….

분명한 것은 『서유기』도 마찬가지였다. 당나라 승려 삼장법사는 가장 무용無用한 사람이었다. 그것은 모든 사람이 잘 알고 있는 사실이다. 손오공은 신통함이 아주 컸다. 한 번 몸을 흔들면 72번이나 변했다. 다른 인물들, 예를 들면 저팔계나 사화상沙和尙 역시 조금은 쓸모 있었다. 그러나 무능한 삼장법사가 그런 세 사람의 지도자였다. 물론 그것은 당연히 역사는 아니었다. 철학 역시 아니었다. 다만 그것은 중국인의 전통적인 관념이었다. 거기에는 중국인의 민족성이 들어 있다고 할 수 있다. 중국의 문화적 특성이 그러한 관념 안에 담겨 있는 것이다. 여러분도 『수호전』『서유기』『삼국지』같은 소설들을 읽어보길 바란다. 그리고 다시 중국의 25사를 읽어보라. 그 가운데에는 아주 깊고 심오한 의미가 분명히 드러나 있다.

『수호전』을 읽어보면 우리는 이상한 점을 한 가지 느끼게 된다. 그것은 송강이 단지 지방의 하급 관리에 지나지 않는다는 점이다. 무력의 공로도 없었고 문장이 대단한 것도 없었다. 그런데 어떻게 그는 그렇게 큰 수완과 응집력을 발휘하여 거대한 반란 집단의 지도자가 되었을까?

송강은 자기 자신에 대해서 잘 알았다. 증두시曾頭市를 공략한 뒤에 양산의 사나이들은 충의당에서 양산박의 지도자를 뽑으려고 서로 상의를 했다. 그때 그는 사문공史文恭을 사로잡은 노준의를 수령으로 적극 추천했다. 그러면서 자신에 대해서는 이렇게 소개했다. "나는 문장이 대단한 것도 아니고, 무력으로 여러분을 이끌 수 있는 위인도 아니오. 손으로 닭을 묶을 힘도 없고, 몸으로 화살 하나 제대로 쏘지 못하오." (제68회) 그 말하는 바가 구구절절 사실이었다. 이렇게 적나라한 자아 평가 속에서 바로 첸무가 말한 '무영웅성'을 찾아볼 수 있다.

그렇다면 대단한 영웅적인 매력도 없는 그는 무엇으로 영웅들을 이끌고 끌어들였을까? 이러한 물음에 대해서 아마 다음과 같이 한 가지 대답을 할 수 있을 것이다. 송강은 비록 영웅적인 매력은 없었으나 대단히 큰 포용력이 있었다. 그런 포용성은 일종의 절대적인 평등의 관념이었으며, 권세나 이익에 좌우되지 않은 관념이었다. 그것은 능히 잡다한 주장을 모두 포용할 수 있었다. 그래서 위로는 황제와 장수에서 아래로는 유랑인과 좀도둑까지 재능이나 기술이 하나라도 있다면 모두 수렴하여 축적해나갈 수 있었다.

능히 커다란 것을 포용할 수 있었던 송강은 비록 왜소한 사람이었지만, 가슴은 매우 컸다. 그는 비록 영웅적인 능력은 결여되었지만, 다양한 유형의 영웅과 사나이들을 포용할 수 있는 성현의 마음이 있었다.

그는 일찍이 지방에서 하급 관리였을 때, 즉 양산에 오르기 전에 이미 어떤 권세나 이익을 따지지 않았다. 사회의 각종 하층민을 포용했으며, 버려지고 차별받는 사람들을 최대한 도우려고 했다. 사회에서 문제가 있다고 낙인 찍힌 사람들도 도왔다. 그래서 사람들이 그를 '급시우及時雨(단비)'라고 불렀던 것이다.

소설에서도 바로 그와 같은 점을 이렇게 소개했다. "어떤 사람이 투항해오면 지위가 높건 낮건 모두 받아들였다. 그를 영지의 숙소에 머무르게 하고, 하루 종일 돌봐주면서도 싫어하지 않았다. 그리고 만약에 그가 자립하려고 하면 힘을 다해 원조했다. 단점은 금을 흙처럼 생각하고 돈을 헤프게 쓰는 것이었다. 다른 사람들이 금전이나 재물을 요구하면 거절하지 못했다. 수단은 좋아서 일이 생기면 문제해결을 잘했다. 또 두루두루 사람들의 어려움을 잘 보살폈다. 시신을 담는 관이나 약과 음식 등을 자주 베풀었으며, 빈곤한 사람들을 돕고, 사람들이 급히 필요로 하는 것을 마련해주고, 곤란한 일을 도와주었다. 이 때문에 산동과 하북 지방에서 유명했으며, 사람들이 모두 그를 '급시우'라고 불렀다. 하늘에서 때에 맞추어 내리는 단비처럼 그는 능히 만물을 구할 수 있는 인물이었다."(제18회)

그가 양산으로 올라간 후에 정식으로 반란 집단의 지도자가 되자, 이러한 포용성은 더욱 커갔다. 그는 전투에 나가 생포한 포로들을 모두 포용했다. 특히 포로로 붙잡힌 조정의 장수들은 그의 편이 되어서 양산박의 명성은 더욱 커지고 세력은 더욱 증대되었다. 보기 드문 송강의 포용성은 지극히 높은 수준으로까지 발전하여 결국 황제도 포용하게 되었다. 그가 지향한 것은 이 세상이 공평해지는 것이었지, 황제를 없애 버리고자 한 것은 아니었다.

송강이 조정의 '회유'에 응했던 사고방식의 기초에는 바로 그러한 포용의 정신이 있었다. 생명 개체에 대해서 말하자면 포용이란 일종의 박애적 성격을 갖는다. 문화적으로 말하자면 포용은 일종의 '불이법문不二法門'적인 '제물齊物', 즉 사물을 고르게 하는 문화다. 철학의 입장에서 말한다면 그것은 일종의 '너도 살고 나도 살자'는 철학이다. 무릇 인간 세상에 내려온 일체의 생명은 그것이 어떤 세속적인 역할을 하든, 혹은 지위가 어떻든 모두 삶의 권리를 갖는 것이다.

2. 독창적인 농민혁명의 또 다른 '게임' 규칙

중국의 농민혁명은, 진승陳勝과 오광吳廣이 반란을 일으켰을 때부터 황건적의 난과 황소의 난이 일어날 때까지 모두 "창천蒼天은 이미 죽고 황천黃天이 들어선다"는 방식이었다. 즉 정권을 잡고 있는 황제를 타도하고 그를 대신하고자 했다.

이규 등은 황제의 자리를 빼앗자고 목청을 높였는데, 바로 그런 방식이었다. 진승의 "제왕帝王과 장상將相에 그 씨가 따로 있겠는가?"라는 유명한 말이 있다. 그것은 황제 역시 어떤 특별한 뿌리가 있는 것이 아니며, 어떤 대단한 존재가 아님을 인정하는 말이다. 분명히 그것은 일종의 영웅적인 기개를 표현한 말이다.

그러한 농민반란은 나중에 모두 실패했다. 그와는 반대로 농민반란이 조성한 국면을 잘 이용하여 들고일어난 유방劉邦 세력이 성공을 거두었다. 유방은 스스로 대황제大皇帝의 자리에 올랐으며, 나중에 공신들을 살해하고 새롭게 독재적인 통치를 펴나갔다. 양산박의 반란 이후 명청 시대의 주원장朱元璋, 이자성李自成, 홍수전洪秀全 등도 역시 유방의 방식을 따랐다.

중국에서 농민혁명의 역사는 비록 '회유'와 '귀순'의 사례가 있기는 하지만 혁명 세력이 대개는 모두 거짓으로 받아들이는 척만 했다. '귀순'을 책략으로 삼아서 포위망을 완화시키는 데 이용할 뿐이었다. 그러나 오직 송강만은 '회유'를 진심으로 받아들여서 '귀순'을 자기가 일으킨 반란의 강령으로 삼았다. 그는 분명히 농민혁명에 있어서 또 하나의 색다른 노선을 구축했다.

즉 그것은 타협과 담판의 노선인 것이다. 현재 유행하는 말로 그는 중국 농민혁명의 또 다른 게임 규칙을 만든 것이다. 그 규칙은 자각적이었다. 이규와 무송 등의 반대에도 불구하고 그는 결코 동요하지 않았다. 『수호전』의 제71회에서 영웅들이 서열을 정할 때 그는 다시 이렇게 선언했다.

나는 강주江州에서 놀다가 이곳 양산으로 올라온 뒤에 여러 형제 영웅의 도움에 의탁하여 우두머리가 되었소. 지금 모두 108명의 두령이 모였으니 마음이 매우 기쁘오. 조개 형님이 돌아가신 후, 병사들을 이끌고 산에서 내려가면 공공연하게 승리를 했으니 이는 하늘이 도우신 것이지 사람의 능력이 아닐 것이오. 포로가 된 사람도 있었고 함정에 빠진 경우도 있었으며, 혹은 중상을 입고 돌아오기도 했지만 모두 무사했소. 이제 108명이 모두 얼굴을 맞대고 여기에 모였으니, 분명히 옛날이건 지금이건 참으로 드문 일이오. 지금까지는 전투가 벌어진 곳이면 어느 곳이든 달려가 사람 죽이는 일을 사양하지 않았소. 그래서 이제 하늘에 제사를 지내 천지신명께서 우리를 보살펴준 은혜에 보답하고, 다음과 같은 일들을 기원하려고 생각하고 있소. 첫째는 우리 형제가 몸과 마음의 안락을 얻을 수 있도록 기원하고, 둘째는 조정이 빨리 은혜를 내려서 국법을 어긴 대죄를 사면하고 우리가 힘을 다해 충성을 다하여 죽을 때까지 국가에 보답할 수 있기를 바라며, 셋째는 돌아가신 조개 천왕이 빨리 하늘나라로 올라가 환생하여 우리가 함께 만날 수 있기를 원하오.

후대의 평론가 김성탄은 송강에 대해서 매우 통절한 비판을 가했다. 바로 송강의 노선에 대해서 비난한 것이다. 김성탄 이전에 마찬가지로 폭력을 음미하고 이규를 칭찬한 이탁오는 송강에 대해서 오히려 좀 다른 태도를 보였다. 위대한 이단의 사상가인 그는 송강이 아주 현명하고 충성스러우며 의리가 있는 사람이라고 칭찬하고 송강의 '귀순' 노선을 긍정했다. 그는 이렇게 말했다.

『수호전』의 인물들은 모두 힘이 있고 아주 현명하고 충성스럽고 의리도 있는 사람들이라고 할 수 있다. 그러나 송강처럼 충의忠義가 있는 사람은 없었다. (…) 오직 송강만은 몸이 양산의 물가에 있었지만 마음은 조정에 있었다. 줄곧 '귀순'에 뜻을 두었으며 국가에 보은을 다하고자 했다. 갑자기 큰 난을 일으키고 큰 공을 이루었으나 독약을 마시고 스스로 목을 매 죽음을 마다하지 않았으니, 충의의 열사로다. 진실로 108인의 마음을 복종시키고 양산의 결의를 이룰 수 있었으니 108인의 지도자라고 할 수 있구나.

이탁오는 송강을 108인 중에서 가장 높은 수령으로 보았을 뿐만 아니라 108명의 충의 열사 가운데서 가장 충직한 지사로 보았다. 그래서 이와 같이 판단한 것이다. 이탁오가 본 송강은 줄곧 '귀순'에 뜻을 두었으며, 결코 사심이 없었고, 큰 공을 이루었으나 독약을 마시고 자살하여 죽음도 마다하지 않은 사람이었다. 이러한 이탁오의 평가에 따르자면, 송강이 제시한 '귀순'의 사고방식은 깊이 생각해볼 만하다. 경솔하게 그를 '소인배'니 '나쁜 사람'이니 '투항주의자'니 하면서 매도할 필요는 없을 것이다.

송강의 귀순 지향 사고방식을 비판하는 가장 중요한 이유는 송강이 "단지 탐관오리에 반항한 것이지, 황제에 반항한 것은 아니다"라는 것이다. 송강의 반란 강령은 확실히 그러했다. 그러나 역대로 평론가들은 단지 그의 혁명이 철저하지 못했다는 사실만을 꾸짖었다.

창끝을 감히 황제에게로 향하지는 못했다. '황제에 반항하지 않았다'는 점은 사실 '황제가 되려고 생각하지 않았다'는 의미도 내포한다. 즉 그들 혁명의 목표는 황제의 권력을 도모하는 것이 아니었다. 이처럼 황제가 되려는 야심이 없다는 것은 간단한 일이 아니다. 파천황적이며 대단한 사고방식이다.

중국에는 두 가지 큰 개념이 있다. 의협俠과 도적盜이 그것이다. 이 두 개념의 행동 방식은 크게 다르다. 중국인은 지금까지 의협을 존중하고 도적은 존중하지 않았다. 두 개념은 모두 현재 상황에 대한 불만으로서 칼을 빼들고 일어나 반항하고 반란을 일으키는 점은 같다. 그러나 근본적으로 구별되는 것은 의협은 반란이 성공한 후에 '점유'를 하지 않는다는 점이다. 즉 승리의 성과를 자기 것으로 차지하지 않는다. 그러나 도적은 그 반대다. 도적의 반란은 점유를 목적으로 한다. 가장 큰 '점유'는 지극히 높은 왕관을 차지하는 것이다.

송강은 왕관을 탐하지 않았다. 왕관을 탈취하려고 생각하지도 않았고, 그것을 자기 머리 위에 쓰려고도 하지 않았다. 그것이 바로 '의협'의 품격이며 행동 방식이다. 송강의 '귀순' 의도는 실제로 자기 형제가 도둑의 오명을 벗고, 역사적으로 '의협'의 이름을 남길 수 있도록 하려는 것이었다.

현대 세계 혁명사에 있어서 쿠바의 혁명지도자 체 게바라는 혁명이 성공한 후에도 혁명을 계속해나갔다. 사람들은 아마도 그의 입장에 동의하지 않겠지만, 그 정신은 인정하지 않을 수 없다. 그것은 반란을 일으키지만 소유는 하지 않는 혁명 협객의 정신이며, 정치권력 범위의 바깥에서 독립된 문화적 정신인 것이다.

3. 송강의 이미지가 구현한 '의협'의 본질

중국의 농민혁명 문화에는 타협과 담판의 방식을 통해서 정권 분쟁을 해결하려는 정신이 결여되어 있다. 뿐만 아니라 진정한 의협의 정신도 결핍되어 있다. 루쉰은 「부랑배의 변천」에서 이렇게 말했다. "'의협俠'이라는 단어는 점차 사라지고 강도가 일어났다. 그러나 그것도 의협의 한 종류다."

중국에서 농민혁명을 일으킨 사람들은 모두 자기가 부자에게서 재물을 빼앗아 가난한 사람들을 돕는다는 등의 의협정신을 표방했다. 그러나 나중에 사람들은 점차적으로 의문을 품었다. 왜냐하면 그들은 분명히 루쉰이 말한 것처럼, '도적'으로 변모했기 때문이다. 결국 최종적으로 의협과 도적은 구분하기가 어렵게 되어버렸다.

그래도 어느 정도 구분은 가능하다. 도적의 행위는 '점유'를 지향한다. 재물을 점유하고, 토지를 점유한다. 그러나 진짜 의협은 의협만을 행할 뿐 점유는 하지 않는다. 의협을 위해서 의협의 행동을 하는 것이다. 이러한 차이는 농민혁명에서 잘 드러난다. 어떤 혁명은 황제의 자리를 탈취하는 도적의 길을 지향하고, 어떤 혁명은 황제의 자리를 원하지 않고 단지 공평을 요구하는 의협의 길을 지향한다.

송강의 인식은 그가 사랑했던 형제들, 예를 들면 이규나 무송의 인식과 달랐다. 그것은 바로 의협과 도적의 차이였다. 그는 명확히 이야기하지는 않았지만, 내심으로는 이 점을 분명히 알았을 것이다.

송강은 양산으로 오르기 전부터 의협의 기개가 있었다. 그는 초야에서 생활하고 있을 때 명성이 아주 드높았다. 최후에는 그의 깃발 아래 청풍산, 이룡산二龍山, 도화산桃花山, 백호산白虎山, 소화산少華山, 망탕산芒碭山 등 각지의 무리가 모두 모여 혁명 대군을 조성했다. 그 위용은 대단했고, 천하를 진동시켰다. 그때는 '관병 수만 명이 감히 대항을 못 할' 정도였다. 그의 지휘 아래 강주江州, 화주華州, 대명부大名府 및 동평東平, 동창東

틈 등 주요 거점이 격파되어 송씨 왕조의 간담을 서늘케 했다.

당시 각 계층에서 온 양산박의 호걸은 모두 송강에게 복종했다. 석수의 말을 빌리자면, "대大 송나라 황제도 무섭지 않았다." 넓은 세상에서, 심지어는 모든 하층민 사회에서 송강의 명성은 송나라 황제조차 미치지 못했다. 그에겐 충분한 조건이 갖추어져 있었고, 당시의 황제와도 대적할 능력이 있었다. 그러나 그는 결코 황제가 되고자 하지는 않았다. 궁정과 온 나라를 소유하는 황제가 되는 꿈을 꾸지 않은 것이다. 이것은 바로 참다운 의협이며 커다란 의협이라고 할 수 있다.

이러한 의협정신은 중국의 혁명 문화 가운데 결여된 것이다. 그래서 이렇게 말할 수 있다. 송강은 중국 혁명 문화에서 두 가지 결여된 정신을 보완했다. 하나는 정치게임에서 평화적으로 타협하는 정신이며, 또 하나는 반항은 하지만 소유는 하지 않는 참다운 의협의 정신이다.

그러나 아쉽게도 『수호전』의 저자는 송강이 이러한 두 가지 정신을 보완한 중요한 의미를 결코 이해하지 못했다. 더욱 불행한 것은 송강 스스로도 자신이 새로운 게임 규칙과 새로운 역사정신을 창조하고 있었다는 사실을 의식하지 못했다는 것이다. 그러한 새로운 규칙은 왕권과 충돌할 때 마땅히 폭력 수단을 버려야 한다는 것이다. 아울러 폭력 수단을 써서 정치적 분쟁을 해결하려는 생각을 버려야 한다는 것이다.

여기에는 물론 귀순한 뒤에 다른 농민혁명 집단과의 분쟁을 해결할 때도 폭력 수단을 배제하는 것을 포함한다. 결과적으로 송강은 황제의 명령을 받아들였다. 그러나 그의 힘은 다른 농민혁명 집단을 진압하는 도구로 사용되어, 치명적인 역사적 착오를 범했다. 이는 '형제'들의 생명을 빼앗는 데 그치지 않고, 그 자신이 만든 새로운 게임 법칙도 없애버리는 결과를 낳았다. 결국 사람들을 탄식케 하는 역사적인 대비극大悲劇만 남겼을 뿐이다.

4. 송강이 타협한 노선의 철학적 분석

첸무는 중국의 지도적 인물들에게는 영웅적인 특징이 결여되어 있는데, 그 때문에 오히려 영웅적인 지도자가 되었다고 결론을 내렸다.

그 원인을 철학적인 입장에서 분석해본다면, 그것은 바로 사유 방식의 차이라고 할 수 있다. 지도자가 만약 줄곧 자신의 영웅적인 인격을 과시하기만 한다면, 정세는 반드시 비영웅적인 계층, 즉 최대 다수를 차지하는 백성들의 이익을 돌보지 못할 것이다. 심지어는 집단의 이익도 보호하지 못할 것이다.

'귀순'을 지향한 송강의 사고방식에 대해서 시각을 달리하면 또 다른 평가가 가능하다. 앞서 언급한 바 있듯이, 영웅의 인격이라는 시각에서 본다면 송강은 매우 겁이 많고 유약하고 영웅적인 기질도 부족하다. 김성탄과 같은 문인들의 시각은 기본적으로 이렇게 영웅적인 인격을 중시했다. 그러나 만약에 민중의 시각에서 본다면, 민중이 중시한 것은 소수의 영웅적인 업적이 아니라 다수의 일상생활이었다. 평온하게 사는 것이 격렬하고 치열하게 싸우는 것보다 훨씬 중요했다.

루쉰은 '귀순'에 대해서 때로는 이성적인 태도로, 때로는 감성적인 태도로 대했다. 감성적인 입장을 견지하며 영웅의 시각에서 볼 때는 송강의 태도가 노예와 같은 행위였다고 욕했다. 그러나 이성적인 입장에서,

즉 민중의 시각에서 볼 때 그는 '귀순'에 대해서 이해심을 나타냈다. 루쉰이 '귀순'을 노예의 태도로 간주한 것에 대해서, 중국 고전문학 연구가인 대만의 궈위원郭玉雯은 다음과 같이 정곡을 찌르는 비판을 한 바 있다.32

> 루쉰은 이렇게 말했다. "『수호전』이 말하는 것은 아주 분명하다. 천자에 대해서 반대하지 않았기 때문에 대군이 도착하자마자 회유를 받아들여 국가를 대신해서 다른 강도들을 쳤다. 하늘을 대신해서 도를 행한다는 강도는 되지 않은 것이다. 이것은 결국 노예의 태도다." 사실 회유를 받아들여 천자에게 충성을 한다는 것은 민간의 서사문학이 겨우 표현해낼 수 있었던 용서의 도리恕道이지, 노예 근성은 아니었다.

궈위원은 또 이렇게 해석했다.

> 사실 '회유'라고 하는 방식은 꼭 송나라 말기나 원나라 초기에만 있었던 것은 아니다. 어느 시대나 조정은 도적들에 대해서 소탕을 하거나 회유를 하는 두 가지 전략을 구사했다. 만약에 정규군의 실력이 충분하다면 직접 소탕했고, 부족하다면 직접 나서서 회유를 했다. 물론 소탕을 하려 했는데 못 했다면 전략을 바꿔서 회유를 했다. 관군과 도적이 서로 싸우면, 무고한 백성에게 그 피해가 미쳤다. 그래서 백성들은 도적들이 귀순한 뒤에 조정을 도와서 다른 도적 떼를 진압하거나 혹은 외부 민족의 침입을 막아주기를 원했다.

궈위원은 역사적, 민중적인 시각에서 '회유를 받아들인 것은 노예 근성'이라는 판단에 의문을 표했다. 나는 철학적인 시각에서 좀 더 보충해 보고자 한다.

나는 일찍이 이렇게 말한 적이 있다. 인류의 생존 철학은 대체로 세 종류의 철학적 사고방식을 보여준다.

첫 번째는 "너 죽고 나 살자", 즉 하나가 다른 하나를 소멸시키거나 먹어 없애버리는 것이다. "이것 아니면 저것" 혹은 "흑 아니면 백" 등으로 표현할 수 있다.

두 번째는 "너도 살고 나도 살자", 즉 대화와 담판과 타협을 통해서 하나와 다른 하나가 공존 공생을 도모하는 것이다. "이것도 되고, 저것도 된다"는 말로 표현할 수 있다.

세 번째는 "너 죽고 나 죽자", 즉 "너와 함께 모두 망하자" 혹은 "모두 함께 죽자"는 뜻이다.

이러한 세 종류의 철학은 더욱 간단한 언어로 표현한다면, 맨 첫 번째는 투쟁의 철학이며, 두 번째는 화해의 철학이고, 세 번째는 사망의 철학이다. 중국 고대의 형가荊軻가 진왕秦王을 찌른 일에서부터 현대의 공포주의 철학까지 모두 세 번째인 '사망의 철학'에 속한다고 할 수 있다.

사망의 철학은 규칙이 없다. 다만 그것은 용감하게 죽음으로 뛰어드는 영웅적인 기개를 가지고 있다고 인정하지 않을 수 없다. 의식이 깨어 있는 혁명 집단의 지도자들이 영웅적인 모습을 결여하고 있는 이유는 그들이 대개 이러한 사망의 철학을 거부하기 때문이다. 중국에서 역대 농민혁명의 지도자들이 대부분 취한 것은 첫 번째의 '너 죽고, 나 살자'는 철학이었다. 그들은 황제와 싸우면서 '너 죽고, 나 살자'는 철학을 견지하며 내가 황제를 타도하거나 아니면 황제 스스로가 파멸되도록 했다.

그러나 송강은 전혀 다른 게임의 규칙을 제시했다. 그것은 '너 죽고, 나 살자'에서 '너도 살고, 나도 살자'는 철학으로 바꾼 것이다. 그럼으로써 생과 사 중 하나를 선택해야 하는 철학을 버리고 타협하여 공존할 수 있는 철학으로 대체한 것이다. 이규에서 김성탄에 이르기까지, 모두 이러한 철학을 이해하지 못했다. 설사 그들이 이해할 수 있었다고 하더라도, 그들은 그저 "이건 무슨 개똥철학이냐"고 욕했을 것이다.

귀위원은 민중이 오히려 '회유'와 '귀순'의 의미를 이해하고, '용서의 도리'를 실천했다고 지적했다. 민중이 그런 입장을 택한 것은 바로 그들의 잠재의식 안에서 가장 근본적인 문제는 사는 것이며, 생활하는 것이고, 평안한 일상을 유지하는 것이기 때문이다.

『역경易經』에서 말하길, 천지天地의 큰 덕德은 '삶生'이라고 했다. 이것은 바로 "너도 살고 나도 살자"는 정신이다. 모두가 능히 잘 살 수 있도록 하는 것은 바로 덕행德行이다. 조화와 타협은 비록 영웅적인 태도는 아니지만, 노예적인 태도 또한 아니다.

그러나 그것은 지혜로운 자의 행동이며 심지어 성현의 행동을 따르는 것이기도 하다. 그러한 행동의 의미는 매우 중대하고 심오하다. 오늘날 이것이야말로 사회의 모순을 해결하는 가장 인간적인 방법이라고 할 수 있다. 따라서 우리는 이것을 '지옥 가운데의 빛'이라고 부를 수 있을 것이다.

【제2부】

『삼국지』 비판

|

중국 권모술수의 집대성

'의리'의 변질

지혜의 변질

역사의 변질 – 정치 투쟁의 세 가지 원칙

미의 변질 – 여성의 물건화

이 책의 제1부에서 『수호전』은 중국에서 지옥으로 통하는 문이라고 설명했다. 그런데 여기에서 장차 설명할 『삼국지』는 문제가 더욱 심각하다. 더욱더 험악한 '지옥의 문'인 것이다.

  가장 암흑적인 지옥은 어디에 있을까? 그것은 감옥 안에 있는 것도 아니고, 전쟁터에 있는 것도 아니다. 바로 사람의 마음에 있다. 『삼국지』가 드러낸 것은 바로 가장 어두운 인간의 마음이다. 그것은 중국인의 마음이 전면적으로 변질되어 나타난 신호이다. 또 달리 말하자면, 『산해경』에 보이는 중국 사회에서 유년 시대의 단순한 인식이 『삼국지』에 보이는 전면적인 변태, 즉 철저한 '위형화'로 발전한 것이라고 할 수 있다.

  『삼국지』는 마음의 기술, 마음의 계책, 권모술수, 음모 등을 집대성한 소설이다. 『삼국지』에서 관우關羽, 장비張飛, 노숙魯肅 등 소수를 제외한 다른 사람들, 특히 주요 인물인 유비劉備, 제갈량諸葛亮, 손권孫權, 조조曹操, 사마의司馬懿 등은 모두 가면을 썼다. 서로 비교해보자면 조조의 가면은 약간 작은 편이었지만, 그 마음은 극단적으로 어두웠다. 그 시대에는 인격이 완비된 사람을 거의 찾아볼 수 없었다.

『삼국지』가 보여주는 때는 영웅을 배출하는 시대였다. 또 인심이 험악한 시대이기도 했다. 각 노선이 서로 깃발을 날리는 시대이기도 했고, 무수한 사람의 머리가 땅에 굴러떨어진 시대이기도 했다. 지혜가 최고조로 발전한 시대이기도 했고, 또 음모가 가장 성숙하게 발전한 시대이기도 했다. '인의仁義'를 아주 큰 소리로 외치는 시대였고, 또 인간성이 가장 암울한 시대이기도 했다.

이 당시는 표면적으로 보면 전쟁터에서 역량을 겨루는 것 같지만, 실제로는 사기술과 권모술수, 기만술 등을 겨루는 시대였다. 누군가가 마음이 가장 검고, 얼굴이 가장 두꺼우면 바로 그 사람이 승리자가 되었다. 바꿔 말하면, 인심이 점차 더 험악해지면 가면은 더욱 정교해지고, 위장僞裝은 더욱 정교해졌으며, 그만큼 성공률도 높았다.

당시는 전란의 시대였다. 영웅들이 영웅이 될 수 있었던 이유는 어떠한 사람이라도 이길 수 있는 용기를 몸에 갖추었기 때문이 아니라, 어떠한 사람에게도 뒤떨어지지 않는 가면을 갖추고 있었기 때문이다. 가면이 모든 것을 결정했다.

1917년에 리쭝우李宗吾(1879~1944)의 기서奇書 『후흑학厚黑學』이 출판되었다. 그는 24사史를 두루 읽어보았는데 결국 '후흑厚黑'이라는 두 글자를 읽어냈다고 한다. 소위 그가 말하는 '후厚'란 얼굴 가죽이 마치 유비처럼 두꺼운 것을 말하며, '흑黑'이란 마음이 조조처럼 검은 것을 말한다. 만약에 두꺼운 얼굴과 검은 마음이 없다면 다른 편을 억압하는 대영웅이 될 수 없었을 것이다.

『삼국지』가 지닌 총체적인 효과는 영혼은 없고 가슴의 꾀만 가지고 있는 '삼국지 인간'을 부단하게 제조해내는 것이었다. 요즘 어떤 정치가와 경제인들은 비록 리쭝우가 한 개탄의 말은 모르지만, '후흑'이라는 두 글자의 깊은 뜻은 기억한다. 그들은 나아가 그것을 '신후흑학'으로 변형시켜, 정계나 비즈니스 사회에서 성공을 거두려면 두꺼운 얼굴과 검은 심장 두 가지를 구비해야 한다고 고취한다.

그러나 욕망에 의해서 주재되는 이들 '후흑'의 제자가 루쉰의 『광인일기狂人日記』를 읽는다면, 루쉰이 폭로한 중국 문화의 식인 풍습도 부귀영화에 도움이 된다면 마땅히 따라야 한다고 이해할지도 모르겠다. 리쭝우는 치밀한 언어로 『삼국지』에 등장하는 두 영웅의 본질을 정확히 짚어냈다. 경전과도 같은 이 소설에 집중된 기만술과 권모술수, 그리고 각종 계략은 참으로 두껍고 참으로 새까맣다고 할 수 있다.

이 책의 제1부 『수호전』 문화 비판에서 그 요점은 폭력에 대한 숭배 및 폭력 취미에 대한 비판이었다. 그러나 『삼국지』에 대한 비판은 그 중점을 권모술수 게임의 진면목에 두고자 한다.

『수호전』에 대한 비판 중에서 나는 이탁오가 이규를 '살아 있는 부처님'으로 찬미한 것을 두고 결국 폭력 취미에 빠졌다고 비평했다. 이탁오라는 이단 사상가의 폭력 취미를 비판할 때 나는 그의 본래 성격에 대해서 충분히 분석했다. 그는 '동심설童心說'의 창시자였다. 자기를 '진인眞人'[33]으로 생각하기도 하고 '진인'을 숭상했다.

그러나 '진인'이 가장 용인할 수 없는 것은 인간성의 참모습을 상실한 권모술수와 기만술 등이다. 그는 이규를 칭찬하고 그의 행동을 음미하면서 그를 '진인'의 모범으로 간주했다. 이규가 사람을 베어 살해하는 것을 아이들의 놀이로 여기기도 했다. 그는 진인이 참다운 성정을 가질 수 있으나 잔인한 폭력을 행사할 수는 없다는 것을 잊었다. "두개골을 던진 곳에 선혈 자국이 번졌다"[34]는 말을 아이들 장난으로 볼 수는 없는 것이다.

이탁오에 대한 비평을 하면서 나는 『수호전』과 『삼국지』라는 두 소설의 근본적인 구별을 더욱 명확하게 할 수 있었다. 내 생각에 이탁오는 이규를 찬미할 수 있다. 그러나 유비나 조조는 찬미할 수 없을 것이다. 다시 말하면 『수호전』은 폭력의 피비린내가 충만해 있기는 하지만, 『삼국지』처럼 권모술수로 가득 차 있지는 않다. 물론 『수호전』에는 오용吳用이 구사한 기만술이 포함되어 있기는 하다. 그러나 『삼국지』의 본격적인 권모술수에 비교해보자면 그것은 아이들 장난에 불과하다. 오용의 계책은 작은 책략에 불과한 것으로 그렇게 큰 사기술이라고는 할 수 없다. 반면에 『삼국지』에는 거대한 음모와 속임수가 충만해 있다.

중국의 민간에는 소박하지만 깊이 있는 속담이 하나 있다. 그것은 어려서는 『수호전』을 읽지 말고, 나이 들어서는 『삼국지』를 읽지 말라는 것이다. 이러한 민간의 지혜는 우리가 성년이 된 후에 『삼국지』를 향해 가면 안 된다는 것을 알려준다. 이것은 남을 가르치고 자신을 구하는 진리이기도 하다.

중국 문화에는 『삼국지』도 있지만, 『도덕경』도 있다. 전자는 사람들의 성숙하고 원활한 처세술을 도와서, 우리가 완전한 생존의 기술과 생존의 전략을 획득할 수 있도록 해준다. 그러나 후자는 우리가 소박한 생활, 아이들의 세계로 복귀하도록 외친다. 즉 우리가 처세술과 원만한 생활을 거절하고 일체의 가면과 술책을 벗어버리도록 촉구한다. 이 두 종류의 문화는 두 갈래 인생 방향이기도 하다.

  민간의 지혜가 "나이 들어서는 삼국지를 보지 마라"고 일깨우는 것은 실제로 인간 영혼의 큰 방향을 제시한 것이다. 이 책은 민간의 지혜가 이미 제시한 진리를 부연 설명한 것에 지나지 않는다.

  중국의 이러한 민간 지혜가 어느 시기에 어디에서 어떤 사람에 의해서 생겨났는지, 나는 잘 알지 못한다. 다만 그러한 충고는 지식인들 사이에 이미 오래전부터 있었다. 첸중수錢宗書의 『담예록談藝錄』에 다음과 같은 루치쑨陸祁孫의 경고가 실려 있다.[35]

『지아당문집持雅堂文集』 권2 「관묘비변關廟碑辨」에 허창관묘許昌關廟 비석과 관련된 기록이 있다. 거기에 그 관묘가 "손에 든 촛불이 아침까지 탔다秉燭達旦"는 고사와 관련된 유적지라는 기록을 소개하고, 소설을 좋아하여 사람들이 잘못된 지식을 전하고 있다고 탄식했다. 『수호전』이나 『봉신연의封神演義』 중의 인물들은 대개 경전에 보이지 않고, 사적 역시 황당하다. 그래서 사대부는 그것들을 대부분 역사로 믿지 않았다. 그러나 『삼국지』는 그렇지 않았다. 작은 일들이 비슷하고 큰 난은 사실이었기 때문에, 독자들은 그것이 황당무계하다는 사실을 잊어버린다. 그래서 종종 천한 말을 아름다운 말로 잘못 이해하는 것이다. 따라서 루치쑨은 『합비학사찰기合肥學舍札記』 권1에서 "나는 『삼국지』를 몹시 싫어한다. 아이들은 진실로 그 책을 읽어서는 안 된다. 예전에 중앙 관청의 관료들이 촉한蜀漢의 일을 논한 것을 본 적이 있다. 어떤 사람이 『삼국지』를 잘못 끌어들여 사람들의 비웃음을 받은 적이 있다"라고 하였다.

루치쑨은 『합비학사찰기』에서 『삼국지』에 대해서 "아이들은 진실로 그 책을 읽어서는 안 된다"고 경고했다. 단호한 어조로 분명히 말한 것이다. 역사학자 장학성章學誠은 『삼국지』를 단지 고사故事로 이용할 수는 있으나, "유학자는 언급하지 않는다"고 했다. 그러나 영혼을 가진 지식인은 결코 그 책을 가까이하지 말아야 한다. 이것은 나의 의견이다.

문학비평의 관점에서 말하자면 마땅히 『삼국지』를 문학의 걸작으로 긍정해야 한다. 그러나 그 소설이 품고 있는 정신적인 내용에 대해서는 반드시 경계하고 거기에 물들지 않도록 해야 한다. 장학성과 동시대인인 청나라 때의 고가상顧家相은 그의 『왕여독서 전수필王余讀書塵隨筆』에서 이렇게 말했다.

> 무릇 『삼국지』가 성행한 이래 그것은 또 희극으로 상연되어, 부인들이며 젖먹이 아이들, 목동들, 장사꾼들까지 조조가 간신이고, 관운장, 장비, 제갈공명이 충신이라는 것을 모르는 사람이 없게 되었다. 그 소설이 은연중에 사람들을 감화시킨 공로와 세상의 도의道義나 사람들의 마음에 미친 영향은 진실로 깊고도 크다.

이 말은 극히 타당하다. 『삼국지』가 중국인의 마음에 미친 해악은 진실로 깊고도 크다고 할 수 있다.

6
중국 권모술수의 집대성

1. 권모술수와 제도의 차이

『삼국지』는 중국 권모술수의 집대성이다. 소위 권모술수라는 것은 정치적인 수단이다. 다만 정치적 수단 중에 어떤 것들은 믿을 만하고 책임을 지는 '정책'도 있지만, 또 어떤 것들은 오로지 교활하며 사기성이 충만한 '책략'도 있다. 후자가 바로 권모술수다.

송나라 때 섭적葉適(1150~1223)이 쓴 「보막각대제지륭흥부서공묘지명寶漠閣待制知隆興府徐公墓志銘」에는 '삼대의 성왕聖王에겐 지극한 정성이 있었지 권모술수는 없었다'고 쓰여 있다. 권모술수를 정성스러움의 대립항으로 본 것은 매우 정확하다. 권모술수의 주요 특징은 진정성이 없으며, 단지 임기응변의 수단만 있는 것이기 때문이다.

중국 요순 시대 상고上古의 원형 문화에는 권모술수가 없었으며 오로지 진실함만 존재했다. 춘추 전국 시대가 되어 『손자병법』『한비자』『귀곡자』『전국책』등 병가, 법가, 도가, 종횡가 등의 저작이 출현했다. 이때부터 비로소 거대한 '위형'이 발생하고, 권모술수를 활용한 정치게임의 첫 번째 붐이 일어났다.

후한 말년, 즉 삼국 시대에는 두 번째 붐이 일어났다. 이때는 규모나 모략의 깊이 그리고 간계奸計의 세밀함이 첫 번째 붐보다 훨씬 더 발전했다.

이에스가 말한 것처럼 '삼대의 성왕에겐 지극한 정성이 있었지 권모술수는 없었다'고 한다면, 『삼국지』의 권력자와 지략가들은 전혀 딴판이었다. '삼국의 왕들에겐 권모술수가 있었지 지극한 정성은 없었다'고 할 수 있다. 모두가 지극히 위장을 잘하고 음모와 간계를 매우 잘 구사했다. 『삼국지』에서 좋은 이미지의 군주로 떠받드는 유비도, 그 특징은 역시 권술만을 잘 활용했을 뿐 지극한 정성은 없었다. 유비의 승리는 바로 '위장술'의 승리였다.

권모술수는 결국 일종의 수단과 기교다. '술術'은 원래 '도道'와 대립되는 개념이다. 세상에 '도'가 없어지면 '술'은 바로 부흥한다. 중국 문화는 '성誠'을 근본으로 한다. '성'은 능히 '신神'과 통한다. '성'은 곧 '도'다. 따라서 이 세상에 '성'이 없어지면 술수가 부흥하는 것이다.

삼국 시대는 전란의 시기였다. 중국 문화에서의 '도'는 이 시기에 이르러 전면적으로 붕괴되었다. 권모술수가들은 입만 떼면 '도'를 말했다. 그러나 그것은 단지 '술'을 위한 가면에 불과한 것이었다. 조조는 일찍부터 황제에 대한 충성을 잃었으나, '천자를 끼고 제후들을 호령'하기 위해서 황제라는 간판이 필요했다. 당시 천자를 옹호한 것은 '도'가 아니라 '술'이었다.

중국 고대 문화에서 말하는 '도道'는 현대 문화에서 다른 말로 표현된다. 만약에 우리가 잠시 형이상학적인 철학적 표현을 포기하고 현실 사회의 정치적인 측면에서 '도'를 정의한다면, 그것은 주로 '제도'를 가리킨다고 할 수 있다.

권모술수는 바로 '제도'가 붕괴된 후의 산물이다. 중국에서 권모술수가 그렇게 발전했다는 것은 제도가 효력을 발휘하지 못했기 때문이다. 오히려 권모술수와 계략이 효력을 발휘했으며, 생존의 기교가 효력을 발휘한 것이다.

첸무는 『중국역대정치득실中國歷代政治得失』에서 '제도와 법술法術'의 대립으로 중국 문화의 핵심 요점을 지적한 바 있다. 제도와 법술은 어느 한쪽이 일어나면 다른 한쪽은 엎드리는 관계로, 제도가 쇠하면 권모술수가 흥한다고 했다. '제도'와 '법술'이라는 이 두 개념은 매우 중요하다. 그는 이렇게 말했다.[36]

> 정치제도를 말할 때 어떤 것들은 분명히 제도이며, 또 어떤 것들은 단순히 '사건'이나 혹은 '법술法術'이라고 부를 수 있다. 제도는 정치적인 것을 가리켜 말하는 것이며, 법술은 단지 일이나 수단을 지칭하여 말하는 것이다. 법술은 정치적인 것이라고 말하기 어렵다. 대체로 제도는 공적인 것에서 나온다. 공적인 배려에서 형성된 것이 제도이다. 예를 들면 도량형에 관한 제도를 들 수 있다. 법술은 사적인 것에서 나온다. 따라서 여기에는 일정한 경계가 존재하지 않는다. 소위 '방법'이나 '권모술수'라는 두 개념도 정확히 나눌 수 없다. 또 한 가지 제도가 성립되는 것도 아주 복잡하다. 거기에는 약간의 사적인 의도가 들어 있을 수밖에 없다. 어떤 제도를 세우는 데 절대적으로 사적인 감정이 포함되지 않은 경우는 고대 역사에도 없었고, 장래 역사에도 없을 것

이다. 만약에 어떤 국가가 어떤 제도를 세우는 데, 인적인 관계가 전혀 개입되지 않고 사적인 마음이 절대로 개입되지 않은 경우는 아마도 결코 없을 것이다. 그러나 '공'과 '사' 사이에는 마땅히 어느 쪽이 무겁고 가벼운가 하는 문제가 존재할 것이다. 다시 말해서 중국 역대의 정치 제도는 결국 공적인 마음에서 나온 것이 많은가, 아니면 사적인 마음에서 나온 것이 많은가? 법술적인 의미가 강한가, 아니면 제도적인 의미가 강한가?

한대漢代를 논하자면, 전한은 제도라고 말할 수 있는 반면 후한은 대개가 광무제의 사심에서 나왔다. 당나라는 확실히 제도를 세운 일이 많았다고 할 수 있다. 그러나 송나라는 많은 경우 단지 법술에 불과했다. 명나라 때는 제도라고 부를 수 없는 것이 많았다. 특히 청대에는 완전히 제도가 없었다고 할 수 있다. 그때의 모든 제도는 명대의 것에 근거했다. 그러나 그들은 명대의 제도에 자신들의 사심을 담곤 했다. 그러한 사심은 일종의 '부족 정권'의 사심이었다고 할 수 있다. 모든 것이 만주 부족의 사심에서 출발했다. 그래서 오로지 '법술'만 있었지, 제도는 볼 수 없었다.

첸무는 어떤 시대에는 제도가 있었다고 한다. 예를 들면 전한과 당대이다. 반대로 어떤 시대에는 제도의 이름만 있었을 뿐 사실은 법술만 있었다고 한다. 후한과 청대이다. 후한의 첫 번째 황제 유수劉秀는 법술을 처음으로 노출하기 시작했다. 한말에 이르러서는 완전히 권모술수의 천하가 되었다. 당시 정치 무대는 황제 헌제獻帝가 권모술수의 경쟁을 관리하는 경기장이 되어버렸다.

각종 제도는 휴지 조각처럼 버려졌다. 왕의 명령조차 휴지 조각이었다. 사람들은 단지 비밀스럽게 전해지는 명령만을 구했다. 이에 모두들 생존하기 위해서 수단과 기교를 잘 구사할 수밖에 없었다. 그것을 잘 구사하는 자가 승리자였다.

첸무는 제도와 법술의 구분을 논할 때 중요한 문제 하나를 또 지적했다. 그것은 무릇 법술에 열중한 사람들은 모두 사심을 가졌다는 점이다. 이것은 사실상 권모술수를 잘 쓰는 사람들은 모두 마음씨가 바르지 못하다는 것을 뜻한다. 품행이 단정하고 마음이 바르며 공평무사한 사람들은 건전한 제도에 의존하지, 정치적 기교나 다른 생존의 기교에 의존하지 않는다는 것이다.

제도는 마땅히 사회 공중의 이익을 구현해야 한다. 권모술수가들이 일단 제도의 권위를 확실하게 인정하게 되면, 자신의 개인적인 이익은 손해볼 것을 감수해야 할 것이다. 그래서 『삼국지』에 등장하는 각국의 수령들, 즉 조조에서 유비, 손권, 나아가 조비에서 사마의에 이르기까지 모두가 사심을 최고로 삼았다.

2. 유비의 유교적 술수

나는 『삼국지』가 중국 권모술수의 집대성, 즉 계책과 음모와 술수의 집대성자라고 했는데, 그것은 이 책이 중국에서 벌어지는 권모술수의 각종 형태를 잘 보여주기 때문이다.

『삼국지』 전체에 걸쳐 정치, 군사, 외교, 인간관계 등의 영역에서 분명히 드러나는 것은 교활한 계책을 뜻하는 '궤詭(속임)' 한 글자다. 모든 권모술수는 교활한 계책이며 사기술이다.

역사서에서는 '춘추 시대에 의로운 전쟁이 없었다'고 했지, '삼국 시대에 의로운 전쟁이 없었다'고 하지는 않았다. 그러나 위·촉·오 삼국의 장기적인 분쟁은 결코 의로운 전쟁, 즉 정의와 불의의 싸움이 아니었다. 『삼국지』의 저자는 유비를 옹호하고 조조를 억제하는 입장에 서 있었다. 유비가 유씨 한漢 왕조의 황통을 이은 정통이라고 생각했다. 그래서 그가 정의를 대표한다고 여기는 한편, 유비는 '천하의 것은 모두 공동의 것이다'라고 생각했다고 판단해 그의 이기적인 모습을 보지 못했다. 따라서 유비를 힘껏 미화했다. 그러나 그렇게 미화하면서도 『삼국지』는 유비의 여러 권모술수를 노출시키고 있다.

만약에 『삼국지』를 한 권의 병법서로서 읽는다면 그 교활함을 이해할 수 있다. 왜냐하면 손자는 이미 "병법이란 속이는 것"(『손자』「계計」)이라고 말한 적이 있기 때문이다. 조조는 이러한 정의에 대해 주석을 단 적이 있다. "병법은 항상 일정한 형태가 없다. 그것은 교활함을 도道로 삼는다."

『손자』 덕분에 병법이 사기 치는 것을 꺼리지 않는다는 사실은 이미 공리가 되어버렸다. 서로 죽이고 죽는 전쟁터에서는 상대방을 없애는 것이 목적이며, 단지 그 목적만 달성하면 되는 것이다. 그래서 수단을 가리지 않고 위장술이나 기만술을 구사한다.

그러나 『삼국지』를 시작으로 중국의 기만술은 군사에서 정치로 진입했다. 나아가 모든 인간관계의 영역으로 일반화되었다. 사방에 사기꾼과 교활한 책사들, 교활한 언어가 난무했다. 전쟁터에서는 권모술수와 교활한 책략이 시행되고, 일상생활에서는 상대방을 속이고 기만하는 행위와 교활한 행동이 다반사가 되었다.

'궤詭'라는 글자가 병법에 들어가는 것은 이상하지 않다. 심지어 정치에 들어가는 것도 이상하지 않다. 이상한 것은 『삼국지』의 '궤' 자가 결혼이나 애정관계 혹은 딸하고 관련된 일에도 들어간다는 점이다. 예를 들면 유비의 손씨 부인은 손권과 유비가 계략을 다투는 도구가 되었으며, 초선은 동탁과 여포의 함정이 되었다. 또 여포는 자기 딸을 원소袁紹 등과 교역하는 도구로 이용했다.

높낮이로 말한다면 『삼국지』의 기만술은 궁정의 가장 상층부까지 침투했고, 깊이로 말한다면 그것은 인간 본성의 가장 깊은 곳까지 스며들었다. 폭으로 말한다면 『삼국지』의 기만술은 모든 사람이 그것을 활용하지 않으면 살아갈 수 없는 정도까지 넓어졌다.

기만술, 그것은 바로 사기술이며 위장술이다. 그러므로 『삼국지』는 규칙 하나를 보여준다. 위장을 가장 교묘하게 한 사람의 성공률이 가장 높다는 것이다. 표면적으로는 위·촉·오 세 나라가 역량을 겨루었지만 실제로는 서로 기만술을 겨룬 것이다. 즉 누구의 사기술과 위장술이 뛰어난가를 두고 경쟁한 것이다.

개별적인 실제 역량을 논하자면, 여포의 역량이 가장 컸다. 유비와 관우, 장비 등 세 사람이 힘을 합쳐도 그를 이길 수 없었다. 그러나 그는 크게 패배했다. 그는 조조에게 당했지 유비에게 당한 것은 아니었다. 그렇지만 그는 죽기 전에 비로소 유비가 위장술을 써서 친구인 척 가장했다는 사실을 간파했다. 하지만 아쉽게도 때는 너무 늦었다.

전체적인 역량을 논하자면, 조조 진영은 유비 집단과 손권 집단보다 훨씬 더 뛰어났다. 그러나 적벽대전에서 조조는 크게 지고 하마터면 생명을 잃을 정도로 낭패를 보았다. 조조는 역량에서 진 것이 아니라, 기만술에서 졌다. 그는 유비와 손권의 연합군이 얼마나 많은 기만술을 보유하고 있었는지 전혀 알지 못했다. 그래서 끊임없이 당한 것이다.

조조 세력은 방통龐統의 연환계連環計에 당하고, 황개黃蓋의 고육계苦肉計에 당하고, 주유周瑜의 이간계離間計에 당하는 등 끊임없이 상대방의 계략에 당했다. 조조 역시 교활했지만, 더 교활한 상대에게는 당하지 못했다. 이것을 보면 기만술과 계략이 아무리 뛰어나더라도 뛰는 놈 위에 나는 놈이 있듯이, 더욱 강한 상대가 있었던 것이다.

사실 조조의 기만술은 유비보다 못하다. 이미 두 사람이 '술을 나누면서 영웅을 논하다'는 이야기에서 그 점이 노출되었다. 유비의 철저한 위장술을 조조는 전혀 눈치 채지 못했다. 그 이야기는 유비의 기만술이 보통 사람과는 다르다는 것을 보여준다. 또 그것은 어떻게 해서 그가 성공적으로 촉나라를 세울 수 있었는가를 잘 이해시켜준다.

이야기는 건안建安 3년(198)에 발생했다. 소패小沛에 주둔하고 있던 유비는 여포의 습격으로 조조 진영에 투항하여 조조로부터 예주豫州 목사로 임명되었다. 같은 해 10월, 조조를 따라 동쪽으로 정벌을 나갔다가 여포를 붙잡아 살해했다. 그리고 허창許昌으로 돌아와 좌장군左將軍으로 승진했다. 유비는 '몸은 비록 조조의 진영에 있었지만 마음은 한漢나라에' 있었으며 헌제獻帝의 외숙인 차기장군車騎將軍 동승董承이 조조를 제거하려는 음모에 가담했다. 그는 천자가 직접 피로 쓴 비밀 조서에 서명을 하고 동승에게 "조심하여 절대로 누설하지 말라"고 신신당부했다.

유비는 한편으로는 이처럼 중대한 조조 제거의 정치적 음모에 가담하면서, 다른 한편으로는 아무 일도 없다는 듯이 위장했다. 조조의 이목을 속이기 위해서 그는 특별히 자신의 거처 뒤편에 채소밭을 만들어 매일 물을 뿌리고 비료를 주었다. 온몸에 땀을 흘리면서 다른 일에는 전혀 관심이 없다는 듯 꾸미며, 성급한 관우와 장비조차 조급하게 만들었다. 유비의 이러한 위장술에 속아 조조는 방심했다.

어느 날 유비가 마침 채소밭에 있었는데 조조는 사람을 보내 그를 초대했다. 그래서 찾아온 유비를 보자마자 조조는 이렇게 말했다. "당신은 집 안에서 좋은 일을 하나봅니다." 유비는 이 말을 듣고 얼굴이 창백해졌다. 조조는 유비의 손을 붙잡고 후원後園으로 가면서 말했다. "당신이 채소 심는 것을 배우다니, 정말 쉽지 않은 일입니다." 조조는 이렇게 유비에게서 어떠한 기만술도 읽어내지 못했다.

이어서 그들은 술을 나누면서 도를 논했다. 술이 반쯤 데워졌을 때 갑자기 번개가 쳐서 구름이 마치 용처럼 보였다. 조조는 이에 용에 대해서 말했다. "크게 되기도 하고 작게 되기도 하고, 오를 수도 있고 숨을 수도 있으니, 용은 지금의 영웅에 비할 수가 있겠구나." 그리고 유비에게 "누가 지금의 영웅일까요" 하고 물었다. 이어지는 유비의 대답에는 기만이 가득 담겨 있었다.

유비는 먼저 겸손하고 비굴한 모습을 하고서 "저는 무지하고 천박합니다"라고 말했다. 조조가 억지로 말해보라고 다그치자 그는 바보 같은 모습으로 "회남淮南의 원술袁術이 병사나 양식이 충분합니다"라고 답했다. 조조는 반박하여 원술은 단지 "조상 덕분에 빛이 난 사람으로, 내가 조만간에 그를 붙잡을 것이다"라고 했다.

유비는 이에 곧바로 바보 같은 모습으로 "하북河北의 원소가 지금 기주冀州를 기반으로……"라고 말했다. 조조는 또 반박했다. "원소는 겉으로는 대단하지만 실제로는 겁쟁이오. 꾀가 있기는 하지만 멋대로이고,

큰일을 하려고 하지만 목숨을 아까워하고, 게다가 작은 이익을 보고 의리를 잃어버리는 위인이오." 유비는 이 말을 듣고 다시 바보처럼 꾸며서 '유표劉表, 유장劉璋, 장로張魯, 장수張繡' 등의 이름을 나열했다. 조조는 그런 사람들은 단지 "평범한 소인들로 문제 삼을 가치가 없다"고 말했다.

그 후 유비는 비로소 진지하게 조조에게 "그럼 영웅은 누구냐"고 물었다. 조조는 "오직 당신과 나뿐이오"라고 말했다. 유비는 놀라서 혼이 빠진 듯했으며, 손안에 쥐고 있던 젓가락도 제대로 쥐지 못해 땅바닥에 떨어뜨릴 정도였다. 이때 조조는 유비가 거짓으로 그렇게 흉내를 내는 것을 눈치 채지 못하고 이렇게 물었다.

"대장부도 천둥 치는 것이 두렵소?" 유비는 즉각 거짓말로 이렇게 답했다. "공자 같은 성인도 천둥을 만나면 놀랄 것입니다." 결국 유비는 한 차례의 위기를 그렇게 피해나갔다.

유비가 뱉은 한마디의 말, 즉 '공자 같은 성인'이라는 간판은 유비가 구사하는 기만술의 키워드라고 할 수 있다. 동시에 그것은 유비를 이해하는 열쇠이기도 하다. 앞서 지적했듯이 『삼국지』는 중국 권모술수의 집대성이다. 권모술수에는 법술法術, 도술道術, 음양술, 궤변술 그리고 유술儒術 등이 모두 포함된다.

유비가 구사한 것은 공자라는 성인의 가면을 내건 유술이었다. 즉 스스로 '어진 군자仁君'를 연출하고 입으로는 수시로 '인의仁義'를 외치는 것이다. 그러면서 자기와 집단의 개인적인 이익을 도모하는 성인의 기만술인 것이다.

루쉰은 1934년에 「유술儒術」 「격막隔膜」 등의 글을 써서 '유술'이 사대부의 정치술과 제왕의 통치술임을 폭로했다. 그는 송나라 여궐余闕이 지은 글(「송범입중부양양시서送范立中赴襄陽詩序」)을 인용하여 "비록 천도는 가득 차는 것을 싫어하지만, 유술을 구사하는 유가의 연못은 아주 깊고도 넓다"고 했다. 유술은 허위로 권모술수를 행하지만, 돌려받는 것은 '어진 군자'요 '어진 신하'라는 예찬의 소리뿐이다. 그것이 유술의 효과다. 루쉰은 이렇게 말했다.37

청나라 개국 군주들은 매우 총명했다. 그들은 비록 결심을 하고 있었지만, 입으로는 결코 그런 내색을 하지 않았다. 그들이 사용한 것은 "백성을 자식처럼 사랑한다" 혹은 "모두를 차별 없이 대한다" 등의 옛 교훈이었다. 일부 대신이나 사대부들은 미묘한 의미를 분명히 알고 그들을 결코 믿지 않았다. 그러나 단순하고 우둔한 사람들은 그런 언사에 속아서 정말로 '폐하'는 자기들의 부모라고 생각하고 의심을 버리고 아첨하기 위해서 열렬히 달려나갔다. 그러나 세상에 어느 누가 피정복자들을 자식으로 삼겠는가? 모두 죽여버린 것이다. 머지않아 "자식들은" 놀라서 더 이상 입을 열지 않았다. 계획이 성공한 것이다. 광서光緒 시기에 이르러 캉유웨이 등이 상서를 올려서 "조상 대대로 내려오는 방법"을 돌파해보려고 했다. 그러나 그 오묘함에 대해서는 지금까지 아무도 설명해보려는 사람이 없는 것 같다.

루쉰이 여기에서 언급한 것은 청나라 황제들의 통치술이다. 동시에 그것은 중국 고대로부터 교훈으로 전해오는 '인의'의 유술을 비판한 것이기도 하다. 결국 일부 신하나 백성들은 거기에 속고 머리가 잘려나갔다. 유비가 천하 통일의 과정에서 내세운 것 역시 '백성을 자식처럼 사랑한다' '형제간의 인의' 등과 같은 일련의 유술이었다. 결과적으로 여포와 유표, 유장 등이 차례로 속아 머리를 날리기도 하고 영토를 날리기도 했다.

　루쉰은 위 인용문에서 '조상 대대로 내려오는 방법'을 이용하는 오묘함에 대해서 그동안 설명해보려는 사람이 없었다고 했다. 그러나 일찍이 장자가 그 오묘함은 바로 일종의 사기술이라고 설파한 적이 있다.

　장자는 「서무귀徐無鬼」편에서 이렇게 말했다. "요임금은 악착스럽게 인仁을 행하고 있는데, 나는 그가 천하의 비웃음거리가 될까 두렵다. 후세에는 아마도 사람이 사람을 서로 잡아 먹게 될 것이다. 무릇 백성들은 모으기가 어렵지 않다. 그들을 사랑해주면 친해지고, 이롭게 해주면 모여든다. 그들을 칭찬해주면 일에 힘쓰고, 싫어하는 일을 하게 되면 흩어진다. 백성을 사랑하고 이롭게 하는 것은 '인의'에서 나온다. '인의'를 순수하게 실천하는 사람은 적고, '인의'를 이용하려는 사람은 많다. '인의'의 행동은 단지 성실함을 없앨 뿐이며, 탐욕스러운 자들의 도구일 뿐이다. 한 사람의 독단이 천하를 이롭게 한다는 것은 마치 물건의 한 면만을 본 것과 같다. 요임금은 현명한 사람이 천하에 이롭다는 것만을 알았지, 그들이 천하의 해가 된다는 사실은 몰랐다. 오직 현명함을 초월한 사람만이 그런 사실을 알 것이다."

　장자는 여기에서 '인의'가 사랑과 이득을 포함하고 있다는 점을 지적했다. 그러나 아쉽게도 진실로 베풀고자 하는 사람은 적고, '인의'라는 이름을 통해서 이득을 도모하는 경우가 훨씬 많다는 것이다. 따라서 인의의 이름을 빌려서 하는 행위는 허위, 즉 정성이 없는 행위를 조성하며, '의義' 자체도 탐욕스러운 자들의 도구가 되어버린다. 장자는 진실로 핵심을 찔렀다. 『삼국지』에서 유비가 유장劉璋에게 말한 '의'는 장자가 말한 것과 완전히 같다.

유장은 익주 목사이며 사천 방면의 제후였다. 조조와 장로의 이중 압박에 직면한 상황에서 자신의 성격도 유약했기 때문에 일찍부터 같은 가문의 형제인 유비의 힘을 빌리려고 생각하고 있었다. 그런데 당시 그에게 속했던 대부 장송張松이 북방의 조조 군영에 가 사정을 하려다 실패하고 남방으로 가 유비로부터 융숭한 대접을 받았다. 특별 대우를 받은 은혜를 보답하고자 장송은 촉나라 지도를 헌상하여, 유비가 서쪽으로 급히 말을 돌려 사천 지방으로 들어가 그곳의 주인이 될 것을 부탁했다. 그러면 그는 법정法正, 맹달孟達 등 마음에 맞는 친구들과 함께 호응할 것이라고 했다.

유비는 장송의 계책을 들은 뒤에 "유계왕劉季王과 저는 같은 집안사람으로 만약 제가 그를 공격하면 천하 사람들은 아마 침을 뱉고 욕을 할 것입니다"라고 말했다. 입으로는 같은 집안 형제로서의 의를 생각한 것 같았지만, 사실 유비는 마음속으로 아주 기뻐했다. 그리고 장송에 대해서 매우 감격해하며 그를 향해 "청산은 늙지 않고, 푸른 강은 오래 흐르네. 언젠가 일이 이루어지면 반드시 후하게 보답할 것이오"라고 말했다.

장송은 유비에게 투항한 뒤에 사천으로 돌아오자마자 그 계획을 실시했다. 그리고 유장에게 유비와 함께 서로 돕도록 권하며 이렇게 말했다. "형주의 유황숙劉皇叔(유비)은 주인님과 같은 가문입니다. 인자하시고 관후하시며 어른의 풍모를 갖추고 있습니다. 적벽더전에서 조조는 그 말을 듣고 간담이 서늘할 정도였습니다. 하물며 장르는 어떻겠습니까? 주인께서는 사신을 파견하여 결맹을 맺고 바깥에서 지원을 받으면, 조조와 장로를 막을 수 있을 겁니다."

유장은 솔직했다. 장송이 한 말을 듣고 바로 함정에 빠졌던 것이다. 그는 바로 허락하면서 이렇게 말했다. "나 역시 오래전부터 그럴 생각이었다." 그리고 장송이 추천한 법정과 맹달을 사신으로 파견하여 형주로 가 유비 군대를 사천 지방으로 안내하도록 했다. 유장의 막료였던 황권黃權, 왕루王累 등은 한눈에 사태가 심상치 않음을 간파하고 전력을 다해 저지했다.

특히 왕루는 그 자리에서 유비의 가면을 벗겨버리고 이렇게 말했다. "유비가 사천 지방으로 들어오면 뱃속에 커다란 병을 가진 것과 같습니다. 하물며 유비는 세상에서도 유명한 야심가입니다. 먼저 조조를 섬기면서 그를 해칠 생각을 했으며, 나중에 손권을 따르면서 형주를 빼앗았습니다. 술수가 이런데 어찌 함께하고자 합니까?"

왕루가 말한 것은 사실이었다. 유비가 입으로 말하는 것은 '의'였지만 마음속으로 그것은 '술수'였다. 그러나 유장은 듣지 않고 여전히 유비를 같은 가문 사람이라 믿고 그가 이야기하는 '의'가 진실이라고 믿었다. 그리고 왕루를 향해 이렇게 반박했다.

"유비 현덕은 나와 같은 가문 사람이다. 그가 어찌 내 자리를 빼앗으려고 하겠는가?" 그리고 즉각 법정에 명령을 내려 자신의 편지를 가지고 형주로 가게 했다. 편지에 쓰인 글은 매우 간절했으며 유비를 진실로 '인의'를 행하는 사람으로 믿는 것이었다.

"제가 듣기로, 길흉은 서로 도우며 어려움은 부조扶助를 한다고 했습니다. 친구 사이에도 당연한 일인데 하물며 같은 가문은 어떻겠습니까? 지금 장로는 북방에 있어 금방이라도 군대를 일으켜 우리 지역에 침범을 해올까 매우 불안한 상태입니다. (…) 같은 가문의 정을 생각하고, 손과 발의 의리를 완전케 하여, 오늘이라도 당장 군대를 일으켜 미친 도적들을 소탕하고, 오래도록 서로 도우면 후한 보답이 있겠지요."

이후에 유비는 군대를 이끌고 사천 지방으로 들어갔다. 가는 곳마다 진을 치고 방비를 엄중하게 했다. 처음에 유비는 그래도 인의의 가면이라도 쓰고 있었다. 그러나 카드를 펼쳐야 하는 시각이 되자 언제 그랬느냐는 듯 갑자기 안면을 바꾸고, 양곡과 군대가 부족하여 반란이 일어났다고 핑계를 대고, "나는 그대를 위해서 적을 막아 싸우며 힘을 다하고 마음을 다했는데, 그대는 재물을 쌓아두고 상을 주는 데 인색했으니 어찌 병사들을 잘 다룰 수 있었겠는가?"라고 했다. 또 핑계를 대서 방통의 계략을 받아들여 성도成都를 도모하기 시작했다. 나중에 장송이 사건을 폭로하자 유장과 결별하고 군대를 대거 진격시켜 부관涪關을 공격함으로써 성도를 압박했다. 소위 '손과 발의 의리'도 피비린내 나는 참혹한 전쟁터에 완전히 매장되어버린 것이다.

나중에 공적을 축하하는 연회석에서 방통과 유비 두 사람은 모두 얼큰하게 취했다. 그리고 진심을 토로했는데 다음은 그들 두 사람의 대화이다.

> 현덕은 술이 얼큰히 취하자 방통을 돌아보며 말했다. "오늘 모임은 즐거웠소?" 방통이 말했다. "다른 나라를 토벌하고 그것을 낙으로 삼는 것은 인자仁義의 군대가 할 일이 아닙니다." 현덕이 말했다. "옛날에 무왕이 주왕紂王을 토벌하고 즐거워했다는 말을 들었소. 이것은 역시 인자의 군대가 할 일이 아닌가? 그대의 말은 어찌 그리 도리에 맞지 않는가? 당장 물러가시오."(제62회)

방통이 말한 것은 진실이었다. 다른 나라를 토벌하는 것은 인의의 군대가 할 일이 아니었다. 그것을 점령하고 바로 또 공적을 경축하며 즐기는 것 역시 인의의 행동이 아니었다. 방통의 말은 유비의 아픈 곳을 정확히 찔렀다. 유비는 입만 열면 인의를 말했지만 유장의 영토를 삼켜버린 것은 같은 가문의 '인'과 형제간의 의리를 크게 배신한 행위였다. 이렇게 인하지 못하고 의롭지 못한 배신 행위에 대해서 자신의 참모가 조목조목 설파를 해오니, 유비로서는 받아들이기 어려웠던 것이다.

유비는 자신의 군사행동을 무왕이 주왕을 토벌한 인의의 행동과 대비시켜 스스로 위안을 삼았다. 그리고 온유하고 돈후한 성격과 다르게 방통을 연회석에서 쫓아버렸다. 노자가 『도덕경』에서 말한 바에 따르면 군대란 상서롭지 못한 도구이다. 만약에 어쩔 수 없이 군대를 써서 승리를 얻어야 한다면, 승리 후에 전승을 기뻐하고 경축할 것이 아니라 상례의 형식으로 슬프게 대해야 한다. 이렇게 해야 비로소 인의의 군대라고 할 수 있다. 하지만 유비는 그렇게 하지 않았다. 부관을 공략하는 전략적 요지에 노고를 위로하는 병영을 설치하고 술을 마시면서 즐기다 크게 취했다. 방통은 술을 마시고 무의식중에 유비의 인의 가면을 벗겨버렸으니, 유비의 격렬한 반응이 없을 수 없었다.

유비가 서쪽으로 정벌을 떠나 유장을 섬멸하는 과정에서 우리는 장자가 말한 "순수하게 인의를 행하는 자는 적고, 인의를 이용하는 자는 많다"는 구절이 진리임을 확인할 수 있다. 유비의 인의 역시 그 이름으로 패업의 과실을 도모하고자 하는 것일 뿐이다. 장자가 '정성이 없다'고 한 말은 유비에게 적용하면 지극히 어울린다. 유장은 정성이 없는 것을 정성이 있는 것으로 보아 속았다. 유장이 당한 것은 바로 유비의 '유술

柔術'이며 '인술仁術'이었다.

조조가 인하지 않고 의롭지 못한 '도적'이라고 한다면, 유비의 서쪽 정벌에서 인의는 어디에 있는가? 사실 그의 인의는 일종의 기만술에 불과한 것이었다. 패업의 야심을 감춘 권모술수였다. 『삼국지』가 권모술수의 집대성이라고 할 때, 그 권모술수에는 강성하고 노골적인 조조 식의 법술法術만 포함되는 것이 아니라, 부드럽고 위선적인 유비 식의 유교적 권모술수도 포함되는 것이다.

『삼국지』 제41회와 42회에 조운이 혼자서 유비의 아들을 구하는 이야기가 나온다. 조운은 결국 구사일생으로 조조 군사의 포위망을 뚫고 아두阿頭를 구출해냈다. 그런데 조운이 유비를 만났을 때는 오히려 다음과 같이 의외의 일이 발생했다.

조운이 말에서 내려 땅에 엎드려 울자, 유비 현덕도 같이 울었다. 조운이 헐떡거리면서 말했다. "저의 죄는 수만 번 죽어도 아직 가볍습니다. 미麋 부인께서는 중상을 입었으나, 말에 올라타려 하지 않으시고 우물에 몸을 던져 돌아가셨습니다. 저는 어쩔 수 없이 흙으로 우물을 덮고 아두님을 안고 겹겹의 포위망을 뚫고자 하였습니다. 오는 동안 아두님은 품안에서 울고 있었으나 지금은 조용합니다. 아마도 돌아가신 것 같습니다." 그러고는 보자기를 풀어 살펴보았다. 아두는 마침 잠을 자고 있었다. 조운은 기뻐하며 "다행히 아두님은 평안하십니다"라고 말하며 두 손으로 아두를 현덕에게 내밀었다. 현덕은 아두를 받더니, 갑자기 땅에 내던지며 말했다. "이 녀석, 너 때문에 하마터면 내 장수 한 사람을 잃을 뻔했구나!" 조운은 급하게 달려가 아두를 감싸 안았다. 그리고 울면서 절을 하며 이렇게 말했다. "저의 심장이 비록 땅에 떨어져 산산이 흩어지더라도 이 은혜를 갚을 수 없을 것입니다."

이렇게 생사존망生死存亡의 기로에서 조운은 당연히 충성스럽고 용감하며 존경스러웠다. 그러나 미糜 부인이 장렬하게 우물에 몸을 던져 자살한 것 역시 하늘과 땅을 울릴 정도로 감동적이었다. 갓난아이 아두도 혼란한 상황이었지만 결국에 겹겹이 싸인 포위망과 전쟁터의 포화 속을 벗어나 살아날 수 있었다.

그러나 이러한 순간에 유비는 부인의 죽음을 비통해하지도 않았고, 아이의 생명이 붙어 있는지도 묻지 않았다. 단지 사람들이 들으면 놀랄 만한 말 한마디만 남기고, 자기 아들을 땅에 내던지는 당돌한 행위를 할 뿐이었다. 이것은 조운을 구슬려 끌어들이려는 마음이 아니면 무엇이겠는가? 재능 있는 부하를 아끼는 마음은 이해할 만하다. 그러나 아들을 사랑하는 마음을 숨기고 재능 있는 부하를 사랑하는 마음을 더 분명히 드러내는 것은 일종의 책략이다. 아들을 사랑하는 마음조차도 다른 사람의 마음을 끌어들이는 도구로 사용하는 것은 권모술수의 극치라고 할 수 있다.

조조는 유비와 술을 나누면서 영웅을 논할 때 이렇게 이야기했다. "무릇 영웅이란 가슴에 큰 뜻을 품고, 뱃속에는 좋은 꾀를 품는 것이오. 우주의 마음을 가슴에 품고 천지의 뜻을 삼키고 뱉는 것이오." 그리고 그는 유비가 열거한 원술, 원소, 손책, 유표, 유장, 장로 등의 무리는 모두 실속 없이 이름뿐인 사람들이며, 오직 그 자신과 유비만이 진정한 영웅이라고 했다. "지금 천하의 영웅은 그대와 나 조조뿐이오."

이러한 판단은 분명히 유비를 놀라게 했다. 유비는 두 손을 저으며 부정했으나, 결국 일종의 진실을 설파했음은 분명하다. 즉 유비는 분명히 '우주의 마음을 가슴에 품고 있었다'는 사실이다. 그것은 바로 '야심'이라는 마음이었다.

유비와 조조는 비록 행동 방식에 있어서 유가와 법가의 차이는 있었으나, '우주의 마음을 가슴에 품고 있었다'는 사실은 서로 같았다. 유비가 자기 자식 아두를 땅에 던져버린 것은 '우주의 마음을 가슴에 품고 천지의 뜻을 삼키고 뱉는' 영웅의 비밀스러운 마음을 드러내는 것이었다.

3. 조조의 법가적 술수

만약에 유비가 구사한 것이 유가적 술수라고 한다면, 조조가 구사한 것은 바로 '법술法術', 즉 법가적 술수라고 할 수 있다. 문화대혁명 시기 지식인들은 조조를 법가라고 정의했는데 그것은 틀리지 않다.

법가는 '권權' '세勢' '술術'을 논한다. '법술'과 '유술'을 서로 비교해보면 강함과 약함의 차이가 있고, 양과 음의 차이가 있다. 그래서 루쉰은 법술을 가리켜 '명술明術', 즉 '밝은 술수'라고 했다. 그것은 비록 기만술이며 권모술수이지만, 법의 이름을 사용하며 인仁의 가면을 사용하지는 않는다. 만약 사람을 죽이고자 하면 합법적인 근거를 만든다. 그리고 공개적으로 분명하게 죽인다. 그것은 분명히 '기만'이다. 그러나 그것은 사람들이 아무런 말도 못 하게 만들어버린다. 루쉰은 이렇게 말했다.[38]

법가적인 술수는 원래 지극히 지독하며 지극히 치명적인 법술이다.

옛 문인들은 법술을 문단으로 옮겨서, 악명과 죄명을 만들어 상대방을 사지로 몰았다. 예를 들면 먼저 너는 '봉건주의자다' 혹은 '부르주아다' '무정부주의자다'라고 말한다. 그리고 다시 달려들어 때려죽인다. 이것은 바로 작가들이 보통 사용하는 법술이다. 이러한 종류의 법술은 표면적으로는 공개적인 수법이다. 그러나 사실은 기만술이다. 그들은 나쁜 이름을 사용하여 상대방을 신랄하게 비판함으로써 얼굴을 들지 못하게 만든다. 그리고 악명을 덧씌우고 "네가 지구 끝까지 도망가면 우리도 너를 따라간다. 아무리 애써도 벗어날 수가 없을 것이다"[39]라고 협박한다. 조조가 사용한 것은 바로 이러한 법술이었다. 조조가 왕후王厚를 죽이고 사용한 것은 왕후가 군법을 위반했다고 하는 죄명이었다.

『삼국지』 제17회에는 조조가 왕후의 머리를 빌려서 병사들의 마음을 진정시킨 이야기가 그려져 있다. 『삼국지』 중에서 사람들의 간담을 가장 서늘케 하는 장면 중 하나다. 인용해보면 다음과 같다.

한편 조조의 병사는 17만이었다. 하루에 소모되는 양식이 엄청났다. 많은 지방이 황폐해져 필요한 양을 준비할 수가 없었다. 조조는 군대가 속전을 벌이도록 재촉했다. 이풍李豊 등은 문을 닫고 나오지 않았다. 조조의 군대가 한 달 남짓 막고 있었으나 식량이 거의 바닥났다. 그래서 손책에게 전갈을 보내 쌀 10만 섬을 빌렸다. 그러나 모두에게 나누어주기에는 부족했다. 양식을 관리하는 임준任峻의 부하 왕후가 들어와 조조에게 보고했다. "병사는 많은데 식량이 부족합니다. 어찌하면 좋겠습니까?" 조조가 말했다. "조금씩만 나누어주어, 우선 급한 대로 사용하게 하라." 왕후가 "병사들이 만약에 원망을 하면 어쩝니까?"라고 물었다. 조조는 "나에게 방책이 있다"고 했다.

왕후는 명령대로 식량을 조금씩 나누어주었다. 조조는 몰래 사람을 시켜서 원망함이 있는지 없는지 탐문하게 했다. 그랬더니 모두 "승상이 우리를 속였다!"고 했다. 조조는 그래서 왕후에게 밀조를 보내 들어오라고 하여 "나는 너에게 물건 하나를 빌려서 사람들의 마음을 진정시키려고 한다. 인색하지 마라"라고 말했다. 왕후는 "승상께서는 어떤 물건을 사용하시려고 하는지요?"라고 물었다. 조조는 "너의 머리를 빌려서 사람들에게 보여주고 싶다"고 했다. 왕후는 간담이 서늘해져 "저는 사실 죄가 없습니다"라고 말했다. 조조는 대답했다. "너에게 죄가 없다는 것은 나도 잘 안다. 그러나 너를 죽이지 않으면 병사들의 마음이 험해질 것이다. 네가 죽은 후에 너의 가족은 내가 보살펴주겠다. 너는 걱정 마라." 왕후가 무언가 말하려고 했을 때, 조조는 이미 병사를 불러 한칼에 그의 목을 치게 했다. 그런 다음에 높은 장대에 왕후의 머리를 매달고 방을 내걸어 이렇게 알렸다. "왕후가 식량을 그렇게 적게 배급한 것은 그가 양식을 훔쳤기 때문이다. 삼가 군법에 의거서 처형한다." 이로써 사람들의 원망이 사라졌다.

군대의 양식이 모자라면 병사들의 마음은 격동한다. 이러한 위기에 직면하여 조조는 먼저 작은 계책을 썼다. 즉 양식을 조금만 풀고 왕후가 그것을 병사들에게 나누어주도록 했다. 양식이 너무 적어 병사들이 격분하자 조조는 좀 더 큰 계책을 사용했다. 즉 왕후의 머리를 빌려 병사들의 분노를 잠재운 것이다. 이렇게 사람의 머리를 사용한 게임에 대해서 독자들은 등골이 서늘해지는 느낌을 받았을 것이다. 그러나 조조는 그러한 일련의 과정을 매우 냉정하게 처리했다. 일체의 행위를 '삼가 군법에 의해서 처형한다'고 한 것이다.

권모술수의 대가 조조의 눈에 왕후를 죽인 것은 단지 속죄양을 한 사람 바친 것에 지나지 않는다. 그는 양이 분명히 죄가 없다는 것을 알았다. 그러나 죄를 대신하여 병사들의 마음을 안정시킬 국면이 필요했다. 그래서 그는 아주 냉정하게 왕후에게 "네가 무죄라는 것을 안다"고 말하고는 "너로부터 물건을 하나 빌리고 싶다"고 한 것이다.

여기에서 조조는 심리적으로 어떠한 마음의 가책이나 인간적인 가책을 받지 않았다. 그가 구사한 것은 사람을 죽이고 소멸시키는, 피비린내 나는 권모술수였다. 그에겐 어떤 주저함도 없었다. 소위 '아녀자들의 인'과 그는 전혀 상관이 없었다. 전군의 후방 지원을 맡은 한 장수의 머리는 바둑판에서 사용되는 조그만 바둑돌에 지나지 않았다.

조조와 왕후의 이러한 이야기는 아주 깊은 상징적인 의미를 지닌다. 그것은 정치적인 권모술수의 게임에서 생명은 이렇다 할 가치가 전혀 없으며, 일체의 것은 권모술수가 지향하는 목표에 복무해야 한다는 것이다. 한편에는 정치적인 목표가 있고 다른 한편에는 인간 생명이 놓여 있는 저울 위에서, 한편은 그 가치가 '0'이며 다른 한편은 '100'이다. 이미 정해진 권력의 목표를 이루기 위해서는 비열한 모든 수단을 사용할 수 있는 것이다. 이것은 권모술수가 정상을 향해서 매진할 때, 사람 생명의 존엄성은 계곡의 바닥을 향해서 질주할 것이라는 점을 설명해준다. 여기서 목격할 수 있는 것은 강권 통치의 논리와 생명의 논리가 전혀 다르다는 점이다.

헤겔은 무릇 존재하는 것은 모두가 정당하며 합리적이라고 말했다. 이러한 명제의 황당한 오류는 권력의 논리와 생명의 논리를 구분하지 않은 점에 있다. 사람의 머리를 빌려 병사들의 마음을 안정시킨 것은 정치게임의 권력 논리에서 본다면 매우 합리적이다. 그러나 생명의 원칙과 논리에서 본다면 그것은 절대로 불합리한 것이다. 그러나 조조는 왕후를 죽이고 생명의 원칙을 위배했을 뿐만 아니라, 정치게임의 와중에 최소한의 도덕적 원칙을 위반했다. 조조는 적나라하게 재앙을 타인에게 전가하여 사람의 머리를 베었을 뿐만 아니라, 무고한 사람에게 도덕적인 죄악을 뒤집어씌웠다. 이것이 바로 권모술수의 숨겨진 비밀이다.

법술은 비록 밝은 면이 있어서 '밝은 술수明術'라고 불리기도 하지만 역시 어두운 면이 크다. 루쉰은 문단의 '법술'을 이야기할 때, 문단 사람들은 직접적으로 다른 사람의 이름을 더럽히고 추하게 만들어 매장하기도 하지만, "자기의 이름을 숨기고 익명으로 친구나 적을 비판하는 경우도 있다"40고 했다. 조조가 왕후를 죽일 때 사용한 것은 밝은 술수, 즉 '명술明術'이었다. 그러나 칭형稱衡을 죽일 때는 자기를 '결코 드러내지 않았다.'

조조는 친구이자 유표의 부하인 황조黃祖에게 가서 무기에 대한 비판을 하도록 했다. 황조의 칼을 빌려서 칭형을 죽인 것이다. 이 점에 대해서는 순욱荀彧조차도 그 책략을 알지 못했다. 조조는 단지 이렇게 말했을 뿐이다. "칭형이 나를 모욕한 것이 너무 심했다. 그래서 유표의 손을 빌려서 그를 죽인 것이다. 다시 물을 필요가 있는가?"(제23회)

조조는 칭형이 감히 직언하는 지식인이라는 것을 알았다. 자기가 나서서 그를 없앴다면 천하 지식인들의 마음을 잃을 것이다. 그래서 칼을 빌려 사람을 죽이는 책략을 쓴 것이다. 과연 칭형은 아주 빨리 순식간에 목이 날아갔다.

루쉰이 "법술은 매우 지독하며 매우 치명적이다"라고 말한 것은 과장이 아니다. 루쉰은 당시 법술을 '밝은 술수'라고 칭했다. 지금 우리는 그것을 '음모'라고 바꿔 부른다. 권술 중에 음모 역시 지독하다. 이 두 가지는 어느 것이나 사람을 죽음으로 내몰 수 있다.

4. 사마의의 음양술

유비는 '유술'을 구사하고, 조조는 '법술'을 구사했다. 그러나 삼국의 전쟁에서 최후에 승리한 자는 '음양술'을 구사한 사마의司馬懿였다. 음양 문화에도 원형 문화와 위형 문화가 있다.

중국의 음양가는 전국 시대에 유가, 도가, 병가와 함께 유행했다. 『한서』 「예문지」는 아홉 유파 중의 하나로 꼽았다. 대표적인 인물은 추연鄒衍이다. 음양가들은 인류 사회의 발전은 물水, 불火, 나무木, 쇠金, 흙土 등 다섯 요소의 지배를 받는다고 생각했다. 이에 '오덕五德 종시終始'와 '오덕五德 전이轉移' 설을 제시했으며, 그것으로 역사는 순환적인 변화를 거듭한다고 설명했다. 음양설은 나중에 음양오행의 학문을 형성하기도 했는데, 그것은 정술正術, 전술典術, 훈술訓術로 나뉜다.

그러나 『삼국지』의 음양술은 음양 문화의 위형이다. 그것이 가리키는 것은 정치투쟁 중의 '음양검陰陽臉'이다. 현대적인 언어로 표현하자면 '양면파兩面派'라고 할 수 있다. 한쪽은 음이요 다른 한쪽은 양이며, 겉과 속이 서로 다른 태도를 가리킨다. 즉, 한 몸이면서 두 가지 서로 다른 태도를 지니는 것을 의미한다.

루쉰은 『삼한집三閑集』 「문단의 일화文壇的掌故」에서 이렇게 말했다. "그러므로 웃음과 울음을 모두 거짓으로 꾸밀 수 있고, 오른쪽과 왼쪽이 서로 다르다. 심지어 예링펑葉靈鳳이 표절한 '음양검'조차도 그것을 철저하게 표현하기에는 부족하다. 나는 이것이 매우 안타깝다." 웃음과 울음이 모두 거짓이며, 음양검을 구사하고 양면의 태도를 갖추어 『삼국지』에서 매우 중요한 권모술수와 계책을 보여준다.

삼국 시대가 끝나고 조씨 왕조는 결국 멸망했다. 그렇게 된 치명적인 일보는 사마의의 음양검을 간파하지 못했기 때문이다. '음양술'에 당한 것이다. 사마의는 아주 음험한 야심가이며 음모가였다. 그는 명망 있는 귀족 집안의 출신이었는데, 이미 어려서부터 자신의 나라를 세우고자 하는 야심이 있었다. 그는 위장을 아주 잘했으며 변장도 잘하여 거의 신적인 경지에 도달했다.

촉나라와 위나라의 전쟁터에서 능히 제갈량과 협의하고 군사적으로 제갈량을 물리칠 수 있는 자는 바로 사마의였다. 『삼국지』의 저자가 제갈량을 극력 미화하고, '공성계空城計' 이야기를 통해 사마의가 쟁취한 승리가 지혜에 있어서는 여전히 제갈량에 미치지 못한다고 암시하기도 했지만, 사마의는 어쨌거나 명민한 인물이었다. 그가 전쟁터에서 보여준 지혜 역시 장관이었다. 그러나 일단 정치권력 투쟁의 소용돌이로 빠져들자 그의 지혜는 변질되어 아주 잔인하고 피비린너 나는 정치 음모가가 되어 극단적인 허위와 간계를 보여주었다.

『삼국지』 제106회 「사마의가 꾀병으로 조상曹爽을 손이다」와 제107회 「위나라의 정치는 사마씨에게 돌아가다」를 읽어보면 그것을 일목요연하게 알 수 있다. 사마의는 위나라의 최고 권력을 찬탈하려는 야심을 일찍부터 품었다. 권력 찬탈의 음모 중에 그는 먼저 꾀병을 부려 조상曹爽

을 혼란스럽게 만들었다.

정시正始 원년(240)에 위나라 명제 조예曹叡가 사망하고, 황제의 직위는 나이가 겨우 8살인 어린아이에게 전해졌다. 조방曹芳은 사마의와 조상에게 보필을 의뢰했다. 조상은 당시 문하에 빈객이 500명 정도 있었다. 그중에는 하안何晏이나 환범桓范처럼 지혜로운 자들도 있어, 그들이 사마의를 조심해야 한다고 주의를 주기도 했다. 따라서 조상은 동생인 조희曹羲를 중령군中領軍에, 조훈曹訓을 무위장군武衛將軍에, 조언曹彦을 산기상시散騎常侍에 각각 임명하여 병권을 장악했다. 그러나 사마의는 조상에 대항할 수 없음을 알자, 잠시 행적을 감추는 도해韜晦의 계책을 쓰기로 작정했다. 병을 핑계대고 정치에 관여하지 않은 것이다. 두 아들 역시 모두 퇴직하고 한가롭게 거처했다.

247년, 조상과 측근 하안 등이 성 밖을 나가 사냥 준비를 하고 있었다. 먼저 이승李勝을 다른 핑계로 보내 사마의의 상황을 염탐하게 했다. 사마의는 그의 정치적인 감각에 따라 즉각 무언가가 일어나고 있다는 사실을 알아차리고, 중병을 가장하여 멋진 연극을 했다. 소설에는 그 장면이 이렇게 묘사되어 있다.

당시 위나라 군주 조방은 정시正始 10년을 가평嘉平 원년으로 바꾸었다. 조상曹爽은 줄곧 전권을 쥐고 있었으나 중달仲達(사마의)의 상황에 대해서는 잘 몰랐다. 마침 조방이 이승李勝을 청주青州 자사刺史로 임명했다. 그래서 이승에게 명령하여 중달에게 가 인사하고 그 근황을 살펴보도록 했다. 이승이 태부太傅의 부중府中에 도달하자 문을 지키던 관리가 보고를 했다. 사마의는 두 아들에게 "이것은 조상의 사신이 와서 내 병의 상황을 살펴보려는 것이다"라고 말하고 가서 관을 벗어 머리를 풀어헤치고 침상 위로 올라가 이불을 뒤집어쓰고 앉았다. 그리고 하인들에게 부축하게 했다. 그 후 이승을 들어오게 했다. 이승은 침대 앞으로 가서 인사를 올리고 이렇게 말했다. "태부님을 그동안 뵙지 못했는데, 이렇게 병이 중하신 것을 누가 알았겠습니까? 천자께서 명을 내려 저를 청주 자사로 임명하고 특별히 인사를 드리도록 했습니다." 사마의는 거짓으로 "병주#州는 북방과 가까우니 방비를 잘하십시오"라고 대답했다. 이승이 말했다. "청주 자사로 임명하신 겁니다. 병주가 아닙니다." 사마의가 웃으면서 말했다. "지금 병주에서 오신 길이오?" 이승이 말했다. "산동의 청주입니다." 사마의가 크게 웃으면서 말했다. "아 청주에서 왔군요." 이승이 말했다. "태부님 어찌해서 이렇게 심한 병에 걸리셨는지요." 좌우 사람들이 말했다. "태부님께서는 귀가 잘 안 들립니다." 이승이 말했다. "종이와 붓을 좀 주시오." 하인들이 종이와 붓을 이승에게 건네주었다. 이승은 무엇인가 쓴 뒤에 사마의에게 올렸다. 사마의는 그것을 보고 웃으며 "내가 병에 걸려 귀가 먹었소. 이제 가서 건강에 조심하시오" 하고 손으로 입을 가리켰다. 하인이 탕을 올렸는데, 사마의는 그것을 먹으려고 하면서 옷에다 가득 흘려버렸다. 그리고 말을 더듬으며 이렇게 말했다. "나는 지금 노쇠하고 병이 심하게 들어 금방이라도 죽을지 모르오. 두 아들은 불초하니, 그대가 그들을 잘 가르쳐주길 바라오. 그대가 만약에 대장군을 만나게 되면, 부디 내 두 아들을 흉보지 말길 바라오." 사마의는 말을 마치고 침대에 누웠는데 숨을 헐떡거리면서 몹시 애처로운 모습이었다.

이승은 사마의에게 인사를 올리고 나와, 조상에게 돌아가 상황을 상세하게 보고했다. 조상은 몹시 기뻐하면서 "그 노인이 죽으면 나는 걱정이 없을 것이다"라고 했다. 사마의는 이승이 간 것을 보고 바로 몸을 일으켜 두 아들에게 말했다. "이승이 가서 만약에 어떤 소식이 없다면, 조상은 반드시 나를 걱정하지 않을 것이다. 그가 성을 나와 사냥하는 때를 기다려 일을 도모하자." 채 하루도 지나지 않아 조상은 위나라 왕 조방에게 부탁하여 고평릉高平陵에 가 선제에게 제사를 드리자고 했다. 대소 관리가 모두 왕을 따라 성을 나섰다. 조상은 세 동생을 이끌고 하안 등 심복을 거느리며 호위부대로 하여금 왕의 행차를 보호하도록 했다. 그때 환범桓範이 간언을 올렸다. "형제가 모두 성을 나서면 안 됩니다. 만약에 성중에 변고가 있으면 어찌합니까?" 조상은 채찍으로 가리키면서 그를 힐책하여 "누가 감히 변고를 일으키겠는가? 쓸데없는 말을 다시는 하지 마라"라고 말했다. 그날 사마의는 조상이 성 바깥으로 나가는 것을 보고 마음속으로 크게 기뻐하며, 곧바로 적을 격파한 옛날 부하들을 부르고 아울러 장수 수십 명과 두 아들을 이끌고 나가 조상을 살해했다.

이야기는 계속되면서 여러 가지 우여곡절을 겪지만 최후에는 사마의가 승리하게 된다. 가깝게는 "조상曹爽 형제 3인과 범인 한 사람을 붙잡아 저잣거리에서 참수했다." 멀게는 사마씨 신왕조를 위한 토대를 구축한 것이다. 여기서 보는 사마의는 전쟁터에서의 계책이 뛰어난 지휘자이며 아주 간사한 정객이었다.

거짓으로 귀가 잘 들리지 않는 척하며 바보같이 굴었고, 말을 더듬으며 눈물을 옷에 흘리면서 쇠약하여 병든 노인으로 금방이라도 죽을 것처럼 흉내 냈다. 그러나 가면으로 포장된 내면은 마음 가득히 살기를 품고 뱃속 가득히 무기를 감추고 있었다. 기회만 오면 그는 한순간의 착오도 없이 즉각 피비린내 나는 정변을 일으켰다. 정적에 대해서는 눈곱만큼의 용서도 없이 신속하고도 은밀하게 그를 죽이고 삼족까지 멸했다. 한바탕의 정변과 도살은 마치 아이들 놀이 같았는데, 승리의 티켓을 손에 쥐고 그가 구사한 꾀와 지혜는 사람들의 탄식을 자아내게 만들었다.

정변을 당하여 조상의 동생 조희는 감탄해서 이렇게 말한 적이 있다. "사마의의 속임수는 비교할 사람이 없습니다. 공명도 이기지 못할 것인데, 하물며 우리 형제는 어떻겠습니까?" 사마의의 지혜는 '속임수'가 되었다. 단지 사마의 한 사람만 그런 것이 아니다. 중국의 지혜는 삼국 시대의 분쟁에서 거의 모두 '속임수'로 변했다. 단지 그 '속임수'의 형식과 정도의 차이만 있었을 뿐이다.

법술, 유술儒術, 음양술 외에도 『삼국지』에는 도술道術이 있다. 그러나 그것은 장자가 말한 그런 '도술'이 아니다. 『장자』「대종사大宗師」를 보면 "물고기는 강과 호수의 고마움을 모르고, 사람은 도술의 고마움을 모른다"는 표현이 있으며, 『장자』「천하天下」에는 "도술은 천하 사람들에 의해서 찢긴다"는 표현이 있다.

그것은 또 묵가가 말한 그런 '도술'도 아니다. 『묵자』「비명非命 하」를 보면 "지금 현명한 사람들은 현자를 존중하며 열심히 도술을 공부한다. 그러므로 왕공王公 대인大人의 상을 받으며, 만민의 존경을 받는 것이다"라는 대목이 나온다. 여기서 도술이란, 도로道路나 학술, 도덕 문장 등을 의미하는 것이 아니라, 도교의 법술이나 방술을 지칭하는 것이다.

제갈량은 적벽대전에서 제단을 설치하고 동풍을 빌렸는데 그때 사용한 것이 바로 도술, 방술의 재주였다. 제갈량은 아다도 천문 지식이 있어서 어떤 시각에 분명히 동풍이 불 것으로 예측하고 있었을 것이다. 그것은 지식이지 결코 방술은 아니다. 그러나 제갈량은 고의로 무당이나 법사인 척 가장하고, 거짓으로 자기가 하늘로부터 동풍을 빌려올 수 있다고 했다. 이것은 자신을 신비화하여 조조를 정복하기 전에 먼저 오나라 주유의 마음을 정복하고자 한 것이다. 그것은 위장에 속하므로 결국은 사기술이다. 다만 그러한 사기술의 형식은 바로 도술과 방술이었다. 목적만 달성 가능하다면 어떤 술수든지 모두 이용할 수 있는 것이다.

5. 신출귀몰한 미인술

『삼국지』는 유술, 법술, 도술, 음양술, 궤변술 등의 권모술수를 집대성한 책이다. 나아가 또 한 가지의 술수를 새롭게 선보였다. 그것은 바로 여성을 정치적 경쟁의 중요한 도구로 사용하는 미인술이었다.

정치 현장에서 혹은 상업 거래의 현장에서 미인술, 즉 미인계는 예부터 존재해왔다. 오나라와 월나라가 서로 싸울 때 월왕 구천勾踐은 월나라 미인 서시를 이용하여 오나라 궁전으로 공격해 들어갔는데, 그것이 바로 미인계였다.

그러나 『삼국지』와 같이 이렇게 대규모로 광범위하게, 부끄러움도 모르고 미인계를 남발한 경우는 없었다. 그것도 자기 딸이나 여동생 또는 양녀 등을 도구로 삼아 미친 듯이 정치게임을 벌인 것은 전무후무한 일이었다. 『삼국지』에서 '미인계'는 각 지역 야심가들의 정치적 권모술수가 되었다. 따라서 '미인계'라는 단어로 묘사하기에는 너무도 가볍기 때문에 여기서는 야심가들의 '미인술'로 부르는 것이다.

『삼국지』와 『수호전』에는 공통점이 하나 있다. 바로 여성을 사람으로 여기지 않고 기물이나 동물로 여긴다는 점이다. 여성에 대해서 뼛속까지 이러한 극단적인 멸시감을 지니고 있었다. 다만 『수호전』은 여성에 대한 살육을 훨씬 더 많이 표현하고 있다. 반면에 『삼국지』는 여성들을 이용하는 장면이 더 많은 편이다.

『삼국지』에서 여성들은 정치 곡마단의 동물과도 같다. 한 마리 한 마리가 정치의 전면 무대로 끌려나와 연기를 한다. 『수호전』의 반금련, 반교운 등이 불쌍한 존재라면, 초선이나 손상향孫尙香 등은 슬픈 존재라고 할 수 있다.

조조나 유비, 손권 혹은 제갈량이나 관우, 장비 혹은 원술, 여포, 동탁 등은 서로 죽자 사자 전투를 벌이고 싸웠지만 그들의 여성관은 오히려 모두 똑같았다. 여자란 단지 자신을 위해서 사용하는 도구로 필요할 때에는 존재하지만, 필요하지 않을 때에는 존재하지 않는다는 것이다.

『삼국지』 제19회에 이러한 이야기가 있다. 유비를 숭상하던 사냥꾼 유안劉安이 자기 부인을 죽여 유비를 초대한 대목이다. '유안이 예주豫州 목사 유비가 온다는 소리를 듣고 들에 나가 맛있는 요리를 만들 만한 것을 찾았다. 그러나 아무것도 얻지 못해서 자기 부인을 죽여 음식으로 내놓았다.' 그러자 고기 요리를 대하고서 유비가 물었다. "이것은 무슨 고기입니까?" 유안이 대답했다. "여우 고기입니다." 유비는 아무 말 없이 그것을 배불리 먹었다. 그다음 날 이른 아침에 유비는 한 여자가 부엌에서 죽어 있는 것을 보았다. 어깨 위의 살점은 이미 떼어져 없었다. 그것을 보고 비로소 지난밤에 자신이 먹은 것은 유안 부인의 살점이라는 것을 알았다. 그는 슬픔을 이기지 못하고 눈물을 훔치며 길을 떠났다.

이러한 이야기가 상징하는 바는 주의해서 볼 가치가 있다. 사냥꾼 유안의 마음에 여성 부인은 언제든지 붙잡아 죽여서 삶아 먹을 수 있는 동물이다. 그래서 부인의 고기를 여우 고기라고 한 것이다.

사실 유비나 조조와 같은 정치적인 사냥꾼들의 눈에도 여성들은 이미 동물이었다. 언제든지 데려다 사용하고 즐기고 먹고 이용하는 동물이었다. 단지 산속의 사냥꾼 유안은 너무 투박한 편이었고, 정치적인 대사냥꾼들은 모두 사람의 가면을 쓰고 있어서 여성들을 잡아 먹을 때에는 다소 다른 풍미와 정경情景을 보여줄 뿐이었다. 그래서 유비가 조조에게 그런 일을 설명해줄 때 조조는 아무렇지도 않게 그것을 듣고 있었다. 단지 조조는 유안이 귀감이 될 만한 사람이라는 것을 깨닫고 "금 100냥을 보내 하사하도록 명했다."

조조가 유안에게 상금을 보낸 것은 결코 이상한 일이 아니다. 이상한 것은 후대 사람인 나관중이 이 비참한 이야기를 묘사할 때 항상 찬미하는 표현을 사용했다는 점이다. 부인을 죽여 손님을 접대한, 피비린내 나는 사실에 대해서 유비는 진실로 '인의仁義'의 마음이 있는 것처럼 묘사했다. 그러나 혹시 정말로 유비가 금수와 구별이 되는 '차마 그러지 못하는 마음不忍之心'을 가졌더라면(맹자는 사람과 짐승의 중요한 차이는 '차마 그러지 못하는 마음'이 있고 없음이라고 했다) 유비는 유안을 꾸중하지 않을 수 없었을 것이다. 유비의 '인의'는 단지 그의 정치적인 가면에 불과할 뿐이었다. 인간성의 깊은 곳에서 그는 여성을 사람으로서 존중하지 않았다. 그것이 그의 진실한 마음이었다.

널리 알려진 바와 같이 '조운이 아두를 구한' 이야기에서 조운은 사지로 몸을 던져 겹겹의 포위를 뚫고 살아났다. 이것은 분명히 가장 큰 공을 세운 것이다. 그러나 미糜 부인은 비록 자신이 낳지 않은 아두였지만 몸을 던져 보호하고 최후에는 우물에 투항하여 자살했다. 이 역시 칭찬을 받아야 마땅하고 슬픈 일이다.

그러나 유비는 조운을 보았을 때, 아두를 땅에 던져버렸고 부하 장수의 기분을 맞추려고 아첨하기만 했다. 그는 결국 미 부인의 추락에 대해서는 한마디 말도 물어보지 않았다. 그의 마음에는 중국적 '대남大男주의'에 정권을 탈취하고자 했던 정치적 야심이 더해졌다. 이러한 유비의 인생과 마음에 부인과 아이는 어떤 위치에 있었겠는가?

나중에 그는 혼인하여 손씨 부인을 맞아들이는 정치게임 중에 그것이 정치적 음모라는 것을 분명히 알았으나, 여전히 거짓으로 꾸미고 진짜처럼 행동했다. 그는 손씨 부인을 철저하게 이용히 먹었으며 정치 서커스단에서 월계관을 쓴 암컷 말로 여겼다.

여성을 정치게임의 노리개로 여긴 것은 조조로부터 시작됐다. 그는 한나라 헌제를 제압하기 위해서 세 딸 헌憲, 절節, 화華를 모두 헌제에게 귀인貴人으로 시집보냈다. 조절을 왕후로 세우고 조조는 악부岳父의 신분으로 정권의 핵심으로 들어가 세를 장악했다. 나중에 그는 "천자를 끼고 제후들을 호령했으며" 딸을 '초인종'으로 삼았다.

조조 외에 다른 야심가들도 서로 다투며 미인술을 구사했다. 원술은 여포를 가지고 놀기 위해서 여포와 친척관계를 맺을 것을 제안했다. 나중에 진등陳登이 반대하여 성공하지 못했으나, 조조 군사에게 포위당했을 때 원술을 돕기 위해서 여포는 급히 딸을 보내 원술의 며느리로 삼게 했다. "여포는 딸을 면으로 싸서, 4색의 보자기를 사용하여 등에 짊어지고 창을 들고 말에 올라탔다." 원술의 아들 원담袁譚은 조조에게 투항한 뒤에 조조 역시 "딸이 원담의 처가 되도록 허락했다." 여포의 딸이든 조조의 딸이든 모두가 정치적인 바둑판에서 한 개의 바둑알에 지나지 않았던 것이다.

딸을 정치적인 협상품이나 궁궐의 '초인종'으로 삼는 것은 희극성이 그리 강하지 않다. 비록 권모술수에 속하지만 그리 흥미롭지는 않다. 『삼국지』에서 가장 흥미로운 것은 여성을 정치적 곡마단의 동물로 삼아 공연하게 한 것으로, 초선과 손씨 부인 손상향이 있다. 이 두 여성을 통해서 우리는 당시의 권모술수 전문가들이 미인술을 어느 수준까지 구사했는지를 잘 알 수 있다.

독일의 유명한 시인 실러(1759~1805)가 쓴 『음모와 애정』은 『삼국지』에 나오는 '음모와 애정'과 비교해보면 아마추어 수준이다. 삼국 시대의 음모는 진실로 음모라 할 만한 것으로 '대음모大陰謀'이며 전략적인 '음모와 애정'이었다.

설명이 필요한 것은 손씨 부인은 원래 정치와 무관한 여성이었다는 점이다. 아름다웠던 그녀는 단지 왕의 여동생이라고 하는 특별한 출생 배경이 있었다. 그래서 생사를 다투는 두 진영에서, 오빠인 손권에서 대장 주유 및 그 적수였던 유비, 제갈량에 이르기까지 모두 그녀를 이용하기 위해서 온갖 지혜를 짜냈다.

그들에게 왕의 여동생은 결코 자신의 운명을 장악하고 자신의 미래를 선택할 수 있는 자유로운 존재가 아니었다. 노리개나 기물에 속한 존재로 정치적 게임 속에서 흥미로운 이야기를 만들어내고 중대한 정치적 이익을 위해 이용되는 꼭두각시에 불과했다.

당시 촉나라와 오나라 두 세력이 쟁탈하고자 한 중심은 형주였다. 한쪽은 형주를 탈환하고자 했으며 다른 한편은 형주를 계속 지켜내고자 했다. 양쪽 모두 야심가들이었으며 이미 타협의 가능성은 없었다. 해결의 방법은 단지 두 가지뿐이었는데, 하나는 피를 흘리는 전쟁이었고 다른 하나는 피를 흘리지 않는 음모였다. 북방 조조 집단의 강력한 압력에 밀려서 양측은 모두 전쟁만큼은 피하고 싶어했다. 그렇다면 비겁한 음모에 호소하는 수밖에 없었다. 이러한 역사적 배경 아래 제왕의 여동생이 양측 음모의 중심이 되어버린 것이다. 결국 모든 추악한 생각이 전부 거기에서 드러났다.

동쪽 오나라에서 주유의 계획은 미인을 이용하여 영토를 훔치고자 한 것이었으며, 유비와 제갈량 쪽에서는 영토와 함께 미인도 얻고자 했다. 그것은 삼국 동란 시대에 가장 희극성이 풍부한 '음모와 애정' 이야기였다. 또 가장 인간성이 결여된 이야기로 '애정'을 빌려서 '음모'를 실현하고자 한 전형적인 권모술수의 기록이었다. '여성을 이용하여 영토를 도모했다'는 점에서 격전에 참여한 양 세력의 수령과 장수들은 모두가 야만인이었고 권모술수가였다. 다른 점이 있다면 총명이 절정에 이른 권모술수가(제갈량)와 그리 총명하지 못한 권모술수가(주유·손권)가 있었을 뿐이다.

여성을 노리개 삼아 활용한 미인술의 모든 과정 중에서 의미심장한 부분이 한 곳 있다. 그것은 정치적 이익으로 혼란한 희극이 발전하여 가장 높은 봉우리에 도달한 지점으로, 오국태吳國太와 교국로喬國老가 감로사甘露寺 방장方丈에서 친히 사위를 회견하는 장면이다.

손권과 주유가 배치한 병사들도 이미 잠복해 있어서 일거에 유비를 주살함으로써 희극의 막을 내릴 준비를 하고 있었다. 그러나 바로 일촉

즉발의 순간에 조운이 등장하여 병사들의 매복을 눈치채버렸으며 유비는 장모될 사람에게 무릎을 꿇고 눈물로 그 사실을 알렸다. 오국태는 크게 노하여 손권을 꾸짖어 결국 오나라의 음모는 실패로 돌아갔다.

이렇게 피비린내 나는 생사의 게임에서 유비와 손권은 모두 상대가 한 하늘 아래 살 수 없는 원수라는 사실을 알고, 원한이 용솟음쳤다. 하지만 아무 일 없다는 듯 위장하고 옷을 갈아입은 뒤에 그들은 함께 궁의 후원으로 나갔다. 먼저 유비는 정원에서 바위를 보고 따르던 사람이 차고 있던 칼을 뽑아내 하늘을 우러러 기원하면서 이렇게 말했다.

"만약에 제가 능히 형주로 돌아가 패업을 이룰 수 있다면 한칼에 이 바위가 잘리고, 만약에 여기에서 죽는다면 칼이 부러지고 바위는 그대로 있을 것이다." 말을 마치고 손을 들어 검을 내려치니 불꽃이 사방으로 튀면서 바위가 갈라져 두 덩어리가 되었다.

이어서 손권과 유비가 서로 만나는 장면인데, 소설에서는 이렇게 묘사했다.

손권은 뒤에서 그것을 보고 이렇게 물었다. "현덕공께서는 왜 그리 그 바위를 미워하십니까?" 현덕이 말했다. "저는 매년 5월이 다가오면 국가를 위해서 도적 떼를 토벌하지 못했다는 사실에 마음이 항상 비참해집니다. 지금 국태님의 부름을 받아 사위가 되었는데, 제 평생에 좋은 기회를 만난 것입니다. 그래서 마침 하늘에 물어본 것입니다. 만약에 조조를 격파하여 한나라를 일으킬 수 있다면 이 바위가 두 동강이 날 것이라고 생각했습니다. 과연 그렇게 되었습니다." 손권은 속으로 생각했다. '유비가 이런 말로 나를 속이고 있는 것은 아닐까?' 그리고 자신도 칼을 들어 현덕에게 이렇게 말했다.

"저 역시 하늘에 물어보고 싶습니다. 만약에 조조의 도적 떼를 격파할 수 있게 된다면 그 바위와 같이 될 것입니다." 그러나 손권은 속으로 몰래 이렇게 기원했다. '만약에 다시 형주를 얻어 오나라를 부흥시킬 수 있다면 이 바위가 두 동강이 날 것이다.' 그리고 손을 들어 칼을 내려쳤다. 커다란 바위가 역시 두 개로 잘렸다. 그래서 아직도 그 자리에는 열십자 무늬가 있는 '증오의 바위'가 남아 있다.

손권과 유비, 이 두 나라의 패자는 입으로 기원하는 것과 속으로 생각하는 것이 완전히 달랐다. 입으로는 모두 한나라의 도적 조조를 욕하며 의젓하게 대의를 말하고 있었지만, 속으로 계산한 것은 당장 형주에서 최대 이익을 얻는 것이었다. 그들이 품은 적개심은 '증오의 바위'라는 역사적 물증까지 남겼다.

그러나 바깥에 있던 오나라 궁중의 큰 정원에서는 국가적인 혼례 준비가 한창이었다. 며칠 뒤 유비와 손씨 부인은 붉은 등과 붉은 촛불을 따라 신혼방으로 들어갔고, 방문 앞에 발이 드리워졌다. 이렇게 희극의 제1막이 끝났다. 극단적인 '증오'의 생사 투쟁이 모략가들의 안배에 의해서 '사랑'의 휘장 아래에서 진행된 것이다. 중국 권모술수의 허위와 흑막과 뛰어난 광채는 여기에 이르러 진실로 더할 나위 없는 경지에 이르렀다고 할 수 있다.

손씨 부인보다 앞서 사도司徒 왕윤王允이 연출한 '음모와 애정'이 있었다. 그때 희극의 주연은 초선이었다. 다른 점은 손씨 부인이 비록 권모술수의 도구로 쓰였지만 그녀는 결코 자각하지 못했고 음모의 주체도 아니었던 데 반하여, 초선은 달랐다.

그녀는 완전히 자각한 도구였다. 모든 음모 계획을 알고 있었고 심지어 음모의 주체가 되었다. 음모를 행하고 이루는 모든 과정에서 그녀는 적극적으로 주동했고 결정적으로 활동했다. 따뜻하고 부드러우며 아름다운 존재였으나 심술이 일어나고 음모와 사기의 마음이 발동하면 그녀의 순진함과 꾸밈없는 순수함은 그 당당하던 재상 동탁도 손바닥 안에서 죽일 정도였다. 그 점이 사람들을 더욱 전율시켰다.

초선은 원래 사도 왕윤의 집안에서 노래 부르는 기생에 불과했다. 그녀는 어려서 부중府中에 들어와 가무를 배우고 재능도 훌륭하며 미모가 있었기 때문에 왕윤은 친딸처럼 초선을 대했다. 비록 출신은 빈천했지만 그녀는 고급 관료들이 있는 부중 저택에서 이것저것 보고 들으면서 권모술수와 책략에 정통하게 되었다. 그래서 왕윤이 그녀의 면전에서 무릎을 꿇고 동탁과 여포 사이를 '연환계連環計'로 이간해주도록 부탁했을 때, 그 조그만 여성은 조금도 놀라지 않았다. 또 주저하지도 않고 주인의 한마디를 이심전심으로 알아차렸다.

그렇게 냉혹하고 그렇게 복잡하며 생사가 달린 음모에 대해서 그녀는 조금도 두려워하는 기색 없이 과감하게 결심하고 마음으로 자신감을 가졌다. 그녀는 왕윤을 향해서 이렇게 말했다. "소첩은 대인을 위해서 만 번 죽어도 사양하지 않을 것입니다. 저를 그에게 바치십시오. 제가 알아서 잘하겠습니다."

그녀는 결연하게 결단을 내리고 "제가 알아서 잘하겠습니다"라고 말했다. 이 말에는 천 근의 무게가 담겨 있다. 비록 마음에 용감한 병사 백만 명이 있었던 것은 아니지만 그 대신 수만 가지의 계책과 술수가 있었다는 것이다. 당시 조정에서 활약하던 두 사람의 큰 인물을 능히 상대할 자신이 있었다. 과연 음모 단계에 진입하자마자 그녀는 온갖 수단을 강구하여 빈틈없는 모습을 보여주었다. 그녀의 말, 노래, 울음, 웃음, 미소, 화, 욕 등 모든 것이 꾸며진 것이었고 모두가 기만이었고 사기였다. 그러나 어느 모습 하나 허점이 없었고 어느 행동이든 무대 위의 연극보다 더 진실로 보여 사람들을 움직였다.

그녀는 처음으로 여포를 보았을 때, "거짓으로 들어가려고 꾸미고" "추파를 보내 정을 드러냈다." 또 다음 날 동탁의 침실 창문 아래에서 여포와 다시 만났을 때, "일부러 양 눈썹을 찌푸리며 우울한 태도를 보이고, 또 향기 나는 비단으로 눈물을 닦는" 연기를 했다. 또 한 달쯤 지난 뒤에 동탁이 작은 병에 걸렸을 때 여포가 문병을 오자 침대 뒤에서 "몸을 반쯤 가리고 엿보면서 손으로 가슴을 가리키고 동탁을 가리키며 하염없이 눈물을 흘렸다." 그리고 또 백관이 동탁을 배웅할 때, 수레와 말이 용처럼 꿈틀거리기 시작하자 마차 위에서 멀리 여포의 "슬픈 얼굴을 쳐다보면서 통곡하는 모습을 꾸며냈다." 이렇게 거짓으로 꾸며낸 애정은 모두 진실로 여포의 마음을 고통스럽게 했는데, 누구라도 당하지 않을 수가 없었다.

여색으로 여포를 혼미하게 한 뒤에 그녀는 봉의정鳳儀亭에서 자살계를 써서 동탁과 여가 서로 화해할 수 없을 만큼 둘 사이를 이간했다. 그녀는 먼저 여포와 약속하여 봉의정에서 그를 만났다. 그리고 여포에게 울면서 말했다. "저는 비록 사도 왕윤의 친딸은 아니지만, 그 분은 저를 친딸로 대해주셨습니다. 스스로 장군을 뵙고 곁에서 모실 수 있게 되었는데 소첩의 평생소원이 바로 그것입니다. 그런데 태사께서 불량한 마음으로 제 몸을 더럽히실 줄 누가 알았겠습니까? (…) 이 몸은 이미 더러워져 영웅을 더 이상 모실 수 없게 되었으니 낭군 앞에서 죽어 저의 뜻을 분명히 하고자 합니다."

이 말을 마치자 그녀는 연못으로 뛰어가 자살하려는 척했다. 여포는 이러한 행동에 감동하여 말했다. "나는 그대의 마음이 오래되었다는 것을 알았소. 함께 이야기를 나누지 못한 것이 한탄스럽소." 이에 초선은 곧장 기회를 잡아 말투를 바꾸어 이렇게 말했다. "저는 하루가 1년 같습니다. 낭군께서 저를 불쌍히 여겨서 구해주시기 바랍니다." 이는 여포의 빠른 결심을 재촉했다.

그리고 여포가 "내가 잠깐 틈을 보아 온 것이라서 늙은 도둑놈에게 의심을 받을까 두려우니 빨리 돌아가야겠다"고 말하면서 동탁에 대한 두려움을 드러내자 초선은 이렇게 말했다. "낭군이 이렇게 늙은 도둑놈을 두려워하시다니, 저는 제 뜻을 이룰 날이 없을 것 같습니다." 또 이렇게 말했다. "소첩은 깊은 방에서 장군님의 명성이 마치 우레와 같다는 것을 들었습니다. 그런데 장군님이 다른 사람에게 꼼짝 못하시는 줄 누가 알았겠습니까?" 말을 마치고 초선의 눈에서는 눈물이 비 오듯이 쏟아졌다. 여포의 얼굴에는 부끄러움과 비통함이 가득했다. 이렇게 초선은 여포를 더욱 깊은 함정으로 떨어뜨렸다.

여포는 용감했으나 무모했다. 그래서 다루기가 좋았다. 그러나 동탁은 노련하고 계책이 깊어 그를 상대하기란 결코 쉽지 않았다. 그러나 초선은 결국 그를 사지로 내몰았다. 동탁은 봉의정에서 여포와 초선이 몰래 만나고 있는 것을 발견하고, 먼저 여포를 향해서 창을 던졌다. 여포가 도망가자 초선에게 단도직입적으로 물었다. "너는 어찌해서 여포와 사통하는가?" 이러한 질문에 초선은 전혀 당황하지 않고 이렇게 도발적으로 말했다. "소첩이 정원에서 꽃을 보고 있는데 여포가 갑자기 다가왔습니다. 마음이 불량하게 보여 저는 무서워서 연못에 빠져 죽으려고 했지만, 그 종놈에게 붙잡혔습니다." 침착한 답변이었다.

이어서 늙고 간교하며 교활한 동탁이 막료 이유李儒의 권고를 듣고 마음이 흔들려 갑자기 초선에게 물었다. "나는 지금 너를 여포에게 주려고 하는데 어떠냐?" 매우 위험한 상황이었다. 만약어 동탁의 말이 사실이라면 왕윤의 계략이 바로 끝나버릴 것이었다. 반면 그 말이 거짓이고 초선이 응답을 잘못한다면 살해당할지도 모를 일이었다.

그러나 이런 긴박한 순간에 초선은 가장 강렬한 반격을 했다. 먼저 '깜짝 놀라는' 모습을 꾸미고 큰 소리로 울었다. 그리고 침착하게 귀천의 도리를 이렇게 말했다. "소첩은 이미 귀인을 섬겼습니다. 그런데 이제 갑자기 종놈에게 가라고 하신다면, 저는 차라리 죽어서 모욕을 면하겠습니다." 초선은 말을 마치고 벽 사이에 있던 보검을 뽑아 자살하는 듯한 모양을 꾸몄다. 거짓으로 한 것이었지만 그 모습이 매우 진지해서 동탁은 황급히 보검을 빼앗아 그녀를 감싸며 이렇게 말했다. "내가 장난으로 너를 놀린 것이다."

초선은 이러한 말을 듣고 바로 동탁의 품에 쓰러지며 갑자기 공격적으로 되었다. 그녀는 크게 울면서 동탁의 막후 군사軍師를 겨냥했다. "이것은 모두 이유의 계략입니다. 이유와 여포는 서로 고분이 두터우니 이런 계략을 쓰는 것입니다. 태사님의 체면이나 소첩의 목숨은 안중에 없습니다. 소첩은 당장 그 자의 살점을 씹고 싶습니다."

이러한 표현은 말로 한 것이든 눈물로 표현한 것이든, 아니면 동작으로 표현한 것이든 모두 계책과 살기가 가득한 것이었다. 그러나 상대방의 면전에 나타난 모습은 의심할 나위 없이 지극히 여성적이며 애정이 가득 담긴 모습이었다. 아름답게 위장하고 아름다운 자태와 눈물로 감춘 변화무쌍한 권모술수였다.

초선의 이야기는 나약하지만 각종 책략을 몸에 지니고 살기를 품은 한 여성이 사람들의 간담을 서늘하게 만든다. 역대로 『삼국지』 평론가들은 모두 문학적인 측면에서 그러한 이야기의 묘사가 뛰어난 점을 칭찬했다. 특히 주인공인 초선의 대담하고 지적인 면과 계략이 뛰어난 점을 높이 샀다. 그 때문에 초선의 이미지는 독자들의 마음속 우상이 되었다.

그동안 문화비평의 관점에서는 보지 않았으나, 초선의 이미지는 완전히 자아를 말살한 것이었다. 그녀는 여성 본연의 모습을 감추고 간첩과도 같은 배역을 연출했다. 그동안 주의하지 않았던 점은 초선이 노래하는 기생 신분이면서도 그토록 성숙하고, 그토록 심각한 책략을 구사했다는 점이다. 결국 그녀에게 누적된 그러한 권모술수는 인간의 모든 감정을 음모와 함정을 만드는 데 사용하도록 만들었다. 통상 말하는 '역사'는 실제로는 '일시성'을 지닌다. 그것은 혹여 '시대성'이라 부를 수 있을 것이다. 그리고 동시에 누적되는 성질도 있다. 문화의 역사도 마찬가지다.

이러한 역사는 주로 문자로 기록되는 것이 아니며, 책으로 집필되는 것도 아니다. 살아 있는 사람들에게 구현되는 것이다. 초선이 보여준 모든 '음모와 애정'의 계략은 임기응변에 능하고 신체·눈물·언어·동작·감정 등을 모두 적수가 도망갈 수 없는 그물이나 무기로 활용할 수 있음을 보여준다. 이 점 때문에 사람들이 찬탄하고 놀라워했다.

놀랐다고 해서 여성이 요괴와 같아 놀란 것이 아니다. 중국의 권모술수 문화가 결국 아름다운 여성의 심층적인 인간성 내부에까지 그토록 심각하게 침투해 있다는 사실에 놀란 것이다. 이 세계에서 다른 어떤 여성의 이미지에서도 초선과 비교할 만한 경우는 없을 것이다.

7
'의리'의 변질

1. 위형으로 향한 '의리'

『삼국지』는 지금까지 계속 칭찬을 받아왔다. 아울러 그것이 중국 문화에 가장 중요한 영향을 미친 것은 '의리'였다. 그러한 정신이 가장 집중적으로 구현된 것은 유비, 관우, 장비의 '도원결의'이며 그들 사이와 관련한 이야기에도 잘 나타나 있다.

이러한 정신에 대해서 후대 사람들은 거의 한목소리로 인정하거나 또는 숭상했다. 심지어 이단 사상가라고 불리는 이탁오도 그것이 천지가 생성된 것과 함께 오래된 것이며 불후의 정신이라고 인식했다. 그는 「제관공소상題關公小像」(『분서焚書』 권4)에서 이렇게 말했다.

옛날에 '삼결三杰'이 있었다. 나는 소하蕭何, 한신韓信, 장량張良이 아니라 유비, 장비, 관공을 그렇게 부르고 싶다. 옛날에 '삼우三友'가 있었다. 나는 '정직한 친구' '성실한 친구' '견문이 풍부한 친구'가 아니라, 도의에서 결의를 맺은 세 친구를 그렇게 부르고 싶다. 아! 오직 '의리義'만이 변치 않는다. 그래서 천지와 함께 오래되었다.

이탁오같이 탁월한 사상가도 유비·관우·장비의 '의리'에 대한 평가를 이렇게 높이 했다. 그러나 그것은 분명히 실수였다.

물론 그것은 이해할 만하다. 사람은 분명히 '의리'를 강구할 필요가 있다. 인간관계에서도 도의적인 이성이나 정감을 강조할 필요가 있다. 그것은 바로 형제에 대한 정이나 친구에 대한 정 혹은 지인에 대한 정을 소중하게 여기고 존중하는 것이다.

사람 사이에는 일종의 '의리'가 있는데 그것은 매우 아름다우며, 매우 순수하다. 그것은 또 계층과 권세 혹은 이익을 초월하며, 심지어 국경과 종족을 초월한 인간의 사랑이기도 하다. 장자의 『제물론』, 공자의 '천하 사람들은 모두 형제이다', 독일 시인 휠덜린(1770~1843)이 말한 '시적인 정취는 온 지구가 다 같다' 등의 이념은 모두 그러한 종류의 사랑에 대한 기대를 품고 있다.

역사적으로 '의리義'의 이념은 일찍이 공자가 만들어냈다. "군자는 의리를 본질로 삼으며 예의를 행한다"(『논어』, 「위령공」), "군자는 의리를 높이 숭상한다. 군자가 용감하면서 의리가 없다면 세상을 어지럽게 하지만, 소인은 이익을 탐한다" 등 의리 사상은 이미 중국에서 2000년 이상 전해져왔다.

맹자는 이익과 의리를 논하면서 의리가 절대적으로 우선임을 강조했는데 그 영향은 더욱 컸다. 비록 후대에 묵자가 공자, 맹자에 대해서 의

문을 표하고 의리와 이익을 하나로 합쳤으나 의리를 결코 배척하지는 않았다. 2000년 이상 이익과 의리의 다툼이 있었으나 최후에는 어느 것이나 인간관계에서는 꼭 필요한 도의道義이며 정감의 원칙이라는 것을 부정하지 못하게 되었다.

'의리'의 기본적인 내용에 대해서, 나는 린강林崗과 함께 지은 『전통과 중국인』이라는 책에서 이렇게 해설한 적이 있다.

> 의義를 『설문해자』에서는 이렇게 풀이했다. "의는 몸으로 보여주는 엄숙한 태도이다." 단옥재는 주석에 "의의 본래 풀이는 예의 바른 태도가 각각 그 마땅함을 얻는 것이다. 예의 바른 태도가 마땅함을 얻는다면 훌륭하다"고 했다. 단옥재의 이러한 해석은 매우 정확하다. 『석명釋名』은 "의란 마땅함이다. 사물을 재단하고 제한하여 마땅하게 하는 것이다"라고 했다. 한유韓愈는 「원도原道」에서 "행하는 것이 마땅하면 그것을 의라고 한다"라고 했다.
> 그러나 이들은 '의'를 '마땅하다宜'고 해석했는데 그것은 나중에 생긴 뜻일 것이다. 『상서』「강고康誥」에는 "올바른 형벌과 올바른 살육을 사용하다"라고 하여 '의'를 '올바른'이라는 의미로 썼는데 본래 뜻이 이럴 것이다. 원래 자신의 행위나 거동이 예의 규정에 부합되면 바로 '의義(올바름)'라고 칭할 수 있었다. 왜냐하면 예의 바른 태도는 보기에 조화롭고 위엄이 있기 때문이다. 다만 그러한 행위와 거동이 진정으로 내심에서 스스로 깨달아 나온 것일까? '의'를 본래의 의미로 사용한 시대에는 그러한 것을 인생의 숭고한 것으로 여기거나, 조금이라도 벗어나서는 안 되는 사명으로 여기지는 않았을 것이다.
> 하지만 유가는 외재적인 행위나 거동인 '의'를 중요한 윤리적 범주 차원으로 끌어올렸다. 그들은 그러한 노력에 힘을 쏟아 외재적인 행위 규범을 인간의

자각적인 욕구로 내재화했다. 따라서 외재적인 행위 규범이 사람의 바깥에 있다고는 말할 수 없다. 오히려 그 역으로 그것들의 근원은 사람의 본심에 있다. 이것은 증명할 필요도 없다. 『맹자』 「공손추 상」에서 "부끄러워하고 미워하는 마음은 의義의 단초"라고 했다. 또 「고자告子 상」에서 "인의충신仁義忠信과 선을 즐기고 게으르지 않는 것은 하늘이 준 벼슬이다"라고 했다. 「고자 상」 편에는 또 맹자와 고자 사이에 이루어진 다음과 같은 토론이 있다.

"고자가 이렇게 말했다. '식食과 색色은 성이다. 인仁은 내재적인 것이지 외재적인 것은 아니다. 의義는 외재적인 것이지 내재적인 것이 아니다.' 맹자는 이렇게 말했다. '무엇을 가지고 인은 내재적인 것이고 의는 외재적인 것이라고 하는가?' 고자는 이렇게 답했다. '저 사람이 나이가 많아 내가 그를 연장자로 받드는 것은, 나에게 나이 많은 것이 있어서가 아니다. 그것은 마치 어떤 물건이 하얗게 보여 내가 그것을 하얗다고 여기는 것은, 그 하얀색이 외재하기 때문인 것과 같다.' 맹자는 이에 대해 이렇게 말했다. '하얀 말을 하얗다고 하는 것은 하얀 사람을 하얗다고 하는 것과 다를 것이 없다. 그러나 모르긴 하지만, 나이 먹은 말이 늙은 것과 늙은 사람이 나이 든 것은 다르지 않겠는가? 또 늙었다는 것을 의義라고 부르겠는가, 아니면 그를 연장자로 받드는 것을 의라고 하겠는가?'"

어떤 사람은 맹자가 맨 마지막에 한 말에 빠진 글귀가 있다고 의심한다. 주자는 『집주集注』에서 이렇게 지적했다. "하얀 말과 하얀 사람은 소위 그들이 하얗기 때문에 내가 그들을 하얗다고 보는 것이다. 나이 많은 말과 나이 많은 사람은 그들이 나이가 많기 때문에 내가 그들을 나이가 많다고 여기는 것이다. 하얀 말과 하얀 사람은 서로 다르지 않다. 그러나 나이 많은 말과 나이 많은 사람은 다르다. 그 차이는 바로 '의'에 있다. '의'는 그들의 나이가 많음에 있지 않고, 그들을 연장자로 인정하는 내 마음에 있다. 그러므로 '의'가 외부에 있지 않다는 것은 분명하다." 주자의 주는 맹자의 마음을 잘 표현했다. 맹자는 이렇게 단언했다. "인의예지는 바깥에서 나를 단련시키는 것이 아니다. 내 마음에 담겨 있는 것인데, 그것을 생각하지 못한 것일 뿐이다."

유가에서 '의'의 의미를 변화시키고 승화시킨 것과 '인'의 의미를 변화시키고 승화시킨 것은 서로 유사한 점이 있다. 모두가 외재적인 것을 뒤집어 내재적인 것으로 만든 것이다. 그래서 그것들은 인간 개체의 도덕적 인격의 이상이 되었다. '인'과 '의'는 항상 같이 언급되지만 '인'은 대부분 개인과 집단의 협조와 관련된다. 반면에 '의'는 단지 개인의 행위와 밀접한 관련이 있다. 그것은 외부 세계의 협조와는 그다지 큰 관련이 없다. 다만 개인이 행동을 선택해야 하는 상황에 직면했을 때, 의는 중요한 규범 작용을 일으킨다.

『예기』 「예운」 편에는 "군주가 사직社稷을 위해서 죽는 것을 '의'라고 한다"고 했다. 또 "의란, 신하나 자식이 군주나 부모에게 죽음으로 절개를 지키는 어려움을 말한다." 개인이 행동을 선택함에 있어 마땅히 '의'의 표준에 절대적으로 순종해야 한다. 그것이 바로 군주와 부모에게 복종하고 사직에 복종하는 것이다. 지금 사람들의 말로 하자면 그것은 바로 '대국면大局面'에 복종하는 것이다. 사직의 대국면은 바로 개인의 소국면과 비교할 수 없다. 개인은 그러한 국면을 맞이하여 반드시 '인仁'을 이루고 의義를 취해야 한다.' '인'을 이루는 날이 바로 '의'를 취하는 때이다.

개념의 혼란을 피하기 위해, 그리고 오랫동안 논의되어왔던 '의리義利' 관련 논의로 빠지지 않기 위해 나는 중국에서 가장 본연적인 '의'의 현상으로부터 설명을 시작했다.

말하자면, 중국의 고대 문화예술사에는 '의'에 관한 모범이 이미 존재했다. 그것은 바로 고대의 대음악가 백아伯牙와 그의 음악을 알아주던 종자기鐘子期 사이의 감동적인 우정이다. 그러한 아름다운 이야기는 이미 사람들의 내면에 보편적으로 스며들었다.

그 이야기와 관련된 기록은 아주 간단하다. 『여씨춘추』 「본미本味」에 이렇게 되어 있다.

"백아가 거문고를 탔다. 종자기가 그것을 들었다. 마치 거문고를 타면서 그 마음은 높은 산에 있는 것 같았다. 종자기가 말했다. '참으로 훌륭하구나, 거문고 타는 것이. 높이 솟은 것이 마치 태산과 같구나.' 조금 있으니 그 마음이 흐르는 물가에 있는 것 같았다. 종자기가 또 이렇게 말했다. '참으로 훌륭하구나, 거문고 타는 것이. 가득 차고 도도한 것이 마치 흐르는 강물과 같구나.' 종자기가 죽었다. 백아는 거문고를 부수고 줄을 끊어버렸다. 그리고 평생 다시는 거문고를 타지 않았다. 이 때문에 세상에는 거문고 타는 사람이 다시는 나오지 않았다."

이러한 이야기는 나중에 순수한 우정의 상징이 되었다.

한나라 때 채옹蔡邕은 일찍이 『금조琴操』 「수선조水仙操」를 지었는데, 명 양신明陽愼의 『난정령蘭亭令』에 이렇게 언급되어 있다. "그것은 바로 높은 산과 흐르는 물을 부리는 것과 같다. 백아가 다시 태어나도 그보다 더 나을 수는 없을 것이다."

신선과 같은 정서뿐만 아니라, 높은 산과 흐르는 강물과 같은 정서 모두 세속의 이해관계를 완전히 초월한 순수한 정감이다. 이것이 바로 전통의 가장 본질적인, 그리고 가장 본연적인 '의'의 모습이다. 이러한 '의'에는 어떠한 공리적인 것도 없으며, 시간적인 것도 없다. 그것은 완전히 시공의 세계를 초월한 것이다. 그래서 양경楊倞은 『순자』「권학」 편의 주석을 달면서 다음과 같이 설명했다. "백아는 옛날에 거문고를 잘 탄 사람이었다. 그러나 어느 시대 사람인지는 분명하지 않다."

이러한 '의'는 어느 시대에 생겼는지 모른다. 그리고 어느 시대에 없어졌는지도 모른다. 그것은 인류가 아직 어린아이였을 시기의 천부적인 진·선·미이며, 역시 원시 시대의 가치적 이성과 가치적 감성이기도 하다.

말하자면 그것은 중국적인 '의'의 원형이다. 백아와 종자기 사이처럼 서로를 알아주는 관계에서 '이익利'은 존재하지 않는다. 심지어는 계약도 필요 없으며, 맹약을 맺을 필요도 없다.

그러한 관계는 일종의 자연에 대한 지향이며, 신뢰이고 일종의 자연 규범이기도 하다. 그것은 영원한 가치와 영원한 매력을 띠고 있는 것이기도 하다. 이 두 고대 음악인의 행위와 언사는 후대 학자들의 무수한 '의' 관련 해석과 주석에 비교해볼 때 중국적인 '의'의 원형은 무엇인가에 대해서 훨씬 더 잘 설명해준다.

이렇게 어떠한 공리도 초월한 정신적인 연대, 서로 융합하고 연대하는 절대적인 경모와 신뢰, 나아가 세속적 목적이 없는 합목적성은 영원히 중요할 것이다. 중국이든 인류 세계이든 이러한 '의'는 영원히 필수적이다. 소위 '의리'를 논한다는 것이 이러한 종류의 '의'라고 한다면 진지하게 논할 필요가 있다.

그러나 커다란 방향에서 말한다면 서양의 '의'는 '정의正義'로 발전했으며, 중국의 '의'는 '인의仁義'로 발전했다. 서양의 '의'는 개인의 영혼 원칙에 치중했으며, 중국의 '의'는 인간관계의 원칙에 치중했다. '의'를 사회와 국가의 측면에서 살펴본다면, 서양의 정치적 이상은 '정의'를 지향했으며, 중국의 정치적 이상은 '화합'을 지향했다.

'인의' 원칙은 화합의 이상이 성립되도록 했다. 맹자의 천재성은 공자가 말한 '군자와 소인의 논변' 위에 기초하고 있다. 그는 또 '사람과 금수'의 논변, '이익과 의리'의 논변, '왕자와 패자'의 논변 등 윤리학의 근본적인 문제들을 제시했다. 옛날과 지금, 중국과 다른 나라를 모두 포함하여 어떤 나라의 어떤 사람이라도 모두가 이러한 세 종류의 척도를 벗어날 수 없다.

이상의 간략한 설명에서 알 수 있는 것은 중국의 '의'가 적어도 두 가지 원형을 가지고 있다는 사실이다. 하나는 인간화한 것으로 백아와 종자기와 같이 공리를 초월한 '정의情義'이며, 다른 하나는 맹자가 승화시켜 이성화理性化한 것으로 공리와 구별되는 '인의仁義'다.

양자는 하나의 공통점이 있는데 그것은 '이익'을 '의'의 대립항으로 여긴다는 점이다. 이익 원칙과 도덕 원칙을 구분하는 것으로 다시 말하자면, 중국 문화에서 '의'의 원형은 비공리적이라는 것이다.

그러나 중국의 '의'는 역사적인 풍랑의 파도를 겪은 뒤에 점차 변형되고 변질되었다. 그리고 『삼국지』와 『수호전』으로 발전했는데 이미 '의'의 내용에 중대한 변화가 일어난 것이다. 그 핵심적인 개념은 '결의結義' '취의聚義' '충의忠義'로 변했다. '의' 앞에 또 하나의 수식어를 덧붙였는데 이것은 작은 일이 아니다. 그것은 '의'의 의미에 중대한 변화가 발생했음을 뜻한다.

예를 들면 송강은 조개를 대신해서 양산박의 수령이 되었을 때, '취의당聚義堂'을 '충의당忠義堂'으로 바꾸었다. 비록 글자 하나를 고친 것이지만 그것은 두 가지 큰 원칙이 이미 출현했음을 암시한다. 하나는 송강이

"단지 탐관오리를 반대하지, 황제를 반대하는 것은 아니다"라는 것으로, 비록 깃발을 올리고 일어났지만 여전히 황제에 충성을 한다는 뜻이다. 또 하나는 양산박의 궐기자들은 단지 산에 올라가 모였다는 사실만을 알아서는 안 된다는 것이다. 마땅히 공동의 목표, 공동의 원칙, 공동의 규율, 심지어는 공동의 수령에 충성을 다해야 함을 알아야 하는 것이다. 그러한 '충성'은 단지 국가 사직뿐만 아니라 송강이라는 '큰형님'에 대해서도 표명해야 하는 것이었다. '충의忠義'는 여기에서 개인의 도덕적 요구였을 뿐만 아니라 개인 행위의 규범적 준칙이기도 했다.

『수호전』에서 보이는 '취의'와 '충의'는 백아와 종자기에서 보이는 '정의情義'와는 완전히 다르다. '취의'든 아니면 '충의'든 모두가 천하를 빼앗거나 천하를 공략하는 공리功利적인 목표를 지녔다. 이러한 '의'는 공리를 초월하는 것도 아니며 공리를 쟁취하는 것도 아니다. '의'는 단지 '이익'의 이데올로기와 조직 원칙일 뿐이며, 반란 집단이 커다란 공리적 목표를 실현시킬 정신적인 연결고리일 뿐이다.

'취의'는 가끔 작은 '의'를 말할 때도 있다. 즉 개인적인 감정을 띤 형제 간의 '의'가 그것이다. 그러나 '충의'는 '대의'를 말한다. 즉 커다란 공리 목표에 대한 절대적 충성을 의미한다. 따라서 이규는 송강이 여색을 가까이할 때 혁명의 대의를 위해 송강을 견책할 수 있었다. 그러나 이규나 무송이 비록 관군에 투항하는 것을 찬성하지 않았지만 그들은 '대국면'에 복종하여 송강의 '노선'에 충성을 표했다.

『삼국지』가 말하는 '의'란 '결의結義', 즉 '의'를 맺는 것이다. '결의'라는 두 글자는 바로 『삼국지』 전체를 관통하는 핵심적인 가치 관념이다. '결의' 역시 '충의'를 포함하고 있다. 그러나 중심은 '결結', 즉 결맹을 맺는 것이다. 만약에 '충의'의 중심이 정치 원칙이라고 한다면, 결의는 바로 조직 원칙이다.

유비, 관우, 장비 삼인이 맺은 '도원결의'는 우선 일종의 '결맹', 즉 조직이었다. 그 후에 그것은 또 '맹약', 즉 조직 원칙이기도 했다. 그런데 그 맹약의 목표는 대사를 도모하는 것이었다. 마치 장비가 결의 의식을 거행하기 직전에 이렇게 말한 것과 같다. "우리 집 뒤에 복숭아밭이 있는데 마침 꽃이 화창하게 피었소. 내일 그 밭에서 하늘과 땅에 제사를 지내고 우리 세 사람이 형제의 '의'를 맺고 협력하면 큰일을 도모할 수 있을 것이오."

유비와 관우도 입을 모아 "그러면 참으로 좋지요"라고 말했다. 그들이 그다음 날 선서한 맹약의 내용도 이와 같았다.

"유비, 관우, 장비는 비록 성이 다르지만 결의하여 형제가 되었다. 같은 마음으로 협력하여 곤란과 위험을 극복하고, 위로는 국가에 보답하고 밑으로는 백성들을 편안하게 할 것이다. 같은 해, 같은 달, 같은 날에 태어나는 것을 바라지 않고 오직 같은 해, 같은 달, 같은 날에 죽을 것을 원할 뿐이다. 하늘과 땅의 신령들이 우리 마음을 지켜보니, 의를 배신하고 은혜를 잊는다면 하늘과 사람들이 모두 나서서 죽일 것이다."

도원에서 결의한 이 맹약은 2000년 가까이 중국에 커다란 영향을 미쳤다. 또 그것은 줄곧 중국에서 민간 결사와 기타 비밀 조직의 조직원칙과 윤리 원칙이 되었다. 일단 '의리를 배신하고 은혜를 잊는 것'은 조직 원칙을 위반한 것이었을 뿐만 아니라 윤리 원칙도 위반한 것이 되었다. 그 원칙은 하늘을 향한 선서이기도 했으므로 일단 위배하면 '인도人道'를 위배한 것이었으며 동시에 '천도天道'를 위배한 것이어서 바로 "하늘과 사람들이 모두 나서서 죽이는" 이유가 되었다.

도원결의가 이야기하는 것은 형제 윤리다. 그것이 선포한 것은 형제 간의 결맹이며 그것이 도모한 것은 천하의 '대사大事'였다. 그것이 후대에 거대한 영향력을 발휘할 수 있었던 이유는 하층 사회의 생존 요구를 반영했기 때문이다.

상층사회, 그중에서도 특히 귀족 관료사회는 형제간의 윤리보다는 군신君臣 간의 윤리를 이야기한다. 즉 그것은 윗사람과 아랫사람이 엄격히 구분되는 윤리인 것이다. 그러한 윤리에서는 '군주는 신하의 벼리綱'라는 질서만 있을 뿐 평등은 없다. '도원결의'의 형제 윤리는 성이 다른 형제간의 우정을 지고한 지위에까지 올려놓았는데, 이는 하층사회의 평등에 대한 요구를 구현한 것이었다.

'결의'에 참가한 사람의 지위가 어떻든, 출신이 어떻든 일단 결의를 하게 되면 계급 차별이나 존비尊卑의 차별을 벗어나 일률적으로 형제로 보는 것이다. 계층 구분이 삼엄한 봉건사회에서 '의'는 계층을 타파하고 사람들이 평등한 지위를 얻게 했다. 실질적으로도 생명의 존엄성과 보호를 획득할 수 있었다. 이 때문에 '도원결의'의 패턴은 중국 사회에서 광범위한 인정을 받았다.

『삼국지』에서 유비는 직접적으로 이렇게 표명했다. "형제는 수족과 같지만, 처자妻子는 의복과 같다." 처와 자식은 언제든지 버릴 수 있다. 그러나 형제는 버릴 수가 없다. 형제는 영원히 수족과 같이 연결되어 있다.

유가의 '삼강三綱' 윤리 규범에는 '군주는 신하의 벼리요君爲臣綱, 아버지는 자식의 벼리요父爲子綱, 남편은 부인의 벼리다夫爲婦綱'라는 세 가지 규범이 있다. 그러나 '형은 동생의 벼리'라는 규범은 없다. 이것은 바로 군신

君臣, 부자父子, 부부夫婦는 상하上下 존비尊卑의 불평등 관계임을 말한다.

한편 형과 동생의 관계는 그러한 상하, 존비의 구분이 없다. 중국에서 형제간의 윤리는 특별히 발달했다. 그래서 하층사회는 삼강의 윤리 규범에서 벗어날 필요가 있었다. 형제간의 윤리는 '도원결의'를 통해서 일종의 조직적인 존재 형식을 획득했다.

그러나 역사는 '결의', 즉 형제간의 맹세는 결코 믿을 수 없다는 것을 부단히 증명했다. '의'는 최후에 결국 '이익'의 검증을 받아야 한다. 형제가 모두 빈곤하고 환난에 처했을 때, 그리고 '이익'이 아직 돌출해 나오지 않았을 때 평등관계는 유지될 수 있다. 그러나 일단 '이익'이 발생하여 그것이 분명히 드러나고, 함께 도모했던 큰 과업이 성공적으로 이뤄졌을 때 문제가 발생한다. 즉 새로운 권력관계가 형성된다. 불평등의 관계는 반드시 형제간의 평등관계를 대신하는데, 만약에 그렇지 못하면 권력 구조는 유지할 수 없게 되어버린다.

주원장, 이자성, 홍수전에서 보듯이 그들이 처음 반란을 일으켰을 때 주위에서 함께 대업大業을 도모한 주축 세력들은 모두 형, 동생으로 통했다. 그러나 일단 사업에 성공하고 황제의 칭호를 얻은 뒤에는 이전의 '형제'들이 '신하'가 되어 관습대로 무릎을 꿇고 엎드려 만세를 세 번 외치는 의식을 행했다. 그러다 수많은 '형제'가 의심을 받고 살해당했다.

그렇게 된 중요한 원인 중 하나는 신하가 된 '형제들'이 시간이 지나고 환경이 바뀌어 이미 형제관계가 변했다는 사실을 망각한 데 있었다. 옛날에 있었던 형제간의 '의'는 이미 존재하지 않으며, 눈앞에 있는 진실은 엄격한 군신의 질서라는 것을 잊어 그러한 불행이 일어났던 것이다.

과거의 형제간 윤리를 빌려 새로운 군신의 윤리를 어지럽히고자 기도 하는 것은 바로 윗사람을 범하는 것이고 난을 일으키는 것이다. 그것은 곧 대역죄에 해당되며 결국 죽임을 당하는 것이다. 숱한 신왕조의 공신들이 비극적인 운명에 빠진 것은 '의'의 허약성을 설명해준다. '의'를 맺는 '결의'의 맹약은 믿을 것이 못 된다는 것이다. 아울러 그것은 '의'가 변할 수 있으며, 절대적인 것이 아니라는 점을 설명해준다.

'결의'는 합리적인 일면이 있다. 그것은 이해할 수 있는 일면이다. 그러나 동시에 불합리한 측면도 있다. 그 불합리성의 관건은 '결의'가 사랑의 보편성을 결여하고 있다는 것이다. 달리 말한다면 관심과 책임이 없는 보편성이다. 만약에 우리가 사회적인 관습언어로 표현한다면, '도원결의'든 양산박이든 그것들은 모두 패거리 집단에 불과한 것이다. 사회가 아니다.

'결의'하고 '취의聚義'한 결과는 패거리 집단으로 사회를 대신하는 것이다. 패거리 집단의 이익을 모든 것보다 위에 두고 크게 생각하는 것이다. 당연히 사회 이익보다 자기들의 이익을 크게 생각한다. 소위 '의'라는 것은 단지 패거리 집단의 원칙일 뿐으로 결코 사회 원칙은 아니다. 패거리 집단에 들어가면 '의'의 보호를 받는다. 『수호전』의 양산박 집단에 대해서 말하자면 108명의 두목 안에서만 '형제'가 있으며 '의'가 존재한다. 그들 바깥에는 '형제'도 없으며 이렇다 할 '의'도 없다.

루쉰은 펄벅이 『수호전』을 '사해四海는 모두 형제다'라고 번역한 것에 대해서 타당하지 않다고 비평했다. 왜냐하면 『수호전』의 영웅들은 '사해'에 대해서 말한 적이 없으며, 세상 사람들을 모두 형제라고 여긴 적도 없었을 뿐 아니라 그들은 집단의 안과 바깥을 구분했기 때문이다.

108명의 집단 안에서는 '의리'를 논했으나 그 집단 바깥에 대해서는 오직 죽이고, 죽이고, 죽이는 일뿐이었다. 그들이 '의를 맺는다'는 말은 집단의 내부와 외부를 구분하는 것이며, 그것을 가장 중요하게 여긴다는 뜻이었다.

패거리 집단의 내부와 외부는 전혀 다른 두 세계이다. 집단 내부의 가족과 집단 외부의 '이족異族'은 결코 혼합될 수 없다. 선종에서 말하는 '불이법문不二法門'은 불교가 말하는 '분별 없는 마음'으로 '의를 맺다'는 말과 가장 멀리 떨어져 있는 개념이다.

2. 의리의 배타성

'결의結義'에서 '의' 자체는 그러한 특징이 있다. 때문에 그것은 다음과 같은 두 가지 커다란 한계를 동반한다.

1) 대내적인 응집성이 대외적인 배타성을 초래한다.
2) 집단 내부의 작은 '의'가 집단 외부의 사회적 '대의大義'를 대신한다. 막스 베버의 말을 빌리자면, 형제 윤리가 책임 윤리를 대신해버린 것이다.

첫 번째 한계와 관련하여 말하자면 그것은 바로 앞서 설명한 사랑과 관심의 보편성을 결핍한 것으로 적극적인 비평이다. 그것이 배타적이라는 것은 소극적인 비평이라고 할 수 있다. 유비, 관우, 장비의 '도원결의'는 마찬가지로 거대한 배타성이었다. 그러한 특성에 대해서는 에둘러 설명할 필요가 없다. 단지 그들이 결의할 때 만났던 첫 번째 은인, 즉 그들이 황건적 영웅들을 토벌하도록 이끌어낸 유언劉焉이 바로 좋은 사례라고 할 수 있다.

유비, 관우, 장비는 원래 직업이 없는 하층 유랑민들이었다. 이들은 비록 커다란 뜻을 품었지만 그 환경에서 벗어날 길이 없었다. 결의를 맺은 후에 그들의 포부는 몹시 커졌지만, 그들을 받아들여 이끌어줄 사람을 찾아야 했다. 그 중요한 순간에 유비는 유언을 만났다.

유언은 바로 유장劉璋의 부친으로 28살의 유비가 그를 만났을 때 유언은 유주幽州 태수였다. 그는 또 강하江夏의 경릉竟陵, 지금의 호북湖北 잠강潛江 사람으로 한나라 노공왕魯恭琪의 후손이었다. 당시 황건적은 이미 유주의 변경을 침입했던 터였다. 그래서 그는 방을 붙여 의용병을 모집하고 있었다. 유비, 관우, 장비 세 사람은 결의를 맺은 뒤에 추정鄒靖을 통해서 유언을 만났다. 그를 만났을 때 유비는 아주 교묘하게 먼저 유씨 성을 이용해 문장을 지었다. 이에 유언은 크게 기뻐하여 결국 유비 현덕을 자신의 조카로 인정하게 되었다. 아울러 "명령을 내려 추정이 현덕 등 세 사람을 이끌고 병사를 지휘하여 앞으로 나아가 적군을 격파하도록 했다. 이에 현덕 등은 기쁘게 군사를 이끌고 앞으로 전진했다."(제1회) 그리고 깃발을 들자마자 승리를 얻어 큰 공을 세웠다.

이러한 이야기에서 우리가 알 수 있는 것은 유비는 유언에 기대어 성공했다는 것이다. 달리 말하자면 유언에 의지하여 공적을 세우고 업적을 달성한 출세의 제1보를 내딛었다는 점이다. 유언은 병사 모집에 응해 찾아온 무명의 유비에 대해서 결국 자신이 태수의 신분임에도 불구하고 조카로 인정해주었다. 말하자면 유언은 '정의情義'를 극히 중시했다고 할 수 있다.

그러나 유언은 '도원결의' 당시 그 집단 범위에 들지 않았다. 같이 죽고 같이 산다고 하는 계약이 없었던 것이다. 그래서 유비가 맨 처음으로 배반한 이는 바로 그였다. 그들 '삼형제'는 추정과 첫 번째 전투에서 승리를 거둔 뒤에 추정과 헤어졌다. 자신들이 500여 명의 병사를 이끌고 노식盧植에게 투항한 것이다. 그리고 그들은 노식의 병영에서 처음으로 조조를 만났다.

유비는 유언에 대해서 '불의'를 범했을 뿐만 아니라, 유언의 아들 유장에 대해서는 더욱 심한 '불의'를 저질렀다. 앞서 유술儒術에 대해 이야기할 때, 이미 유비의 '불의'에 대해서 언급했다. 여기에서 특별히 주의를 환기시키고 싶은 것은 유장은 유비의 가장 첫 번째 은인의 아들이라는 사실이다. 옛 속담에 승려의 체면은 보지 않더라도 부처의 체면은 봐야 한다는 말이 있다. 그러나 유비는 어떤 일도 되돌아보지 않았다. 단지 익주의 비옥한 토지만 염두에 두었다. '익주益州', 즉 이익을 내는 땅이다. 그것은 진정으로 이익을 내는 땅이었다. '의리'의 땅은 아니었다.

'도원결의'를 맺을 당시의 목적은 무엇이었던가? 그들이 도모한 것은 바로 큰 이익을 내는 훌륭한 대업이었다. 어떻게 그것을 가볍게 포기할 수가 있겠는가? 그래서 유장이 은인의 아들이었음에도 불구하고, 또 진심으로 그 자신을 형제로 생각해주었지만, 유비는 절대 '의'로 '의'에 보답하고자 하지 않았다. '형제'라는 두 글자를 말하면서도 그는 단지 입술 위에서만 그리고 얼굴 위에서만 그것을 말했다. 절대로 마음에 그 두 글자를 새겨두지 않았다. 그러니 행동으로는 더욱 표현할 수 없었다.

한편 유장 진영에서 장송張松은 유비의 군대를 불러들여서 장로張魯 군대를 막아 익주를 보호하자는 제안을 했다. 그러나 성품이 유약한 유장은 너무도 선량하여 장송張松의 제안을 듣자마자 즉각 '좋다'고 했다. 유장은 막료 황권黃權의 만류도 듣지 않고, 왕루王累가 죽음으로 올린 간언도 듣지 않았다.

왕루는 결국 성문에 매달려 죽었다. 유장은 왕루가 자결하게 만들었을 뿐만 아니라 정색을 하면서 말했다. "현덕은 나의 형이다. 어찌 나를 해치겠는가? 더 이상 말을 하는 자는 반드시 참수하겠다." 유비가 들어온 뒤에 그는 진심으로 형제로서 그를 대했다. 100일 이상을 성대한 만찬으로 대접하고 이루 헤아릴 수 없는 예물을 유비에게 보냈다. 그러나 그러한 모든 진심과 '진의眞義'도 유비가 '의'로써 그것에 보답하게 할 수는 없었다. 그의 부친의 유언과 마찬가지로 그가 받은 것은 역시 '불인不仁'과 '불의不義'였다.

그렇게 된 원인은 사실 아주 간단한 데 있었다. 왜냐하면 유장은 결코 '도원결의'의 범위에 들지 않았기 때문이다. 패거리 집단에 속하지 않았기 때문인 것이다. '의'로 맺어진 패거리 집단은 외부인에 대한 배타성이 절대적이다. 유비는 관우나 장비와는 '의'를 말할 수 있다. 하지만 유장과는 절대로 '의'를 말할 수 없다.

유비는 막 사천 지방에 들어갔을 때 방통龐統에게 진심으로 이렇게 말했다. "작은 이익으로 천하에 신의를 잃는 것을 저는 참을 수 없습니다."(제60회) 그러나 일단 사천으로 들어가자 그는 바로 구실을 찾아 안면을 바꾸고 '차마 그럴 수 없는 마음'은 순식간에 저 멀리 아득한 하늘로 던져버렸다. 지극한 인의와 인정을 보여준 유언과 유장 부자를 대하는 태도가 이러했는데 하물며 다른 사람들에 대해서는 말할 필요가 있을까?

이것을 보면 '결의結義'의 '의'란 단지 패거리 집단의 협소한 윤리에 불과한 것이지 결코 사회의 일반적인 윤리가 아님을 알 수 있다. '의'는 그들 사이에서는 진실일지 모르지만, 외부의 보편 사회에 대해서는 거짓이었다. 이것이 바로 '의'의 변질이다.

'결의'의 '의' 자가 가진 피할 수 없는 배타성은 결국 사회를 심각하게 파괴한다. 『삼국지』가 세상에 나온 후에 비밀결사 조직들은 유비, 관우, 장비의 '도원결의' 패턴을 자신들의 모범으로 삼아 다른 집단을 공격했다. 그 수단도 대개는 매우 잔인했다. 암흑사회를 넘어서 사회 일반에 대해서도 자신들의 이익과 충돌하는 집단이라면 함부로 살인하고, 심지어 무고한 사람들을 죽이기까지 했다.

중국 사회의 변질, 즉 악질화는 여기서부터 시작되었다. 그런데 사회의 변질은 우선 사회 윤리의 변질이기도 하며 도의道義 문화의 변질이기도 한 것이다. 중국인들은 스스로 '의'를 중시하고 '협俠'을 행한다고 이야기하길 좋아한다. 그러나 자기가 말하는 '의'가 일찍부터 이미 그 형태와 내용이 변질되었다는 것을 전혀 모른다. 그리고 '의'라는 가면 밑에서 단지 자기 자신과 자기 집단의 사적인 이익만을 살찌운다. 이러한 현상은 사회 도처에서 발견할 수 있다.

3. 형제 윤리와 책임 윤리

'도원결의'의 '의義'는 단지 '소의小義'라고 할 수 있으며, '대의'라고 할 수 없다. 앞서 언급한 것처럼, 중국에서 '의'의 원형은 백아와 종자기가 보여준 형태의 '의'이다. 그 특징은 이익을 초월한 것으로 '의' 외에 다른 목적이나 목표가 없다. 또 다른 종류는 공자가 말한 '사해四海 안은 모두 형제'라고 하는 형태의 '의'이다. 그 특징은 종교를 초월하고 계급을 초월하고 패거리 집단을 초월한다. 이러한 두 종류의 '의'가 '대의'인 셈이다.

백아와 종자기의 '의'는 인류의 정신적 창조와 대면하는 것이며, 천지의 미와 인간 심령의 미를 대면하는 것이다. 오로지 아름다움에 대한 지향과 진실한 마음만이 있을 뿐이다. 이것은 '의'의 우주적인 경지로서 도덕적인 경지보다 더 높다. 공자의 '의'는 도덕적인 경지에 속하는 것이다. '사해'를 가슴에 품는 것이기 때문에 패거리 집단을 중요시하지 않으며 따라서 '대의'에 속한다고 할 수 있다.

'사해'란 하나의 상징적인 개념이다. 그것은 인류세계를 의미할 수도 있고, 국가·역사·사회를 의미할 수도 있다. "사해 안은 모두 형제"라는 윤리적 지향은 단지 패거리 집단만을 책임지는 것이 아니라 사회에 대해서, 혹은 역사에 대해서도 책임진다는 의미이다. 그것은 의심할 나위가 없다.

공자가 말한 "군자는 무리지어 어울리나 파당을 만들지는 않는다. 소인은 파당을 만드나 서로 어울리지 않는다"는 말 역시 윤리적 지향을 나타낸다. 소인은 '파당', 즉 패거리 집단에 대해서만 책임을 느낀다. 군자는 반대로 '큰 무리', 즉 사회에 대해서 책임을 느낀다.

'도원결의'에서 보여준 형제간의 맹약은 패거리 집단에 대한 책임만을 이야기한다는 데 그 한계가 있다. 혹은 패거리 집단 내부의 조그마한 '형제' 집단에 대해서만 책임을 느끼고 사회의 커다란 '형제' 집단에 대해서는 결코 책임을 느끼지 않는다. 그것은 베버가 말한 의도意圖 윤리

(심정心情 또는 심지心志로도 번역)이지 책임 윤리는 아니다.

의도 윤리와 책임 윤리를 구분한 것은 막스 베버의 거대한 사상적 공헌이다. 책임 윤리는 자본주의 발전 이후의 사상적 산물이다. 그것이 강조하는 것은 사회적 효과이지 그 동기는 아니다. 그러나 의도 윤리가 강조하는 것은 동기다.

책임 윤리는 일종의 원칙이 되었다. 그것은 오로지 자본주의와 관련해서만 비로소 그 내용을 분명히 말할 수 있을 것이다. 여기에서 우리가 이러한 개념을 빌려서 사용하는 것은 단지 그것으로써 모든 사회에 대해 책임을 지며 사회적 효과를 강구하는 윤리 원칙의 범위를 정하기 위해서이다. 이러한 윤리 원칙을 참고로 하여 우리는 도원결의의 형제간 윤리가 일종의 의도 윤리에 불과하다는 것을 분명히 알 수 있다. 그것이 강조하는 것은 가맹 주체들인 의형제 간의 우정과 의지일 뿐이다. 이러한 우정과 의지, 즉 형제간의 의무를 다른 모든 의무보다 높다고 여기는데, 그것은 사회적인 의무보다 높다는 것도 포함한다.

베버는 이러한 윤리의 특징을 '인륜관계가 우선'이라고 설명했다. 우리가 베버의 말을 빌려 도원결의 현상을 구체적으로 설명한다면 그것은 바로 '형제관계가 우선'이라고 할 수 있을 것이다. 집단에 가입한 형제들의 이익을 사회 전체의 이익보다 절대적으로 우선적인 위치에 놓는 것이다.

베버가 논한 것은 중국 유교 윤리의 개설에 대한 것이었다. 따라서 그가 지적한 인륜은 군신, 부자, 부부 등의 인륜관계를 포함한다. 그러나 도원의 윤리는 이미 유교 윤리에 대해 중대한 수정을 가했다. 다른 말로 한다면 이미 커다란 변형이 발생했다. 따라서 우가가 '인륜'을 우선

시했다고 한다면, 도원의 윤리는 절대적으로 '형제'를 우선시한 것이다.

이러한 판단을 이해하기 위해서 우리는 베버의 다음과 같은 원시적인 논설을 다시 읽어볼 필요가 있다. 베버는 『중국의 종교』에서 중국인은 피안의 관념이 없기 때문에 종교적인 열정이 결핍되었다고 지적했다. 이 점은 중국의 민족성에 영향을 미쳤다. 그리고 그것은 중국인들이 개인적인 정분을 중시하여 서로 연대할 때 배타성을 낳았으며 나아가 사회적인 의무감을 희박하게 만들었다. 그러한 견해가 중국인을 결코 억울하게 만드는 것은 아니다. 그는 이렇게 말했다.[41]

교육 계층은 아주 크게, 부정한 방식으로 서민 대중의 생활 태도에 결정적인 영향을 미쳤다. 한편으로 그것은 완전히 선구적인 종교정신에 대한 흥미를 막아버렸으며 다른 한편으로는 거의 철저하게 애니미즘적인 종교의식 안에 담긴 광적인 요소를 뿌리째 제거해버렸다. 아마도 이것은 일반에서 말하는 중국인의 민족성을 적어도 부분적으로는 결정해버렸을 것이다. 특히 유교 사회 윤리의 냉엄한 성격, 즉 친족이나 학생 혹은 친밀한 친구 사이에 존재하는 순수한 개인적 정감의 연대 외에는 모든 것을 배척해버린, 그러한 성격은 아마도 이 때문에 초래되었을 것이다.

인륜관계를 우선적으로 여기는 것은 사회 윤리적으로 분명히 두드러지게 드러나는 현상이다. 오늘날에 이르기까지 중국에는 아직도 공동사회에 대해서 의무를 지닌다는 생각이 존재하지 않았다. 그 공동체가 정치적인 것이든, 이데올로기적인 것이든 아니면 그 외 성격의 것이든 그러했다. 중국에서 모든 사회 윤리는 전부, 태어날 때부터 지닌 공경하고 순종하는 관계를 다른 모든 관계로 변화시켰을 뿐이다. 다섯 가지의 자연적·사회적 관계는 군주·부모·

남편·형(스승 포함)·친구에 대한 윤리적 의무로 정리되었다.

베버가 본 중국의 사회 윤리는 모두 천성적인 유대관계에 의해서 결정된다. 그러한 유대관계 외에 다른 모든 것은 배척된다.

유비, 관우, 장비의 도원결의는 바로 그들로 하여금 상호관계를 혈연적인 형제관계와 동질의 것으로 변화시켰다. 아울러 그들 상호관계를 일종의 생명체와 같은 정치연맹 조직체로 변화시켰다. 이러한 유대 연결의 범위 안에서 그들은 피차 간에 절대적인 의무를 지녔다. 조조는 비록 그 유대 안에 있지 않았지만, 일찍이 동질적인 감정관계를 가지고 있었기 때문에 관우 역시 그에 대해서 의무를 다했다. 그러나 그러한 특별한 예외를 제외하고 관우는 결코 사회나 역사에 대해서 의무를 다한다는 생각은 하지 않았다. 적어도 이렇게 말할 수 있다. 관우는 절대 다른 사람(형제가 아닌 다른 사람)을 위해서나 사회 전체를 위해서 의무를 다할 열정이 없었다.

따라서 우리는 관우를 우상으로 섬기면서 '의'의 원칙을 최고로 여기는 사회에서는 공중도덕이 생길 수 없다는 것을 확신할 수 있다. 중국 근대의 계몽사상가 량치차오 등은 중국에 공중도덕이 결핍되어 있다는 점을 줄곧 반성하고 비평했다. 이것은 그들이 베버와 마찬가지로 중국인에게는 사회적 의무 관념이 결핍되어 있다는 것을 인식했음을 설명해준다.

오늘날 우리가 량치차오보다 한발 더 앞으로 나아갈 수 있으려면 이러한 민족적 약점을 초래한 문화적 근원을 반드시 반성해야 한다. 그리고 잠재의식에 깊이 뿌리 내린, '의義' 등의 문화적 유전자에 대해서 반드시 분명한 인식과 비평을 해야 한다. 관우에 대한 숭배를 그쳐야 비로소 우리는 현대사회의 문화적인 출발점을 얻을 수 있을 것이다.

삼국의 분쟁 중에, 유비의 정치군사 집단은 '도원결의'라는 사건을 통해 작은 집단에서 태동했다. 그러한 소집단은 그로 인해 대집단의 핵심이 되었다. 그리하여 소집단의 윤리 원칙은 바로 대집단의 가장 내재적이며 가장 근본적인 윤리 원칙이 되었다. 이 점에 대해서는 가장 총명했던 제갈량이 분명히 인식하고 있었다.

유비가 그에 대해서 삼고초려를 감행하고, 곳곳에서 그에게 의지하고 그를 중시했지만, 그는 핵심적인 윤리관계만큼은 절대로 건드릴 수 없다는 사실을 잘 알았다. 따라서 군대가 서쪽으로 정벌을 떠나다 용감무쌍한 마초를 얻고 모두들 좋아할 때, 오직 관우만이 갑자기 질투가 생겨서 마초와 대결하려고 했는데 이때 제갈량은 몹시 걱정이 되었다. 그는 관우의 행동이 매우 황당한 것임을 알고 또 그것이 전체 대국의 이익에 절대적으로 반한다는 것을 알았지만 감히 관우를 훈계하거나 처분할 수 없었다. 이에 제갈량은 아첨하는 말을 가득 담은 편지를 관우에게 보내 그를 위로하고 온화하게 격려하는 수밖에 없었다.

이보다 더 특출한 사건은 관우가 오나라에 의해서 살해되었을 때였다. 유비는 평소에 제갈량을 신처럼 모시고 겸손히 대했으나 더 이상 그렇게 하지 않았다. 그는 당시의 정치적·군사적 상황을 돌아보지 않고, 제갈량의 간절한 충고도 듣지 않았다. '원형'이 드러난 것이다.

유비에게는 소집단의 형제 윤리가 다른 모든 것보다 더 높고 모든 것을 압도했다. 심지어는 '국가 이익'도 압도했다. 그래서 유비는 '책임 윤리'도 돌아보지 않고 망발되게 전국의 병사를 '형제'의 복수를 위해 동원하여 오나라에 선전포고를 했다. 치명적인 전략적 착오를 저지른 것이다. 그 결과 촉나라의 원기를 크게 상하게 하고 자기 자신도 백제성白帝城에서 목숨을 잃었다. 당시 유비의 전략적 실패와 그에 따른 재난은, 비록 도원결의의 패거리 윤리의 승리이며 도원결의의 원만한 종결(같은 해에 사망)이라고 할 수 있지만, 촉한의 정치와 군대에 이루 말할 수 없는 참혹한 실패를 초래하고 그의 아들이 결국 사마씨에게 체포되어 촉한이 멸망하는 결과를 낳았다.

유비가 관우를 위해서 보복한다고 하는 그 사건은 '의'가 지닌 치명적인 문제를 폭로했다. 하나는 '의'의 조직 원리와 윤리 원칙이 국가 원칙과 사회 원칙을 능가했을 때, 그것은 반드시 국가와 사회에 위해를 끼칠 것이라는 점이다. 또 하나는 '의'의 근본적인 약점을 폭로시켰다는 것이다. 그것은 감정만을 말하고 이성은 말하지 않으며, 형제간의 윤리만 말하고, 책임 윤리는 말하지 않는다는 것이다. 사람들은 '의'의 지배 정서에 좌우됨으로써 윤리적 감정과 정치적 상황의 혼재 속에 놓이게 되었다.

결국 정치는 윤리 도덕과 감정에서 분리되지 못하고 독립하지 못한 것이다. 이러한 정치, 도덕, 감정이 서로 얽혀 어지러운 상태가 면면히 이어져 내려온 것이다. 이는 단지 유비 집단에만 해당되는 것이 아니라 중국 사회에서 일종의 전통 관습이 되었으며, 그것이 수천 년간 전해져 내려온 것이다.

서양의 중세는 정교일치의 사회였다. 정치와 종교는 서로 분리되지 않았다. 그러나 계몽운동 뒤에는 정교분리가 시작되어 거대한 사회적 발전을 이룰 수 있었다. 베버의 윤리학은 바로 이러한 배경에서 태어난 것이다.

의도 윤리는 사실상 종교적 윤리이며, 그것은 더욱 많은 윤리적 이상과 윤리적 감정을 포함하고 있다. 그러나 책임 윤리는 사회적 윤리에 속하며, 그것은 사회에서의 행위 규범이다. 도원결의 집단의 '의'이든 아니면 도원결의 집단의 바깥에서 유행하는 '의'이든 그것들은 모두 의도 윤리에 속한다. 중국 사회의 이러한 가족적 혈연을 기초로 한 윤리는 가족이나 부모 혹은 형제에 대해서만 책임질 줄 안다는 점에서 치명적이다. 혹은 그것을 좀 더 확대 발전시켜 황제에 대해서 책임지는 것만을 안다. 하지만 사회나 시민 혹은 역사에 대해서는 책임질 줄 모른다.

4. 관우를 숭배하는 심리 분석

『삼국지』가 만들어낸 최고의 책략가는 제갈량이다. 그러나 최고의 영웅은 바로 관우다. 모종강毛宗崗은 관우를 '의절義絶'이라 칭했다.

『삼국지』가 세상에 나온 후, 특별히 청대에 이르러 관우는 악비岳飛를 대신해서 민간사회의 신으로 섬겨지고 도처에 관제묘關帝廟가 생겨났다. 관제묘를 이용하여 악왕묘岳王廟를 대신하도록 한 것은 청나라 왕조의 수요에 부합하는 것이었다. 악비는 이민족인 금나라에 항거한 영웅으로, 사람들로 하여금 이민족인 청나라 만주족을 쉽게 연상하게 만들었다. 반면 관우는 그러한 연상이 일어나지 않도록 하는 장점이 있었다.

『삼국지』에서 관우는, 이성적인 역사의 눈으로만 본다면 실패한 영웅에 불과했다. 사실 그에 대한 숭배에는 충분한 이유가 없다. 소위 영웅은 재주가 뛰어나다고 하는 '영英'의 일면과 씩씩하다고 하는 '웅雄'의 일면을 지닌다. 양자를 겸비해야 비로소 영웅이라고 할 수 있다.

유소劉劭는 『인물지人物志』에서 영웅에 대해 논하면서 이렇게 말했다. "그러므로 뛰어나게 총명한 것을 영英이라고 하며, 담력이 보통 사람을 뛰어넘는 것을 웅雄이라고 한다. (…) 한 사람이 영과 웅을 겸비하고 있다면 그는 세상의 우두머리가 될 수 있을 것이다."

영웅에 대한 유소의 정의에 따라 사덕私德의 측면에서 말한다면, 관우가 조조를 석방한 행위는 분명히 감동적인 것이었다. 양 진영이 피비린내 나는 전투를 벌이던 상황에서, 그것도 전체 상황이 매우 중요한 순간에 그는 결국 아주 냉정한 선택을 했다. 집단의 이익보다 개인적인 감정을 더 위에 두고, 상부의 명령을 거부하고 자신의 감정을 따른 것이다. 그러한 결정은 분명 훌륭한 인간성과 품위 있는 미덕을 드러낸 것이었다.

그것은 관우가 정이 있고 의리 있는 사람임을 설명해준다. 또 그것은 그의 마음 깊숙한 곳에 있는 감정이 진실한 것이며 뿌리가 깊고 튼튼하다는 것을 말해준다. 따라서 모종강이나 이탁오 등이 그에게 감탄한 것도 당연하며, 후대 독자들이 한 세대 한 세대 시간을 거치면서 그에게 탄복하는 것은 전혀 이상하지 않다.

중국인들이 관우를 숭배하는 것은 사실 대인 관계에서 '감정'에 대한 숭배라고 할 수 있다. 중국인들은 '충忠'과 '의義'를 동시에 완전하게 하기 어렵다는 것을 잘 안다. 관우가 조조에 대해서 말한 '의'는 바로 유비의 한나라 회복 대업에 대한 불충不忠이며, 심지어는 황통에 대한 불충이라고 할 수 있다.

그러나 숭배자의 마음에서 관우의 이미지는 오히려 '충'과 '의'가 통일되어 있다. 그것은 관우 자신을 알아준 자에 대한 감정상의 통일이다. 즉 관우가 조조를 풀어준 행위는 감정에 충실했다는 점을 나타냈다. 감정에 충실하다는 것은 시간과 장소를 초월하여 사람들을 감동시킨다. 유소의 정의에 따르면 '영英'은 몹시 총명하다는 것을 의미한다. 즉 지혜롭다는 것이다. '웅雄'은 담력이 뛰어난 것을 의미한다. 즉 그것은 역량을 말한다. 관우는 분명히 역량이 있었다.

  그가 관문 다섯 곳을 통과하면서 장수를 6명이나 베었다는 사실이 이를 증명한다. 그는 칼 한 자루만 쥐고 적장의 초대연에 갔다. 그것은 그의 담력이 비상하다는 것을 증명한다. 그러나 같은 시대의 다른 영웅들 중에서 가장 역량이 뛰어났던 사람은 여포였다. 관우는 유비, 장비와 연합하여 겨우 여포와 겨룰 수 있었다. 역량 면에서 본다면 관우는 비록 과대평가되었다고 할 수 있지만, 그는 '총명함'이 뛰어나서 다른 사람들의 지혜는 그에 비해 부족해 보였다.

  관우는 보통의 장수가 아니라, 바로 형주 지방을 지키는 사령관이었다. 세 방면이 교차하는 전략적 요충지에서 장수는 마땅히 전략적 지혜를 갖추고 있어야 했다. 그러나 관우는 판단이 한쪽으로 치우쳐 제갈량이 제시한 전략을 잘 인식하지 못하고 있었다. 제갈량은 오나라와 연맹을 맺어 조조에 항거하는 전략을 세웠다. 그런데 관우는 오나라와 연맹해야 하는 전략의 중요성을 잘 알지 못하고 줄곧 오나라를 '개 같은 오나라'라고 욕했다. 손권은 사람을 파견하여 혼인관계를 청했다. 정치연맹의 일환으로 일종의 인질 교환을 원한 것이다. 그러나 관우는 그것을 거부하고 오히려 손권을 모욕하는 말을 했다. "호랑이 여식이 어떻게 개의 아들에게 시집을 가겠는가?" 감정상으로 동맹국을 상처 입힌 것이다.

관우는 대외적으로는 전략적 연맹을 알지 못하고 대내적으로 부하 장수들을 잘 몰랐다. 그 때문에 미방麋芳과 부사인傅士仁이라는 두 장수가 죄를 짓게 만들었다. 결과적으로는 여몽呂蒙이 습격할 때 이 두 장수가 오나라에 투항해버렸다. 덕분에 관우는 순식간에 고립무원의 처지로 떨어지고 오나라 군대의 포로가 되어 단두대에 올려지게 되었다.

우리가 관우의 인생 전체를 잘 살펴본다면, 특히 그가 군인이 된 과정을 살펴본다면 그는 좋은 지휘관이 아니라는 사실을 분명히 알 수 있다. 나중에 유비가 군대를 몰고 오나라를 정벌하다 전군이 전멸되고 자신은 백제성에서 사망했는데 그 실패의 원인은 바로 관우에게 있었다. 역사주의의 안목으로 관우를 살펴본다면, 그가 매우 큰 결함을 지녔음이 명확히 드러난다.

역사학자 황런위黃仁宇는 관우에 대해서 다음과 같은 평론을 한 적이 있다.

이 사람(관우)은 무예가 특출한 점이 있다. 예를 들면 그는 안량顏良과 대치했을 때, "관우는 안량의 깃발을 보고 말을 채찍질해 달려가 수많은 무리 가운데서 안량을 찌르고 그의 머리를 베어서 돌아왔다"고 했다. 이러한 글에는 쌍방을 따르던 병사들의 행동에 대해서는 언급하고 있지 않다. 그리고 진을 치고 대치했던 지형이나 서로 간의 거리 등은 언급하지 않아, 마치 요행이었던 것처럼 혹은 마치 신이 도운 것처럼 묘사하고 있다. 그는 조조의 후한 대접을 받지 않고 줄곧 유비에게로 돌아가려고 했다. 그것은 마땅히 사실이었을 것이다. 그것이 그의 성격과 부합되기 때문이다.

그러나 『삼국지』의 저자는 그의 영웅적인 말로를 서술하면서 결코 그를 치켜

세우지 않았다. 관운장은 부하에 대해서 마음을 열고 은혜를 베풀어 장악하는 능력을 보여주지 못했다. 적진의 상황에 대한 판단이나 측면 경계에 대한 준비 역시 철저하지 못했다. 또 심한 욕설을 잘하고 외교 수완이 부족하여 양쪽에서 적의 공격을 받는 위험한 상황을 조성하고도 스스로 그것을 알지 못했다. 최후에 그의 부대는 결코 전투 의지를 보여주지 못한 채 싸워보지도 못하고 스스로 붕괴했다. 결국 그는 겨우 10여 기騎의 군사를 이끌고 당황하여 도망갔다. 안량의 머리를 베었을 때의 영리하고 용감한 모습은 이미 없었다. 이러한 장면이 표준적인 기록에 나타나는데, 중국 민간에서는 그를 받들어 전쟁의 신으로 모신다. 그리고 비밀결사 단체에서는 그를 맹주盟主로 받들어 제사지낸다. 이러한 사실은 진실로 이해하기 힘들다.

황런위가 느끼는 곤혹감은 결코 그 이유가 없는 것이 아니다. 관우의 결함 역시 의심할 수 없다. 우리에게 설명이 필요한 것은, 왜 이렇게 분명히 결함 있는 영웅이자 실패한 영웅에 대해서 중국인들이 그토록 숭배하고 신으로까지 모시며 존경하는가 하는 점이다.

중국 민간사회에서 관우에 대한 숭배와 포공包公, 즉 포청천包靑天(999~1062)에 대한 숭배는 문화적으로 그 이유가 유사하다. 한쪽은 검은 얼굴의 우상이며(포공), 다른 한쪽은 붉은 얼굴의 우상(관우)이다. 두 우상 모두 정신적인 의탁의 대상이다.

중국인에겐 서양의 '여호와'같이 믿고 의지할 수 있는 존재가 없다. 유교, 도교, 불교는 사실 모두 무신론이다. 그러므로 절실하게 믿고 의지할 수 없다. 믿고 의지할 만한 신이 없다면 자신에게 의지할 수밖에 없다. 그러나 자신의 역량이 부족하여 스스로의 영혼을 지탱할 수 없다면 안정감을 상실하는 도리밖에 없다.

'의지할 만한 신이 없다'는 점 외에 또 하나 근본적인 문제는 '의지할 만한 법률이 없다'는 점이다. 법률과 법제가 대표하는 것은 사회 규범 즉 사회정의다. 법제와 법률은 정의가 질서를 획득하고, 형식을 획득하고 또 보장을 획득하게 한다. 아울러 정의가 변해서 제도화된 정의, 순서화된 정의, 형식화된 정의가 되도록 한다.

중국의 역대 왕조는 비록 법률 조문은 갖췄지만 집행의 순서와 제도를 결여하고 있었다. 하물며 황제에서 관리들까지 법을 집행하는 데 자의성이 매우 강하고, 군왕의 의지와 관리의 의지가 항상 법률을 능가한다면 사회적으로 불공평한 일을 당해도 호소할 곳이 없을 것이다. 이러한 사회 환경에서 백성들은 자연히 '포공'을 향하고, '포공'에게 도움을 청하고, '포공'을 숭배하게 되는 것이다. 상제와 같은 최고신이 공도公道를 주재하지 않고, 법제가 공도를 주재하지 못하면, 결국 '포공'이 공도를 주재하도록 기원할 수밖에 없다.

사람들이 관우를 숭배하는 것도 이와 유사하다. 중국에는 서양의 '여호와'에 해당하는 최고신이 없다. 그러한 문화도 없으며 그러한 문화에서 파생된 '주님' '사랑' '믿음' '원죄' '구원' '참회' 등의 개념도 없다. 중국인들은 비록 자신의 영혼을 지탱해주는 신앙으로서 이러한 감정을 갖고 있지 않지만, '정성誠'과 그에 대응하는 '충忠' '서恕' '예禮' '의義' '덕德' '지智' 등으로 자신의 영혼을 지탱해왔다.

하지만 중국에서 이러한 이념은 대개 말할 때뿐으로, 실제로 행동할 때는 철저하지 못한 면이 있다. '입으로는 인의도덕을 이야기하지만 그 마음은 부도덕한 생각뿐'이라는 모순된 현상이 곳곳에서 발생한다. '상제'의 눈이 감시하지 않기 때문에, 사람들은 '믿음'뿐만 아니라 '정성'도 상실하여 친구지간에도 신뢰하기가 어렵다. 허위와 가식이 충만하고 서로 믿지 못하는 환경에서 사람들은 자연히 관우를 향하게 되고, 그를 통해서 의리를 말하고, 우정을 말하고, 신용을 말하는 현상이 발생한 것이다.

중국인들의 관우에 대한 집단 숭배는 문화심리의 기본적인 특징 하나를 전형적으로 설명해준다. 그것은 진실한 감정과 보조적 감정에 대한 기대이다. 중국의 생존 환경은 매우 열악했다. 또 믿고 의지할 수 있는 '상제'도 존재하지 않으니 자기 자신을 의지하거나 친구를 믿고 의지할 수밖에 없었다. 따라서 친구를 믿고 의지하는 의존성이 거대한 인생 문제가 되어버렸다. 누군가를 믿고 의지할 수 있다면 그 사람은 바로 의리 있는 사람이다.

중국 문화에서 이 특징은 약점을 안고 있다. 그것은 개인으로서는 결국 스스로 일어설 수 없다는 것이다. 바꿔 말하면, 개체의 인격으로는 독립해서 역사를 대면하거나, 사회 또는 인생을 대면할 수 없다는 것이다. 독립해서 자신의 영혼을 지탱할 수 있는 역량이 없다.

이렇게 인격적·심리적으로 중국인들이 지닌 허약성은 구원의 희망을 친구에게 두도록 했다. 특히 친구의 충성스러운 감정에 두었다. 그것을 연장한다면 바로 친구들로 결성된 소집단에 두는 것이다. '집에 있을 때는 부모에게 의지하지만, 문을 나서면 친구에게 의지한다'는 속담의 의미는 바로 친구의 감정이 최후에 심리적으로 의존할 수 있는 곳임을 잘 설명해준다. 따라서 심리적으로 의지할 곳을 찾고 감정적으로 의지할 곳을 찾는 일이 중국 문화의 기본적인 방향이 되어버렸다.

이러한 문화적 환경에서 우정의 도(道)에 충실했던 관우는 중국 민중의 인격적 신이 되었다. 중국인들은 그 인격신의 도움과 지원을 통해서 고통스럽고 힘든 생활의 어려움이 평온한 것으로 바뀌기를 희망했다. 또 죽음의 심연에서 인정과 의리의 신을 만나 흉악한 일들이 좋은 일로 바뀌어 새롭게 삶의 길을 찾아나갈 수 있도록 기원했다.

총명한 이들은, 사람들이 입으로는 인의도덕을 외치지만 뼛속 깊은 곳에서는 매우 이기적이며 겉으로 표현하는 감정도 결코 믿을 만한 것이 못 된다는 사실을 잘 안다. 그래서 관우와 같이 감히 자신의 감정을 집단의 이익보다 위에 둔 영웅이 실제로는 매우 희소하다는 사실도 잘 안다.

그런 까닭에 모종강은 관우를 '수천 년 만에 나타난 한 사람'이라고 평가했는데, 이는 분명히 그러하다. 그렇게 드물다는 것은 바로 그렇게 진귀하다는 것이며 신기하다는 것이다. 또 그것은 관우의 행위가 인간성이 있을 뿐만 아니라 동시에 신적인 성격도 지니고 있다는 것으로 해석되었다. 바로 이 때문에 관우의 인격은 중국인의 이상적인 인격이 되었으며 신격화된 인격이 되었다.

서양에서 일부 국가들은 '자유'를 당파나 국가 혹은 종족의 이익보다 위에 두고 가장 높은 독립적인 원칙으로 여겼다. 세계 적십자회는 '인권'을 가장 높은 보편적인 원칙으로 보았다. 이들처럼 일부 중국인들은 '의(義)'를 최고의 독립적인 정신으로까지 높이 평가했다.

세계 적십자회는 전쟁 중에는 대치하고 있는 쌍방의 국기에 상관없이 그리고 그 전쟁의 성격에도 상관없이, 오직 부상자들을 돌보고 생명을 모든 것보다 가장 높은 가치로 여긴다. 또 어떤 국제적인 인권 조직은 도망자가 어떤 정치집단이나 당파에서 도망오든지 혹은 그가 군주제왕주의자든지 민주공화주의자든지 상관없이, 오직 도망자에게 생존권리를 제공하는 데 관심을 두며 반인권적인 행위에 대해서는 적극적으로 항의한다. 이것이 바로 이념의 철저성이다.

관우는 당연히 이러한 종류의, 정치를 초월한 철저한 정신을 알지 못했다. 그러나 그의 잠재의식에는 파벌을 초월한 일종의 철저한 감정 원칙이 존재하고 있었다. 그러한 감정 원칙은 유비에게도 적용되었을 뿐만 아니라 조조에게도 적용되었다. 그래서 치명적인 그 순간에 그는 커다란 함성을 질러, 조조 진영의 장수들이 말에서 내려 무릎을 꿇도록 했다. 사실 그러한 함성은 바로 그의 잠재의식에서 나온 목소리였다. 그것은 감정의 절대명령이었으며 감정 원칙이 폭발한 사건이기도 했다. 조조는 바로 이러한 상황에서 죽음으로부터 벗어날 수 있었던 것이다.

그러나 아쉽게도 관우의 철저한 감정 원칙은 단지 에고$_{ego}$의 감정 원칙이었다. 그것은 결코 인류를 위한 보편적인 것은 아니었다. 이 점이 위에서 서술한 '자유'와 '인권'의 원칙과 커다란 차이가 있다. 마땅히 인정해야 할 것은 역사주의의 관점에서, 즉 역사에 대한 영향력의 측면에서 말하자면, 관우는 중대한 결함을 지니고 있다는 사실이다. 그러나 윤리주의의 관점에서 보자면 그는 오히려 신뢰할 수 있는 인물이다. 교류를 할 수 있고 의지할 수 있는 사람이다.

두 진영이 화용華容의 길목에서 서로 요새를 쌓아 대치하고 있는 상황에서 그는 조조를 풀어주었다. 역사주의의 척도로 그것을 평가한다면 적군의 장수를 풀어주는 중대한 실수를 범한 것이다. 그러나 윤리주의의 척도로 그것을 평가하면 옛정을 잊지 못하는 일종의 선한 행동이었다. 서양의 문화는 단지 합법적인 것과 합리적인 것만을 말한다. 그러나 중국의 문화는 합법적이고 합리적인 것뿐만 아니라 '정情'에 대해서도 말한다.

관우가 조조를 풀어준 것은 비록 합법적인 것은 아니었지만(그는 상부의 명령에 따르지 않았다), 역시 합리적인 것도 아니었다(정치적 원칙을 상실했기 때문이다). 그러나 친구 사이의 우정에는 완전히 합치된 것이었다. 중국 문화는 특히나 '정情'을 중시한다. 관우를 신적인 존재로 만든 것은 바로 이러한 감정에 근거한 신앙이었다.

관우는 분명히 의사義士로서의 기개가 있었다. 영웅이 배출되는 난세에 출중하게 빼어나, 전화로 뒤덮인 시대에 크게 이름을 얻을 수 있었던 것은 다른 사람들보다 뛰어난 점이 있었기 때문이다. 그가 이름을 크게 날린 일은 동탁의 부하 장수 화웅華雄을 참살한 사건이었다. 그 후에 그는 또 안량顔良과 문추文醜를 살해하고 다섯 관문을 지나면서 여섯 장수를 베어 죽였다. 그리고 조조 진영의 주요 장수 중 한 사람인 우금于禁을 패배시키고, 방덕龐德을 생포하여 그 혁혁한 공적을 세웠다.

전장에서의 공적뿐 아니라 그 자신은 신장이 9척이나 되고 호방한 기질을 지닌 '미염공美髥公'이었다. '미염공'이란 한나라 헌제獻帝가 수염이 멋있다고 하여 그에게 붙여준 이름이었다. 그는 이토록 평범하지 않은 매력이 있었다. 더욱 흔치 않았던 것은 당시 사회가 배반과 위장, 나아가 권모술수가 난무하는 시대였음에도 불구하고 그는 오히려 정정당당히 시종일관하게 유비·장비와 맺은 형제간의 맹약을 어떠한 유혹에서도 철저하게 지켰다는 점이다. 재능을 목숨처럼 귀하게 여기던 조조가 그를 성대하게 예우했음에도 그는 형제간의 맹약을 버리지 않았다. 조조가 부귀영화를 주고자 했으나 그는 바라지 않았다. 오히려 단기單騎로 천 리를 달려 두 형수를 호송하여 권력도, 세력도 없이 실의에 차 있는 유비를 찾고자 했다.

당당한 영웅이고 대장부였던 그는 백문루白門樓에서 결국 옛날의 우정 때문에 조조에게 몸을 굽히고 동정을 구하는 것을 마다하지 않았다. 적벽대전에서 승리한 여운이 아직 남아 있던 때에 그는 화용의 길목에서 군령을 위반하고 옛날에 우정을 나누었던 조조를 풀어준 적이 있었다. 관우에게는 분명히 특별한 무엇이 있었다. 그것은 정情을 근본으로 여기는 정신이다. 그것을 부귀영화보다도 군령보다도 더 중요하게 여기고, 영웅의 체면보다도 더 소중하게 여기는 정신이다. 공리를 계산하지 않고 인간적인 작은 정감을 지키고자 하는 감정이다. 이것이 소위 '정의情義'라고 하는 것일 터이다.

중국의 문화적 시스템에서 정은 곧잘 '이理'보다 중시되었다. 심지어는 법보다 중시되었다. 이러한 문화의 장점은 중국이 서양보다 더 풍부하게 내장하고 있는 인간관계의 따뜻함에서 드러난다. 가정 안에서든 아니면 사회적 관계에서든 모두 그렇다. 단점이라면 우정이나 가족 간 혹은 세간의 인정 때문에 자주 원칙을 잃어버린다는 점이다.

속담에 이런 말이 있다. "충성과 의리는 둘 다 만족시킬 수 없다." 분명히 그렇다. 관우가 조조에 대해서 그렇게 의리를 말했지만, 그 행동은 유비를 수장으로 한 정치집단에 대해서는 충성스럽지 못한 것이었다.

역사적 가치와 정감의 가치는 서로 모순된다. 그래서 황제와 그 참모들은 '대의를 앞세우고 친한 사람을 멀리하라'고 강조한다. 그래야 '충성'이 실현될 수 있기 때문이다. 그러나 백성들은 '친함을 가장 높은 것'으로 여기고 '정을 앞세워야 한다'고 강조한다. 그래야 '의리'가 실현될 수 있기 때문이다.

관우가 충성과 의리를 모두 완전하게 실천했다고 하는 주장은 수정되어야 한다. '의리가 하늘을 찔렀다'고 하는 편이 사실에 더 가까울 것이다. 중국인들이 관우를 숭배하는 것의 근원은 결국 '정'에 대한 숭배이다.

최근 리쩌허우李澤厚가 중국 문화에 대한 연구를 통해서 '정情'이 그 근본임을 밝혀냈다. 즉 '정'이 인생과 인간성의 본원이요 근본이라는 것이다. 이것이 유가 사상을 중심으로 한 중국 문화의 근본이다. 그는 이렇게 말했다.

> 나는 일찍이 이렇게 생각한 적이 있다. "공자는 특별히 인간적인 정감의 배양을 중시했다. (…) 실제로는 정情을 인간성과 인생의 기초이며 실체이고 근원이라고 여겼다. (…) 부모와 자식 간의 정, 즉 효孝를 최후로 실재하는 인간의 도리로 여기고 그것으로 인간, 즉 인仁의 근본을 세우고자 했다. 아울러 부모와 자식, 군주와 신하, 형제, 부부, 친구 등 오륜五倫의 관계로부터 펼치고 교차시켜 각종 사회적인 정감의 중심으로 조성하고 구축하고자 했다. 아울러 그는 인간적인 정감을 배양하는 교육을 강조하여 그것을 사회의 근본으로 삼으려고 했다." 이것은 바로 「공자 재평가」라는 논문에서 지적한 것으로 공자 인학仁學의 '심리적 원칙'이라고 할 수 있다. '심心' '성性' '정情'에 대한 도야를 통해서 '내재적 자연의 인간화'를 실현하고자 한 것이다. 이것이 바로 유학에서 공자 일파의 핵심적인 주제이다. 오늘날 발견되는 죽간이 이러한 설명에 대한 증거가 될 수 있을 것 같다.[42]

리쩌허우는 중국 문화가 왜 특별히 '정情' '성性' '심心'의 도야와 배양을 중시했는가 하는 점을 해석하고자 했다. 그는 이 점에 대해서 역사와 현실의 양 측면에서 그 근원을 지적했다. 전자는 상고 시대 샤머니즘 의례와 관련된다. 원시 시대의 집단적인 샤머니즘 의식에서 충성과 경외감은 신비한 역량의 존재 및 그 출현과 관련된 것으로 인식되었다. 그러한 마음은 매우 중요한 것으로, 만약에 결여되었다면 신을 모독한 것이 되고 재난이 초래된다고 믿었다. 지금도 민간의 전통에서는 각종 샤머니즘의 미신 가운데 '성誠은 곧 영靈'이라는 관념이 보편적으로 존재한다.

장구한 세월이 흐르면서 그러한 인식은 이성화되었다. 원시적인 샤머니즘 의례 중 외재적인 것들은 복잡한 예제禮制 시스템(『의례儀禮』『주관周官』 등)으로 변모했다. 내재적인 것들, 즉 충성과 경외감을 강구하던 마음은 죽간竹簡과 같은 원전유학의 사상으로 발전했다. 그것들은 '심' '성' '정'에 대한 분석 연구와 이성적인 해석으로 변모한 것이다.

이러한 의미에서 유술儒術과 샤머니즘의 무당은 관련이 있다. 나는 리쩌허우의 「공자 재평가」라는 논문에서 장태염章太炎의 "별자리나 신령을 이용하여 비를 구하는 것을 유儒라고 한다"는 설명을 인용했는데, 같은 말이다. 관우가 신묘神廟까지 들어오게 된 것은 그가 인정이 있었다는 사실 외에도 '성실함'을 갖추고 있었기 때문일 것이다. 그것은 중국인들의 '성誠은 곧 영靈'이라는 의식과 서로 통한다.

5. 근대 사상가들의 반성

사람들이 포공을 숭배하고 관우를 숭배하는 것은 이해할 수 있다. 뿐만 아니라 관우의 충성과 의리에 대한 감정이 사람들을 감동시킨다는 사실도 이해할 수 있다. 그러나 포공이나 관우의 정신은 모두 현대적 문명을 건설하기 위한 자원이 될 수 없다.

포공의 '정의正義'든 관우의 '충의忠義'든, 모두가 현대의 이성과는 부합하지 않는다. 포공은 비록 정의의 내용은 있었지만 정의의 제도는 아니었다. 관우 역시 충의의 감정은 있었지만 사회에 충성해야 하는 의무를 알지 못했다. 중국 근대의 작가와 사상가들은 그러한 현상에 대해서 모두 반성하기도 했다.

유악劉鶚의 『노잔유기老殘遊記』가 지적한 문제는 바로 사회정의의 실현이 오직 청빈한 관료에만 의존하는 방식으로 가능한 것인가 하는 것이었다. 바꿔 말하면, 법과 제도에 의존하지 않고 단지 포청천과 같이 청빈한 관료에게 의존하는 방식으로 사회정의가 실현될 것인가? 단지 도덕적인 분노만으로 법률적인 순서나 형식에 의존하지 않고 사회적 공정公正의 문제가 해결될 수 있을 것인가 하는 문제였다.

유악의 소설은 당시 만청 시대 소설이 청빈한 관료를 칭송하고 탐관오리를 비판하는 방식과는 달리, 청빈한 관리가 도덕적인 이상을 실현하고자 할 때, 즉 정의의 화신이 되고자 했을 때, 이따금 매우 독재적이고 독선적이며 아주 잔인해질 수 있다는 사실을 폭로했다. 청빈한 관리들이 청렴한 얼굴을 했을 때, 인간성의 심층에서는 오히려 잔혹한 관리와 상통한다는 것이다.

청빈한 관료의 상당수는 인간의 생존 권리를 박탈하고 지극히 잔혹한 사람들이었다. 유악은 이렇게 말한다. "부패한 관리들이 가증스럽다는 것은 사람들이 모두 잘 안다. 그러나 청빈한 관리들이 마찬가지로 가증스럽다는 것은 사람들이 대부분 잘 모른다. 부패한 관리들은 자신의 잘못을 스스로 잘 안다. 그래서 감히 공공연하게는 잘못을 저지르지 않는다. 그러나 청빈한 관리들은 스스로 돈을 요구하지 않는다고 생각하기 때문에 못 할 일이 없으며 너그럽지 못하다. 작은 일로 사람을 죽이고, 큰일로 국가를 그르칠 수 있다. 내가 직접 눈으로 목격한 것이 적지 않다."

유악은 "청빈한 관리가 마찬가지로 가증스럽다"고 했다. 이러한 표현은 다소 과장된 것일 터이다. 그러나 그가 청빈한 관리의 어두운 면을 보고 "사람들이 대부분 잘 모른다"고 한 것은 사실이다. 즉 사람들은 청빈한 관리들의 도덕 법정이 얼마나 독선적이고 어두운 것인지를 모른다는 것이다. 또한 '돈을 요구하지 않는다'는 슬로건 밑에 감추어진, 아랫사람들에 대한 잔인함, 윗사람들에 대한 요행심, 나아가 이름과 명예만을 좇는 그러한 성격을 모른다는 것이다.

청빈한 관리들이 설치한 도덕 법정은 단지 정서만 있지 절차는 없다. 그 점이 이따금 탐관오리보다 더 반인간적으로 만든다. 그러한 정의의 화신들이 바로 원한을 만들어내는 고수가 되기도 한다. 정의의 깃발 아래서 피비린내가 충만한 독재를 펼치기도 한다. 유악은 상징적인 언어와 이야기를 통해서 현대적인 법과 제도를 호소하고 '형식적인 정의'를 호소했다. 또 중국인들은 마땅히 청빈한 관리에 의존하려는 환상, 즉 포공에 기탁하려는 환상을 타파해야 한다고 외쳤다.

중국 근대 개량파 지도자였던 량치차오는 중국 문화의 근본적인 약점에 대해 반성하면서, 국민성의 기본적인 결함 몇 가지를 비판했다. 그 가운데 하나는 개인 도덕만을 중시하고 공중도덕심이 부족하다는 것이었다.

소위 공중도덕심은 사회적인 책임감과 의무감을 말한다. 관우에게 있는 '의인義人' 이미지에는 조조를 풀어준 중대한 행위도 포함되어 있다. 그런 행위를 개인적인 도덕심에서 본다면 크게 잘못된 것은 아니다. 그러나 공중도덕의 측면에서 본다면 그는 지극히 무책임한 사람이었다. 집단의 공중도덕에서 보더라도 더 이상 말할 필요가 없다. 그는 감정으로 원칙을 대신했다. 의리로 계약과 법률을 대신한 것이다. 관우 방식의 '의리'는 필연적으로 부패하고 사회 규범을 파괴한다. 그리고 그것은 법률과 계약을 한 장의 휴지 조각으로 만들어버린다.

당시 중국이 추구한 목표는 법치사회를 건설하는 것이었다. 그러나 그러한 사회를 건설하는 어려움은 기술적인 차원에서 법치 제도를 확립하는 데 있는 것이 아니다. 제도를 확립하고 나서 제도를 시행하는 주체, 즉 사람이 여전히 반反법치적이며 반계약적인 의리를 고수했다는 데 있다.

달리 말하면 제도의 주체가 한편으로는 제도 체제를 구축하면서도, 다른 한편으로는 자기 자신이 제도의 가장 큰 적이 되고 가장 큰 부패 요소가 되었던 것이다. 그 때문에 제도는 완전히 변질되고 사회계약은 감정 교류의 가면으로 변했다. 술과 고기를 맛보고 호화 주택에 앉자마자 제도화는 덤핑으로 취급되었다.

당시 루쉰은 이렇게 예언한 적이 있다. 독재든 공화제든 한번 중국에 들어오면 모두 원래의 모습을 잃어버린다. 그는 다른 사상가들에 비해서 훨씬 더 심층적인 차원을 보고 있었다. 단지 중국의 제도에 문제가 있다고만 본 것이 아니라, 문화에 문제가 있다고 본 것이다.

특히 심층적인 문화 구조, 즉 국민성에 문제가 있다고 했다. 좋은 제도가 들어오더라도 뿌리 깊은 나쁜 문화가 그것을 부식시키고 변형시키고 변질시킨다고 보았다. 그것은 분명히 천재적인 통찰이었다.

여기서는 우선 중국 문화 전체를 말하지 않고 단지 '의리'의 문화만을 말했다. '의리' 문화 때문에 계약 제도는 그 모습이 완전히 다른 것으로 변모했다. 그것은 마치 관우의 '의리'와 같다. 그것은 화용華容의 길목에서 구체적인 행위로 나타났는데, 그 행위는 적벽대전의 결말을 완전히 바꾸어버린 것이었다.

8
지혜의 변질

1. 파괴적 지혜의 경쟁

『삼국지』는 지혜 투쟁의 책이다. 당시 전쟁에서 겨룬 것은 인원수가 아니었으며 무기도 아니었다. 그것은 두뇌끼리의 싸움이었다.

삼국의 전쟁은 두뇌의 전쟁이었다. 위나라, 촉나라, 오나라 삼국의 지도자들은 '너 죽고 나 살자'는 정신으로 싸웠다. 그러나 그들에겐 공통점이 한 가지 있었는데, 그것은 바로 재능 있는 자를 목숨처럼 좋아했다는 점이다. 특히 조조와 유비가 그러했다. 왜냐하면 재능 있는 인재는 지혜가 있기 때문이다.

이러한 뜻에서 말하자면, 삼국 간의 전쟁은 결국 인재의 전쟁이었다. 수많은 인재 중에서 제갈량 같은 귀재가 출현했다. 그는 지혜를 최고봉까지 끌어올렸다. 그러나 역대로 독자와 평론가들은 제갈량과 다른 삼국 사람들의 지혜에 대해서 칭찬하고 긍정하면서도 그들의 지혜가 변질된 것에 대해서는 별로 주목하지 않았다.

『삼국지』는 비록 지혜가 충만하지만 주로 정치적 두뇌와 군사적 두뇌에만 머문다. 전쟁을 결국 유혈의 정치라고 한다면 당시 삼국 시대의 지혜는 간략히 말해 정치 두뇌라고 할 수 있을 것이다.

정치 지혜가 아닌 철학 지혜, 역사 지혜, 예술 지혜는 거의 없었다. 적어도 상당히 박약했다고 말할 수 있다. 『홍루몽』보다도 훨씬 뒤떨어진다. 조설근의 『홍루몽』은 매우 풍부한 철학, 역사, 예술의 지혜를 지니고 있다. 그리고 거기에서 지혜는 모두 충분한 불성佛性과 인간성을 지니고 있으며, 또한 충분히 건설적이기도 하다. 그러나 『삼국지』의 지혜는 불성이나 인간성과는 멀찌감치 떨어져 있다. 아울러 그것은 파괴적 성격을 기본으로 삼고 있다. 즉 사람을 소멸시키고, 적군을 소멸시키는 것이 기본 방향이다. 그 지혜는 파괴적 지혜에 속한다.

『삼국지』가 역사 지혜와 철학 지혜를 결여하고 있다는 점은 첸무가 일찍이 지적한 바다. 그는 자신이 『삼국지』를 좋아하지 않는 이유는 바로 그 점에 있다고 말했다.

청나라 광서光緒 시기에 나는 아직 열 살쯤밖에 안 된 아이였다. 그때 나는 시골 작은 마을에 있는 신식 소학교에 다니고 있었다. 중국인들이 서양 문화를 받아들인 현저한 현상은 바로 그것이었다. 당시 학교에는 체조를 가르치는 선생이 한 분 있었다. 언젠가 그는 나에게 이렇게 물었다. "너는 『삼국지』 읽는 것을 좋아하니?" 나는 그렇다고 대답했다. 그는 그런 책을 보아서는 안 된다고 말해주었다. "『삼국지』는 시작하자마자 잘못을 저지르고 있단다. 소위 천하라는 것은 '합해져 오랜 시간이 지나면 나뉘고, 나뉜 뒤 오랜 시간이 지나면 합해진다'고 한다. 한 번 다스려지면 한 번 어지러워진다는데, 그것은 중국의 역사가 잘못된 길을 갔기 때문에 그런 것이야. 이제 너는 알아야 해. 영국이나 프랑스 같은 나라는 다스려지고 나서 더 이상 어지러워지지 않았어. 통일되고 난 뒤에는 더 이상 분열되지 않았지. 너는 장래에 이러한 것들을 더 많이 배워야 할 거야." 여러분은 이것을 알아야 한다. 청나라 말엽 훨씬 이전에 시골 마을 소학교 체조 선생의 머릿속에 벌써부터 저러한 진보된 사상이 있었다. 그분의 말씀은 당시 서양 문화가 중국에서 이미 상당한 영향력과 세력을 지니고 있었다는 것을 입증한다. 이미 일부 사람들은 서양이 세상을 이끌어나간다는 사실을 받아들일 수 있기를 갈망하고 있었다. 그것은 60년도 더 된 일이지만, 내 머릿속에는 아직도 생생히 기록되어 있다.43

첸무는 『삼국지』가 시작하자마자 역사순환론이라는 옛 관념을 끄집어낸다고 지적했다. 그것은 『홍루몽』에서 임대옥의 '으미음五美吟' 및 설보채薛寶釵의 '회고십절懷古十絶'과 서로 비교된다. 『삼국지』의 역사관은 매우 천박하다. 역사 지혜는 실로 언급할 가치가 없다. 철학에 대해서는 더욱더 심하여 종적도 없다.

아쉽게도 정치 지혜에 대해서 말하자면 『삼국지』의 지혜는 변질되어 있다. 그 변질의 방향은 첫째는 지혜의 권력화이며, 둘째는 지혜의 권모술수화이다. 후자는 더욱 엄중하다. 서양에서도 정치 지혜가 변모하여 정치적 권모술수와 정치적 음모의 현상으로 나타나기도 했다. 그러나 삼국 시대의 중국만큼 심하지는 않았다. 그 이유는 서양의 권모술수가 법률 제도의 제약을 받았기 때문이다.

반면 중국의 경우는 정치가가 권모술수를 활용하면 법으로도 막지 못하고 하늘도 이를 막지 못했다. 삼국이 서로 다툰 전란의 시대에는 더욱 그러했다. 권모술수는 그것을 감시하고 억제할 수 있는 정부도 없었고, 민간에서 감독하고 억제할 만한 조직이나 시스템도 없었다. 각국의 정치가들은 자신들이 하고 싶은 대로 했다.

삼국 시대가 아닌 다른 시대에도 중국의 정치 지혜는 자주 변질됐다. 관료사회의 어두운 현상과 지혜의 권모술수화는 커다란 관계가 있다. 독재적인 정치 체제는 결국 권력을 제한하는 기제가 결핍되어 발생한 것이다.

중국의 관료들이 권력을 획득하든 잃든, 거기에는 모두 유효한 절차가 결핍되어 있었다. 임기응변성, 임의성이 제도나 절차보다 훨씬 더 크게 작용했다. 관료들은 권력을 유지하기 위해서 머릿속에서 관리사회의 온갖 기교를 다 구사할 수 있어야 했다. 그리고 지혜를 권모술수로 바꿔야 했다.

그런 까닭에 중국인의 처세술은 지극히 성숙한 단계까지 발전했다. 중국인의 원만한 성격 역시 지극히 성숙한 단계까지 발전했으며, 정치 수단도 매우 성숙한 단계까지 발전했다. 그것은 건전한 제도가 없는 가운데에서 모든 지식과 인간적인 능력이 권모술수에 투자되었기 때문이다.

2. 제갈량의 위형적 지혜

관료사회에서 일부 부패한 관료들이 권모술수를 쓰는 것은 사람들이 쉽게 꿰뚫어볼 수 있다. 조조나 사마의 등이 구사한 지혜의 변형도

꿰뚫어보기 어렵지 않다. 그러나 지혜의 화신인 제갈량은 중국인들이 줄곧 숭배해온 우상으로, 지금까지 그의 지혜가 위형僞形이었다는 사실을 지적한 경우는 많지 않다.

제갈량의 지혜 중 어떤 경우는 진실성이 있었다. 그가 유비를 돕는 것이 그러했다. 그는 유비에 대해서 허리를 굽혀서 마음과 힘을 다했다. 죽을 때까지 그렇게 했는데 그것은 진실된 것이었다. 천하를 셋으로 나누자는 그의 전략은 시대의 발전 맥락을 정확히 짚은 것이었다. 오나라와 연합하여 조조에 대항하자고 한 그의 적벽 전략은 천하를 셋으로 나누어 안정시키고자 한 중요한 선택이었다. 그가 맹획孟獲을 일곱 번 사로잡아 일곱 번 풀어주었던 일은 역시 변경지역을 안정시키고자 한 적확한 조치였다. 이러한 것은 모두 매우 지혜로운 일이었다.

그러나 복잡한 정치 환경에서 상대방을 이기기 위해서는 당시 시대의 한계를 벗어날 수 없었다. 당시는 "아주 잘 위장해야 이길 수" 있었으며 "아주 잘 속여야 능히 살아날 수" 있는 시대였다. 그러한 것들이 당대의 논리였으며 지능은 권모술수가 되어야 했다. 지혜의 이러한 변질은 주유와 경쟁하면서 가장 특출하게 표현되었다.

주유는 제갈량을 천적으로 여겼다. 그래서 그는 죽어갈 때 "하늘은 나를 낳고 왜 또 제갈량을 낳았는가?"라고 탄식했다. 제갈량은 비록 주유처럼 그런 수단을 선택하지는 않았지만, 주유를 마음속의 우환으로 여기고 있었다. 그래서 적벽대전이 끝난 뒤 형주에서 밤하늘을 보았을 때, 별이 떨어지는 것을 보고 주유가 죽는 것을 알았는데 그때 그는 매우 기뻐서 웃음을 참을 수 없었다. 그 웃음은 진실한 것이었다. 그는 즉각 유비에게 보고하고, 장례식에 참가하기 위해 오나라에 한번 가봐야

겠다고 했다. 그 기회를 틈타서 강동의 '현인'들을 모을 속셈이었다. 그는 분명히 참을 수 없이 기뻤다. 내심 큰 걱정을 덜었기 때문에 마음속 깊이 웃음이 폭발해 나온 것이다.

그러나 주유의 영전에 나갔을 때, 그는 오히려 매우 비통하고 고통스러운 모습을 보여주었다. 소설에서는 그러한 장면을 이렇게 묘사했다. "공명은 영전에 제단을 설치하도록 하여 친히 술을 올리고 땅에 무릎을 꿇었다. 그리고 다음과 같은 제문을 읽었다." 소설에서는 제문祭文 다음에 그가 상심한 상태를 묘사했는데 인용해보기로 한다.

아아, 공근公瑾이시여!44 불행히 요절하셨구려.
사람 목숨은 하늘에 달렸다고 하지만 어찌 슬프지 않겠소?
이 마음이 참으로 애통하여 여기 술 한 잔을 바치오.
그대에게 혼령이 있다면 여기 올리는 제사를 받으시오.
애석하구나! 그대는 젊어서 배운 뒤, 백부伯符와 사귀었소.
의리에 의지하여 재물을 멀리하고 집을 떠나 거처했소.
애석하구나! 그대는 약관의 나이에 수만 리를 날아가는 대붕과 같았소.
패업霸業을 세우고 강남江南을 차지하고 웅거했소.
애석하구나! 그대는 씩씩하고 힘이 있어, 멀리 파구巴丘에 주둔했소.
경승景升이 두려워하고, 역적을 토벌하여 근심을 없앴소.
애석하구나! 그대의 풍채와 태도, 아름다운 소교小喬를 배필로 맞이하고,
한나라 신하의 사위가 되니, 당시의 조정에도 부끄럽지 않았소.
애석하구나! 그대의 기개, 간언으로 인질을 저지하셨소.
처음에는 날개가 꺾였으나, 결국 힘껏 날개를 펼치셨소.

애석하구나! 그대는 파양鄱陽에서 장간蔣干이 설득하자,

태연하게 물을 뿌리셨으니, 그 아량과 높은 뜻에 감탄했소.

애석하구나! 그대의 커다란 재주, 문과 무에 걸친 책략이여!

화공으로 적병을 격파하고, 강한 자를 눌러 약한 자를 위했소.

생각하건대, 그대는 당시에 이미 영웅의 자태를 떨치셨소.

통곡하도다! 그대는 이제 요절하여, 땅에 쓰러져 피를 흘렸소.

충성과 의리의 마음, 빼어난 영혼의 기운.

목숨은 스물다섯 살에 끝났으나 그대 이름은 백 대에 떨치리라.

슬프도다! 그대와의 정이 이렇게 간절하도다.

울적한 마음을 가슴에 묻지만, 슬픔이 그치지 않는구려.

온 하늘은 컴컴하며 어둡고, 삼군은 모두 슬픔에 휩싸여 있소.

주공께서는 슬피 흐느끼고 벗들은 눈물을 흘리오.

저 역시 재주가 없어 그대에게 꾀를 빌리고 책모를 구했소.

그래서 오나라를 도와 조조를 막고, 한나라 조정을 도와 유 왕조를 지켰소.

병력을 나눠 협공으로 서로 돕고, 꼬리와 머리가 짝을 이루었으니

생존하고 멸망하고 무엇을 걱정하고 무엇을 근심했겠소?

아아! 공근이시여! 죽음은 영원한 이별이구나!

소박한 천성과 그 정절은 이제 아득하게 사라져가는구나!

영혼이 있다면 내 마음을 살펴주시오.

이제부터 천하에 다시는 나를 알아줄 친구가 없을 것이오.

아아! 슬프도다! 엎드려 바라오니 바친 제물을 드시오.

이렇게 공명은 제사를 마치고, 땅에 엎드려 대성통곡을 했다. 눈물이

샘솟는 듯하며 애통하기 그지없었다. 장수들은 이에 서로에게 말했다. "사람들은 모두 공근과 공명이 서로 화목하지 못하다고 했지만, 지금 그가 제사를 올리는 정성을 보니, 사람들이 모두 틀린 말을 한 것 같구나." 노숙魯肅도 공명이 이토록 슬퍼하며 애절해하는 것을 보고 역시 감동하여 스스로 생각했다. "공명이 이렇게 정이 많은 것을 보니, 결국 공근이 속이 좁아 스스로 죽음을 불렀구나." 뒷날 누군가가 이렇게 시를 지어 탄식했다.

와룡이 남양南陽에서 아직 자고 있는데,
서성舒城에 빛나는 별이 또 생겼네.
창천蒼天은 이미 공근公瑾을 냈는데,
어지러운 세상에 어찌 또 공명을 냈을까?

제갈량은 이렇게 최고의 기쁨을 최고의 슬픔으로 위장했다. 최고의 통쾌함을 최고의 고통으로 위장했다. 이러한 거대한 감정의 격차가 바로 지혜였다. 물론 그것은 지혜의 원래 모습, 즉 '원형原形'이 아니고 지혜의 거짓 모습, 즉 '위형僞形'이었다.

여기에서 지혜는 가면이 되어버렸다. 타인을 속이고 사람의 마음을 농락하는 수단으로 변했다. 그것은 죽은 자가 시기심이 많고, 마음이 좁으며, 마땅히 죽을 수밖에 없는 권모술수가였다는 사실을 증명하는 수단이 되었다. 그래서 노숙은 제갈량의 행동을 보자마자 모든 잘못은 주유에게 있다고 한 것이다.

속담에 이런 말이 있다. "유비의 강산은 모두 울음에서 나온 것이다."

유비는 눈물을 이용하여 인심을 매수했다. 그의 곡소리는 거짓이었다. 불행하게도 제갈량의 눈물도 거짓이었다. 이렇게 표현하면 사람들은 오히려 경탄할 것이다. 아마도 제갈량이 거짓 울음으로 천지를 동요시키고, 그 울음으로 병사들의 마음과 사람들의 마음을 모두 복종시켜버렸다고 탄복할지도 모른다.

그러나 아쉽게도 그러한 울음 역시 권모술수라는 사실을 사람들은 가볍게 보아 넘긴다. 제갈량의 행동을 보고 오나라의 장수들도 모두 감동해 마지않았다. 노숙은 연회를 베풀어 제갈량을 환대했다. 그 뒤 제갈량이 작별 인사를 하고 강변 가까이 왔을 때, 그는 마침 방통을 우연히 만나게 되었다. 방통은 한마디로 제갈량의 마음을 설파해버렸다. 방통은 크게 웃으며 말했다. "자네가 주유를 죽게 만들고, 오히려 조문을 왔구먼. 분명히 오나라를 속여서 현인들을 없애려고 하는 게 아닌가?" 제갈량은 결국 조금도 숨기지 않고 역시 크게 웃었다.

장례식의 모든 과정은 온갖 외교적인 예절과 언사를 요한다. 제갈량이 표현한 슬픔도 어느 정도는 인지상정이라고 볼 수 있다. 그러나 그는 완전히 연극을 한 것이며 완벽하게 남을 속이는 연출을 했다. 중국 외교사에 있어서, 심지어 전쟁사에 있어서도 그런 일은 드물 정도이다. 그러한 연극은 당연하게도 지혜라고 할 수 있다. 그러나 이는 인격 분열이 최고점에 달한 것으로 진심을 상실한 거짓 지혜이다.

마땅히 설명해야 할 것은 여기서 제갈량이 흘린 눈물 역시 거짓이라는 것이다. 그렇다고 제갈량의 이미지 전체 혹은 그가 흘린 눈물 전체가 모두 거짓이었다는 것은 결코 아니다. 그가 '눈물을 훔치면서 마속을 벨 때'의 눈물은 진실한 것이었다. 적어도 반 정도는 진실이었다.

제갈량이 마속에 대해서 지니고 있던 감정은 복잡했다. 종이 위에서 병사兵事를 논하기 좋아하는 장수가 만들어낸 실패는 제갈량에게 치명적인 타격을 안겨주었다. 그의 엄중한 결과에 대해서 제갈량은 가장 잘 알고 있었다. 내심의 증오와 회한은 강렬하게 그를 괴롭혔다. 그가 군령으로 마속을 처형할 때, 본래는 눈물을 흘릴 필요가 없었다. 그러나 그는 눈물을 흘렸다. 그 눈물 역시 간단한 것은 아니었다. 그러나 그것은 절대로 주유의 영전 앞에서 흘린 그러한 종류의 눈물은 아니었다. 전쟁터에서 그리고 정치 현장에서 인간성은 굉장히 복잡하게 변할 수 있다. 그리고 그것은 진실인지 거짓인지 구분하기 힘들 때도 있다.

제갈량의 지혜는 『삼국지』에서 매우 강조되었다. 그것은 '초인超人'의 수준으로까지 강조되었기 때문에 루쉰은 그가 '요귀'에 가깝다고 비평하기도 했다. 문학작품이 어떤 인물의 특성을 최고 상태까지 끌어올리고, 심지어는 문학적 상상의 수단을 통해서 어떤 인간적인 지혜를 자기가 좋아하는 영웅에게 부여하는 것을 굳이 나쁘다고 지적할 수는 없다. 자유로운 문학적인 공간 안에서 제갈량 이미지의 미화는 지나친 면이 있으나 그 나름대로 거대한 성공을 거둔 것은 사실이다.

그러한 이미지는 그 후 오랜 시간 헤아릴 수 없는 영향을 미쳤는데, 그것은 완전히 문학적인 역량을 빌린 것이었다. 그러나 문제는 바로 거기에 있었다. 신에 가까운 문학적인 이미지가 사회에 전파된 뒤에 그는 과연 신적인 존재로 숭배되었다.

신은 결함이 없다. 제갈량의 행동은 모두 합리적인 것으로 해석되었다. 인간의 이치에도 합당하며 하늘의 이치에도 합당한 그런 존재가 된 것이다. 따라서 제갈량의 이미지가 중국인의 심령 가운데 자리 잡았을 때, 그의 충성과 지혜뿐만 아니라 그의 지혜가 지닌 위형까지도 함께하게 되었다. 여기에서 몇 가지 사례를 다시 열거해보기로 하자.

1) 신야新野의 전투 뒤에 제갈량은 유비에게 이렇게 권했다. "신야는 작은 지역이라 오랫동안 거주할 수 없습니다. 최근에 듣기로 유경승劉景升이 병이 들어 위독하다고 합니다. 이 기회를 이용해야 합니다. 그의 형주를 취해 안전을 도모하는 땅으로 삼으면 조조를 막을 수 있을 것입니다." 유경승, 즉 유표劉表는 유비를 형제로 여기고 있었다. 그가 위험에 처했을 때 홀로 유비에게 의탁한 적이 있어 그는 유비에 대해 절대적인 신임을 보냈다. 제갈량 역시 그 점을 분명히 알고 있었다. 그러나 역시 유비가 그 사람의 위험을 잘 이용하여 그 땅을 취하도록 권했다. 이러한 것에도 분명히 지혜가 보인다. 그러나 그러한 지혜는 인간 사이의 정의情義는 돌아보지 않는 권모술수의 지혜였다.

2) 적벽대전 전야에 제갈량은 주유가 조조에 반대하도록 자극하기 위해서 소식의 「동작대부銅雀臺賦」의 한 구절을 교묘하게 풀이했다. "……좌우로 두 대臺를 나누어 세우니, 옥룡玉龍과 금봉金鳳이로다. 동남 지방에서 이교二橋를 손에 쥐고, 조석으로 함께 즐기리라."[45]

조식이 '이교二橋'라고 쓴 것은 그야말로 두 개의 다리를 뜻했다. 제갈량이 '대교大喬'와 '소교小喬'라고 풀이한 두 사람의 유명한 미인하고는 전혀 상관없는 말이었다. 그러나 제갈량은 가볍게 글자 둘을 바꿔 두 개의 다리를 두 사람의 여성으로 변화시켰다. 말하자면 조조가 이미 강남 지역을 치고 들어가 두 사람의 미녀를 탈취하겠다는 야심을 품은 것으로 보여준 것이다. 제갈량은 소교小喬가 주유의 부인이라는 것을 알고 있었다. 그렇게 시문을 바꾸면 주유는 반드시 분노할 것이라는 점을 알고 있었던 것이다. 주유는 과연 그것을 듣고 '자리에서 벌떡 일어나' 북쪽을 향해서 조조에게 큰 소리로 '늙은 도둑놈'이라고 욕을 했다. 이러한 상황에서 제갈량은 시구의 원뜻을 바꿔 총명을 뽐낸 것인데 그것은 사실 책략이기도 했다.

3) 유비는 유장이 자신에게 보여준 신뢰를 돌아보지 않고 그를 배신하고 의리를 저버렸다. 그러나 그는 성도成都를 공격하여 점령하고 서천西川 지역을 평정한 뒤에 약간의 측은한 마음이 있었다. 하지만 제갈량은 그의 '지혜'로 만약에 유장을 쫓아내지 않으면 반드시 후환이 있을 것이라는 점을 잘 알았다. 그래서 유비에게 이렇게 말했다. "지금 서천 지방을 평정했는데 주인이 둘일 수는 없습니다. 유장을 형주로 보내야 합니다." 유비는 다소 주저하면서 이렇게 말했다. "나는 이제 촉나라의 수도를 얻었소. 그를 멀리 보낼 수는 없소." 그러나 제갈량은 즉각 이렇게 반박했다. "유장이 대대로 물려 내려온 이 지역을 잃은 것은 너무도 유약했기 때문입니다. 주공께서 부인의 인仁을 가지고 일처리에 결단을 내리지 못하신다면, 아마도 이 땅은 오랫동안 유지하기가 어려울 것입니다." 이러한 말에서 드러나는 사고방식은 제갈량이 이전에 유비에게 형주를 탈취하라고 권한 사고방식과 다르지 않다.

4) 만년에 제갈량은 전공이 혁혁한 위연魏延을 처형했다. 그것은 제갈량의 지혜가 변질된 분명한 사례였다. 그는 처음에 위연을 보았을 때

그가 황충黃忠을 구하고 장사長沙를 공격하여 전공을 세웠다는 사실을 무시하고 소리를 질러 그를 처형하도록 했다. 그 이유는 "머리 뒤에 반골이 있다"는 것이었다. 이렇게 터무니없는 죄명을 전쟁터의 공신功臣에게 뒤집어씌웠다는 사실은 제갈량이 권력 투쟁에서 이미 상당히 주관적인 시기심을 드러내고 있었음을 설명해준다. 그의 지혜는 이미 상당히 병적인 상태였던 것이다. 나중에 위연은 서쪽 지방을 공략하면서 또 수차례의 전공을 세웠다. 그러나 제갈량은 여전히 그의 반골적인 모습만 보았지 전쟁의 업적은 보지 않았다. 제갈량은 그를 사지死地로 몰아갔는데 그것이 사람들의 간담을 서늘하게 했다. 위연을 의심하여 일으킨 위연 살해 행위는 바로 지혜가 변질된 논리적 결과였다.

제갈량의 지혜가 변질되고 변화된 현상을 나열하는 것은 '중국인의 지혜'를 상징하는 그의 이미지를 뒤집기 위한 것이 아니다. 『삼국지』라는 책이 지닌 지혜의 지향점을 비평하고자 한 것이다.

제갈량은 분명 역사상 실존 인물이다. 그에게 보통 사람을 뛰어넘는 지혜가 있었던 것도 사실이다. 그의 개인적 삶에 대해서 말하자면, 제갈량 그 자신은 유가로서 허리를 굽혀 몸과 마음을 다 바친 사람이며 죽을 때까지 자신을 뒤로하고 충성과 절개를 다한 인물이었다. 아울러 그는 법가에서 말하는 치국治國의 인재이기도 했다.

그는 일국의 재상으로서 촉나라를 다스리는 데 크게 두각을 나타냈다. 진수陳壽는 「제갈씨 문집'에 올리는 표表」에서 제갈량의 치적에 대해 이렇게 묘사하기도 했다. "법률과 훈령은 엄격하고 분명히 했으며, 상벌에는 반드시 믿음이 있게 했고, 악은 반드시 처벌하고 선은 반드시 현창했다. 또한 관원에 대해서는 간사함이 용납되지 않았고 사람들은 스스로 힘쓰고, 길에 떨어진 물건은 줍지 않고, 강자가 약자를 침범하지 않았으며 풍속의 교화가 엄숙했다." 그러나 여기서 주의할 것은 『삼국지』는 제갈량의 치국 능력을 결코 묘사하지 않았다는 점이다. 즉 제갈량의 지혜의 건설적인 방향은 소홀히 하고 그가 병사를 운용했던 책략의 재능만을 전력을 다해 부각시켰다.

제갈량을 논할 때 중요한 것은 그가 생존해 있을 당시의 전체적인 상황을 정확히 파악해야 한다는 점이다. 만약에 제갈량을 고립적으로 본다면 그를 아직 초가집에서 생활하고 있을 일개 지식인으로 본다는 것을 의미한다. 그 당시 그는 분명히 걸출한 재능과 웅대한 계략을 가지고 있었을 뿐만 아니라 역사적 안목을 갖추었고, 동시에 사람 됨됨이가 충성스러우며 정중했다. 그는 또 매우 전형적이면서도 상당히 뛰어난 지식인이었다. 당시에 재능이든 품격이든 그와 견줄 만한 사람은 없었다.

그러나 제갈량의 지혜는 일단 다른 환경에 진입하자마자 제왕과 장상이 서로 권력을 다투는 투쟁의 시스템 속으로 빠져 들어갔다. 달리 말한다면, 일단 유비 집단의 '조직 계통' 안에서 지혜는 잔혹한 책략으로 변했다. 그러한 변질 현상에 대해서 지금까지 제갈량 연구자들이 들춰내 폭로한 경우는 거의 없었다. 하지만 그것은 제갈량의 지혜를 분석하는 데 매우 중요한 점이기도 하다. 『삼국지』가 권모술수의 대전大全이 될 수 있었던 것은 이렇게 가장 중요한 등장인물의 지혜가 변질된 점, 즉 유명 인사가 술사術士로 변질된 것과 깊은 관련이 있다.

3. 지혜 내용의 변화

앞서 지적한 바와 같이 지혜는 파괴적 지혜와 건설적 지혜로 나눌 수 있다. 제갈량에 대해서 말하자면 그의 군사적 지혜는 파괴적 지혜에 속한다. 그러나 그의 치국治國의 지혜는 건설적 지혜에 속한다.

'융중대隆中對'에서 천하삼분의 계책을 논할 때부터 제갈량은 『삼국지』의 가장 중요한 인물이 되었다. 그 후에 그는 중국에서 지혜의 최고봉이 되었으며, 지금까지 지혜를 상징하는 최고의 인물로 꼽힌다. 그러나 그러한 우상 숭배에 대해 세 가지 중대한 문제를 생각해봐야 한다.

첫째, 역사적 인물로서의 제갈량과 소설 등장인물로서의 제갈량은 구별되는 점이 있는가?

둘째, 제갈량의 지혜는 어떠한 차원에서의 지혜인가? 주로 치국의 지혜인가 군사적 지혜인가? 이 두 가지 차원의 지혜는 호환 가능한 것인가?

셋째, 소설 『삼국지』에서 제갈량의 지혜 중 어떠한 것들이 원형인가? 혹은 어떠한 것들이 위형僞形인가? 그 위형 부분, 즉 변질된 부분도 숭배할 수 있을까?

이러한 문제들을 분석하고 논하기 전에 나의 두 가지 기본 이념에 대해서 설명을 해야겠다.

1) 나는 중국의 원형 문화가 나타내는 서로 다른 정치적 차원(전쟁은 유혈의 정치로서 이러한 차원에 속한다)은 반드시 서로 다른 대응 방식(즉 지혜 방식)을 사용해야 한다는 이념을 견지한다.

2500년 전에 노자는 『도덕경』 제57장에서 다음과 같은 고전적인 판단을 했다. "바름으로 나라를 다스리고, 기묘함으로 병사를 운영하며, 무위無爲로 천하를 취한다." 이것은 노자의 지혜이며, 중국에서 큰 지혜의 원형이기도 하다.

노자는 나라를 다스리는 것과 병사를 운영하는 것을 서로 다른 차원의 것으로 보았다. 차원이 다른 일에서 채용하는 기본적인 수단 역시 완전히 다르다. 나라를 다스리는 데 사용하는 것은 '바름'의 수단이며, 군사를 운용하는 데 사용하는 것은 '기이함'의 수단이다. 전쟁에서는 반드시 '기이함'을 사용한다. 그것은 바로 책략을 쓴다는 것으로 논란의 여지가 없다. 그런 까닭에 손자는 "병兵이란 속이는 도道이다"라고 정의한 것이다.

『도덕경』 역시 병사를 운용하는 사기술의 도를 일부 포함하고 있다. 예를 들면 제36장에 이런 말이 있다. "오므리려면 반드시 펴야 한다. 약하게 하려면 반드시 강하게 해야 한다. 망하게 하려면 흥하게 해야 한다. 빼앗으려면 반드시 줘야 한다. 이것을 미묘한 밝음이라고 한다. 부드럽고 약한 것이 굳세고 강한 것을 이긴다. 물고기가 연못에서 벗어나서는 안 되는 것과 같이, 나라의 날카로운 무기도 다른 사람들에게 보여서는 안 된다." 이 문장 가운데 '속이는 기술'이 포함되어 있다.

사마천은 노자 철학이 한비자 사상을 일으켰다고 지적했다. '술수'가 군사 영역에서 정치 영역으로 확대된 것이다. 그러나 노자의 술수를 바르게 보려면 두 가지 점을 잊어서는 안 된다. 하나는 노자가 용병의 책략을 말할 때는 우선 중대한 근본적인 전제를 확립했다는 점이다. 그것은 바로 전쟁이란 좋은 것이 아님을 먼저 이렇게 분명히 했다.

"병兵이란 흉기다."

"병이란 상서롭지 못한 도구다."

노자는 근본적으로 살인을 반대하고 "다투지 않는 덕"을 창도했다. 부득이하게 전쟁을 진행할 때는 마땅히 "이기고도 그것을 아름답게 보지 않으며" 살인 행위를 두고 감격해하지 않고, 전쟁에 이기고는 상례로 애도를 표했다. 이것을 잊으면 안 된다.

그 외에 또 하나 잊지 말아야 할 것은 전쟁 시에는 술수를 사용하지만 치국의 시기에는 반드시 '바름正'을 사용할 것을 지적했다는 점이다. 다시 말하면 전쟁 중에는 정상적인 생활이 가능하지 않다. 군대를 활용하지 않으면 전쟁에서 적을 이길 수 없다. 그래서 '기이함'을 사용하는 것은 부득이한 일이다. 그러나 만약에 기이한 술수나 사기술을 평상시 생활에 옮겨서 쓰거나 나라를 다스리는 일에 사용하면 치명적인 착오가 된다.

만약 그렇게 한다면, 일상생활의 모든 질서는 파괴되고 도덕 질서뿐만 아니라 인간관계의 질서, 정치 질서, 경제 질서 등 모든 것이 파괴될 것이다. 노자가 말하는 '바름'은 '정도正道'를 말하며 자연스러운 무위無爲의 도를 말한다.

『삼국지』가 제갈량의 이미지를 미화한 점 그리고 그 소설이 등장한 뒤에 나타난 우상 숭배의 문제점은 '바름'을 약화시키고 '기이함'을 너무 크게 부각시킨 것에 있다. 그 때문에 교활함과 사기술을 의미하는 '궤詭'가 모든 영역으로 퍼져나갔다.

여기에서 우선 역사 속 제갈량과 문학 속 제갈량을 비교해보자. 정사正史 『삼국지』에 나타난 제갈량과 소설 『삼국지』에 나타난 제갈량은 그 이미지가 서로 다르다. 역사서에 그려진 제갈량은 나라를 잘 다스린 인물이었다. 그러나 군대의 운용은 결코 잘하지 못했다. 따라서 부각된 것은 제갈량이 법으로 나라를 다스린 '올바름正'의 부분이다.

반면 소설『삼국지』에서는 제갈량의 그러한 정치적 능력은 거의 보여주지 않고, 단지 그의 용병 능력만을 줄곧 과장하여 보여줄 뿐이다. 아울러 그의 술수를 극대화하고 위장술을 극대화하여 결국에는 루쉰이 말한 '요귀에 가까운' 정도로까지 묘사했다.

정사『삼국지』의 저자 진수는 제갈량을 매우 존경하고 숭배했다. 그러나 그의 평가는 결국 제갈량이 '재상'으로서 나라를 다스리는 재능이 아주 대단했다는 점은 인정하지만 '장수'로서 용병의 전략에 있어서는 잘하지 못했다는 것이다. 그는 이렇게 말했다.

> 제갈량은 재상으로서 백성들을 보살피고, 의궤儀軌를 가르치고, 관직을 간략하게 하고, 권위와 법제를 느슨하게 하고, 성실한 마음을 열고, 공정한 정치를 폈다. 충성을 다하고 사회에 도움을 주는 자에게는 원수라도 반드시 상을 내리고, 법을 범하고 태만한 자는 가까운 사람이라도 반드시 벌을 내렸다. 자신의 과실을 인정한 자에 대해서는 비록 그 죄가 중하다고 할지라도 풀어주고, 교묘하게 유언비어를 퍼뜨리는 자는 비록 가볍더라도 반드시 처형했다. 착한 일은 작더라도 상을 주지 않은 적이 없었고, 악한 일은 작더라도 처벌하지 않은 적이 없었다. 여러 가지 일에 정통하고, 사물의 근본을 잘 이해했으며, 이름을 쫓아 실재를 구했고, 허위와는 함께하지 않았다. 마침내 촉나라의 모든 사람은 그를 경외하고 사랑했다. 그가 시행한 형벌은 비록 엄격했지만 원망하는 자가 없었다. 이것은 그가 공평하게 마음을 쓰고 상과 벌

을 분명하게 했기 때문이다. 그는 정치를 아는 걸출한 인재로 관중管仲과 소하蕭何에 견줄 만하다. 그러나 매년 민중을 동원하고도 성공할 수 없었던 것은 아마 임기응변의 지략이 그의 장점은 아니었기 때문인 것 같다.(『삼국지·촉지蜀志』「제갈량전」)

그는 법도를 잘 세우고 펼쳤으며, 병사들을 잘 관리했고, 기구를 다루는 데에 기교가 있었으며, 사물은 그 근본을 잘 따졌다. 법률과 훈령은 엄격하고 분명히 했으며, 상벌에는 반드시 믿음이 있게 했고, 악은 반드시 처벌하고 선은 반드시 현창했다. 또한 관원에 대해서는 간사함이 용납되지 않았고 사람들은 스스로 힘쓰고, 길에 떨어진 물건은 줍지 않고, 강자가 약자를 침범하지 않았으며 풍속의 교화가 엄숙했다.(「상제갈씨집표上諸葛氏集表」)

제갈량의 재능은 정치적으로는 뛰어났으나 기묘한 책략을 잘 구사하지 못했다. 백성을 다스리는 재간이 군사 전략을 운용하는 것보다 뛰어났다.(「상제갈씨집표」)

일반 백성들은 그를 기리고 사모했으며 그를 칭송하는 말이 많았다. 지금까지도 양주梁州와 익주益州의 백성들에게는 제갈량을 찬탄하며 그를 칭송하는 말들이 남이 있다. 비록 「감당甘棠」편에서 소공召公을 노러하고, 정나라 사람들이 자산子產을 노래했지만 먼 과거의 비유를 들 필요가 없을 것이다.(「상제갈씨집표」)

이것은 제갈량의 정치적인 능력에 대해서 찬미하고 고도의 평가를 내린 글이다. 그러나 그의 용병에 대해서는 "군사적인 전략이 뛰어나지 못하고 적에 대응하는 재능이 부족하다"(『진서晉書』 「진수열전陳壽列傳」)고 평가했다.

　제갈량에 대한 진수의 평가는 결코 편견이 없었다. 제갈량은 '법'으로 촉나라를 다스렸다. 유가의 '법'도 같이 사용했는데, 분명히 그는 능력 있는 재상이었다. 그러나 삼국이 정립된 후에도 그는 천하를 셋으로 나누어 위나라를 토벌하는 전략을 고수하고 여섯 차례나 기산祁山으로 정벌 나가 촉나라의 자원을 모두 소모해버렸다. 또한 실전에서는 중요한 곳에 재능이 부족한 마속馬謖을 잘못 등용하여 계속되는 실패를 자초했다.

　결국 마지막에는 자신도 54세의 나이로 오장원五丈原에서 죽임을 당했다. 이에 사마의는 그에 대해서 "뜻은 컸으나 재능은 보이지 않고, 많은 지략을 동원했으나 이렇다 할 결과는 적었다"(『진서』 「선제기宣帝紀」)고 평가했는데 결코 근거 없는 말이 아니었다.

　소설 『삼국지』는 제갈량의 약점을 힘껏 은폐했다. 예를 들면 북벌을 하다 크게 실패한 때에도 제갈량이 '공성계空城計'를 써서 신묘한 책략을 보여주었다고 했다. 더욱 중요한 것은 소설 『삼국지』와 역사 『삼국지』가 서술하는 내용이 서로 다르다는 것이다. 특히 그의 용병에 관한 기록이 크게 다르다.

　적벽대전에서 제갈량은 마치 신처럼 일을 처리한다. '화공火攻'을 잘 이용하고, 풀로 만든 배를 이용해 화살을 빌렸으며, '동풍'을 부르기도 했다. 그러한 장면 장면마다 그의 신묘한 계책은 효과를 발휘했는데, 이는 제갈량을 완전히 신화화한 것이었다. 제갈량의 용병술에서의 지혜는 특히 과장되고 부각되었다. 한편 치국의 지혜는 거의 보이지 않는다. 이것은 역사적 기록과는 다르다. 사실상 난세를 다스렸던 촉나라는 큰 어려움에 처해 있었다. 남쪽 소수민족의 문제도 간단한 일이 아니었다. 그러나 아쉽게도 우리는 제갈량이 남쪽을 정벌하고 북쪽을 공격했다는 것 외에 그가 나라를 다스린 이야기나 그와 관련한 지혜를 찾아볼 수 없다.

문학비평의 관점에서 말하자면 소설『삼국지』가 그렇게 재료를 선택하고, 구상하고 이야기를 묘사한 것에 대해서 이의를 제기할 수는 없다. 그러나 문화비평의 관점에서 말하자면, 그의 지혜는 단편적이었으며, 그 지혜의 중심은 군사적 지혜와 관련된 권모술수나 기만술에 불과했다. 따라서 그의 인격 역시 완전한 것이었다고 할 수 없다. 어떤 중대한 장면에서 그 역시 '가면'을 쓰고 있었다. 그러므로 독자들은 제갈량을 지혜의 화신으로 받아들일 때 종종 소설『삼국지』가 제갈량을 묘사하면서 '정正'의 측면을 약화시키는 한편 '기奇'의 측면을 크게 부각시켰다는 점을 잊어버린다.

소설『삼국지』는 '기奇'의 측면을 묘사하면서 동시에 '위僞'의 내용도 포함시켰다. 이렇게 해서 단편화된 제갈량과 그의 파괴적인 지혜는 이미 많은 부분이 '위형화僞形化'된 것이다. 사람들은 일상생활과 인간관계에서 그러한 지혜를 수용하고, 또 제갈량을 우상으로 숭배하면서 '위장'도 배웠다. 거짓 눈물을 뿌리는 법도 배운 것이다. 결국 중국 문화의 원형이며 가장 소중한 보배인 '성誠'의 정신을 상실해버렸다.

이처럼 제갈량에 대해 분석해보았지만, 나는 여전히 그가 중국에서 지혜를 상징하는 부호가 될 수 있다고 생각한다. 그러나 우리는 마땅히 역사상의 제갈량이 보여주었던 건설적인 치국의 지혜, 즉 '바름正'으로 나라를 다스리는 지혜에 더 주목해야 한다.

　또한 소설 속 제갈량은 위형을 포함하고 있으며 정치적 인격으로서 분열적인 경향을 보인다는 것을 바로 인식해야 한다. 나아가 '기이함奇'으로 군대를 운용하는 권모술수를 일상생활에 끌어들이거나 혹은 제갈량의 이름으로 묘사된 부정한 책략을 은폐해서는 안 된다. 이것은 내가 『수호전』과 『삼국지』를 비판할 때 부득이하게 사람들이 모두 숭배하는 제갈량을 포함시킨 이유이다.

9
역사의 변질 – 정치 투쟁의 세 가지 원칙

문화대혁명이 끝난 뒤에 중국 사회과학원의 한 연구원은 다음과 같은 사실을 알게 되었다. 대혁명 기간 중에 『홍치紅旗』 잡지사의 책임자가 사회과학원(당시엔 중국과학원 철학사회과학부였다)에 어떤 홍위병 조직이 폭로한 승리의 비결을 건네주었다. 그것은 다음과 같은 정치투쟁의 3원칙이었다.

1) 성실성은 필요없다.
2) 사당死黨을 결성한다.
3) 상대방에 먹칠을 한다.

나는 이러한 내용을 들었을 때 상당히 놀랐다. 그러나 나중에 그러한 것들은 옛날부터 존재해왔다는 사실을 깨달았다. 그 원류는 바로 『삼국지』였다.

그 소설에 등장하는 생사투쟁의 각 무리는 서로 구호가 다르고 내세운 기치도 달랐다. 그러나 그들이 이용한 권모술수는 대체로 같았다. 모두가 실제로는 위와 같은 세 가지 원칙을 준수했다. 달리 말해 그것은 『삼국지』에 등장하는 여러 정치 집단의 공통된 규칙이었다.

앞에서 우리는 정신의 변질을 논했는데 이러한 세 항목의 규칙을 통해서 그러한 내용을 더욱 분명하게 이해할 수 있을 것이다. 정치에 이렇다 할 성실성이 필요 없다는 것은 지혜의 변질이다. 죽음으로 뭉치는 '사당'을 결성한다는 것은 '의리'의 변질이며, 상대방에 먹칠을 한다는 것은 역사의 변질이다.

1. 성실성은 필요 없다

삼국이 분쟁하고 있을 때 각 정치 집단의 지도자와 정치 군사의 참모들은 모두가 '성실'을 말하지 않았다. 각 집단의, 무모하면서도 용감했던 장수들에 대해서는 잠시 논하지 않기로 한다. 앞서 언급했듯이 '삼국'의 논리는 위장의 논리였다. 위장을 잘하면 잘할수록 성공률은 더 높았다. 그래서 모든 사람이 '가면'을 썼다.

삼국의 문화는 그 근본을 살펴보면 일종의 '가면' 문화였다. 유비와 같은 사람조차 적어도 100가지가 넘는 '가면'이 있었다. 조조는 그보다 좀 적었다. 하지만 역시 적지 않은 '가면'을 썼다. 심지어 제갈량도 '가면'을 써야 했다. 주유가 세상을 떴을 때, 그는 내심 몹시도 기뻤다. 하지만 '가면'을 쓰고 조문을 가 거짓으로 "땅에 엎으려 통곡하고 펑펑 눈물을 흘리고 한없이 애통해했다."

 노숙魯肅은 그가 그렇게 비통해하는 것을 보고 이렇게 추측했다. '공명은 참 이렇게 정이 많은 사람이구나. 그러나 주유는 마음이 좁아 스스로 죽음을 택했을 뿐이다.'

 삼국 사람들 중에 노숙 같은 사람은 성실하다고 할 수 있다. 그는 '가면'을 쓰지 않았다. 그렇게 복잡하고 험악한 투쟁 환경에서 그리고 뱃속에 술수만 가득 찬 인물들 중에서도 그는 시종 충직함을 잃지 않았다. 그는 진실로 보기 드문 인물이었다.

 '삼국'의 혼란 속에서 지도적 인물들은 모두가 교언영색으로 말을 잘했다. 입으로는 청산유수였지만 그들 마음에 '성실'이라는 두 글자는 없었다.

 중국 원형 문화의 가장 핵심은 '성誠(정성)'의 정신이다. 그러한 정신을 파괴하여 극단적인 경지까지 도달한 책이 바로『삼국지』이다.

 삼국 시대 영웅들은 혈전을 치르면서 수없이 많은 군사와 백성을 소탕했다. 그러한 것들은 직접 눈으로 볼 수 있는 현상이다. 하지만 동시에 그들은 중국 문화의 가장 원시적이며 근본적인 정신도 함께 소탕했다. 그것들은 사람들이 볼 수 없었던 현상이다.

 '성'의 정신에 관해서는 중국 고대 문화 연구자들이 수많은 해석을 했다. 최근 몇 년간 리쩌허우의 연구 역시 '성'이 중국 문화의 근원인 '무巫와 사史 전통'의 중요한 특징 가운데 하나라는 점을 발견했다. '성'은 무당의 신명에서 온 것이다. '성'은 원래 샤머니즘 의례 중에 신명을 발견했을 때의 신성한 감정이다. 샤머니즘 의례는 반드시 참여자의 진실무망眞實無妄한 감정과 관련되어 있다. 후자는 이러한 활동의 필요조건이다.

이후에 유가는 그것을 부단하게 이성화하고 도덕화, 내재화했다. 그래서 그것은 사람의 품격과 감정에 대한 기본적인 요구가 된 것이다. 『중용』은 '정성스럽지 않으면 사물이 없다'고 했으며 후세 사람들은 '성誠은 곧 영靈이다' '정성을 다하면 금석金石도 열린다'고 했다. 여기에서도 '성誠'과 '신神'은 서로 통한다.

'성'은 중국 문화에서 매우 중요하다. 심지어 '성'이라는 글자를 이용하여 서양의 '신信(믿음)'과 대응시키기도 한다. 중국 문화와 기독교 문화의 기본적인 구별에 대해서 리쩌허우는 이렇게 말하기도 했다.

기독교는 '신信(믿음)'을 말하고 '신에 근거해서 의義를 말했다.' 중국은 '성誠(정성)'을 말하고 '지성至誠스럽기가 신神과 같다'고 했다. 전자는 『성경』에서 온 개념이고, 후자는 무巫와 사史의 전통에서 유래한 개념이다. 이 두 개념으로부터 발생한 정욕관계, 정리情理의 구조, 감정의 상태 등에 대해서 그 유사한 점, 서로 통하는 점, 그리고 서로 다른 점에 대해서는 좀 더 자세하게 분석해볼 가치가 있다. 『논어금독論語今讀』에서 일찍이 다음과 같은 것을 제기한 적이 있다. "유가儒家들이 제시한 기본 개념 혹은 범주, 예를 들면 인仁, 예禮, 학學, 효孝, 제悌, 충忠, 서恕, 지智, 덕德 등과 여기에서 제시한 의義, 경敬, 애哀, 명命 등의 개념을 회고해보면 기독교에서 제시하는 기본 개념 혹은 범주, 예를 들면 주主, 애愛, 신信, 속죄贖罪, 구제, 원죄原罪, 전지전능全知全能 등의 개념과 서로 비교된다." 특별히 '감정'과 '신앙' 및 그 사이의 관계나 구조는 서로 비교가 된다.

리쩌허우 이전에 허린賀麟이 이미 그 점을 특별히 강조한 적이 있다.

무신론을 고집한 중국에 대해서 '성誠'은 바로 중국의 '도道'이며 중국의 종교정신인데, '성실誠實'은 단지 도를 드러내는 것일 뿐이라면서 다음과 같이 말했다.

'성誠'이라는 글자를 예로 삼아보자. 유가가 말하는 '인仁'은 도덕적인 의미가 비교적 많다. 그러나 소위 '성'은 철학적인 의미가 비교적 많다. 『논어』는 대개 '인'에 대해 말한 데 반해, 『중용』은 대개 '성'을 말했다. 소위 '성'이란 성실誠實, 성신誠信, 간절함 등의 도덕적인 의미만을 갖는 것은 아니다. 유가 사상에서 '성'의 주요한 의미는 진실무망眞實無妄의 이理 혹은 도道를 뜻하기도 한다. 『중용』에서는 "성誠이 없으면 사물이 없다"고 했다. 『맹자』는 "만물은 모두 나에게 구비되어 있다. 자신을 반성하여 성실하면……"이라고 했다. 이들 말은 모두 지극히 심오한 철학적인 의미를 담고 있다. 성은 말을 하는데 속이지 않는다는 의미뿐만 아니라, '진실무망'과 천체의 운행이 쉬지 않는다는 의미도 포함되어 있다. 공자는 "흘러가는 것이 마치 저 물과 같아 주야를 가리지 않는구나"라고 했는데 이것은 그가 강의 흐름이 그치지 않음을 빌려서 우주의 운행이 그치지 않는 '정성스러움誠'을 의미한 것이다. 또 그것은 '도'의 본체가 유행하는 모습을 지적한 것이기도 했다. 그다음으로 '성'은 역시 유가 사상 중에 가장 종교적 의미가 풍부한 글자이기도 하다. 성은 바로 종교상의 신앙을 뜻하기도 했다. 이른바 지성至誠이면 천지를 움직이고 귀신도 울게 할 수 있다고 하는 말이 그것이다. 그리고 정성이 지극하면 금석金石도 가를 수 있다고 했다. 지성은 신과도 통할 수 있으며 지성이면 앞날도 미리 알 수 있다고 한다. '성'은 사람을 감동시킬 뿐만 아니라, 동물도 감동시킬 수 있으며, 신에게 제사를 지낼 수도 있다. 그러므로 그것은 하늘과 사람과 사물을 관통

시키는 종교정신이라고 하는 것이다.46

　중국에서 원형 문화의 핵심은 『삼국지』에 이르러 모두 변질되어 철저한 위형화로 나아갔다. 철저함이란 바로 반면反面의 극단 형태를 성실히 추구한 철저함을 말한다. 이러한 종류의 극단성과 철저함은 표현하기 쉽지 않다.
　1917년에 이르러 리쫑우李宗吾가 '뻔뻔함'이라는 글자로 이를 표현했다. 그해에 그의 명저 『후흑학厚黑學』이 발간되어 세상을 놀라게 했는데, 그 내용 가운데 주제를 잘 드러내는 부분을 소개하면 다음과 같다.

내가 글자를 알고 책을 읽은 이래로 영웅호걸이 되고자 했다. 그 방법을 사서오경四書五經에서 구했으나 소득이 없었다. 제자백가나 24사史에서 구하기도 했으나 여전히 소득이 없었다. 옛날의 영웅호걸들에게는 반드시 (우리에게) 전해지지 않은 비결이 있었으나 나는 천성이 어리석고 둔해서 그것을 찾아내지 못할 뿐이라고 생각했다. 그래서 이리저리 궁리하고 명상을 하며, 침식을 잊고 그 비결을 찾고자 했다. 이렇게 하기를 수년, 어느 날 아침 우연히 삼국 시대의 몇 사람이 떠오르면서 뜻밖에 크게 깨달은 바가 있어 이렇게 외쳤다. "알았다, 알았다. 옛날에 영웅호걸이 된 자들은 그저 얼굴이 두껍고 속이 검었을 뿐이다."
삼국 시대 영웅은 조조를 으뜸으로 친다. 그의 특별한 장점은 모두 마음이 음흉한 데 있었다. 그가 여백사呂伯奢를 죽이고, 공융孔融을 죽이고, 양수楊修를 죽이고, 동승董承과 복완伏完을 죽이고, 또 황후와 황자를 죽이는 데 난폭하기가 그지없고 전혀 거침이 없었다. 아울러 눈을 부릅뜨고 당당하게 "내가 남을 배신할지언정 남이 나를 배신하게 하지 않을 것이다"라고 했다. 이렇게 마음이 검은 것은 진실로 상상을 초월했다. 이러한 능력이 있고 나서 그는 당연하게도 일세의 영웅으로 불리게 된 것이다.

그다음으로 유비를 들 수 있는데, 그의 장점은 완전히 뻔뻔한 데 있었다. 그는 조조에 의지하고, 여포에 의지하고, 유표劉表에 의지하고, 손권에 의지하고, 원소에 의지하며 동분서주했다. 그는 타인의 울타리에 의지하면서도 편안해했다. 그리고 평생에 울기를 잘했다.『삼국지』를 지은 사람은 그의 그런 모습을 묘사할 때 정말 사실적으로 서술하고자 했다. 자신이 해결할 수 없는 사정을 만나면 그는 다른 사람들 앞에서 한바탕 통곡을 했다. 그러면 즉각 상황이 호전되어 패배도 공적으로 바뀌었다. 그래서 속담에 "유비의 영토는 울어서 만들어진 것이다"라는 말도 있다. 그 역시 그 나름의 재능을 가진 영웅이었다. 그와 조조는 천하의 쌍벽이라고 할 만하다. 그들은 술을 데우면서 영웅을 논한 적이 있었다. 마음이 아주 검은 조조와 마음이 아주 뻔뻔한 유비가 얼굴을 대면하고, '네가 나를 어찌할 수 없을 것이다' '내가 너를 어찌할 수 없을 것이다' 하면서 영웅을 논했다. 그때 조조는 "천하의 영웅은 그대와 나 조조뿐이오"라고 단언했다.

이외에도 손권이 있다. 그는 유비와 동맹을 맺고 아울러 사위와 장인의 인연을 맺었으나, 갑자기 형주를 탈취하고 관우를 살해했다. 마음이 검기는 조조 못지않았다. 그는 조조와 견줄 만한 영웅으로 불렸다. 그러나 갑자기 조비曹조의 밑으로 들어가 신하로 자처했는데, 낯이 두껍기가 유비와 마찬가지였다. 이어서 그는 위나라와 절교했는데 뻔뻔한 정도가 유비와 비교해도 약간 모자랄 뿐이었다. 그는 비록 마음이 검기가 조조보다는 못하고, 뻔뻔하기가 유비보다는 못했지만, 검고 뻔뻔함 두 가지를 겸비하고 있었다. 그래서 그 역시 영웅으로 치지 않을 수 없다. 이들 세 사람은 각자의 재능을 펼쳐본다면, '너는 나를 정복할 수 없고, 나는 너를 정복할 수 없다'는 것으로 그때의 천하는 셋으로 나뉠 수밖에 없는 상태였다.

나중에 조조, 유비, 손권은 차례로 사망하고, 사마씨司馬氏 부자가 기회를 틈타 일어났다. 그는 조조와 유비 등의 훈도를 받아 '뻔뻔함의 학문'을 집대성하려는 속셈을 갖고 있었다. 그는 사기를 쳐서 과부나 고아들을 아주 잘 속였으며, 마음이 검기는 조조와 마찬가지였다. 여자들이 주는 굴욕도 잘 참았으며 낯이 두껍기가 유비보다 훨씬 더했다. 나는 역사책을 읽다 사마의가 여자들로부터 굴욕을 당하는 장면을 보고 책상을 치며 외치지 않을 수 없었다. "천하가 사마씨에게 돌아가겠구나!" 그래서 사마씨가 기회를 얻자마자 천하를 바로 통일할 수밖에 없었다. 여기에는 "일이 그렇게 된 데에는 반드시 그럴 만한 이유가 있는 것이다"라는 표현이 딱 들어맞는다.

제갈무후諸葛武侯는 천하의 귀재였다. 그는 삼대三代 이후 최고의 인물이었다. 사마의를 만나서 역시 방법이 없었다. 그는 '죽을 때까지 혼신의 힘을 다하자'는 결심을 했지만, 결국 중원의 땅을 조금도 얻지 못하고 피를 토하고 죽었다. 이를 보면 그의 재능은 '뻔뻔함'의 명가名家에서 고수가 아니었음을 알 수 있다.

나는 이와 같은 몇 사람의 인물에 대해 반복해서 연구함으로써 천고千古에 전해지지 않은 비결을 발견해냈다. 그것은 24권의 역사서二十四史는 '뻔뻔함일 뿐'이라는 한마디 말로 꿰뚫을 수 있다는 것이다.

2. 사당死黨을 결성한다

'죽음의 당을 결성한다'는 말은 사람을 다소 놀라게 하는 표현이다. 사실 이러한 표현은 '도원결의'의 극단성을 드러내기 위한 표현일 뿐이다.

20세기 이전에는 '정당政黨' 현상이 없었다. 중국 역사서에 등장하는 후한의 '당고黨錮' 현상이나 명말明末의 동림당東林黨은 모두 정당이 아니었다. 중국 고대에는 비록 현대적인 의미의 정당이 존재하지 않았지만 '당黨'의 개념은 아주 일찍부터 있었다. 우리가 잘 아는 공자의 "군자는 두루 사귀나 당파를 만들지 않고, 소인은 당파를 만드나 두루 사귀지 않는다"는 말이 바로 그 증거다. 공자가 말한 '당'이란 패거리 집단을 말한다.

사회는 일종의 집단적인 존재이다. 모든 생명체가 사회 안에 존재하며, 각 개체는 독립성을 지닌다. 또 거기에는 타자를 존중해야 하는 집단성이 있다. 현대의 철학적 언어로 표현한다면 주체적 개성이 있을 뿐만 아니라 주체적 경계성도 존재한다. 공자가 '두루 어울리지만 당파를 만들지 않는다'고 한 말은 주체적 개성과 주체적 경계성을 모두 겸한다. 패거리 집단에는 양자가 모두 존재하지 않는다.

패거리 집단에 소속된 사람들은 그 집단의 비밀 규칙에 복종해야 한다. 단체의 이익을 모든 것보다 더 높은 곳에 두고, 단체의 집단 의지는 개인의 자유의지를 대신했다. 그 때문에 개인은 독립성과 주체성을 상실했으며, 집단성은 사회의 보편적인 원칙을 무시했다. 집단에 존재하는 공동의 이익을 무시했기 때문에 공중도덕도 존재할 수 없었다.

공자가 말한 '소인'은 종종 패거리 내부에서 세력을 끌어 모아 파벌을 만드는 사람을 의미했다. 중국 사회가 변질되었다는 중요한 증거 중 하나는 청방靑幇, 홍방紅幇, 흑방黑幇이 출현한 것이다. 이러한 비밀결사 집단이 사회를 대신하고, 그런 집단의 비밀 규칙이 사회의 보편적인 규범을 대신했으며 개인의 영혼을 대신했다.

'도원결의'를 한 형제의 결맹은 그 본질을 말하자면 일종의 패거리 집단의 결맹이었다. 결맹을 맺을 때 그들이 결의한 서약은 그들 자신에게 있어서는 최고의 원칙이었다. 그러나 사회를 향해 그것을 공개해서는 안 되는 것이었다. 그래서 그것은 단지 비밀 규칙에 불과했을 뿐이다.

유비, 관우, 장비는 도원에서 제사를 지내 향을 피우며 인사를 하고 다음과 같이 선서했다. "유비, 관우, 장비는 비록 성이 다르지만 이제 결의를 하여 형제가 되었다. 즉 서로 마음을 합하여 협력하고, 곤란과 위험에서 벗어나도록 서로 돕고, 위로는 나라와 집안의 은혜에 보답하고, 아래로는 백성들을 편안케 할 것이다. 생년월일이 같음을 바라지 않고, 단지 같은 날에 죽기를 바랄 뿐이다. 천지신명이 우리 마음을 지켜볼 것이며, 의리를 배신하고 은혜를 잊는다면, 하늘과 사람들이 모두 달려들어 죽일 것이다."

그들 세 사람 가운데 역시 장비가 가장 솔직하고 시원시원했다. 그는 이렇게 제의했다. "내일 복숭아밭에서 천지에 제사를 지내고 우리 세 사람이 형제의 결의를 맺었다는 것을 고합시다. 같은 마음으로 협력해야 큰일을 도모할 수 있습니다." 결맹은 '큰일을 도모'하기 위한 것이었다. 그리고 결의 원칙의 배후에는 이익 원칙이 있었다.

'도원결의'는 이후, 특히 송나라 이후 청방·홍방이 이어받아 비밀결사 집단에서는 일종의 보편적인 모범이 되었다. 그중에 '같은 날에 죽을 뿐이라는 내용은 중요한 핵심으로 패거리 집단이 '사당死黨', 즉 죽음을 불사하는 모임으로 변질되게 했다. 따라서 '도원결의'는 비록 (곤란과 위험을 함께 돕자는) 정치 원칙을 가지고 있었지만, 더욱 중요한 것은 조직 원칙이었다.

서로 결맹을 맺고 선서한 뒤에는 어떠한 자유의지도 있을 수 없다. 사회적인 각종 규범을 준수할 필요도 없는 것이다. 오직 집단에만 충성하면 된다. 그것이 생명의 가치이며 생명의 목표다. 이렇게 하여 결국 패거리 집단은 죽음을 불사하는 모임으로 변해버렸다.

문화대혁명 중에 무정부 상태가 한 차례 있었다. 당시 수많은 홍위병들은 사실 반사회적인 패거리였다. 그런데 그 가운데 많은 집단이 한 차례의 공격에도 버티지 못했다. 그 주요 원인은 집단을 조직한 사람들이 죽음도 불사하는 '사당'의 결성이라는 비결에 대해서 잘 몰랐기 때문이다. 그러나 승리한 집단들은 대개 그 핵심 지도자들이 '사당'의 결성이 누설해서는 안 되는 천기天機라는 점을 잘 알았다.

『삼국지』가 사회에 끼친 해악 중에서 중요한 점은 바로 '도원결의'라는 미화된 언어를 통해서 사람들이 큰일을 도모하려면 반드시 죽음도 불사하는 '사당'을 결성해야 한다는 사실을 사람들에게 암시했다는 점이다. 하지만 '사당'은 그 이름이 '청방'이든 '홍방'이든 모두가 사회의 악성 종양이었다.

도원결의가 후대 사람들에게 모범으로 받아들여진 것은 그들이 공동으로 도모한 큰일들이 대개 성공했기 때문이다. 투쟁 과정에 비록 몇 차례의 반목(예를 들면 장비가 관우를 의심한 일)이 일어나기도 했지만, 형제간의 우애는 분명 철저하게 관철되었다. 그것은 '사당'을 결성한 것 중에 지극히 성공적인 사례였다. 그러나 그러한 경우는 결코 많지 않았다.

생사를 같이할 것을 맹세하고 함께 조직을 결성했지만, 그 맹세가 결코 믿을 만하지 않았다는 사례를 우리는 적지 않게 발견할 수 있다. 멀리서 그런 사례를 찾을 필요는 없다.『삼국지』에 나오는 건녕태수建寧太守 옹개雍闓가 한 예이다. 그는 장가牂柯 태수 주포朱褒와 함께 남만왕南蠻王 맹획孟獲과 결탁했다. 제갈량의 남정南征에 대비하여 그 첫 번째 방어선을 구축하고자 한 것이다.

제갈량은 이에 먼저 세 성을 평정하고자 했다. 아울러 반간계反間計(적들을 이간시키는 계략)를 사용하여 적들 간에 갈등을 유발시키려고 했다. 먼저 옹개와 고정高定이 그 대상이 되었다. 첫 교전 중에 고정 진영의 선봉에 선 장수 한 사람을 체포했다. 제갈량은 그가 고정의 부장部將이라는 것을 알고 있었다. 그래서 일부러 그에게 말을 한 필 풀어주고 이렇게 알려주었다.

"나는 고정이 충의忠義의 지사라는 것을 잘 안다. 그런데 지금 옹개의 유혹 때문에 이 같은 상황이 되었다. 내가 지금 너를 풀어줄 테니 돌아가 고정 태수가 하루라도 빨리 귀순하여 큰 재앙을 면하도록 하라." 그 장수는 돌아가서 제갈량의 말을 전했다.

고정은 과연 매우 감격해했다. 그것은 이간계를 위해서 깔아둔 주춧돌이 되었다. 그다음 제갈량은 이간계를 한층 더 발전시켰다. 결국 옹개와 '생사를 함께하기로 결맹'을 맺은 고정은 옹개 형제의 수급首級을 들고 제갈량을 찾아와 충심을 표했다. 덕분에 고정은 '익주 태사'가 되고 삼군三郡을 통괄하는 보상을 받았다.

제갈량은 옹개와 고정 두 사람이 생사의 결맹을 맺었다는 것을 알고 있었지만, 그들이 '의리'의 배후에 있는 '이득'을 떠날 수 없다는 점 또한 잘 알고 있었다. 그것은 인간적이며 보편적인 약점이었다. 제갈량은 이해관계에 호소하여 정치적·군사적인 압력을 가하는 한편, 이간계를 써서 그들 상호 간의 허약한 '의리'에 대한 신념을 버리도록 동요시켰다.

사당死黨을 결성했다고 해도 사람들은 욕망에서 벗어나기 힘들다. 큰 이득을 취하고자 하는 욕심과 믿을 수 없는 인간의 욕망에 흔들리기 때문이다. 따라서 태산같이 높고 바다같이 깊은 맹서를 했더라도 그것을 서로 위반하는 경우가 적지 않다.

3. 상대방에 먹칠한다

'상대방에 먹칠'을 하는 책략, 즉 폄하하고 체면을 구기게 하는 전략이 『삼국지』에서 나왔다고 말하는 것은 이 소설을 매도하는 것이 아니다. 정치 투쟁에는 '상대방을 존중하는 것'과 '상대방을 폄하하는 것'의 두 문화가 있다. 『삼국지』 문화는 전자와 무관하다. 후자에 속한다.

중국의 주왕紂王이 그렇게 까맣게 먹칠을 당한 것은 고대에 이미 있었던 일이다. 다만 『삼국지』의 저자처럼 그렇게 분명한 태도로 한쪽만 예찬하고 다른 쪽을 폄하한 경우는 사실 많지 않다. 그는 유비를 옹호하고 조조를 반대하는 정치적 입장에서 유비를 황실의 정통으로 보고 조조는 정통에 반대하여 반란을 일으키고 권력을 찬탈하려 한 간웅奸雄으로 판단했다. 그런 후에 역사를 멋대로 고치고 조조를 역사의 공적公敵으로 묘사했다. 그는 정통의 적수敵手로서 '원형原形'의 조조를 완전히 변모시켜 흑심을 가진 '위형僞形의 조조'로 만들었다.

이와 같이 변형시킨 것은 저자가 유비를 굳게 옹호하려는 정치적 입장에 섰기 때문이었다. 따라서 그는 조조를 제1급의 적수로 폄하했을 뿐만 아니라, 주유周瑜는 제2급의 적수로 그리고 왕랑王朗 등은 제3급의 적수로 폄하하고 체면을 구기게 만들었다. 결국 '먹칠' 때문에 역사에는 거대한 변질이 발생했다.

조조의 '원형'은 역사상의 조조이며, 조조의 '위형'은 소설 『삼국지』의 조조이다. 이 두 이미지는 완전히 다르다. 원형은 '영웅'이었으며, 위형은 '간웅'이었다. 이러한 점에 관해서 루쉰은 일찍이 공개적으로 이런 말을 했다.

한나라 말엽과 위나라 초기, 이 시대는 아주 중요한 시대였다. 문학 분야에서 중대한 변화가 일어났는데, 그것은 당시 마침 황건적의 난과 동탁董卓의 난이 일어난 뒤였기 때문이다. 아울러 그때는 당고黨錮의 분쟁이 일어난 뒤였다. 그때 조조가 등장했다. 하지만 우리가 조조를 말할 때는 아주 쉽게 소설 『삼국지』를 연상하게 된다. 혹은 무대에서 화검花臉[47]을 한 간신을 상상하기도 한다. 그러나 그것은 조조를 관찰하는 진정한 방법이 아니다.

역사를 다시 살펴보면 그 기록된 글과 논단은 어떤 경우는 결코 믿을 수 없다. 믿을 수 없는 경우가 매우 많다. 통상 우리가 알고 있는 것은 어떤 왕조의 존재 연대가 길면 길수록 반드시 좋은 사람이 많다는 것이다. 반면에 연대가 짧으면 짧을수록 좋은 사람은 거의 없다. 왜 그런가? 연대가 길 경우에는 그 왕조의 역사를 기록하는 사람이 그 왕조에 생존한 사람일 가능성이 높다. 그렇다면 당연히 그는 자기 왕조의 인물들을 치켜세운다. 연대가 짧으면, 그 왕조의 역사를 기록하는 이들이 다른 왕조에 생존한 사람일 가능성이 높다. 그렇다면 그는 자유롭게 이미 없어진 왕조의 인물들을 폄하하고 배척할 수 있게 된다. 그래서 진나라는 역사 기록상으로 좋은 사람이 거의 없다. 조조의 왕조는 역사적 시간에서 볼 때 단명했다. 그래서 후대 왕조 사람들의 나쁜 말에서 벗어날 수가 없었다. 사실 조조는 수완이 매우 좋은 인물이었다. 적어도 그는 한 사람의 영웅이었다. 나는 비록 조조 일당은 아니었지만, 어찌되었든 그는 아주 탄복할 만한 인물이었다.[48]

원형의 조조에 관해서는 이미 많은 글과 논저에서 우호적인 언급을 했다. 나는 그의 시詩와 관련해서, 작은 범위 내에서 몇 마디 논한 적이 있다.

중국의 제왕들 중에서 시를 쓴 사람은 적지 않다. 당나라 초기, 중기만 보더라도 이세민李世民, 측천무후, 당 고종李治, 당 현종李隆基 등이 있었다. 『전당시全唐詩』에는 당 현종의 시가 63수나 수록되어 있다. 『전당시외편全唐詩外篇』에는 5수가 추가로 실려 있다. 청나라 때에는 건륭제 혼자 1만 수 이상의 시를 지었다.

그런데 이들 중에서 시를 매우 잘 지은 인물로 두 사람을 들 수 있다. 한 사람은 조조이며, 다른 한 사람은 남당南唐의 황제 이욱李煜[49]이다. 이 두 제왕은 대시인이라고 할 수 있다. 이들의 시에서 공통점은 다다른 경지가 매우 높으며 그 기세가 광활하다는 점이다. 아울러 형이상학적인 의미도 내포하고 있다. 즉 존재 의미를 묻는 시적 사상이 담겨 있다.

예를 들면 다음과 같은 시구에서 볼 수 있다. "술잔을 마주하면 마땅히 노래를 불러야지. 사람이 살면 얼마나 살까?"(조조) "그대에게 묻는다. 얼마나 많은 시름이 있는가?"(이욱) 어느 것이나 인생에 대해서 묻는 것이다.

조조의 아들 조비曹丕와 조식曹植도 시를 썼는데 그들이 쓴 것은 모두 문학적인 시였다. 반면 조조는 오히려 철학적인 시를 썼다. 조조는 우주와 인생에 대한 큰 깨달음이나 슬픔에 대해서 시를 썼는데 그의 자식들이 감히 따라잡지 못한 경지였다.

이욱의 시에는 대자비의 마음이 가득 담겨 있다. 왕국유王國維의 『인간사화人間詞話』가 이룬 가장 중요한 공헌 하나는 이욱을 재발견한 점이다. 왕국유는 이욱이 예수 그리스도와 석가모니가 인간의 고난을 짊어진 그런 '신의 경지'에 올랐다고 평가하고 중국의 문인들이 역대로 숭상한, 인간의 음식을 먹지 않는 그런 경지보다 정신적으로 더 넓고 크다고 했다.

조조와 이욱의 시는 다른 제왕 시인들의 경지를 훨씬 뛰어넘었다. 송나라 휘종 등 유명한 제왕 시인들을 포함하여 후대의 많은 시인의 시보다 더 훌륭했다. 그럴 수 있었던 것은 그들이 다른 시인들이 지니지 못한 기백과 기상을 지녔기 때문이다. 기백이라는 면에서 보면 조조는 분명히 범인을 뛰어넘는 비범한 영웅적인 기개가 있었다. 그런 까닭에 역사서 『삼국지』의 저자인 진수가 『무제기武帝紀』의 권말에 "보통이 아닌 사람, 세상을 뛰어넘는 인물"이라는 표현을 써서 조조를 객관적으로 평가한 것이다.

진수 뒤에 오나라 대장군이었던 육손陸遜의 손자이자 유명한 문장가였던 육기陸機도 「적위무제문吊魏武帝文」을 써서 조조를 찬미했다. 그는 조조가 "천하를 공략하여 온 세상이 함께 받들었다. 덕은 천지에 나누어지고, 태양과 달을 도와 함께 빛나는구나"라고 칭송했다. 이렇게 예찬하고 나서 그는 "조조가 비록 천하를 구한 공적이 있었지만, 그 학정 역시 심해서 백성들의 원망이 많았다"고 지적하기도 했다. 이러한 비평은 오히려 앞에 표현한 찬양을 더 신뢰할 만하게 만들기도 한다. 다시 말하자면 진수와 육기는 조조의 원형을 묘사했다고 긍정할 수 있다.

그러나 『삼국지』에서는 오히려 조조를 철저하게 위형화하여 그를 폄하하고 먹칠하는 데 온갖 노력을 다했다. 유비를 직접 등장시켜 먹칠하게 한다든지, 소설 전체의 구성을 통해 간웅의 이미지를 만들어내고 폄하했다. 그럼으로써 사람들이 조조를 몹시 싫어하게 만들었다.

방통이 유비에게 서촉西蜀을 탈취하라고 권했을 때, 마침 그럴 생각이 있었던 유비는 거짓으로 사양하면서 조조를 이렇게 폄하했다. "지금 나와 더불어 물과 불처럼 대적하고 있는 자는 조조입니다. 그는 성질이 급하지만 저는 관대합니다. 그는 폭력적이지만 저는 어집니다. 그는 남을 속이지만 저는 충직합니다. 저는 조조와 모든 것이 다릅니다. 그러니 성공할 수 있을 겁니다."(제64회)

여기에서 유비는 중대한 전략적 정보를 노출했다. 그것은 자신을 조조와 견주면서 흑과 백으로 대조시킨 것이다. 그가 조조를 흑색으로 더 짙게 칠하면 칠할수록 일은 더 성공할 수 있을 것이다. 그래서 그는 '한중왕漢中王'을 자칭하고 제왕의 지위에 오를 때 두 편의 중요한 글(상표上表와 제문祭文)을 발표하면서도 조조를 극력 폄하했다.

유비는 황제에게 올리는 표를 써서 허도許都에게 보냈는데 그 내용은 이렇다.

저는 평범한 신하의 재능을 가졌으나 장수의 임무를 지고 삼군을 지휘하며 바깥에서 명령을 받들었습니다. 하지만 도적들의 난리를 막지 못하고 왕실을 편안케 하지 못하며 오래도록 성스러운 가르침을 널리 펴지 못했습니다. 천하가 아직 편안하지 못하니 걱정으로 밤마다 잠을 못 이루고 머리가 아픕니다. 지난날에 동탁이 재앙을 만들어 흉악한 무리를 종횡으로 조정해 천하를 해쳤습니다. 그러나 폐하의 성덕 덕분에, 신하들이 호응하여 혹은 충의로써 토벌하고 혹은 하늘이 벌을 내려 폭도들이 점차 사라졌습니다. 하지만 유독 조조는 아직까지 없어지지 않고 국권을 침탈해 방자한 행동이 극히 심합니다. 저는 지난날 거기車騎 장군 동승董承과 조조를 토벌하고자 했으나 비밀을 지키지 못해 위험에 빠지기도 했습니다. 저는 피난하여 근거지를 잃고, 충의가 열매를 맺지 못하여 결국 조조의 흉악함이 극도에 달해 황후를 살육하고 황자를 독살하는 지경에 이르렀습니다. 동맹을 규합해 힘껏 싸울 생각이었으나, 나약하여 이루지 못했습니다. 수년이 흘렀으나 공을 세우지 못하고, 이대로 추락해 나라의 은혜를 갚지 못할까 두려워 자나 깨나 탄식하니 밤마다 무서움이 마치 역병과 같습니다.(제73회)

유비는 또 초주랑譙周朗이 읽은 제문에서 이렇게 표현했다.

건안建安 26년(221) 4월 6일(병오丙午)에 황제 유비는 천지신명께 감히 이렇게 보고를 드립니다. 한나라가 천하를 영유하여 무한히 운수를 누려오다가 지난번에 왕망이 그 권력을 찬탈했습니다. 그러나 광무제가 진노하여 그를 처벌하고 사직을 복구했습니다. 하지만 조조는 무력으로 잔인하게 황후를 살해하여 그 죄악이 하늘에까지 가득 찼습니다. 조조의 아들 조비는 아비의 흉악함을 이어받아 신기를 훔쳤습니다. 많은 신하와 장수가 한나라의 사직을 몰락시키려고 하니 유비가 마땅히 그것을 지켜, 전한前漢의 고조와 후한後漢의 광무제를 이어 천벌을 집행해야 한다고 생각합니다. 저 유비는 부덕하여 제위를 욕되게 할까 두려워, 안으로 백성들에게 묻고 바깥으로 먼 곳의 군장君將들에게까지 물었습니다. 그런데 모두 "천명에 응답하지 않으면 안 되며, 조상의 사업은 오랫동안 방치해서는 안 된다. 또한 천하에 군주가 없으면 안 된다"고 했습니다. 천하의 기대는 모두 저 유비 한 사람에게 있습니다. 저는 하늘의 분명한 명령이 무섭고 또 고조와 광무제의 업적이 장차 땅에 떨어질까 두렵지만, 삼가 길일을 택하여 단에 올라 제사를 지내고, 황제의 인수를 받아 사방의 천하에 임하고자 합니다. 부디 신들이시여, 한나라 왕실에 복을 내려 영원히 평안하게 해주소서.(제80회)

위 두 인용문의 주요 내용은 상대를 폄하하는 것이다. 자신을 왕이나 황제로 칭한 것은 적을 토벌하고 나라를 구한다는 명분을 설명하기 위한 것이었다. 두 글에서 조조는 '잔인무도'하며 '매우 흉악하고 반역적'이며, '죄악이 하늘까지 가득 찼다'고 성토했다.

유비는 정치적으로 조조가 권력을 찬탈하고 나라를 도둑질한 대도大盜라고 비난했다. 결국 『삼국지』의 저자 나관중은 조조를 윤리적으로 가장 부도덕하고 가장 비양심적이며, 처음부터 끝까지 배신하고 의리를 저버리는 나쁜 놈으로 그렸다.

그것은 위형의 조조였다. 나관중의 묘사에 따르면 즈조의 마음은 몹시 까맣고, 사람은 몹시 나쁘며, 그 일생은 '간사함'으로 해석할 수 있고, 그러한 표현 외에 그의 성품이나 품행을 설명할 말은 아무것도 없다. 그 사람됨이 나쁜 것은 뿌리부터 그러한 것이다. 그는 환관의 가정에서 태어났다. 어려서부터 배움이 없었다. 어려서부터 그는 뱃속이 온통 나쁜 것으로 가득 차 있었으며, 천성이 타인을 속이고 해치는 것이었다. 맨 처음 그로부터 피해를 본 사람은 바로 친숙부였다.『삼국지』는 그 시작과 함께 조조가 어렸을 때부터 음모와 꾀를 잘 부렸다고 소개했다.

조조의 아버지는 조숭曹嵩으로, 본래 성은 하후씨夏侯氏였다. 그가 중상시中常侍 조승曹勝의 양자가 되었기 때문에 성을 조 씨로 바꿨다. 조숭이 조조를 낳고, 그 아명을 아만阿瞞, 일명은 길리吉利라 했다. 조조는 어려서 사냥을 좋아하고 가무를 즐기고 꾀가 있으며 재치가 뛰어났다. 조조에게는 숙부가 있었다. 숙부는 조조가 한없이 방탕한 생활을 즐기자 노하여 조숭에게 말함으로써 조숭이 조조를 꾸짖게 했다. 조조는 꾀 하나를 생각해냈다. 숙부가 오는 것을 보자 거짓으로 땅에 엎드려 중풍에 걸린 척했다. 숙부가 놀라 조숭에게 알리자, 조숭이 급히 와 조조를 살펴보았는데 아무렇지도 않았다. 조숭이 말했다. "숙부 말로는 네가 중풍이라던데 벌써 나았냐?" 조조는 "저는 원래 그런 병은 없어요. 숙부가 저를 미워해서 그렇게 말한 것입니다." 조숭은 그 말을 믿고 그 뒤부터 숙부가 조조의 잘못을 말해도 듣지 않았다. 그래서 조조는 멋대로 방탕하게 지낼 수 있었다. 당시 교현橋玄이란 사람이 있었는데 조조에게 말했다. "천하가 어지러울 때 세상에 이름이 난 인재가 아니면 천하를 구할 수 없소. 천하를 편안하게 할 재주를 그대는 가졌소?" 남양南陽 사람 하우何禺가 조조를 보고 말했다. "한漢이 망하면, 천하를 안정시킬 사람은 이 사람뿐이다."

이렇게 묘사된 위형의 조조는 이미 태어날 때부터 선한 곳은 없고 완전히 나쁜 본성으로 태어났다. 그 후 그는 일생 동안 악한 일만 해도 전혀 이상하지 않았다. 어려서부터 마음이 사악한 조조는 위로는 군신의 대의를 무시했으며, 황제는 이용만 할 뿐이었다. 천자를 끼고 제후들을 부리는 데 이용한 것이다. 그는 충성심도 결여되어서 나중에 결국 대역무도한 짓을 자행했다. 기강을 파괴하고 임신 5개월의 황후를 죽이기까지 했다. 그리고 결국 한 왕조를 찬탈하고 국가를 훔쳤다.

아래로는 능히 이용해먹을 수 있을 때라면 좋은 말로 아첨했지만 그렇지 못할 때면 서슴없이 살해했다. 양수楊修를 살해하고 황조黃祖의 칼을 빌려 칭형稱衡을 죽인 일 등은 더 말할 필요가 없다. 심지어는 자신을 위해서 큰 공을 세운 대전략가 순욱荀彧도 결국 용납되지 못하고 죽음으로 몰렸다.

또 놀라운 것은 그가 공공연하게 "차라리 내가 천하 사람들을 버릴 지언정 천하 사람들이 나를 버리게 하지는 않을 것"이라는 극단적인 이기심의 철학을 고취했다는 사실이다. 이러한 인식 아래 그는 자기를 보호하기 위해 위급한 상황에서 자신을 접대하던 여백사呂伯奢의 가족을 모두 도살했다. 마음이 음흉한 인간의 잔혹성이 극도로 표출된 것이다.

아울러 자신이 왕후王厚에게 군량미를 조금씩만 지급하라고 지시했음에도, 그로 인해 주린 병사들이 불만을 표출하자 그 불만을 이용하여 왕후를 죽이고, 살해된 왕후의 머리를 보여주며 병사들의 울분을 풀도록 한 것 역시 잔혹함과 음험함의 극치를 보여준 사례였다. 이외에도 그가 화타華佗, 서서徐庶, 진궁陳宮, 장료張遼 등을 대한 태도나 수단을 보더라도 부도덕하고 후안무치하지 않은 때가 거의 없었다.

역사상 영웅이라고 부를 수 있는 조조는 소설 『삼국지』의 먹칠로 인해 더할 나위 없이 잔인하고 허위로 가득 찬 음모가·야심가로 변했다. 이 때문에 후대 사람들은 조조의 진면목을 정확히 이해할 수 없게 되었다. 단지 몇 사람의 진지한 역사학자만이 조심스러운 실증 작업을 통해서 그의 얼굴에 씌워진 검은 가루를 털어냈다.

예를 들면 매우 열심히 그런 작업을 한 성쉰창盛巽昌 교수는 역저 『삼국연의보증본三國演義補證本』에서 왕심王沈의 『위서魏書』, 곽반郭頒의 『세설世說』, 손성孫盛의 『잡기雜記』 『태평어람太平御覽』 등을 인용하여 소설의 묘사와 여사서의 기록이 서로 다르다고 증명했다. 아쉽게도 원형의 조조를 회복시키려는 학자들의 노력은 나관중이 만들어낸 위형의 조조를 좀처럼 극복하지 못하고 있다. 조조는 사람들의 마음속에 아직도 사악한 인물의 대표적인 이미지로 남아 있다.

『삼국지』의 폄하 대상은 조조에 그치지 않았다. 유비의 2등급 적수였던 주유도 먹칠을 당해 매우 부정적으로 묘사되었다. 성쉰창 교수의 고증에 따르면, 주유는 마음이 관대한 장수였다. 『삼국지』는 그가 공명의 재능을 질투하여 공명을 사지로 몰려 했다고 묘사했다. 그가 임종할 때는 또 "하늘은 이미 주유를 낳았는데 어찌 또 제갈량을 낳았는가?"라는 한탄을 했다고 했다. 그러나 이것은 순전히 소설 『삼국지』의 날조였다. 성쉰창은 이렇게 말한다.

역사가 전하는 바에 따르면, 주유는 포용력이 매우 큰 인물이었다. 적벽대전 때 장간蔣干이 조조의 명령을 받들고 와서 주유에게 항복을 권한 적이 있다. 그 뒤 그는 돌아가서 주유에 대해 이렇게 말했다. "아량이 넓고 정취가 고상했다." 주유는 사람과 사물을 대하는 데 있어서 온화하고 우아했으며 검손하고 예의 바름에 요령이 있었다. 또 상하좌우의 주위 사람들과 화목하게 잘 지냈다. 정사 『삼국지·오서吳書』 「주유전周瑜傳」에는 그가 "성격과 도량이 크고 너그럽다. 그래서 좋은 사람들이 모인다"고 했다. 유비 역시 주유가 "그릇이 매우 크다"고 했다. 그의 너그러움과 겸손함은 많은 사람이 인정한 바다.

"이미 주유를 낳고, 어찌 제갈량은 낳았는가"라는 말은 『삼국지』가 꾸며낸 것으로 역사 기록에는 보이지 않는다. 또 주유는 나이가 제갈량보다 훨씬 더 많았다. 생각해보면, 주유가 죽을 때 그 나이가 36세였다. 제갈량은 당시 28세였다. 그러므로 『삼국지』가 말한 것은 역사와 다르다. 그러나 후대 사람들은 너무도 미혹되어 있다. 청나라 원매袁枚는 『수원시화隨園詩話』 제5권에서 "하기담何屺瞻(1661~1772)은 편지를 쓸 때 주유를 낳고 제갈량을 낳은 이야기를 적었는데, 모서하毛西河(모기령, 1623~1716)가 그것이 터무니없는 일이라고 꾸짖어 평생을 부끄러워했다"고 쓴 바 있다. 청나라 왕응규王應奎는 『유남수필柳南隨筆』 권1에서 역시 '먼저 주유를 낳고, 어찌 제갈량을 낳았는가'라는 구절은 『삼국지』에 나오는데 그 말은 정사正史에는 나오지 않는다고 했다. 왕원정王阮亭의 「고시선범례古詩選凡例」나 우회암尤悔庵의 「창랑정시서滄浪亭詩序」도 그런 잘못을 그대로 따르고 있다. 두 분의 학문이 고상하고 넓지만 여전히 그러한 잘못을 피하지 못했다. 지금 학문에 임하는 자는 정말로 신중하지 않으면 안 된다.[50]

제3등급으로 먹칠을 당한 대상은 장소張昭 등이었다. 루오간勞干은 역사를 보는 커다란 안목으로 장소의 주장을 분석했다. 장소의 주장이 일단 실현되었더라면 적벽대전 후 60년간의 삼국 분쟁이나 끊임없는 전쟁의 재난을 피할 수 있어 천하 사람들에게 도움이 되었을 것이라고 보았다.

또 그는 장소가 "본래는 절개 있는 인물로 결코 유약하지 않았다"고 했다. 장소가 제시한 전략은 간단한 것이 아니었다. 단지 조조를 두려워하고 조조를 굴복시키는 것만은 아니었다. 진수는 정사 『삼국지』에서 "품고 있는 생각이 어찌 원대하지 않겠는가?"라고 하여 장소가 상당히 긴 안목을 지녔다고 평가했다. 장소는 결코 소설 『삼국지』에서 표현된 것처럼 쥐의 눈을 하고 눈빛이 희미한 인물이 아니었다. 라오깐은 이렇게 말한다.

적벽대전은 삼국이 분열된 중대한 사건이었다. 그 후 60년간의 분열 국면은 그 사건에서 시작되었다. 그러나 조조는 헌제를 보호하고 있었기 때문에 명분이 있었다. 당시 백성들의 편안한 삶을 염두에 두고 말한다면, 조씨의 내정은 그런대로 큰 잘못은 없었다. 삼국의 분쟁이 오히려 끊임없는 재난을 초래했다. 그래서 백성을 염두에 두고 판단한다면 적벽대전의 공과 죄에 대해서는 그리 간단하게 단언할 수 없다. 배송지裵松之는 『삼국지·오지吳志』 「장소전張昭傳」에 이렇게 주석을 달았다. "장소가 조조를 맞이하도록 권한 것은 그 생각이 어찌 원대하지 않았겠는가? (…) 만약에 장소의 의견이 받아들여졌다면 천하가 하나로 통일되었을 것이니, 어찌 전쟁의 재난이 있고 온 나라가 서로 싸우는 폐해가 있었을 것인가? 그렇게 되었다면 비록 손권에게는 공이 없었을지라도 천하에는 커다란 득이 되었을 것이다. 옛날에 두융竇融이 한나라에 귀순하여 나라와 운명을 같이했고, 장로張魯는 위나라에 항복하여 그 보상이 후손 대대로 이어졌다. 하물며 손권이 오나라 전체를 들어 조정에 귀순하여 항복했다면, 그가 받을 은총이 어찌 헤아릴 수 있었겠는가? 그러니 장소가 제시한 계책이 충성스럽고 정확했다고 하지 않을 수 있겠는가?"

소설에서 장소라는 인물은 강남 지역을 지키는 것만 알았을 뿐 다른 전략이나 역사적인 통찰력을 갖추지 못했다. 그는 단지 어수룩하고 성급한 투항파에 지나지 않았다. 나중에 제갈량이 나와서 많은 유학자와 설전을 벌이고 조조에 대항하는 이유를 설명할 때, 장소는 제갈량과 맞선 으뜸가는 변론가였다. 다만 장소는 상대방의 단점을 드러낼 줄만 알았지 대국적인 분석은 전혀 하지 못했다. 감정이 이성을 압도하여, 제갈량 앞에서 그는 그저 썩어빠진 유학자에 불과했다.

하지만 역사적인 사실로 볼 때 장소는 전혀 그런 사람이 아니었다. 진수뿐만 아니라 현대의 역사학자들도 그에 대해서 공정한 평가를 내렸다. 라오간은 『위진남북조사魏晉南北朝史』에서 이렇게 말했다.

주유와 함께 오나라에서 중신重臣의 지위에 있었던 장소張昭 역시 심하게 먹칠을 당한 인물이었다. 적벽대전 전야, 조조의 대군이 국경을 압박하고 있었을 때, 오나라는 중요한 역사적 선택에 직면해 있었다. 그런 역사적인 순간에 오나라는 어떠한 선택을 할 것인가. 분명 생사가 걸린 대사大事였다. 그들이 서로 전략을 논의하던 중 장소가 조조와 타협할 것을 제안했다. 그래야 천하가 분열되는 혼란한 국면을 면할 수 있다는 것이었다. 이 점에 대해서 우리는 이성적인 평가를 해야 한다. 그러나 소설 『삼국지』의 저자는 유비를 옹호하고 조조를 폄하하는 입장에 섰다. 그는 조조를 치지 않으면 유비는 황제가 될 기회가 없다고 생각하고, 조조와 타협하자는 주장을 하찮은 것으로 여겼다. 따라서 소설의 본문에서 저자는 장소가 그런 전략에 대한 이유를 호소할 기회를 주지 않았다. 단지 조조에게 항복하자는 주장을 간단하게 말하도록 할 뿐이었다. 그리고 그를 단지 구차하게 편안한 삶만을 바라는 인물로, 줄곧 투항만을 생각하는 우둔한 인간으로 묘사했다. 나관중이 묘사한 장소는 이처럼 사람들에게 혐오감을 주는 인물이었다. 유비의 입장에 서서 장소를 철저하게 폄하한 것이다.

장소를 폄하하고 먹칠한 부분에 관한 리둥팡黎東方의 비평은 충분히 구체적이고 생동감이 있다. 여기서 다시 그 비평을 음미해보기로 한다.51

장소張昭는 소설『삼국지』의 저자에 의해 부패한 유학자의 한 사람으로 묘사되었다. 이 점이 바로 연의체演義體 소설이 사람들의 오해를 불러일으킨 부분이다. 저자는 제갈량의 대담함과 총명함을 부각시키기 위해 장소가 말한 것을 바보처럼 보이게 만들었다.

실제로 장소라는 사람은 상당히 기개가 있었으며 재간이 많았다. 그는 서주徐州의 팽성국彭城國 사람이었다. 책을 많이 읽고 글을 잘 썼다. 서주 동해군東海郡의 왕랑王朗과 낭사군琅邪郡의 조욱趙昱은 모두 그의 친구였다. 광릉군廣陵郡 사람 진림陳琳 역시 그를 매우 존경하고 그에 대해 탄복했다. 팽성국의 재상 중 어떤 이는 그를 매우 효성스럽고 청렴한 사람으로 추천하기도 했다. 그러나 그는 나서지 않았다. 서주 자사 도겸陶謙은 그를 재능이 많은 사람으로 선발하려고 했으나 그것 역시 사절했다. 이에 도겸은 너무 화가 나서 그를 가두려고 했는데, 조욱은 죽음을 무릅쓰고 장소를 구해냈다. 도겸은 당시에 아직 서주 목사로 승진하지는 못했다.

장소는 자유롭게 된 후에 강남으로 이사를 갔다. 그는 옛날처럼 일반 백성으로 돌아가 마음에 걸리는 것이 아무것도 없었다. 그러나 손책孫策이 와서 그에 대해 존경의 마음을 극진하게 표하고 그 집 안으로 가 "당堂에 올라 모친께 절을 올렸다." 특히 손책은 장소의 모친을 향해서 구릎을 꿇고 예를 다했다. 그래서 장소는 미안한 마음에 "산을 내려가" 몸을 굽혀 손책의 비서실장 겸 '무군중랑장撫軍中郞將'이 되었다.

손책은 행정의 크고 작은 사무를 모두 장소에게 맡겼다. 장소는 확실하게 최선을 다해 일했으며, 하는 일에 조리가 있고 질서정연했다. 북방에 있는 많은 사람이 그에게 편지를 써서 아주 능력이 있다고 했다. 그중에 일부는 손책에게도 썼는데 이간을 획책한 것이었다. 장사는 매우 곤란하다고 느끼고 그에 대해 손책에게 보고하지 않았다. 그것은 일종의 기만이기도 했다. 보고하면 손책의 불만이나 심지어 시기를 일으킬까봐 두려웠던 것이다.

손책은 그러한 사정을 잘 알았다. 그래서 장사에게 이렇게 말했다. "이전에 제나라 환공桓公이 관중을 기용했을 때, 여러 가지 일을 모두 관중에게 주었지요. 그리고 관중을 '중부仲父'라 불렀소. 주변 사람들이 어떤 일을 물어보면, 환궁은 '중부께 가서 물어보시오'라고 했소. 그래서 사람들은 투정을 부리면서 '하나도 중부, 둘도 중부, 차라리 임금을 바꾸는 것이 쉬울 것이다'라고 했지요. 그래서 환공은 이렇게 말했소. '내가 중부를 얻기 전에는 임금 노릇 하기가 무척 어려웠으나, 중부를 얻고 나서는 임금 노릇 하기가 어찌 쉽지 않겠는가?' 현재 북방 사람들이 모두 그대 장소가 능력 있다고 하지만, 결국 그대는 내가 기용한 사람이니 내가 능력이 있어서 장소를 기용할 수 있었다는 말이지요."

손책이 죽기 전에 손권을 장소에게 부탁한 것을 보면 그럴 만한 이유가 있었음을 알 수 있다. 손책은 또 장소에게 이렇게 말했다. "만약 손권이 중책을 담당하기에 부족하다면 그대가 직접 나라를 이끌어도 좋소. 만일 상황이 순조롭게 되지 않는다면, 조용하게 서쪽으로 귀순해도 상관없소." 서쪽으로 귀순한다는 것은 바로 조조가 장악하고 있는 조정으로 귀순하는 것을 뜻했다. '상관없다'는 말은 '다른 일은 생각할 필요가 없다'는 뜻이었다. 장소는 뒤에 조조가 형주를 석권하자 조조를 맞이하여 항복하자는 주장을 했는데, 그것은 손책이 마지막으로 당부한 그 말과 상당한 관련이 있다. 물론 조조를 맞이하여 항복하자는 건의가 정확한 판단이었는지는 별개의 문제다.

손책이 사망한 뒤 장소가 한 첫 번째 일은 손권에게 애도를 그만두고 서둘러 공적인 일을 하게 한 것이었다. 그는 손권을 부축하여 말에 오르게 한 뒤 군대를 대동하고 순행하여 '백성들이 의지할 곳을 알게 했다.'

그 후에 그는 줄곧 손권의 첫 번째 조언자가 되었다. 손권이 황제의 칭호를 얻었을 때(229년) 그는 비로소 은퇴하여 쉬었다. '유후婁侯'라는 작위로 1만 호의 식읍을 받고, '보오輔吳장군'의 명의로 유유히 세월을 즐겼다. 그는 또 두 권의 책을 썼는데 하나는 『춘추좌씨전해春秋左氏傳解』이며 다른 하나는 『논어주論語注』였다.

은퇴하기 전에 그는 '수원綏遠장군' '유권후由拳侯'로 불렸다. '유후'의 '유'는 유현婁縣을 가리킨다. 유현은 오늘날 강소성 곤산昆山 동북의 '유현촌'이다. '유권후'의 '유권'은 절강성 가흥嘉興 남쪽에 있는 '유권현由拳縣'을 말한다.

소설 『삼국지』에서 역사 인물에 대해 가장 심하게 폄하한 것은 저자가 제갈량의 입을 빌려 왕랑王朗을 폄하, 비난한 부분이다.(제93회)

소설 전체에서 제갈량이 직접 나서서 어떤 사람에 대해 인신공격을 한 경우는 단지 왕랑에 대해서뿐이다. 왕랑이 제갈량의 욕을 듣고 죽은 것이 민간에서는 이미 왕랑을 비웃고 제갈량을 기화시키는 이야기가 되었다. 역사적 실상이 하루아침에 은폐되었다. 역사 인물이 하루아침에 민중이 숭배하는 우상에 의해서 먹칠을 당한 것이다.

사건이 발생한 것은 제갈량이 첫 번째 북벌을 감행하던 때였다. 촉군은 천수天水 등 세 곳의 성을 공격한 뒤 기산祁山으로 북정을 개시했다. 그 세력은 매우 커서 장안성 바깥의 위하渭下 서쪽 강변에서 조조의 주력 군대와 결전을 벌이기 위해 전열을 가다듬고 있었다. 위나라 군대는 조진曹眞이 대도독大都督이었으며 곽회郭淮는 부副대도독이었다. 왕랑은 군사 참모였다.

그는 최고 통솔권자인 조진의 부대 안에서 적병을 물리칠 책략을 논하면서 큰 소리로 허풍을 떨며 말했다. "내일 전열을 가다듬고 진영을 크게 펼치면 됩니다. 그러면 제가 직접 나가서 한마디 말만 하면 제갈량이 공손하게 항복하고, 촉나라 병사는 싸우지 못하고 스스로 물러날 겁니다."

그다음 날 양 진영의 병사들이 진을 펴고 맞섰다. 왕랑은 과연 앞으로 나서서 제갈량에게 함부로 지껄이면서 항복을 권했다. 예를 들면 "하늘에 순종한 자는 창성하고, 하늘에 반역한 자는 망한다." "그대는 창과 갑옷을 벗어던지고 예의로 항복하라. 그러면 제후의 직위를 잃지 않을 것이다" 등등.

결과적으로 그러한 말들은 제갈량의 커다란 웃음과 한바탕의 굴욕적인 질책을 초래했다. 즉 제갈량은 왕랑을 두고 녹봉을 먹는 짐승으로 혹은 노예처럼 아첨을 떠는 소인으로 비하했다. 왕랑의 몸에 더러운 물을 뿌렸을 뿐만 아니라, '나이만 쳐먹은 시정잡배' '늙은 도둑놈' '아첨꾼' 등의 딱지를 붙여주었다.

결국 왕랑은 분을 못 이기고 죽어버렸다. 제갈량의 그러한 기만적인 언사는 바로 전형적으로 상대방을 비방하고 먹칠하는 사례였다. 전문은 다음과 같다.

공명은 마차 위에서 큰 소리로 웃으면서 이렇게 말했다. "나는 한나라 조정의 높은 관리는 반드시 고상한 논변을 하는 줄 알았다. 어찌 그런 천박한 발언을 할 줄 알았겠는가? 한마디 하겠으니 여러 병사는 조용히 들어보거라. 옛날 환제桓帝와 영제靈帝 때, 한나라의 왕통이 쇠락하고 환관들이 재앙을 초래했다. 나라는 어지러워지고 흉년이 들어 사방이 어수선했다. 이에 황건적의 난이 일어났는데, 그 후에 동탁董卓, 이각李催, 곽사郭氾 등이 계속 일어나 한나라 황제를 위협하고 백성들을 잔혹하게 다루었다. 그래서 썩은 나무가 관리가 되고 금수가 녹봉을 먹게 되었다. 이리의 마음으로 개 같은 행동을 일삼는 무리가 조정으로 흘러 들어갔으며, 하인처럼 아첨을 일삼는 무리가 너나없이 정치를 맡게 되었다. 이에 사직이 황폐해지고 백성들은 도탄에 빠졌다. 나는 평소에 너의 소행을 잘 알고 있었다. 너는 한평생 동해의 바닷가에 살면서 처음 과거에 합격하여 관리가 되었다. 마땅히 왕과 나라를 보호하고 한나라를 편안케 하며 유씨 왕조를 흥하게 해야 할 인물이 어찌 그 반대로 역적을 도와 함께 왕위 찬탈을 도모하는가? 그 죄악이 실로 엄중하니 천지가 용납하지 않으며, 천하 사람들이 너의 육신을 먹고자 할 것이다. 지금 다행히 하늘이 한 왕조의 단절을 원치 않아 소열 황제가 서쪽의 촉 지방에서 황통을 계승했다. 나는 지금 황제의 뜻을 받아 군대를 이끌고 도적 떼를 토벌하고 있다. 너는 아첨을 일삼는 신하로서 단지 몸을 숨기고 머리를 조아려야 할 것인바, 구차하게 의식衣食을 구하고자 어찌 감히 행렬 앞에서 망령되게 천수天數를 말하는가? 백발의 필부야! 이 늙은 도둑놈아! 너는 장차 무슨 면목으로 구천九泉으로 돌아가 스물네 분의 황제를 뵐 것인가? 늙은 도둑놈은 속히 물러나거라!" 왕랑은 그것을 다 듣고, 너무도 기가 막혀서 크게 비명을 한 번 지르고 말에서 떨어져 죽었다. 후대 사람들은 시를 지어 이렇게 공명을 칭찬했다. "군사를 서진으로 보내 영웅의 재주로 만인을 대적하고, 가볍게 세치 혀를 흔들어 늙은 간신을 꾸짖어 죽였네."

20만 대군을 이끄는 장수가 적군과 대치하고 있는 상황에서 자신을 비난하는 말을 들었다고 해서 기가 막혀 갑자기 말 아래로 떨어져 죽었다는 이야기는 사실 그대로 믿을 수 없다.

『삼국지』「왕랑전」에 따르면 왕랑은 "문장이 박식하고 마음이 넉넉한 사람이었다. 또 착한 일을 즐기고 베푸는 것을 좋아했으며, 지극히 성실하여 당시 빼어난 인물 중 한 사람이었다."

그는 어려서부터 책을 많이 읽어 조정에 등용되었으며, 나중에는 도겸陶謙으로 승진한 뒤 회계會稽 태수로 임명되었다. 그는 손책과 대항하던 중 체포된 적이 있는데, 손책은 그를 효자라 생각하여 풀어주었다. 그는 공융孔融의 추천을 거쳐서 조조 진영에 투항하여 간의諫議대부에 임명되었다. 조예曹叡가 위나라 명제로 등극한 뒤에는 어사御史대부로 승진했다.

왕랑은 제갈량에 대해서 분명히 어느 정도 화가 나 있었다. 그가 제갈량에게 투항을 권하는 서신을 써 보낸 것도 사실이다. 제갈량 역시 그에게 답변을 보내면서 그의 진부한 논지를 반박했다. 그 반박문의 제목은 '정의正議'였다. 그러나 제갈량의 답변은 단지 항우의 교훈으로 조조를 반박한 것으로, 조조가 마땅히 그것을 교훈으로 삼아야 한다는 것이었다. 인신공격을 하는 내용은 없었다. 이것을 보면 왕랑에 대해서 그처럼 폄하하고 먹칠을 한 것은 『삼국지』의 저자가 유비를 옹호하고 조조를 비하하려 한 극단적인 입장에서 비롯된 산물이었다는 것을 알 수 있다.

10
미의 변질 - 여성의 물건화

『삼국지』는 권모술수를 숭배하고, 『수호전』은 폭력을 숭배한다. 이 두 소설은 이렇게 차이가 있으나 서로 공통되는 점도 있다. 그 최대의 공통점은 단지 영웅의 가치만을 알았지, 영웅이 아닌 보통 사람의 가치는 모른다는 점이다. 부녀의 가치나 아동의 가치는 더더욱 몰랐다.

이 두 문학 경전經典은 공통적으로 여성의 '물건화'가 극단적으로 진행된 상황을 잘 보여준다. 그들 '영웅'의 눈에 여성은 사람이 아니고 물건이다. 요물이고, 먹는 물건이며, 가지고 노는 물건이기도 하고, 제사상에 올리는 물건이며, 독이 든 물건이기도 하고, 동물이며, 짐승과 같은 물건이기도 하다.

『삼국지』와 『수호전』에 등장하는 각종 여성의 운명은 비인간화된 존재로 그려지고 있다. 나는 『홍루몽』에 대해서 이야기할 때 『홍루몽』이 말하는 것은 자연의 인간화 혹은 영혼화 과정이라고 소개했다.

가보옥은 원래 돌이었고, 임대옥은 풀이었다. 『석두기石頭記』는 바로 돌멩이와 초목, 즉 자연물이 변하여 사람이 되는 과정이다. 그것은 부단하게 심령의 깊은 곳을 향하여 달려가는 과정이며, 부단하게 '공空'을 향해 올라가는 깨달음의 과정이다.

만약에 『홍루몽』이 사물의 인간화라고 한다면 『삼국지』와 『수호전』은 바로 인간의 사물화이다. 여기에서 가리키는 '사람'은 여성이다. 중국 여성의 불행한 운명은 이 두 소설에서 여성의 '물건화' 현상을 통해 매우 집중적으로 표현되었다. 그러한 현상은 바로 역사의 가장 어두운 한 페이지이기도 하다.

1. 요물에서 제물로

쌍전雙典은 여성을 '물건화'했다는 점에서 서로 통한다. 그러나 거기에도 다른 점이 있다. 간단히 말하자면 『수호전』에서 특출한 것은 여성에 대한 '살육'이다. 한편 『삼국지』에서 특출한 것은 여성을 '이용'하는 것이다. 살육이든 이용이든 모두 극단적인 멸시다.

반금련, 반교운, 초선 등은 영웅이나 '쌍전'의 저자 눈에는 모두 요물이다. 소위 요물이란, 성적인 자태로 남성을 끌어들여 그들을 자신에게 빠져들게 만드는 여성을 말한다. 『수호전』의 주요 영웅들의 여성에 대한 증오는 우선 요물에 대한 증오였다. 『수호전』에서 요물에 속한 여성은 유명한 반금련과 반교운 외에 염파석閻婆惜과 노준의盧俊義의 처 그리고 유지새劉知賽의 처 등이 있었다. 모든 요물은 누구나 『수호전』 영웅들의 살육 대상이 되었다.

잔인하게 칼로 베어 죽이는 살인극 중에서 독자들이 그다지 주목하지 않은 부분이 있다. 그것은 바로 무송이 반금련을 자기를 유혹하는 요물로 여겼을 뿐만 아니라, 그녀를 자기 형 무대의 영전에 제물로 삼았다는 이야기다. 제26회의 제목은 바로 "유골을 훔쳐 하구何九의 장례를 치르고, 사람 머리를 바쳐 무이武二의 제사를 지내다"이다. 제사에 올린 사람의 머리는 반금련의 것이었다.

무송은 같은 날에 두 차례나 잔혹한 행위를 벌였다. 한 번은 반금련의 오장육부를 꺼내 무대의 영전에 바쳤으며, 또 한 번은 "두 사람 머리를 제물로 영전에 올렸다." 앞의 행위에서는 왕파王婆가 함께 제사를 올렸으며, 뒤의 행위에서는 서문경의 머리와 반금련의 머리를 함께 모아 제사를 지냈다.

중국인들은 지금까지 모두 돼지머리나 소머리, 양머리 등으로 천지에 제사지내고, 귀신에 제사를 지냈다. 그러나 사람의 머리나 오장육부를 제물로 바치는 일은 전대미문의 일이었다. 그러한 것을 무송이 처음으로 시작했는지 아니면 역사적으로 이미 존재한 것인지는 알 수 없다. 혹은 저자 시내암이 터무니없이 꾸며댄 문학적 에피소드에 불과한 것인지 고찰이 필요하다. 어쨌거나 결국은 여성의 '물건화'가 만들어낸 제물로 지극히 잔인한 사건임에는 틀림없다.

『삼국지』에서 가장 전형적인 요물로는 마땅히 초선을 들 수 있을 것이다. 그녀는 반금련보다 운이 좋았다. 그러나 근본적으로 그녀도 물건 취급을 받았다. 그녀에겐 자유의지도 없었으며 독립적인 인격도 없었다. 사람의 진정한 정이나 성품도 없었다. 그녀는 아주 특별한 종류의 '물건'이었는데, 그것은 말하자면 삼국의 정치 곡마단에서 가장 연기를 잘한 '동물'이었다. 정치가 왕윤王允의 노리개이기도 했고 또 동탁과 여포라는 두 야심가가 쟁탈하고자 했던 사냥감이기도 했다.

초선은 왕윤에 대해서 말하자면 충성스러운 도구였다. 주인을 위해서 '헌신'하고자 했던 노비였는데, 우둔한 노비가 아니라 여우와 같이 교활하며 기지가 번뜩였다. 동탁과 여포에 대해서 말하자면 그녀는 양날의 검이었다. 동탁을 죽이고 여포까지 훼손시켰기 때문이다. 현대적인 용어로 표현하자면, 그녀는 동탁 집단에 치고 들어간 간첩이었으며, 동탁과 여포의 정치적 조직을 와해시킨 독극물이기도 했다.

부끄러움을 모르는 후안무치의 쟁탈전을 벌여 최후로 사냥감을 획득한 자는 여포였다. 그는 초선을 아내로 삼았다. 그러나 그것은 사람의 애정이나 혼인은 아니었다. 단지 사냥감이나 노리개를 손에 넣었을 뿐이었다. 그녀는 정치적 곡마단의 '동물'로서 연기를 할 때는 타인의 지휘를 받고 부추김을 받지만, 동시에 타인의 감상이나 이용에 제공되기도 한다. 곡마단 동물의 가치는 첫 번째는 신체이며 두 번째는 기예다. 초선이 의존한 것은 바로 이 두 가지였다. 그녀는 타인을 유혹할 수 있는 미모를 지녔고 또 타인을 초월하는 기예를 지녔다. 다만 모든 연기에는 감정이나 영혼이 결핍되어 있었다. 따라서 그녀의 연기는 인간적인 멋이라기보다는 동물이나 물건의 멋이라고 할 수 있다.

『삼국지』에서 오나라 공주 손상향孫尙香은 정치 곡마단에서 또 하나의 고급스러운 '동물'이었다. 그녀는 초선과 다소 다른 점이 있었다. 그녀는 초선처럼 그렇게 완전한 정치적 꼭두각시는 아니었다. 그녀와 유비의 혼인은 비록 그의 오빠 손권과 주유가 설계한 '인형극'이었지만, 그녀 자신은 매우 개성 있는 미인이었다. 아쉽게도 그녀가 맞닥뜨린 정치적 상황이 너무 치열했기 때문에 그녀는 손권과 유비 쌍방의 격렬한 투쟁에서 피동적으로 '음모와 애정'의 유희에 빠져들게 되었다. 다만 안타깝게도 음모는 진짜였고, 애정은 가짜였다.

당시 유비는 이미 49세였다. 그녀는 겨우 20세 안팎의 청춘이었다. 한 자료에 따르면 손권은 유비보다 나이가 20살 이상 적었다고 한다. 손상향은 손권의 여동생이었기 때문에 응당 유비보다 30살 정도 적었을 것이다.

그러나 그녀에게는 연애의 자유나 혼인의 자유가 없었다. 단지 정치 바둑판에서 상황에 따라 충당되는 바둑알에 불과했다. 그녀의 생활은 음모의 판국 안에 놓여 있었다. 그녀는 그러한 판국에서 자신이 어디에 위치하고 있는지 몰랐다. 남편 유비는 잠시 그녀를 사랑할 수 있었다. 그러나 영원히 진정으로 그녀를 사랑할 수는 없었다. 왜냐하면 그는 정치적 야심이 모든 것을 압도한 정치인이었기 때문이다.

유비는 자기가 손상향을 사랑하면 스스로를 속박하게 될 것이라는 점을 잘 알았다. 그렇게 되면 자신을 손권의 전차 위에 붙들어 매게 될 것이었다. 야심과 애정 사이에서 그는 야심을 선택할 수밖에 없었다. 그것은 바로 손상향이 개인적인 감정의 세계로는 영원히 돌아갈 수 없다는 사실을 결정해버린 것이다. 그녀는 권력 투쟁의 틀 안에서 영원히 부속물로 존재할 수밖에 없는 것이었다.

초선이든 손씨 부인이든 모두 미인이었다. 그러나 『삼국지』의 미인 묘사에는 결코 심미적인 인식이 없었다. 작품은 그녀들이 활동할 정치적 무대를 제공하고, 그녀들은 거기에서 한바탕 연기를 했지만, 모두 내면은 결여된 상태였다. 그래서 그들의 활동은 어느 것이나 인간의 영혼까지 절실하게 파고들지 못했다.

2. 동물과 기물器物

『수호전』의 혁명 여성 고대수顧大嫂, 손이랑孫二娘, 호삼랑扈三娘 등은 별종의 동물과 기물器物이었다. 그들은 요물은 아니었다.

손이랑과 고대수는 초선처럼 연기력이 뛰어나지 못했다. 그런 까닭에 정치 곡마단의 동물은 아니었다. 오히려 험악한 산채 안에서, 날카로운 발톱과 예리한 이빨을 가진, 역량 있는 '괴수'였다. 고대수의 별명은 '모대충母大蟲'이었다. 이 말은 난폭하고 사나운 여자를 뜻한다. 그녀는 흉악한 괴수였는데 그것은 결코 빈말이 아니었다.

손이랑은 사람 고기를 먹은 반면 고대수는 먹지 않았다. 그러나 고대수는 전투에 투입될 경우 살인을 하고도 눈 한번 깜짝하지 않은 맹수였다. 우선 그녀의 모습을 살펴보면 다음과 같다.

눈썹은 거칠고 눈은 매우 컸다. 살찐 얼굴에 두툼한 허리를 하고 있었다. 그녀는 이상한 모양의 비녀를 꽂고, 두 팔에는 당시 유행하던 팔찌를 드러내고 있었다. 어떨 때 화가 나면 우물의 난간을 뽑아 들고 남편의 머리를 내려쳤다. 또 갑자기 마음이 초조해지면 돌 방망이를 손에 들고 사람들의 뒷다리를 두들겨 팼다. 천성적으로 바느질은 할 줄 모르고, 봉이나 창을 휘두르면서 하녀를 대했다.(제49회)

그녀가 가담했던 두 차례의 전투를 다시 살펴보자. 첫 번째는 해진解珍과 해보解寶를 구하기 위해서 감옥을 습격했던 이야기다.

고대수는 큰 소리로 "내 형제는 어디 있느냐?"고 외치면서 번쩍이는 칼 두 개를 끄집어냈다. 포절급包節級이 본 것은 머리가 아니었다. 정심후心이 바깥에서 지나가는 것을 보았다. 해진과 해보는 목에 건 형틀을 들고 감옥에서 빠져나와 포절급에 맞섰다. 포절급은 해보가 휘두르는 형틀의 모서리에 크게 얻어맞고 두개골이 쪼개져 산산조각이 나버렸다. 당시 고대수는 일을 시작하여 이미 서너 명의 간수를 찔러서 쓰러뜨려놓았다. 그때 일제히 고함을 지르며 감옥 안에서 사람들이 나왔다. 손립孫立과 손신孫新은 두 놈을 막았는데, 보니 네 놈이 감옥 안에서 나왔다. 그중 한 놈이 관청 앞으로 달아났다. 추연鄒淵과 추윤鄒閏은 관청 안에서 왕공목王孔目의 머리를 들고 나왔다.(제49회)

두 번째는 축가장祝家庄을 세 번 공격했을 때 참가한 전투였다.

각설하고 축가장에서는 전투를 알리는 북이 세 번 울렸다. 대포를 발사하자 앞뒤 성문이 모두 열렸다. 해자의 다리가 내려지고 병사들이 일제히 쏟아져 나왔다. 사방에서 병사들이 성문을 나와 여기저기로 나뉘어 서로 싸우며 죽였다. 뒤쪽에서는 손립孫立이 10여 명의 병사를 데리고 다리 위에 서 있었다. 문 안에서는 손신孫新이 가지고 온 깃발을 성문 누각 위에 꽂았다. 악화樂和는 바로 창을 들고 안으로 들어오라고 고함을 질렀다. 추연과 추윤은 악화의 고함을 듣고 몇 차례 휘파람 소리를 냈다. 그리고 큰 도끼를 휘두르며 뛰어나가 재빨리 감방을 지키고 있던 마을 병사 수십 명을 찍어서 넘어뜨리고,

호송차를 열어 일곱 사나이를 풀어주었다. 그들은 각자 무기를 찾아 들고 일제히 함성을 질러댔다. 고대수는 쌍칼을 뽑아들고 곧장 방 안으로 뛰어 들어갔다. 그 안에 있는 여자들을 한 칼에 한 명씩 차례로 모두 베어 죽여버렸다. 축조봉祝朝奉은 세력이 불리하게 되었다는 것을 알고 우물에 몸을 던지려고 했으나, 바로 그때 석수石秀가 한칼에 그를 베고 수급을 잘랐다. 10여 명의 사나이가 뛰어들어 마을 병사들을 살해했다. 후문에서는 해진과 해보가 마초 더미로 달려가 불을 놓자, 검은 연기가 하늘 높이 피어올랐다.(제50회)

그녀는 혁명 여성으로서 동시에 영웅의 기개도 있었으니 원래는 매우 존경할 만한 가치가 있었다. 그러나 사람들을 당황하게 만든 것은 "고대수가 양손에 칼을 뽑아들고 곧장 방 안으로 뛰어 들어가 그곳에 있는 모든 여자를 한 칼에 한 명씩 베어 죽여버렸다"는 점이다. 일반적으로 생각해보면 고대수 자신은 여성이기 때문에 마땅히 여성들에 대해서 연민이 있었을 것이라고 추측할 수 있다. 그러나 그녀는 의외로 보이는 모든 여성을 하나도 남김없이 전부 죽였다.

이렇게 여성을 증오하고 여성들을 살육하는 인간을 여성이라고 생각할 수 있겠는가? 고대수와 같은 그러한 '여자 영웅'은 좀 가볍게 말하자면, 남성화된 영웅이라고 할 수 있다. 심각하게 말하자면, 그녀는 바로 '괴수화'된 여성이었다.

고대수와 손이랑이 괴수화되었다고 한다면, 호삼랑은 '기물화'되었다고 할 수 있다. '기물화'되었다는 말은 바로 '도구화'되었다는 말이다. 그녀는 우선 지주가 무장한 전투 무기였다. 나중에 양산의 반란세력에 가입하여 그녀는 혁명 무장 세력의 전투 도구가 되었다.

호삼랑에 관해서는 멍차오孟超가 다음과 같이 소개한 적이 있다.

토호의 규중에서 나와, 양산의 산채에 올랐네.
권세가의 아내가 되지 않고,
왜장군矮將軍의 아름다운 아내가 되었네.
뛰어나도다, 호삼랑이여. 곱고 얌전한 일장청一丈靑이여.
마땅히 신열녀전에 들어가고,
둘도 없는 여성 영웅으로 기록되리라.

호삼랑은 별명이 일장청一丈靑이고, 호가장扈家庄 호태공扈太公의 딸이며, 비천호飛天虎 호성扈成의 여동생이다. 푸른색의 준마를 타고 손에는 두 개의 일월쌍도日月雙刀를 쥐고 휘둘렀다. 또 붉은 비단으로 만든 올가미를 잘 이용하여 적장을 사로잡는 데 아주 능했다. 그녀는 이미 축가장의 셋째 아들 축표祝彪와 혼인하기로 약속되어 있었다. 송공명宋公明이 두 차례 축가장을 공격했을 때, 축가장 동쪽에는 이가장李家庄이 있었고 서쪽에는 호가장이 있어, 이 세 마을은 생사를 같이하기로 결맹을 맺고 있었다. 유사시에는 서로 호응하여 구원해주기르 했기 때문에 호삼랑도 나아가 전투를 도왔다. 그러다 왜각호矮脚虎 왕영王英을 사로잡았다. 나중에 그녀는 송강을 추격하다 파탄을 맞았다. 임충은 호삼랑의 쌍칼이 파고드는 것을 사모蛇矛(뱀 모양의 방패)로 막아냈다. 그리고 원숭이같이 팔을 펼쳐 여우 같은 허리를 붙잡아버렸다. 그 흐 호삼랑을 옆에 끼고 말을 타고 양산으로 올라가 풀어주었다. 송태공은 그녀가 의로운 여자라고 인정했으며, 그녀에게 권하여 왕영과 부부가 되도록 했다. 그녀는 남편 왕영과 함께 양산박을 위해서 삼군내탐사마군三軍內探事馬軍을 관장하는 두령이 되었다.

호삼랑은 무예 수준이 높고 강력했을 뿐만 아니라 미모도 갖추었다. 어려서는 지주 집안의 소녀였으나 나중에 혁명 미인으로 변했다. '축가장을 세 번 공격'했을 때, 그녀는 매우 용감하게 잘 싸웠다. 그녀는 양산박 장수 몇 명을 쓰러뜨렸는데 나중에 체포되어 결국 양산박의 반란 대오에 가입하게 되었다.

나중에 그녀는 혁명을 위한 제안을 받아들여, 송강의 지령에 따라 왕영과 결혼했다. 왕영은 송강의 부하 장수로, 못생긴 데다 여색을 좋아하고 왜각호矮脚虎라는 별명이 있었다. 혁명을 위해서 송강이 부하를 길들이기 위한 도구로 호삼랑을 이용한 것이다.

『수호전』은 여성에 대해서 도덕의식만 있었지 심미의식은 없었다. 그래서 호삼랑을 통해서 약간의 심미의식이 생겨날 법도 했으나 그러한 가능성은 곧바로 사라져버렸다. 호삼랑은 비록 재능과 용모 모두 완전했지만, 자아도 없었고 개성도 없었다. 심지어는 자신의 언어도 없었다. 그녀는 송강에게 투항하기 전에 한마디 말도 한 적이 없었다. 이러한 문제는 문학평론가의 해석을 기다리기로 하자.

다만 이 책은 문화비판의 관점에서 쓰인 것이므로 그 점에서 말하자면, 호삼랑은 그저 용기만 있었고 정욕은 없었기 때문에 시내암이 특별히 그녀를 과대포장한 것으로 판단된다. 그녀는 말하자면 『수호전』의 이상적인 여성이었다. 『수호전』에 그녀에 관한 찬미시는 매우 열정적으로 씌어 있다. 시내암의 마음에 여성으로서 이상적인 인물은 바로 혁명의 필요에 복종하고 혁명에 헌신적이며, 힘과 용기도 있고 대국적인 필요에 복종할 수 있는 호삼랑이었다. 아쉽지만 이러한 호삼랑은 용감하고 아름다운 기물에 불과했다. 결코 진정한 의미의 '인간'은 아니었다.

  호삼랑과 고대수 그리고 손이랑 등 영웅적인 세 혁명 여성은 비록 그 외형과 기풍에 차이가 있었지만, 공통점은 모두 여성의 근본적인 언어나 심리 또는 행위가 없었다는 것이다. 양산박으로 올라간 뒤에 혁명 집단의 원칙 등은 그녀들의 심리나 언어를 억제했을 뿐만 아니라, 그들의 신체와 행위도 제압했다.

3. 권력투쟁의 물건

  앞서 서술한 여러 종류의 여성은 그들이 요물이나 동물로 변한 존재였든 아니면 금수나 기물器物로 간주된 존재였든 살과 피, 성과 이름을 가진 존재였다. 그러나 그 외에 또 다른 종류의 여성들이 있었다.

  그 여성들은 아무것도 없고 아무 존재도 아닌, 심지어는 그 자신의 성과 이름도 없었다. 단지 알 수 있는 것은 어느 사람의 부인 혹은 딸 혹은 첩이라는 사실이다. 이들 여성의 '물건화'는 매우 철저하게 이루어져, 그들은 먹는 물건이나 화물로 변하기도 하고 도박에 쓰이는 물건이 되기도 했다.

  여성을 먹는 물건으로 변화시킨 이야기는 이미 『수호전』을 비평하면서 살펴보았다. 제73회 이야기에서 이규가 왕소이王小二와 그의 여자를 붙잡은 뒤에 쌍도끼를 들고 그들의 몸을 종을 치듯이 난타해버린 사건이다. 그때 그는 '배불리 먹고 난 뒤 마침 소화시킬 곳이 없었다.' 그래서 그는

'더러운 계집애'(이규가 그 여성에게 붙여준 이름이었다)를 자신의 더부룩한 배를 소화시킬 노리개로 삼은 것이다.

『삼국지』에서는 사냥꾼 유안劉安이 유비를 접대하기 위해 결국 자기 아내를 요리해버렸다. 그러고도 유비에게 '여우고기'라고 속여서 진상했다. 여성의 육체를 여우고기나 소고기, 돼지고기, 개고기 등과 같은 고기로 여기는 것은 진실로 "하늘과 땅은 어질지 않아서, 만물을 쓸모없는 것으로 여긴다"(『노자』)는 말과 같다.

유안의 이러한 행위는 선례가 있을까? 모종강에 따르면 "고대에 유명한 장수들 역시 자기 아내를 죽여 음식으로 제공했다"고 한다. 그러나 나는 이 점에 대해서 아직 고증을 하지 못했다. 내가 알기로 자기 아내를 죽인 자는 적지 않다. 그러나 아내를 죽인 후에 그 시신을 먹었는지에 대해서는 잘 알지 못한다. 다만 유명한 사건으로, 당나라 때 장순張巡이 첩을 죽여서 기아에 허덕이며 성을 지키던 병사들에게 그 시신을 나누어주어 위로를 한 경우가 있었다. 당시 그들은 안녹산安祿山과 사사명史思明의 반란군에 포위되어 있었다.

이 일에 대해서 한유韓愈는 「장중승전후서張中丞傳后敍」에서 그 일을 기록하고 예찬한 적이 있다. 그 후 5·4 신문화운동 시기에 이르러, 우위吳虞가 「예교와 식인禮教與吃人」이라는 글을 써서 여성을 죽여 기아를 해결하는 음식으로 사용한 식인 행위를 비판한 적이 있었다.

여성을 먹는 음식으로 여긴다는 것은 참으로 비참한 이야기이다. 한편 여성을 '화물貨物' 정도로 여기는 것, 즉 정치적 도박이나 교역의 화물로 여기는 것은 익살스럽기까지 하다. 그러한 익살스러운 이야기가 『삼국지』에는 자주 등장한다.

제16회는 원술袁術이 회남淮南에서 칭제稱帝를 시도한 사건을 그렸다. 풍방馮方의 딸을 왕후로 삼고, 태자를 황태자로 세우고 여포를 농락하기 위해서 여포의 딸을 황태자비로 삼고자 했다. 여포는 그것을 받아들여 딸을 원술의 특사 한윤韓胤에게 주었다. 딸을 데려가 원술이 황제로 등극하는 곳에서 원술의 아들과 결혼하도록 한 것이다.

하지만 여포는 나중에 진궁陳宮의 말을 듣고 곧바로 후회했다. 그리고 장료張遼에게 명하여 군대를 끌고 가 그들을 추격하도록 했다. 병사들은 30리를 조금 더 가서 여포의 딸을 붙잡아 돌아왔다. 같이 있던 한유도 붙잡아서 허창許昌으로 가 조조에게 헌상해버렸다. 조조는 한유를 살해하고 여포에게 봉토를 내려 '좌장군左將軍'으로 삼았다.

나중에 조조는 다시 원소를 칠 것을 결정했다. 책사 곽가郭嘉가 나와서 이렇게 제안했다. "서주의 여포는 사실 심복이 큰 병에 걸려 있습니다. 지금 원소는 북쪽으로 공손찬公孫瓚을 정벌하러 갔습니다. 마땅히 그가 원정 나간 틈을 타서 먼저 여포를 취하여 동남 지방을 청소한 뒤에 원소를 도모함이 가장 좋은 방책일 것 같습니다." 조조의 군사는 곽가의 책략에 따라서 여포를 공격하여 쳤다.

포위되어 곤란해지자 여포는 또 허사許汜와 왕해王楷를 파견하여 수춘壽春에 보내 원술에게 지원해줄 것을 부탁했다. 원술은 이전의 일로 교훈을 얻어 여포가 또 말만 하고 지키지 않을까 두려워, 우선 여포의 딸을 먼저 보내줄 것을 요구했다. 구원병은 그 뒤에 보내겠다고 했다. 허사와 황해는 돌아와 보고했다. 그러자 여포는 "밤 10시경에 딸을 면으로 감싸고 갑옷으로 싼 뒤에 등에 지고 와서 말에 올려 실었다." 그러나 성문을 막 나서자마자 뜻밖에 관우와 장비의 군대가 가로막고 있었다. 결국 원술과의 거래는 그것으로 끝났다.

소설에서 여포의 딸은 이름조차 나오지 않는다. 단지 그 부모와 원술이 정치 군사적 거래를 진행할 때 '화물'처럼 취급되었다. 여포는 마음이 몹시 변덕스러웠다. 당시 조조와 원술은 서로 싸우면서 안정된 관계를 가진 적이 거의 없었다. 여포는 두 강자의 도박에서 누가 이기고 누가 질지 예측하지 못했다. 그래서 보물 같은 딸을 어느 쪽으로 보내야 할지 주저했다. 조조의 대군이 성 아래에 다가오자 그는 다시 딸을 등에 지고 거래를 하고자 했으나 때는 이미 늦었다. 결과적으로 그는 조조에게 붙잡혀 살해당했다.

여포의 딸을 교역 물건으로 여겨 진행한 데는 분명히 그녀를 인간으로 여기기에는 사정이 절박한 까닭이 있었다. 그러나 삼국 시대에 여성을 교역물로 간주한 경우는 어디에서나 흔히 볼 수 있는 일이었다. 원소의 아들 원담袁譚이 조조에게 투항한 뒤에 "조조는 크게 기뻐하며 딸이 원담의 처가 되도록 허락했다."

이때의 혼사는 조조가 딸을 일종의 상품으로 여긴 것이다. 여포가 자기 딸을 공물로 여긴 것보다는 좀 낫다. 그러나 이 경우에도 결국은 물건 취급을 한 것이다. 이보다 앞서 동탁이 손견孫堅을 농락하기 위해 이각을 파견하여 혼인을 요구한 적이 있었다. 보다 나중에는 손권이 관우를 농락하기 위해 제갈근을 파견하여 혼인을 요구했다. 이들 모두는 예외 없이 정치적인 거래였다.

4. 독물과 가축의 참극

『삼국지』와 『수호전』에는 또 다른 종류의 여성이 있다. 그것은 변태적으로 형성된 독물毒物이다. 그것은 오히려 남성들이 그들을 사람으로 여기지 않는 것이 아니라, 여성들 스스로 자신을 사람으로 여기지 않은 것이다. 그들은 스스로 최후에 뱀이나 전갈과 같은 독물로 변했다.

예를 들면 원소의 처 '유씨劉氏 부인'의 경우, 질투심이 극단적으로 발전하여 결국 원소가 죽은 뒤에 원소가 소유했던 애첩 5명을 모두 악독한 수단을 동원하여 죽였다. 그런 모습이 『삼국지』 제32회에 이렇게 묘사되어 있다.

> 원소가 죽자 심배審配 등이 장례를 주관했다. 유씨 부인은 바로 원소가 총애하던 애첩 5명을 모두 살해했다. 또 그 영혼이 저세상에서 원소와 다시 만날 것을 두려워하여 칼로 그 머리를 삭발하고, 얼굴을 찌르고, 시신을 훼손했다. 질투의 해악이 이와 같았다. 원소를 계승한 원상袁尙은 애첩들 가족이 해를 끼칠 것을 두려워하여 그들을 모두 모아 죽여버렸다.

원소 부인이 원소의 첩을 죽인 잔혹하고 악독한 사건은 한나라 말엽에 발생했다. 그것은 한나라 초기에 여후呂后가 유방의 첩 척부인戚夫人을 죽인 참극을 재현한 것에 불과하다. 여후는 척부인을 살해하는 데 그치지 않고 얼굴을 훼손하고 그녀를 돼지우리에 집어넣었다. 여후는 척부인을 결코 인간으로 여기지 않았으며 "인간돼지"라고 불렀다.

『사기』「여태후본기」에는 "태후는 결국 척부인의 손과 발을 자르고, 눈을 파고 귀를 잘라, 벙어리가 되는 약을 먹이고, 화장실에 살게 하며 '인체人彘(인간돼지)'라는 이름을 지어주었다."

무엇이 '인간돼지'인가? 이에 대해 첸쭝수錢鍾書는 『관추편管錐編』에서 다음과 같은 주석을 달고 해석했다.[52]

"태후는 결국 척부인의 손과 발을 자르고, 눈을 파고 귀를 잘라, 벙어리가 되는 약을 먹이고, 화장실에 살게 하며 '인체人彘'라는 이름을 지어주었다." 『한서』「외척전」에 따르면 '국성鞠城 안에 살게 했다'고 했는데 안사고顏師古의 주석에 "동굴에 만든 방을 말한다"고 했다. 반고의 『한서』는 세심한 기록이 없어 '인체人彘'라는 이름에 대해 이해할 수 없다. 『논형』「뇌허雷虛」역시 이렇게 말했다. "태후는 척부인의 손과 발을 자르고 눈을 제거해, 화장실廁에 두어 '인간돼지'로 삼아 사람들을 불러 보여주었다." 무릇 '측廁'이란 '혼溷(화장실)'이고 돼지우리다. 「혹리열전酷吏列傳」에 "가부인賈姬은 마치 측廁과 같았다. 야생 돼지가 갑자기 들어와 측廁으로 들어갔다"라고 했다. 『국어』「진어晉語」에 서신胥臣이 문공에게 "시뢰豕牢(돼지우리)에서 오줌을 누었다"고 말했다. 위소韋昭는 주에 "시뢰는 화장실이다. 수溲는 변便이다"라고 했다. 『한서』「무오자전武五子傳」에 "측廁 가운데서 돼지 무리가 나왔다"고 했으며 안사고는 주에 "측은 돼지를 키우는 우리다"라고 했다. 『전진문全晉文』권152에는 부랑符朗의 『부자符子』에 북쪽 사람이 연나라 소왕昭王에게 큰 돼지를 주면서 "변소圂에서 살게 하면 대변이 없어집니다"라고 했다는 기록이 있다. 일본의 다케조 고고 竹添光鴻의 『잔운협량일기棧雲峽雨日記』(5월 31일)에 "또 돼지우리나 화장실 없이, 사람들은 모두 돼지를 가두어둔 울타리에 대변을 쌌고, 돼지는 항상 그것을 먹이로 삼았다"고 했다. 『태평광기』제333권 『조면刁緬』에서는 『기문紀聞』을 인용하여 이렇게 말했다. "화장실의 신은 그 모습이 큰 돼지와 같다." 이것을 보면 돼지가 화장실에 있는 것은 중국 고대의 풍경이 아니었겠는가? 척부인이 화장실에 살게 되어 '체豙'라고 했는데, 그것은 '시豕(돼지)'를 말하는 것이다. 돼지는 더러운 것을 먹으며 글자의 발음 역시 '시豙'라고 하여 '시屎'와 동일하다. 옛사람들은 그리하여 이들 글자를 이용해 희롱거리로 삼았다. 예를 들면 『태평광기』 제254권 『조야첨재朝野僉載』에서 장원張元이 무의종武懿宗을 조롱하여 시에 "갑자기 적군을 만나忽然逢著賊, 똥을 지리면서 남쪽으로 도망갔네 騎猪向南竄"라고 한 것을 인용하고 그것을 풀어서 "기저騎鷲라고 한 것은 똥을 지리면서 가는 것이다"라고 한 적이 있다. 말하자면 너무 놀라고 무서워 똥과 오줌이 함께 흘러내린 것이다.

이러한 주석으로 우리는 여후가 척부인을 돼지로 설정하고 '화장실'에 집어넣었다는 것을 알 수 있다. 말하자면 돼지우리에 집어넣은 것이다. 여후는 이러한 행위를 통해서 여성의 물건화의 두 유형을 완성했다.

하나는 척부인을 철저하게 '짐승화'했으며 또 하나는 자기 자신을 철저하게 '독물화毒物化'한 것이다. 그녀는 척부인을 사람으로 여기지 않았다. 아울러 그녀 자신의 행위 역시 인간성을 완전히 결여했으며, 금수와 별다른 차별 없는 잔인한 성품을 지녔다는 것을 증명했다. 맹자가 말한 '인간과 금수의 차별'이라는 정의에 따르면, 그녀는 역시 금수에 속한다. 즉 사람의 가죽을 쓰고 황후의 가죽을 쓴 금수인 것이다.

원소의 아내 유씨 부인은 여후의 행위 양식을 완전히 복제했다. 아니 오히려 발전된 측면이 있다. 여후는 단지 척부인 한 사람을 죽이고, 그 한 사람의 용모를 훼손했다. 그러나 유씨 부인은 다섯 첩을 모두 죽이고 그 다섯 여성의 용모를 훼손했다. 아울러 원상과 결탁하여 그들의 가족을 주살했다. 그녀의 관념 속에서 원소의 다섯 첩 역시 '인간돼지'였으며 가축이었다. 사람의 피부나 형체, 심지어 사람의 팔다리조차 완전하게 갖는 것을 허락하지 않았다.

여성의 질투심은 심할 경우 아주 극악하게 변질될 수 있다. 『삼국지』의 권모술수에서도 이러한 독물毒物을 이용한 적이 있다. 제13회 「이각李傕과 곽사郭汜가 크게 싸우고, 양봉楊奉과 동승董承이 함께 수레를 구하다」는 바로 그러한 상황을 서술한 것이다.

헌제獻帝가 울면서 말했다. "짐이 두 도둑놈에게 모욕을 당한 지 오래되었다. 만약 그놈들을 죽일 수 있다면 정말로 좋을 텐데." 양표가 아뢰었다. "저에게 계책이 하나 있습니다. 먼저 두 도둑놈이 서로 해치도록 하겠습니다. 그런 뒤에 조조를 끌어들여 병사들로 하여금 그들을 죽이고, 적들을 소탕하여 조정을 편안하게 하겠습니다." 헌제는 "장차 계책은 무엇이오?" 하고 물었다. 양표는 "듣자 하니 곽사의 처는 질투가 아주 심하답니다. 사람을 써서 곽사 처가 있는 곳으로 보내 반간계反間計를 활용하면 두 도적이 서로 해칠 겁니다."
황제는 이에 밀조密詔를 써서 양표에게 주었다. 양표는 몰래 부인을 시켜 다른 일을 핑계로 곽사의 거처에 들여보냈다. 그리고 기회를 엿봐 곽사 처에게 이렇게 보고했다. "듣자 하니 곽 장군께서 이 사마司馬의 부인과 불륜을 저질렀는데 그 정이 자못 깊다고 합니다. 만약 사마께서 그걸 아신다면 반드시 해를 입으실 것입니다. 부인께서 마땅히 그들의 왕래를 끊으셔야 합니다." 곽사의 처가 놀라서 이렇게 말했다. "어쩐지 그 인간이 외박하고 돌아오지 않기에 이상하다고 생각했어요. 이렇게 창피한 일을 저지르다니. 부인이 이야기해주지 않았으면 저는 몰랐을 겁니다. 어서 막아야겠습니다." 양표의 처가 돌아간다고 하자 곽사의 처가 거듭 고맙다고 인사하고 헤어졌다.

며칠이 지난 뒤에 곽사가 또 이각의 부중府中에서 열리는 주연에 가려고 했다. 그래서 곽사의 처는 "이각의 심성은 예측할 수 없어요. 하물며 지금 두 영웅이 병립並立할 수 없으니 만약에 그 자가 술에 독이라도 타면 저는 장차 어찌해야 되나요?" 하고 물었다. 곽사는 그 말을 들으려고 하지 않았으나 처가 못 가게 거듭 말렸다. 저녁이 되자 이각이 사람을 통해서 술상을 보내왔다. 곽사의 처는 몰래 술에 독을 타고 나서 비로소 술잔을 올렸다. 곽사가 바로 마시려 하자 처는 "바깥에서 가져온 음식인데 어찌 바로 드시려고 합니까?" 하고 막았다. 그리고 먼저 개가 먹어보도록 하자 개가 그 자리에서 바로 죽었다. 이때부터 곽사가 의심하기 시작했다.

어느 날 퇴근 후에 이각이 곽사에게 집에 가 술을 같이 마시자고 졸랐다. 밤이 되어서 술자리가 끝나고 곽사가 취해서 귀가하는데, 우연히 복통이 있었다. 처는 "분명히 독에 중독이 되었어요" 하고 급히 똥물을 남편 입에 부어 넣고 토하게 하자 비로소 안정이 되었다. 이에 곽사가 크게 노해서 말했다. "내가 이각과 함께 대사를 도모했거늘 이제 아무 이유 없이 나를 죽이려고 꾀하다니. 먼저 손을 쓰지 않으면 반드시 나를 해칠 것이다." 이윽고 은밀히 본부의 모든 갑병甲兵을 불러 모아 이각을 치려 했다. 사람들이 금세 그것을 이각에게 보고했다. 이각도 "곽사가 어찌 감히 이럴 수 있나?"라고 하면서 크게 분노했다. 결국 이곽도 본부의 갑병을 모아 몰고 가 곽사를 죽이려했다. 두 진영의 병사를 합하면 수만이 되었는데, 장안성 아래에서 서로 어지럽게 뒤섞여 싸웠으며, 그 바람에 많은 백성이 약탈을 당했다.

이각의 조카 이섬李暹은 병사들을 이끌고 가 궁전을 에워쌌다. 수레 2대를 가져가서 1대에는 천자를 태우고 다른 1대에는 복황후伏皇后를 태운 뒤 가후賈詡에게 수레 행렬을 감시하도록 했다. 나머지 궁인宮人과 내시는 모두 함께 걸도록 했다. 이들을 옹위하면서 후재문後宰門을 나서니, 마침 몰려오는 곽사의 병력과 마주쳤다. 화살이 어지럽게 일제히 발사되니, 그것에 맞아 죽은 궁인이 부지기수였다.

이각과 곽사는 서로 살상했다. 최후에 양쪽 모두 큰 피해를 당하고 결국 조조에게 추격당하여 살해되었다. 두 사람은 마침내 풀밭에 쓰러진 도적이 될 수밖에 없었다. 양표의 이간계가 주효했던 이유는 그가 상황을 잘 파악했기 때문이다. 즉 곽사의 처가 질투가 심하다는 특성을 잘 파악하고 그러한 독성이 잘 발휘되도록 했던 것이다. 양표의 부인은 단지 "듣자 하니 곽 장군께서 이 사마의 부인과 불륜을 저질렀는데……"라는 한마디만 했을 뿐이었다. 그 말이 급소를 찔러 곽씨 부인의 질투심에 불을 지른 것이다.

독기를 품은 불길이 한 번 일어나자 그다음엔 아무것도 돌아보지 않았다. 술에 독을 타는 일부터 똥물을 남편 입에 부어 넣는 일까지 어떠한 지독한 수단도 모두 동원했다. 그녀가 어떤 스승에게 배우지도 않고 스스로 통달하여 술에 독을 타 넣은 것은 사실 자기 자신이 사람의 가죽을 뒤집어쓴 독물이었기 때문이다. 아울러 그녀가 똥물을 남편의 입에 부어 넣을 때, 그녀 역시 자기 남편을 짐승으로 여긴 것이다. 마치 돼지나 개에게 똥을 먹이는 것처럼 생각했다. 그것은 남편과 그녀 자신의 인간으로서의 본성을 바꿔버린 행위였던 것이다.

5. 여성의 '물건화' 도표

이상의 사례를 보면 '쌍전'은 여성의 '물건화' 현상을 집대성한 소설이라는 것을 알 수 있다. 이러한 물건화 현상이 얼마나 잘 완비되었는지, 다음과 같은 도표를 만들어 보일 수 있다.

순서	종류	원래 이미지	이야기 내용
1	요물	반금련潘金蓮	몰래 무송武松과 사귀면서 서문경西門慶과 정을 통하다 무송에게 살해되었다.
		반교운潘巧雲	배여해裵如海와 혼외정사를 벌이다 남편 양웅楊雄에게 살해되었다.
		염파석閻婆惜	장문원張文遠을 사랑하고, 조개晁蓋의 편지를 감추고 관에 고발하겠다고 큰 소리 치다 송강에 의해 살해되었다.
2	제사 물건	반금련	무송에게 머리를 잘렸다. 무송은 그녀의 심장, 간장 등 오장을 파내어 무대武大의 망혼亡魂 앞에 제물로 올렸다.
3	먹는 물건	유안劉安의 처	사냥꾼 유안은 유비를 대접하기 위해 자기 처를 죽여 인육요리를 만든 뒤, '짐승 고기'라고 속이고 내놓았다.
4	잘리는 물건	진명秦明의 처	청주靑州의 모용慕容은 진명이 반란을 일으켰다고 생각하고 그 처를 죽인 뒤, 병사들을 시켜 그 머리를 창끝에 매달아 진명이 보게 했다.
		마초馬超의 처	제64회의 이야기. 양관梁寬과 조구趙衢는 성 위에 서서 큰 소리로 마초를 욕하고, 마초의 처 양씨를 한칼에 쳐서 죽이고 그 머리를 흔들면서 내려왔다.
5	가축	원소袁紹의 첩들	원소가 죽은 뒤, 원소의 처는 그 첩 다섯 명을 모두 죽이고 얼굴을 훼손시켜 마치 가축처럼 보이기 만들었다.

6	교역하는 화물	여포呂布의 딸	원술袁術은 여포를 농락하기 위해서 여포의 딸을 며느리로 취하고자 협상을 했다. 여포는 원술이 조조 군의 포위를 풀어주도록 도움을 받기 위해서 딸의 뜻에 반하여 원술에게 딸을 보냈다.
7	독물毒物	원소의 처	원소의 처는 질투가 극에 달하여 원소의 다섯 첩을 모두 죽여서 그 시신을 훼손했다.
8	기물器物	호삼랑扈三娘	양산박의 인물들이 축가장祝家莊을 공격했을 때, 그녀는 체포되어 송강의 부하 장악을 위한 도구가 되었다. 송강은 그녀를 부하 장수 왕영王英에게 시집보냈다.
9	정치 곡마단의 동물	초선貂蟬	왕윤王允의 부탁을 받고 그녀는 신체와 미모, 재기를 활용하여 동탁과 여포 사이를 이간하는 계책을 완수했다.
		손상향孫尙香	손권과 유비가 형주를 놓고 서로 싸울 때, 쌍방의 중요한 정치 술수의 중요 인물이 되었다.
		곽사郭汜의 처	질투로 유명하여서, 양표楊彪가 이각李傕과 곽사郭汜 사이를 이간하려고 할 때 주연배우가 되어 전쟁을 유발했다.
10	정치 이념의 희생물	서서徐庶의 모친	조조가 서서를 자기 진영으로 끌어들이기 위해 서서 모친의 필적을 모방하여 서서가 오도록 만들었다. 서서의 모친은 그 연유를 잘 알지 못하고 자기 아들이 이미 조조에게 투항한 줄 알고 부끄러워 자결했다.
		조앙趙昻의 처	조조 진영의 장수 조앙趙昻은 마초에 반기를 들고자 했다. 그러나 그 아들 조월趙月이 여전히 마초를 보좌하고 있었다. 일단 거사를 일으키면 아들의 생명이 위험해질 터였다. 조앙의 처 왕씨는 조앙이 거사를 주저하는 것을 알고 이렇게 말했다. "비록 내 몸이 죽어도 아깝지 않거늘, 어찌 아들 하나가 아깝소? 그대가 만약 아들 때문에 거사를 하지 못하면 내가 당장 먼저 죽을 것이오."
11	반란을 야기하는 동물	고대수顧大嫂	축가장을 공격할 때 눈에 보이는 모든 여성을 하나 하나 남기지 않고 때려죽였다.
		손이랑孫二娘	남편 장청張靑과 함께 인육을 파는 식당을 열었다.

6. 만물은 모두 여성에게 갖추어져 있다

여성이 '물건화'되는 운명은 사실상 여성이 비인간화되는 운명이다. 물건에는 자연물과 인간 조형물의 두 종류가 있다. 자연물은 또한 식물과 동물로 나눌 수 있다.

『홍루몽』의 여성들, 특히 미혼 여성들은 진정한 인간이며, 그들이 즐겨 감상한 것은 식물이었다. 그래서 주연배우 임대옥은 '강주絳珠의 선초仙草'와 '부용芙蓉의 선자仙子'로 불렸다. 그녀는 「장화사葬花辭」를 지었고, 가보옥은 「부용여아뢰芙蓉女兒誄」를 지었다. 이것들은 모두 식물을 빌려서 시적인 정서를 표현했다.

불행한 일은 『수호전』에서 여성들이 '물건화'된 것으로, 여성들은 동물화' '가축화' '짐승화'되었다. 천하를 쟁탈하는 영웅호걸들의 눈에 여성을 죽이는 것은 단지 돼지 한 마리, 개 한 마리를 도살하는 것과 마찬가지였다. 여성을 이용하는 것은 한 마리의 원숭이나 한 마리의 얼룩말 혹은 여우를 가지고 노는 것과 같았다. 나아가 대남大男 사상이 온몸에 흐르고 있는 시내암과 나관중에게 여성들은 수만 가지 죄악의 근원이었을 뿐만 아니라, 그러한 죄악 중에 으뜸이었으며, 동시에 태양 아래 각종 동물적인 특성을 한 몸에 모아놓은 집합체였다.

맹자가 말한 "만물이 모두 나에게 갖추어져 있다"는 달은 '쌍전'에 이르러 "만물이 모두 여성에게 갖추어져 있다"는 말로 바뀌었다. 무서운 것은 그러한 '만물'이 모두 동물, 특히 짐승이라는 점이다.

첸쭝수는 『관추편』에서 인간성의 악함, 특히 금수보다 더 악한 모습에 대해 언급했다. 인류는 '만물의 영장'으로서 이따금 만물의 악한 본성도 자신의 몸에 집중시킨다. 쌍전에서 만물의 악함이 여성들에게 모아지는 것을 볼 수 있는데, 그러한 것은 고대부터 있었던 현상이었다. 첸쭝수는 동서고금의 지혜로운 사람들이, 인간성의 악함과 각종 동물의 악함을 겸하고 있는 것에 대해 언급한 것들을 수집했다. 그 내용을 읽어보면 마음속으로 몹시 놀라게 된다. 내용이 비교적 긴 까닭에 여기에서는 일부 문장만 인용하기로 한다.53

…… 사람을 일러 '만물의 영장'이라고 한다. 그러나 그 악함은 물속의 상어나 산속의 호랑이보다 더하다. 즉 중씨仲氏가 한탄한 대로 "인간이 가장 나쁘다." 『예기』 「월령」에 "계절이 더운 여름에 그 동물은 벌거숭이다其蟲裸"라고 했다. 정현鄭玄은 주에 "사물이 이슬처럼 보이며 감추지 않은 모습을 나타낸다. 호랑이나 표범류는 항상 짧은 털을 하고 있다"고 했다. 공영달孔穎達은 『오경정의五經正義』에서 이렇게 뜻을 풀었다. "『대대례大戴禮』 및 『악위樂緯』에 이렇게 말했다. '비늘 있는 동물은 360가지가 있는데 용이 그중 으뜸이다. 날개 있는 동물은 360가지가 있는데 봉황이 그중 으뜸이다. 털 있는 동물은 360가지인데 기린이 그중 으뜸이다. 단단한 껍질이 있는 동물은 360가지가 있는데 거북이가 그중 으뜸이다. 벌거벗은 동물은 360가지가 있는데 성인聖人이 그중 으뜸이다.'" 정현의 주는 적절하지 않고, 공영달의 소疏는 더욱 잘못되었다. 「월령」에서는 시기가 따뜻하면 '생물蟲'이 모두 '드러나 보인다'고 했는데 그것은 잠복하지 않는다는 뜻이다. 옷으로 삼는 털의 깊고 옅음이나 있고 없음을 말하는 것이 아니다. 정현은 쓸데없이 호랑이와 표범을 들어서 벌거숭이의 예를 들었는데, "초가을에 (…) 생물들은 털이 난다其蟲毛"고 했다. 정현은 "여우와 오소리狐狢 부류"에 대해 주석을 달 때 털이 난 동물의 예로 삼았

는데, 단지 털이 굳세고 무성한 모양에 차이가 있다고 했다. 그런데 하나는 호랑이와 표범이 여름에 '털'이 없다고 하고, 여우와 으소리는 가을에 '벌거숭이'가 아니라고 했는데 이는 잘못된 것이다. 공영달의 소가 인용한 것은 『대대례』「역본명易本命」에 보인다. 『맹자』「공손추」에 "달리는 동물 가운데 기린, 나는 새 중에 봉황은 (…) 같은 부류이다. 사람 가운데 성인 역시 같은 부류이다. 그 부류에서 나왔으나 가장 빼어난 존재이다"라고 했다. '그 동물은 벌거벗었다'는 문장은, 동물이 여름에 동굴을 나와 숨지 않고 거처하는 것을 의미한다. '나충裸蟲'이라는 말은 '동물' 중에 비늘이나 껍질 혹은 날개가 없는 것을 말한다. 그러므로 '그 동물은 벌거벗었다'는 말에서 '그 동물'은 모든 짐승과 곤충, 벌레들을 지칭한다. 다만 '나충'은 사람만을 가리킨다. 그래서 위에서 네 가지로 동물을 구별한 것이다. 또 『순자』「비상非相」에서 말하기를 "사람이 사람인 이유는 특별히 두 발이 있기 때문이 아니라 털이 없기 때문이다"라고 했다. 플라톤도 "사람이란 두 발을 가지고 날개나 털이 없는 동물이다"라고 했다. 중씨仲氏는 "벌거벗은 동물이 삼백인데 사람이 가장 열등하다"고 했다. 이는 '나충'의 뜻을 잘못 해석한 것이다. 결국 그 말은 "사람이 삼백인데, 사람이 가장 나쁘다"는 말이 되어버려 뜻이 이상해진다. 『맹자』「진심」에서 "만물은 모두 나에게 갖추어져 있다"고 했는데 시언집施彦執이 편찬한 『북창자과北窓炙果』 하권에 주정부周正夫의 해석이 다음과 같이 실려 있다. "소위 '양처럼 삐뚤어진 마음과 이리처럼 탐욕스러움' '호랑이처럼 흉맹함' 그리고 '뱀이나 살무사처럼 독함'은 모두 나에게 갖추어져 있다." 이치李治의 『경재고금주敬齋古今』 권2에 역시 "만물 가운데 인간보다 더 악독한 존재가 없다는 것을 어찌 알겠는가?"라고 했다. 유비劉飛가 보충하고 편집한 부산傅山의 『상홍감전집霜紅龕全集』 권27 『잡기雜記』에 사람이 "가장 난잡하고 가장 독하다"고 했다. 사람, 뱀, 여우, 호랑이, 이리, 돼지, 개, 올빼미 등에서 "사람에게는 없는 것이 없고, 오직 벌과 개미 같은 성격만 없다"고 했다. 악이 갖추어져 있다는 것은 바로 "가장 나쁘다"는 뜻이다.

여러 동물의 악랄함이 모두 '나에게 갖추어져' 있을 수 있는가? 이러한 문제는 좀 더 논의될 필요가 있다. 그러나 『삼국지』와 『수호전』에 등장하는 여성들은 동물적인 성격을 갖춘 것으로 그려져 있다. 이것은 틀림없이 불공평한 일이다.

'쌍전'은 어떤 여성들에게는 분명히 정치 무대를 제공하고 있다. 예를 들면 초선, 손씨 부인, 고대수, 손이랑 등에게 그렇다. 그러나 그들의 동물적 성격이 결국 인간성을 압도한다. 쌍전이 세운 도덕 법정은 오로지 여성을 위해서 준비된 것이다. 조씨가 세운 위나라 시대에는 남권男權주의의 입장에서 여성들을 보고, 여성들을 혼란의 화근으로 보는 것이 이미 '공리公理'가 되어 있었다. 그래서 위나라 문제文帝 조비가 여성들의 정치 참여를 불허하는 법령을 반포한 것이다. 그는 즉위하고 3년이 되던 해에 「여성의 정치 관여를 금하는 조서」를 반포했다.

조서의 내용은 이렇다. "무릇 여성이 정치에 관여하는 것은 혼란의 근본이다. 지금부터 군신은 태후太后에게 정치적인 보고를 해서는 안 된다. 외척 집안은 정치를 보좌하는 직책을 맡아서는 안 된다. 또 함부로 봉토의 작위를 받아서는 안 된다. 이 조서를 후세에 전하라. 만약에 위배하는 자가 있다면 천하가 함께 그를 주살할 것이다."

조비는 공공연하게 황제의 조서에서 '여성의 참정'은 바로 '혼란의 근본'이라는 점을 분명하게 밝혔다. 아울러 규정하기를, 여성이 정치에 관여한다면 '천하가 함께 그녀를 주살할 것'이라고 했다. 이것은 다름 아니라 여성이 정치권력의 조직에 진입할 경우 짐승이 인간의 집 안에 들어간 것과 같이, 사람들이 모두 함께 그것을 주살할 수 있다는 말이다.

예를 들면, 초선이나 손부인이 잠시 정치 무대에 진입했을 때, 그들은 동물이나 기물처럼 일시적으로 이용당하는 것에 불과했다. 그들에게 인간적인 정치 권리나 영혼의 주권이 제공되었던 것은 결코 아니었다. 조비의 조서에 드러난 정보를 통해서 우리는 사냥꾼 유안이 자기 부인을 살해하여 유비를 접대한 사건을 더욱 잘 이해할 수 있다.

원래 조조든 조비든 그들의 가치관과 사냥꾼 유안의 가치관은 서로 통한다. 그것은 여성에게는 사람의 권리가 없다는 것이다. 단지 남성에 의해서 먹히거나 이용당하거나 노리개로 취급될 수 있을 뿐이다.

7. 유가의 역사적 책임

삼국 시대에 이르러 여성의 가치는 이처럼 매우 낮은 수준으로 떨어졌다. 정말로 슬픈 것은 이후 1000년 넘게 다시는 높아지지 않았다는 점이다. 19세기 만청晩淸 시기에 이르러 이에 대해서 비로소 문제가 제기되기 시작했다.

서양의 여성도 중세, 즉 종교적인 독재 통치의 시기에 그 지위가 매우 낮았다. 『성경』은 여성을 하느님이 남자의 갈비뼈로 만들었다고 하여 그 한계를 분명히 했다. 여성을 남성의 파생물이나 부속물로 간주한 것이다. 그래서 초기 신학에서 여성은 영혼을 결여했다는 토론이 일어나기도 했다. 그러나 문예부흥 운동이 있은 뒤 여성은 일찍이 '사람'의 지위를 인정받기 시작했다. 그들이 '해방'을 획득한 시기는 동양의 여성들보다 몇 세기 앞섰다.

2000년 이상 줄곧 여성들이 '부속품'의 지위를 벗어날 수 없었던 점에 대해 유가儒家는 중대한 책임을 져야 한다. 공자도 마찬가지로 책임이 있다. 공자는 『논어』에서 "여자와 소인小人은 다루기 힘들다"고 단언했다. 후세에 많은 논자가 끊임없이 그 말을 변호했지만 그럼에도 그러한 발언이 후대에 미친 나쁜 영향은 가릴 수 없을 것이다. 하물며 『논어』의 다른 여러 부분에서 공자는 여성에 대한 경멸적인 생각을 적지 않게 노출했다. 가장 특출한 것은 「태백泰伯」 제8편이다.

> 순임금은 유능한 신하 다섯이 있어 천하가 다스려졌다. 무왕은 "나는 신하 열 사람을 두었다"고 했다. 공자는 이렇게 말했다. "인재는 얻기가 어렵다. 그렇지 않겠는가? 당우唐虞의 시대에 가장 많았고, 무왕 때는 부인도 있었으므로 아홉뿐이었다. 주나라 문왕은 천하를 셋으로 나누고도 그 둘을 가지고 은나라를 섬겼다. 문왕의 덕이야말로 지극한 덕이라고 할 수 있을 것이다."

주나라 무왕이 자신은 10명의 능력 있는 신하를 두었다고 했을 때, 공자는 우선 다음과 같이 대답했다. "인재는 얻기가 어렵다. 그렇지 않겠는가? 요순에서부터 이때까지 가장 흥성했다." 여기까지만 본다면 말을 아주 잘했다.

그러나 그다음에 공자는 크게 문제 있는 말을 했다. "열 사람 중에서 부인이 하나 있으므로 단지 아홉뿐인 셈이다." 공자가 보기에 여성은 사람에 들어가지 않았다. 적어도 사람으로 셀 수 없었다. 아울러 다른 남자 아홉과 함께 거론할 수 없으며 그렇기 때문에 10경의 능력 있는 사람의 무리에 들어갈 수 없었던 것이다.

이러한 인식이 있었기 때문에 여성들이 2000년 이상이나 남성 중심 사회에서 단지 주변인이나 잉여 인간으로 취급되었던 것도 무리는 아니다. 공자가 여성을 경멸하는 물길을 열어놓자, 후대의 유학자들은 이를 근거로 여성을 남성에 부속된 것으로 여겼다.

공자의 사상은 이론화되기도 했는데, 가장 중요한 일보一步는 한나라 초기 동중서董仲舒가 제출한 '왕도의 삼강三綱'이라고 할 수 있다. 『백호통의白虎通義』 「삼강육기三綱六紀」에 등장하는 "군주는 신하의 벼리綱요, 아버지는 아들의 벼리요, 남편은 부인의 벼리이다"라는 문구가 그것이다. 이것으로 '남존여비男尊女卑'의 이념적 기초가 확고하게 세워졌다.

동중서는 『역경』의 음양철학을 상호 보완의 철학에서 존비의 철학으로 바꾸었다. 그래서 '양陽은 존귀하며 음陰은 비속하다'는 세계관과 천인관계론이 형성된 것이다. 이로부터 또한 '남존여비'의 윤리학이 생겨났다. 중국 역사에서 동중서는 가장 먼저 여성이 남성의 부속물에 지나지 않는다는 이념을 만들어낸 사람이다. 『춘추번로春秋繁露』 「기의基義」 편에서 그는 이렇게 말했다.

무릇 사물에는 반드시 '합合'이 있다. '합'은 반드시 상과 하가 있으며 반드시 좌와 우가 있고 앞과 뒤, 겉과 안이 있다. 좋은 것이 있으면 반드시 나쁜 것이 있고, 순한 것이 있으면 반드시 거슬리는 것이 있고, 기쁜 것이 있으면 슬픈 것이 있고, 찬 것이 있으면 더운 것이 있고, 낮이 있으면 밤이 있다. 이것은 모두 그 '합'이다. 음은 양의 합이고, 부인은 남편의 합이며, 아들은 아버지의 합이며, 신하는 군주의 합으로, 사물에 합이 없는 것은 없다. 합은 각각 음과 양이 있다. (…) 군신君臣, 부자父子, 부부夫婦의 도리는 모두 음양의 도道에서 취한 것이다. 군주는 양이고 신하는 음이다. 아버지는 양이고 아들은 음이다. 남편은 양이고 부인은 음이다. 음의 도리는 혼자서 하는 바가 없다. 그 시작 역시 혼자서 일어날 수 없으며, 그 마침 역시 공적을 나누어 따로 가질 수는 없고, 공유해야 하는 도리가 있다. 그러므로 신하는 군주와 공적을 겸하고, 아들은 아버지와 공적을 겸하며, 부인은 남편과 공적을 겸한다. 음은 양과 공적을 겸하는 것이다. (…) 양은 나와서 항상 앞에 위치하며 일을 맡는다. 음은 나와서 항상 뒤에 위치하며 비어 있는 곳을 지킨다. 또 하늘은 양을 친하게 하고 음은 소원하게 하며, 덕德은 맡기고 형刑은 맡기지 않는다. 그러므로 인의仁義 제도의 수數는 모두 하늘에서 취한다. 하늘은 임금처럼 만물을 덮어 적시고, 땅은 신하처럼 만물을 실으며 지탱한다. 양은 남편처럼 만물을 낳아 살리며, 음은 부인처럼 그것들을 잘 자라도록 돕는다. 봄은 아버지처럼 만물을 낳고, 여름은 아들처럼 만물을 부양한다. (…) 왕도의 삼강三綱은 하늘에서 구할 수 있다. 하늘은 양기를 내어서 따뜻하게 함으로써 만물을 낳고 자라게 하며, 땅은 음기를 내어서 차갑게 하여 그것들이 성장하게 한다. (…) 그러나 많고 적은 분량으로 그것을 계산해볼 경우 따뜻함과 더움이 100이라고 한다면 차가움과 추움은 하나에 불과하다. 덕의 가르침과 형벌도 이와 같다. 그러므로 성인은 사랑을 많게 하고 엄격함은 적게 했다. 덕은 두텁게 했으나 형벌은 간략히 했다. 그럼으로써 하늘과 어울릴 수 있도록 한 것이다.

동중서의 체계에서 신권神權, 황권皇權, 부권父權의 삼자는 천연적인 배합이다. 그의 '양존음비陽尊陰卑'의 논리 아래에서 여성은 남성의 부속물이 되었다. 마치 아들이 아버지의 부속물이 되었듯이, 그리고 신하가 군왕의 부속물이 되었듯이 의심의 여지가 없는 이치였다.

이처럼 동중서가 이념적인 차원에서 '삼강三綱'을 확정했다면, 후한의 장제章帝 건초建初 4년(79)에 형성된 『백호통의』는 삼강을 신성화하고 제도화한 것이었다. "시집가기 전에는 아버지를 따르고, 시집가서는 남편을 따르고, 남편이 죽고 나서는 아들을 따른다"는 말은 여성이 반드시 지켜야 할 법규가 되었다. 이 시기에 이르러 여성들은 엄밀한 의미에서 남성의 노예가 되고 그들의 소나 말이 되었다.

후한 시대에는 유교를 존중하는 것이 매우 심했다. 유가 사상은 군주 독재 하에서 통치 사상이 되었다. '삼강' 역시 이에 따라 절대성을 획득했다. 『삼국지』의 이야기는 한나라 말기에 발생했으나 명나라 때 책으로 편찬되었다. 이 중간 시기에 송나라 유학자와 명나라 유학자들의 해석을 통과했다. 그리하여 '삼강'은 바로 동요할 수 없는 '천리天理'가 되었다. '쌍전'에 등장하는 여성들의 지위가 그렇게 낮고 운명이 그렇게 비참한 것은 완전히 역사적인 결과였다. 특히 유학자들의 여성에 대한 관념과 왕권 독재의 결과였다.

『삼국지』의 이야기는 한나라 말기에 발생했다. 한나라 초기 동중서 시대로부터 이미 300~400년의 시간이 지난 뒤였다. 한나라 고조는 기원전 206년에 황제의 칭호를 붙였다. 한 무제는 기원전 140년에 등극했다. 그리고 기원전 87년에 임기가 끝나고 헌제는 서기 220년에 퇴위했다. 이렇게 긴 역사적 시간에서 중국 여성의 지위는 떨어지고 또 떨어져서, 결국 그 지위가 '음'으로, 혹은 '아래'로, '뒤'로, '악'으로 확정되었다. 그 후 2000년 가까이 그 지위는 결코 회복하지 못했다.

『수호전』의 이야기는 송나라 때 발생했다. 당시 송나라 유학자들은 동중서의 인식을 바탕으로 삼아 그 위에 '삼강'의 관념을 더욱 엄격하게 제도화했다. 여자들은 독립적인 인격을 더욱 크게 상실했으며 더욱 완벽하게 남성의 부속물이자 노예가 되었다. 이규나 무송·송강 등 반란의 영웅들은 정치적으로 독재정권에 반대했다. 그러나 문화적인 이념에 있어서, 특히 그들의 여성관에 있어서는 통치자들과 완전히 똑같았다. 심지어 통치자들보다 더욱더 여성을 멸시했다.

이규와 같은 인물은 '하늘의 도리를 보존하고 인간의 욕망을 없앤다'는 이념을 스스로 통달한 실천가이자 집행자였다. 주희 등은 단지 말만 했을 뿐이나 이규는 진실로 도끼를 휘둘러 인간의 욕망을 소멸시키고자 했다. 그는 스스로 욕망을 없애버리는 일 역시 하늘을 대신해서 도를 행하는 일이라고 인식하고 있었다.

중국 여성들이 진 고난의 운명을 통감하고 여성들의 지위와 인권을 바로 세우기 시작한 것은 최근 200~300년 사이의 일이다. 『홍루몽』은 문학을 통해서 여성들을 인간으로 되돌리고 하늘과 땅을 감동시킨 역작이다. 그 후, 특히 청나라 말기에 또 일군의 작가와 사상가들이 여성들을 위해서 정의正義를 신장시켰다. 그중에서 캉유웨이康有爲는 대단한 인물이었다. 그의 『대동서大同書』는 우선 여성 해방을 선언한 책이라고 할 수 있다.

그는 송나라 유학자들이 여성의 비참한 처지를 만들어낸 책임을 져야 한다고 생각했다. "송나라 유학자들은 높은 도의를 좋아해서 경전을 인간보다 더 높이 여겼다. 그것이 수없이 많은 과부를 처참하게 만들고 추위와 기아로 고통받게 했다. 그들의 원한이 하늘에 미칠 지경이었는데, 그것을 아름다운 풍속이라고 했다."54 그는 또 수천 년에 걸쳐서 여성을 압박한 도덕적 독재를 폭로하고 성토했다.

세상에서 어떤 불공평한 일이 생길 경우, 한두 사람에 곤련된 일에 불과하다면 그것을 위해서 사람들이 달려들어서 소송을 벌이거나 돕는 등 여러 가지 말이 분분할 것이다. (…) 그러나 수천 년에 걸쳐서 전국 각지의 무수히 많은 불가사의한 사람이, 우리와 같이 사람의 형체를 하고 있고, 모두 우리처럼 총명하며, 모두가 지극히 친하며 지극히 사랑하는 사람들을 가지고 있는데, 사람들이 모진 마음으로 그들을 억제하고 그들을 바보 취급하고 가두어두고 묶어놓는다면 어찌할 것인가? 그래서 그들은 자립할 수도 없고, 공적인 일을 맡을 수 없으며, 관리로 임명될 수 없고, 국민이 될 수도 없으며, 의회의 일을 맡을 수도 없고, 심지어 학문이나 언론에 종사할 수 없고, 유명 인사가 될 수도 없으며, 다른 사람과 사귈 수도 없고 (…) 방문 바깥을 나갈 수도 없으며, 그러면서 심지어 그 허리를 단단히 묶고, 그 얼굴을 가리고, 그 발을 깎아내며, 그 몸을 조각처럼 만들고, 이유 없이 굴욕을 주고 죄가 없는데도 형벌을 내린다면 어쩔 것인가? 그것은 진실로 무도함이 심한 일이로다! 그런데도 고금의 수천 년 동안 현자나 의로운 사람이라고 불리는 자들은 그런 일을 잘 알고 보고 있었음에도 이를 당연시하고, 바로 고치려고 하지도 않고, 그들을 위해서 구원해주고자 했던 사람이 하나도 없었다는 것은 참으로 기괴하고 놀라운 일이다. 참으로 불공평한 일이며 이해할 수 없는 일이로구나!55

캉유웨이보다 조금 이른 19세기 초에 이여진李汝珍은 중국 여성이 다시는 남성의 부속물이 되어서는 안 된다는 '남녀평등 문제'를 제기했다. 후스胡適는 그것을 이렇게 평가했다.

그(이여진)는 중국에서 가장 먼저 여성 문제를 제기한 인물이다. 그의 『경화록鏡花綠』은 여성 문제를 언급한 소설이다. 그가 이 문제에 대해서 내놓은 답안은 남녀는 마땅히 평등한 대우를 받아야 한다는 것이다. 평등한 교육과 평등한 선거제도를 누려야 한다는 것이다. (…) 이것이 『경화록』을 지은 핵심적인 의미였다. 3000년의 역사에서 여성 문제에 대해 어느 한 사람 대담하게 제기해서 사람들이 함께 모여 공평한 토론을 해본 적이 없다. 19세기 초에 이르러 비로소 이렇게 다재다능한 이여진이 문제를 제기했다. 그리고 십수 년의 정력을 소모하여 극히 중대한 문제를 제기했다. (…) 그의 문장은 장래에 분명히 세계 여권운동사에서 영원불멸한 명문이 될 것이다. 그가 여성들의 정조에 대해서 그리고 여성들의 교육과 선거 참여 등의 문제에 대해서 제시한 견해는 장래 반드시 여권운동사의 매우 영광스러운 지위를 차지할 것이다.[56]

5·4 신문화운동에서 후스, 천두슈陳獨秀, 루쉰, 저우쭤런周作人 등은 여성 해방의 기치를 높이 들고 '남녀평등' 관념을 군중 계몽운동으로 발전시켜나갔다. 그것은 남존여비의 편견을 철저하게 타파하는 운동이었다. 그렇게 한 시대의 획을 그은 계몽운동은 그 공로가 우禹임금의 치수 사업에 비해 결코 뒤떨어지지 않는다.

5·4 시기에 이르러 중국의 여성들은 비로소 '물건'으로 취급되던 역

사를 종식시키고 진정으로 인간이 될 수 있었다.

  20세기는 여성들에게 매우 좋은 세기였다. 여성들이 '인간화'된 세기였다고 할 수 있다. 여성들이 사회적 지위와 가정에서의 지위를 획득하고, 동시에 영혼의 주권主權과 생명의 주권을 획득한 세기였다고 할 수 있을 것이다.

린강의 서문

1   1957년 광둥성 차오저우潮州에서 태어났다. 중국사회과학원 문학연구소 연구원, 시카고대학 동아시아연구센터와 하버드대학 페어뱅크연구소 방문학자를 역임하고 현재 중산대학에서 가르치고 있다. 『부호·심리·문학符號·心理·文學』 『명·청 교체기 소설의 평점학에 대한 연구明淸之際小說評點學之硏究』 등이 있다.
2   원문은 『삼국연의三國演義』로 되어 있다. 우리나라에서는 『삼국지연의三國志演義』 또는 『삼국지』로 알려져 있는데, 명나라 나관중羅貫中이 서진西晉의 진수陳壽가 쓴 중국 삼국시대의 역사서 『삼국지三國志』를 바탕으로 소설화한 것이다. 여기에서는 간단히 『삼국지』로 표기한다.—옮긴이
3   풍도馮道(882~954)는 자字가 가도可道이며 영주瀛州의 경성景城, 즉 지금의 허베이성 보터우泊庫 시 출신이다. 당나라 희종僖宗 때 태어났고 후주後周 때 사망했다. 그는 다섯 왕조를 거치면서도 줄곧 고위 관료로 임명되어 '부도옹不倒翁'이라 불렸다. 또 관청에서 처음으로 대규모 유교 경전 판각사업을 시작한 인물로도 알려져 있다.—옮긴이
4   황태극皇太極은 나중에 청 태종太宗으로 불린 인물로, 청나라 태조太祖 누르하치奴兒哈赤의 아들이다. 1626년 누르하치가 사망한 후 대한大汗으로 추대되었다. 제위에 오른 그는 농업과 수공업을 발전시키고, 각종 제도를 정비했으며 군사력을 강화하여 청나라 기초를 세웠다. 1635년에는 내몽골 지역을 평정하고, 이듬해에 심양에서 황위에 올라 국호를 대청大淸으로 정했다.—옮긴이

본문

1 재자才子는 '재주가 있는 남자'를 뜻한다. 그러므로 '대재자서大才子書'란 그런 인물들을 다룬 걸작이라는 의미이다. 원문에 '대재자서'라는 표현이 자주 등장하는데, 이러한 표현은 국내에서 잘 사용하지 않기 때문에 편의상 '걸작'으로 번역한다.—옮긴이
2 비사리온 G. 벨린스키Vissarion Grigoryevich Belinsky(1811~1848)는 러시아의 문학 평론가이다.—옮긴이
3 초선貂蟬은 보통 서시, 왕소군, 양귀비와 함께 중국의 4대 미인 중 한 사람으로 꼽힌다.『삼국지』에서는 왕윤의 수양딸로 등장하여 동탁과 여포 사이를 이간질하는 역할을 한다.—옮긴이
4 Rainer Maria Rilke,『羅丹: 激情的形體思想家』中譯本, 臺北: 時報文化出版公司, 1998, 41쪽.
5 葉紫,『豊收』序,『且介亭雜文二集』.
6 이 글은『滄桑百感』, 홍콩 天地圖書公司, 2004에 실려 있다.
7 여기에서는 슈펭글러Oswald Spengler(1880~1936)의 '위형僞形, pseudomorphoses' 개념을 차용한다. 동시에 그 대립항으로 '원형原形' 개념을 사용하여, 원형 문화와 위형 문화의 대치적인 성격을 부각시켜보기로 한다. 이러한 틀 안에서 원형 문화는 두 가지 뜻을 가진다. 하나는 원시의 표준화된 문화 양식이며, 다른 하나는 원시 본래의 모습을 가진 문화 형태이다. 전자는 '원형原型' 문화라고 하고, 후자는 '원형原形' 문화라고 한다. 본문에서 '원형'이란 양쪽 모두를 가리킨다. 왜냐하면 양쪽 모두 '위형'이 발생하기 때문이다. 다만 엄격하게 말한다면 후자 쪽을 더 강조한다. 여기에서는 일률적으로 '원형 문화'라고 부르기로 한다. 역사에서, 어떤 원시 문화 형태의 '위형'은 하나의 과정이다. 그 위형의 결과 역시 위형 문화의 양식을 형성할 수 있다. 즉, 표준화된 '위형僞型'으로 변해갈 수 있다. 그러나 개념의 번잡함을 피하기 위해 여기에서는 문화 양식을 논하는 '원형原型'과 '위형僞型' 개념을 사용하지 않는다. 단지 '문화 형태'에 한정하여 논한다.
8 齊世英譯,『西方的沒落』, 北京商務印書館, 2001, 330쪽.
9 졸저,『滄桑百感』, 香港天地圖書公司, 2004, 216~217쪽.

10 碧森,「老幼情深」,『人民日報』, 1986. 1. 20.
11 羅孚編,『聶紺弩詩全編』, 學林出版社, 113쪽.
12 樂蘅軍,『古典小說散論』, 臺北大安出版社, 2004, 88~89쪽.
13 魯迅,「文藝與政治的岐途」,『集外集』.
14 魯迅,「革命時代的文學」,『而已集』.
15 魯迅,「上海文藝之一瞥」,『二心集』.
16 魯迅,「辱罵和恐嚇決不是戰鬪」,『南腔北調集』.
17 『西方哲學史』(중역본 하책), 北京商務印書館, 1982, 294~303쪽 참조.
18 『儒家倫理與商人精神』, 廣西師範大學出版社, 2004, 237쪽.
19 孟超,『水泊梁山英雄譜』, 北京三聯, 1985에서 요약 인용함.
20 托克維爾, 高龍川 譯,『舊制度與大革命』, 北京京華出版社, 2000, 43~44쪽 인용.
21 달기妲己는 포악하며 음란했다고 알려진 은나라 주왕紂王의 애첩이었다.
22 이탁오가 점을 찍고 평가를 한『수호전』은 두 가지 판본이 전해지고 있다. 하나는 만력 42년 원무애袁無涯 각 120회본『충의수호전전忠義水滸全傳』이며, 다른 하나는 가장 늦게 만력 38년에 간행된 용여당容與堂 각 100회본「이탁오선생 비충의수호전李卓吾先生批忠義水滸傳』이다. 원무애 각본의 비점批點은 이탁오의 이름에 가탁한 것이라고 보는 것이 학계의 일치된 견해이다. 다만 용여당 본의 비점자가 이탁오 본인인지 아닌지, 혹은 가탁한 것인지에 대해서 학계는 의견이 서로 다르다. 장페이헝章培恒이 용여당 본은 "이탁오가 비점을 찍은 것이 아니다"라고 단정한다. 주요한 근거는 명대 전희언錢希言의『희하戱瑕』권3「안적贋籍」가운데 적힌 기록과 이지李贄의『충의수호전서忠義水滸傳敍』가 송강을 매우 칭찬하고 있는데, 용여당 본에서는 송강에 대한 평가가 매우 낮다는 점이다. 그리고 용여당 본에서 들고 있는『흑선풍집黑旋風集』이야기가『희하』에서도 보인다는 점이다. 이것으로 평가와 비점이 가탁된 것임을 추정할 수 있다. 실제 비점자는 아마도 명나라 사람 엽주葉晝일 것이다.(章培恒,『容與堂本水滸傳前言』, 上海古籍出版社, 1988 참조) 그러나 천홍陳洪은 이지의『여초약후서與焦弱侯書』의 기록, 즉 이지가 스스로『수호전』을 비점한 적이 있다고 한 말을 근거로 삼고, 원무애 각본이 용여당 각본을 참고했으며, 또 다른 용여당 판본의 비점은 사상적인 관점과 언어 풍격에 있어서 모두 이탁오의 다른 저작에 합치한다고 보고, 세상에 전해진 이탁오 비점의『수호전』은 바로 용여당 각본이라고 추정했다. 천홍의 분석은

매우 상세하기 때문에 본문은 그의 주장을 따른다.(陳洪, 『中國小說理論史』, 제3장 「群星煇璨」, 안휘문예출판사, 1992 참조)

23 李贄, 『李氏文集』 卷18, 『明燈道古錄』 卷上, 侯外廬主編, 『中國思想通史』 제4권 하책, 人民出版社, 1992, 1069쪽에서 재인용.

24 엘리아스Norbert Elias(1897~1990)는 독일의 유대인 가정에서 태어났다. 고등학교 때 고대 그리스, 로마 시대의 문학, 독일 고전문학을 두루 섭렵하고 1924년 브레슬라우 대학에서 박사학위 논문으로 『이념과 개인』을 썼으며 1930년에 프랑크푸르트에서 만하임의 지도로 교수자격 논문 『궁정사회』를 집필했다. 그의 대표적인 저서인 『문명화 과정文明的過程』은 1930년대에 출판되었으나 오랫동안 주목을 받지 못했다. 문명화 과정이라고 하는 사회학적 주제를 역사적 실증 연구와 결합시켜 분석한 그의 저서는 1970년대 이후에 비로소 널리 주목을 받게 되었다. 국내에서는 1996년에 번역본이 소개되었다.—옮긴이

25 諾貝特·埃利亞斯, 王佩莉譯, 『文明的過程』, 北京三聯, 1998, 296~297쪽.

26 埃利亞斯, 『文明的過程』, 297~298쪽. 역주 한글 번역본 노르베르트 엘리아스, 박미애 역, 『문명화 과정 I·II』, 369~371쪽 참조.

27 노르베르트 엘리아스, 박미애 옮김, 『문명화 과정 I』, 374쪽. 박미애의 번역을 보면 이 인용문은 "전투가 순조롭고 아군들이 용감하게 싸우는 모습을 보면 눈물이 솟아오른다"고 하여 같은 동지들에 대한 '눈물'이 강조되어 있다. 그러나 저자는 이 글에서 살육에 대한 인간의 광기에 초점을 맞추고 있어 인용문이 약간 다르게 해석되었다.—옮긴이

28 노르베르트 엘리아스, 박미애 옮김, 『문명화과정 I』, 374쪽 참조.

29 평점評點이란 소설의 본문 사이 또는 그 바깥 공간에 해당 소설의 문장에 대한 감상이나 보충 설명 혹은 평가評語를 써놓은 것을 말한다. 조관휘, 「중국 고전소설 평점연구」, 『중국소설논총』(16), 2002, 58~59쪽 참조.—옮긴이

30 魯迅, 「中國小說的歷史的變遷」 『魯迅全集』, 제9권, 人民文學出版社, 1981, 324~325쪽.

31 錢穆, 『從中國歷史來看中國民族性及中國文化』, 香港中文大學出版社, 1997, 52쪽.

32 郭玉雯, 「水滸傳之構成與金聖嘆的詮釋」 『漢學研究』 第23卷 第1期 참조. 다음에 계속되는 인용문도 같음.

33 도교에서 시작한 용어로, 보통 수행을 통해 득도를 한 사람을 일컫는다.—옮긴이

34 덩퉈鄧拓의 말이다. 옮긴이의 말—덩퉈鄧拓(1912~1966)는 본명이 덩쯔젠鄧子健 혹은 덩윈터鄧雲特로 복건성 복주 출신이다. 중국공산당 선전부의 주요 멤버였던 그는 오랫동안 『인민일보』 사장을 역임했다. 그러나 나중에 마오쩌둥의 비판을 받고 실권을 잃었으며, 문화혁명 기간 중에 정치 비판을 받아 자살했다.
35 陸祁孫, 『談藝錄』 第71節, 『錢宗書集』 下卷, 北京三聯, 2001, 690쪽.
36 錢穆, 「第五講 淸代」, 『中國歷代政治得失』, 1966, 臺北大中國印刷廠.
37 魯迅, 『且介亭雜文二集·隔膜』
38 魯迅, 「五 論"文人相輕"—明術」, 『且介亭雜文二集』.
39 魯迅, 「五 論"文人相輕"—明術」, 『且介亭雜文二集』.
40 魯迅, 「五 論"文人相輕"—明術」, 『且介亭雜文二集』.
41 馬克思·韋伯, 康樂 等 譯, 『韋伯作品集』 V集, 廣西師範大學出版社, 2004, 287~288쪽.
42 李澤厚, 『實用理性與樂感文化』, 北京三聯, 2005, 338쪽.
43 錢穆, 『中華文化十二講』, 臺北東大圖書公司, 1987, 72쪽.
44 주유周瑜(175-210)의 자字.
45 원문은 '立雙臺於左右兮, 有玉龍與金鳳, 連二橋於東西兮, 樂朝夕之與共.' '連二橋於東西兮(두 다리를 동서로 놓아서 잇고)'를 '攬二橋於東南兮(동남 지방에서 두 교를 손에 쥐고)'로 바꾼 것이다.
46 賀麟, 『賀麟選集』, 吉林人民出版社, 2005, 135쪽.
47 화검花臉은 중국의 전통 희극에서 성격이 거친 남자 배우가 얼굴에 칠하는 화장법을 말한다. 과장된 색채와 선으로 호방하며 강직한 남성을 표현하며 때로는 음험하고 남성을 상징한다.
48 魯迅, 『而已集·魏晉風度及文章與药及酒之關系』.
49 이욱李煜(937~978)은 이후주李後主라고도 불린다. 남당이 멸망한 뒤에 송나라에 볼모로 잡혀 있었기 때문에 그러한 이름이 붙었다.
50 盛巽昌, 『三國演義補證本』, 上海人民出版社, 2007, 319~321쪽.
51 黎東方, 『細說三國』, 上海人民出版社, 2000, 138~139쪽.
52 錢鍾書, 『管錐編』 제1책, 中華書局, 282쪽.
53 錢鍾書, 『管錐編』, 第四册, 中華書局, 1162~1163쪽.
54 康有爲, 『大同書』, 上海古籍出版社, 1995년 참조.

55 康有爲, 『大同書』, 上海古籍出版社, 1995 참조.
56 胡適, 「鏡花綠的引論」, 『胡適文存』, 第二集, 臺北遠東圖書公司, 1979, 413쪽.

쌍전雙典

1판 1쇄	2012년 4월 16일
1판 2쇄	2012년 4월 23일
지은이	류짜이푸
옮긴이	임태홍·한순자
펴낸이	강성민
기획	노승현
편집	이은혜 박민수 김신식
독자 모니터링	황치영
마케팅	최현수
온라인 마케팅	이상혁 장선아
펴낸곳	(주)글항아리	출판등록 2009년 1월 19일 제406-2009-000002호
주소	413-756 경기도 파주시 문발동 파주출판도시 513~8
전자우편	bookpot@hanmail.net
전화번호	031-955-8891(마케팅) 031-955-8898(편집부)
팩스	031-955-2557
ISBN	978-89-93905-93-9 03900

글항아리는 (주)문학동네의 계열사입니다.

이 도서의 국립중앙도서관 출판시도서목록(CIP)은 e-CIP홈페이지(http://www.nl.go.kr/ecip)와 국가자료공동목록시스템(http://www.nl.go.kr/kolisnet)에서 이용하실 수 있습니다. (CIP제어번호 : CIP2012001511)